SMART

INDUSTRY

# 智慧产业

王辉◎编著

中信出版集团 · 北京

图书在版编目（CIP）数据

智慧产业 / 王辉编著 . -- 北京 : 中信出版社，
2018.4
ISBN 978-7-5086-8776-6

I. ①智… II. ①王… III. ①产业发展－研究－中国
IV. ① F269.24

中国版本图书馆 CIP 数据核字（2018）第 049966 号

智慧产业

著　　者：王　辉
出版发行：中信出版集团股份有限公司
（北京市朝阳区惠新东街甲 4 号富盛大厦 2 座　邮编　100029）
承 印 者：北京通州皇家印刷厂

开　　本：787mm×1092mm　1/16　　印　　张：35.5　　字　　数：417 千字
版　　次：2018 年 4 月第 1 版　　印　　次：2018 年 4 月第 1 次印刷
广告经营许可证：京朝工商广字第 8087 号
书　　号：ISBN 978-7-5086-8776-6
定　　价：75.00 元

# 《智慧产业》编写委员会名单

## 目录
CONTENTS

# 序

当时间的年轮跨入2018年，全球经济经过肇始于2008年的全球金融危机的大冲击及10年大调整，终于迎来了同步稳定复苏的新局面。这轮复苏的原因除了经济的周期性因素外，还有一个重要的原因是新经济的崛起与发展。新一代互联网和信息技术，以及新能源、新材料和生物技术衍生出来的新经济形态，有力地推动了全球经济的动能转换和结构转型。我们应抓住这一重大机遇，充分释放新经济的张力，来支撑新一轮经济的持续稳定高速增长。

以新一代信息技术为重要支撑，以智慧产业为主要内容，以信息化和工业化深度融合为主要表现形式的智慧经济的快速发展，尤其是以“创新、高增长、移动互联网、大数据、云计算”为标签的智慧产业，已逐渐成为新经济发展的主导方向和核心内容。本书创新性地定义了智慧产业——一个由技术和知识双核心创新驱动的有机产业体系，点出了智慧产业技术沉浸的特点。以云计算、物联网和大数据信息技术为代表的新兴产业，以及横贯大陆的高速铁路，使信息流、技术流、资金流和物流快速传递，极大地改变了世界的连接方式。而随着全球人工智能浪潮的掀起，作为“新经济”重要代表的智能产业也开始悄然改变人们的生活。发展智慧经济和智慧产业，对增强各国的创新发展能力、优化产业链全球分工布局、推动新经济发展具有十分重要的战略意义。

《智慧产业》一书的主要编者来自我国最早从事智慧城市建设和

智慧经济研究的企业之一——银江集团，主编王辉教授及其带领的专业团队近年来在智慧产业方面取得了显著成效，十分注重理论探索及对实践的指导。本书对智慧城市、智慧经济、智慧产业的概念及其现状做了比较完整的总结和探索，创造性地提出了智慧产业的概念及其体系，是行业发展的重要参考。

本书对国家机关及相关部门、各类城市的管理者和建设者、行业协会、规划设计单位、建设单位与行业公司均具有一定的参考价值，是一本契合智慧产业发展的佳作。衷心祝愿《智慧产业》能够受到广大读者的欢迎，并带动更多有识之士投身中国智慧产业建设！在未来，企业的发展、中国的发展以及“一带一路”的助力将会重塑全球新经济！

浙江大学经济学院院长

# 前　言

随着全球新一轮科技革命和产业变革的兴起，各国纷纷将智慧型、知识型高端产业领域作为打造经济新引擎、带动经济新发展的重中之重。智慧产业作为新一轮信息技术革命形成的新经济形态，在产业变革浪潮以及未来经济社会发展中具有重要的战略地位和作用。美、欧、日、韩等国家和地区纷纷把科技创新作为发展战略的核心，以新一代信息技术研发和深度应用为重点，加速智慧产业的发展。大数据、云计算、移动互联网等智慧产业核心领域的市场空间不断扩大，面对智慧产业新技术、新产品、新服务的群体突破，国内外龙头企业纷纷从各自优势领域切入智慧产业，积极抢占新的科技与产业制高点。

近年来，中国新经济快速发展，以“创新、高增长、移动互联网、大数据、云计算”为标签的新经济领域产业是未来中国经济增长的主引擎，而作为新经济代表的智慧产业正掀起全球浪潮，悄然改变着人们的生活。我国不断推进实施“制造业双创”“中国制造 2025”“互联网 +”行动等战略，以推动制造业等传统产业转型升级，持续激发生产模式、服务模式和商业模式创新，提升经济运行水平和效率。虽然我国智慧产业的发展水平仍处于起步阶段，存在着诸如区域发展不均衡、核心竞争力尚未形成等问题，但有着极大的发展空间。

在全球创新和中国创新的背景下，很多大集团和大公司需要进行自己的产业布局，将各智慧产业细分领域整合成一个较为完整的生态体系，促进各产业间的融合发展，实现产业链的合理布局。而一些传统企业也需要转型升级，以创新思维为驱动力，以先进信息技术为手段，打破现有的结构体系，将传统产业与先进的信息技术相结合，促进产业的智慧化发展。

基于自身的理论和实践基础，我们认为智慧产业既不只是知识产业，也不只是高端服务业，更不是相关产业的简单复合，而是一个以技术和知识双核心创新驱动，由技术核心产业及其带动的智慧化程度较高的产业组成的有机产业体系。智慧产业的核心由云计算、物联网、大数据、移动互联网、人工智能、虚拟现实、机器人等新一代智慧技术刺激下催生的战略性新兴产业构成，并在此基础上与城市第一、第二、第三产业要素相融合，形成一个庞大的有机产业体系。本书剖析了智慧产业的特征，努力构建智慧产业的全景图，揭示其发展情况和发展路径，以期推动智慧经济的蓬勃发展。

目前，系统介绍智慧产业的书籍还比较少，本书将成为系统介绍智慧产业体系的开山之作。整体上，本书吸收了当下智慧产业的理念发展、现实需求、实践经验等内容，按照基础理念篇、核心技术产业篇和未来展望篇的思路进行创作，全书共三篇十三章。

**第一篇　基础理念篇**

本篇包括引言、第一章和第二章。首先介绍了智慧产业的背景、驱动力量、发展历程和产业体系，其次分析了智慧产业的前世今生，细数其发展阶段，并从体系搭建的角度，描绘出智慧产业的发展路径。

**第二篇　核心技术产业篇**

本篇包括第三章至第十一章。这是全书的核心篇，以云计算、大数据、物联网、移动互联网、人工智能、区块链、虚拟现实、机器人、信息安全等先进的信息技术为核心，详细分析了智慧产业的细分领域，同时介绍了各核心技术产业的技术构造、产业链、市场规模、发展趋势以及相关案例，全面展示了智慧产业的发展现状与未来趋势。

第三篇　未来展望篇

本篇包括第十二章和第十三章。首先阐述了智慧产业是未来主导产业的这一趋势，其次分析了人才、资本和孵化三个方面对智慧产业发展的影响。其中，人才是智慧产业创新的驱动力，资本是智慧产业升级的助推器，孵化是智慧产业发展的护航者，它们共同推动未来智慧产业的长足发展。

《智慧产业》是银江集团在致力于智慧产业建设领域中理论与实践的积淀，它对当前智慧产业的理念和内容进行了较为详尽的阐述，希望能够使读者对智慧产业有一个比较深刻的认识和理解，为我国智慧产业事业尽绵薄之力。

本书的编者深受智慧产业领域知名专家的启发，并吸取了国家工业和信息化部对“互联网 +”产业的解读。本书还借鉴了国内部分“互联网 +”产业领域的典型案例，在此，向所有给予帮助的专家、同人表示衷心的感谢！同时对在筹划、编辑和出版过程中给予大力支持的中信出版集团表示衷心的感谢！

本书的编写汲取了大量的行业前沿观点以及有关专家学者的研究成果，在此无法一一列举，一并深表谢意！

由于智慧产业是全新的理念与实践的尝试，本书还存在很多不完善之处，恳请读者批评指正，提出宝贵意见，我们将不胜感激。

我们的联系邮箱是 smartercitybooks@ enjoyor. net。

银江集团　王辉

2018 年 1 月

# 第一篇
# 基础理念篇

经济全球化和区域经济一体化作为产业发展的加速器，将全球各地产业发展更加紧密地联系在一起，加速推进了世界范围内的产业布局和结构升级。中国提出的“一带一路”倡议贯穿亚欧大陆，作为国际合作的一个新平台，正在亚欧经济发展中发挥着越来越重要的作用。“一带一路”有望构筑全球经济贸易新的大循环，成为继大西洋、太平洋之后的第三大经济发展空间。

信息技术革命的浪潮一浪高过一浪。新兴技术不断涌现，渗入社会生产和生活的各个层面，带来了许多新的经济形态，成为城市产业转型升级的法宝。尤其是以物联网、云计算、大数据、移动互联网、人工智能等为代表的新技术，已然成为国家和城市经济发展的重要抓手，被争相布局。这些技术的作用本质上是替代人的劳动，尤其是逐步深入地替代脑力劳动，凸显出“智慧”。它们所涉及的产业也逐渐被“智慧产业”这一新名词概括。

本篇作为全书的开篇，重点围绕智慧产业产生的渊源、尚未统一的定义、包含的内容进行详细论述，为读者呈现智慧产业发展的详细脉络和全面图谱。

# 引　言
# 驱动产业变革的力量

为迎接新经济时代，适应数字经济，各国都积极进行战略性布局。经济全球化和区域经济一体化的浪潮、“一带一路”倡议、信息技术的发展是驱动全球产业变革不可忽视的三大关键因素。其中，经济全球化扩大了产业发展的范围，区域经济一体化使生产要素自由流动，产业在更大的空间内交流融合，世界经济正逐渐融合为一个整体。而“一带一路”倡议聚集了全世界多国的力量，不仅会推动中国国内的发展，更将成为推动全球经济发展的动力。传统技术的更新与先进技术的创新则引发了产业领域的全新变革，并深刻地改变着人们的生产与生活。

## 第一节
## 经济全球化、区域经济一体化：产业发展的加速器

### 一、经济全球化、区域经济一体化助推产业发展

经济全球化、区域经济一体化是当代世界经济的重要特征，也是世界经济发展的重要趋势。无论是发达国家的经济一体化，还是发展

中国家的经济一体化，其根本原因都在于维护自身的经济、贸易利益，为本国经济的发展和综合国力的提高创造更加良好的外部环境。

### （一）经济全球化

20世纪90年代以来，以信息技术革命为中心的高新技术迅猛发展。它不仅冲破了国界，而且缩小了各国和各地的距离，使世界经济逐渐融为一个整体。具体来说，经济全球化是指以市场经济为基础，以先进科技和生产力为手段，以发达国家为主导，以最大利润和经济效益为目标，通过分工、贸易、投资、跨国公司和要素流动等，实现各国市场分工与协作，相互融合的过程。

全球化使各国在经济发展中的相互依存度日益增强。2011年全球贸易和跨境投资已分别比危机最为严重的2009年增长44%和27%。从政策层面看，金融危机后各国投资政策出现双向调整的迹象，多数国家继续开放并进一步加强投资促进政策。2011年全球共有67项影响外国投资的新政策出台，限制性政策的占比已从2010年的32%下降至22%。从制度安排层面看，作为全球化进程中一个突出特点，区域和双边自由贸易协定持续快速增长。截至2013年1月，已向关税及贸易总协定（GATT）或世界贸易组织（WTO）通报的区域贸易协定总数达到546个，较2012年1月增加了35个。

跨国公司是推动全球化的重要力量。近年来，跨国公司在全球经济中占据更加重要地位。由于日益重视拓展海外业务，跨国公司国际化生产近年来呈总体上升趋势。根据联合国贸易与发展会议（UNCTAD）的年度调查，2011年全球100家最大跨国公司的海外销售收入和雇员人数的增速都明显高于母公司的业绩增长。从衡量国际化水平的跨国指数看，全球非金融类企业中，前100强的跨国指数不断提升，从1993年的47.2%上升至2011年的62.3%。中国与全球化智库统计数据显示，2002—2015 年上半年，中国企业对外投资总案例数为 2 018 起，其中跨国并购案例数为 1 817 起，占总案例数的 90%，这表明跨国并购成为中国企业对外投资的主要方式。中国跨国并购案例数直线上升，2014 年创历史新高，达到 325 起。

《2015 年信息经济报告》显示，2013 年，全球企业对消费者（B2C）电子商务的产值估计为 1.2 万亿美元，中国已经成为全球 B2C 电子商务的最大市场。亚洲和大洋洲区域占全球 B2C 电子商务的比重有望在 2013—2018 年从 28% 攀升至 37%，中东和非洲的比重将从 2.2% 小幅上升至 2.5%。相反，西欧和北美的占比总和预计将从 61% 下降到 53%。过去几年间，小件和小包的国际邮递业务快速增长，主要原因是跨境电子商务的发展。2011—2014 年，这类贸易量增加了 48%。在此期间，发达国家寄货人的占比从 70% 多下降至不到 60%。

经济全球化的出现，一方面，源于新科技革命和生产的高度社会化为经济全球化提供了物质条件；另一方面，国际贸易的高度发展为经济全球化提供了现实基础。国际金融的迅速发展成为经济全球化的重要推动力，国际间相互投资的发展加速了经济全球化的进程。经济全球化扩大了产业发展的范围，产业在更大的空间内交流融合。

### （二）区域经济一体化

从 20 世纪 90 年代至今，区域经济一体化组织如雨后春笋般地在全球涌现，形成了一股强劲的新浪潮。这股新浪潮推进之迅速，合作之深入，内容之广泛，机制之灵活，形式之多样，都是前所未有的。此轮区域经济一体化浪潮不仅反映了经济全球化深入发展的新特点，而且反映了世界多极化曲折发展的新趋势。经济一体化这种多国经济区域化的局面初步形成，在这个多国经济区域内，贸易壁垒被削弱或消除，生产要素趋于自由流动。

亚洲太平洋经济合作组织（APEC）自 1989 年成立以来，逐步建立起一套较完善的合作机制，合作范围不断扩大，对亚太地区贸易和投资自由化、便利化进行了有益探索，成为当今亚太地区“级别最高、影响最大、机制最完善的经济合作框架”。我国作为亚太地区大家庭中的重要一员，其经济是同亚太地区密不可分的。APEC 是我国第一家加入的多边平台，APEC 提出的目标也非常具有前瞻性。2013 年，我国同 APEC 成员之间的贸易额占我国对外贸易总额的 60%。我国对 APEC 成员直接投资占我国对外直接投资总额的近 70%。我国实际利用外资来自 APEC 成员的比例达到了我国利用外资总额的 83%。

2014 年，欧盟宣布未来将采取一些具体措施发展大数据业务。例如，建立大数据领域的公私合作关系，资助推出具有颠覆意义的大数据理念；就“数据所有权”和数据提供责任做出新规定；制定数据标准，找出潜在问题；成立多个超级计算中心；在成员国创建数据处理设施网络等。欧盟呼吁各成员国积极发展大数据的做法体现了区域经济一体化产生的影响力，推动了区域经济的快速发展，指引了经济和产业发展的方向。

另外，各区域组织之间的合作也日益密切，更加开放的亚太将推动全球范围的贸易自由化，加强多边贸易体制，欧盟也将从中受益。北京会议批准《APEC 互联互通蓝图》这一里程碑式的文件，决心于 2025 年前，亚太和欧洲两大经济板块在加强硬件、软件和人员交流方面实现互联互通的远景目标，还有与北美自由贸易区等区域经济体之间的合作交流。区域经济的发展连通了各个经济板块，促进了产业的交流与融合。

总之，区域经济一体化具有以下影响：第一，区域经济一体化有助于自由贸易思想的发展，具体体现在区域经济一体化的经济效应、示范效应和约束效应；第二，区域经济一体化可以成为多边贸易体制的基础；第三，区域谈判与多边谈判具有重要的“协同作用”；第四，区域经济一体化可以为多边贸易谈判提供经验和技巧。

## 二、“一带一路”：全球经济发展的动力

当前国际国内环境正在发生深刻的变化，我国企业开展境外投资既存在较好的机遇，也面临诸多风险和挑战。要以供给侧结构性改革为主线，以“一带一路”建设为统领，进一步引导产业合作和发展，深化国际间产业合作与交流，优化产业链全球分工布局，促进产业集群发展。

### （一）“一带一路”的概念与背景

2013 年 9 月和 10 月，中国国家主席习近平在出访中亚和东南亚国家期间，先后提出共建“丝绸之路经济带”和“21 世纪海上丝绸之路”的重大倡议，即“一带一路”倡议，得到国际社会的高度关注。“一带一路”是“丝绸之路经济带”和“21 世纪海上丝绸之路”的简称。它将充分依靠各国间既有的双、多边机制，借助既有的和行之有效的区域合作平台，高举和平发展的旗帜，积极发展与沿线国家的经济合作伙伴关系，共同打造政治互信、经济融合、文化包容的利益共同体、命运共同体和责任共同体。

推进“一带一路”建设，是党中央、国务院根据全球形势变化和我国发展面临的新形势、新任务，统筹国内国际两个大局做出的重大战略决策。尽管我国的改革开放事业取得了巨大的成就，但同时也存在着缺乏顶层设计、谋域不谋势和不注重改善国际发展环境等问题，因此迫切需要加强各方面改革开放措施的系统集成。通过融入国际治理和开展国企的跨国产权合作，“一带一路”倡议的实施在有效避免

“西方经验”局限，防止治理本身被“短视”市场消解和坚持“四项基本原则”的同时，将为我国经济治理、国家治理、社会治理进一步引入来自治理体系之外的监督主体，创造强有力、更有效的外部监督，从根本上解决治理效率问题。

“一带一路”建设集聚全世界许多国家特别是沿线国家的力量，为世界的繁荣发展、打造人类命运共同体做出巨大努力。推进“一带一路”建设，将会使区域基础设施更加完善，陆海空通道网络更加安全高效，互联互通达到新水平；投资贸易便利化水平进一步提升，高标准自由贸易区网络基本形成，经济联系更加紧密，政治互信更加深入；人文交流更加广泛深入，不同文明互鉴共荣，各国人民相知相交、和平友好。

### （二）“一带一路”的举措及影响

“一带一路”沿线各国资源禀赋各异，经济互补性较强，彼此合作潜力和空间很大。同时，在政策沟通、设施联通、贸易畅通、资金融通、民心相通等方面的意义有：加强政策沟通，是“一带一路”建设的重要保障；基础设施互联互通，是“一带一路”建设的优先领域；投资贸易合作，是“一带一路”建设的重点内容；资金融通，是“一带一路”建设的重要支撑；民心相通，是“一带一路”建设的社会根基。

其中，投资贸易合作方面，着力研究解决投资贸易便利化的问题，消除投资和贸易壁垒，构建区域内和各国良好的营商环境，积极同沿线国家和地区共同商建自由贸易区，激发释放合作潜力，做大做好合作“蛋糕”。拓宽贸易领域，优化贸易结构，挖掘贸易新增长点，促进贸易平衡；创新贸易方式，发展跨境电子商务等新的商业业态；建立健全服务贸易促进体系，巩固和扩大传统贸易，大力发展现代服务贸易；推动新兴产业合作，按照优势互补、互利共赢的原则，促进沿线国家加强在新一代信息技术、生物、新能源、新材料等新兴产业领域的深入合作，推动建立创业投资合作机制；优化产业链分工布局，推动上下游产业链和关联产业协同发展，鼓励建立研发、生产和营销体系，提升区域产业配套能力和综合竞争力；扩大服务业相互开放，推动区域服务业加快发展；探索投资合作新模式，鼓励合作建设境外经贸合作区、跨境经济合作区等各类产业园区，促进产业集群发展。

截至2016年年底，已有100多个国家表达了对共建“一带一路”倡议的支持和参与意愿，中国与39个国家和国际组织签署了46份共建“一带一路”合作协议，涵盖互联互通、产能、投资、经贸、金融、科技、社会、人文、民生、海洋等合作领域。中国对“一带一路”沿线国家投资累计超过500亿美元，中国企业已经在20多个国家建设了56个经贸合作区，累计投资超过185亿美元。2014—2016年，中国同“一带一路”沿线国家的贸易总额超过3万亿美元，在加强经贸合作的同时也促进了沿线国家和地区间民众的交流、理解与互信，实现了“民心相通”。但是，“一带一路”不是中国的独奏，而是世界的合唱，要使全世界国家都了解“一带一路”，从而把构想变为实实在在的措施，让全世界参与其中，产生巨大的实际利益。

2017年5月14日，习近平总书记在“一带一路”国际合作高峰论坛上指出：“推进‘一带一路’建设，要聚焦发展这个根本性问题，释放各国发展潜力，实现经济大融合、发展大联动、成果大共享”。并强调“要深入开展产业合作，推动各国产业发展规划相互兼容、相互促进、抓好大项目建设，加强国际产能和装备制造合作，抓住新工业革命的发展新机遇，培育新业态，保持经济增长活力”。产业发展不仅是中国经济社会发展的重要力量，也是“一带一路”沿线各国经济繁荣发展的重要基石。当前，随着经济全球化不断深入发展，企业日益成为对外合作的主力军，是世界各国对外经贸关系中最重要的力量之一。随着“一带一路”建设的不断推进，鼓励和支持参与“一带一路”建设，将为我国产业发展带来新的机遇和广阔的空间。

### （三）“一带一路”与产业发展

首先，经济全球化、区域经济一体化的浪潮加速了我国产业结构的调整，而“一带一路”的推进深化了各国间的产业合作，强化了国际交流。我国企业迅速适应了国际市场技术快速更新的特点，提供了更加贴近市场需求的产品和服务。其次，我国涌现了一大批战略新兴产业，这些企业的规模相对较小，“船小好调头”，对市场变化的反应敏锐，应对灵活，能够根据国际市场环境的改变及时做出相应的调整。另外，我国新兴产业和传统产业加速融合，使我国的产品十分丰富，竞争力较强，在“一带一路”沿线国家具有广阔的市场前景。因此，推动“一带一路”建设，有利于充分发挥市场在资源配置中的决定性作用，实现供需双向的良性互动，有利于我国产业结构的进一步调整和完善，促进沿线国家人民“民心相通”，让广大民众成为“一带一路”建设的受益者。

我国企业参与“一带一路”建设也会面临很多困难和问题：一是企业普遍缺乏国际化经营人才和经验，在国际市场竞争中，往往处于弱势地位；二是难以有效识别“一带一路”沿线国家政治、经济、社会、环境、安全等方面存在的潜在风险，对沿线国家的行业政策、法律环境、风俗习惯等方面缺乏了解；三是我国大部分企业在全球产业链中处于价值链的低端，缺乏品牌和国际销售渠道，国际竞争能力弱。

因此，应发挥市场在资源配置中的决定性作用，更好地发挥政府作用。通过完善双边和多边合作机制，聚集服务资源，构建支持我国产业国际化发展的服务体系，深化我国企业与“一带一路”沿线国家在贸易投资、科技创新、产能合作、基础设施建设等领域的交流与合作，充分发挥企业在“一带一路”建设中的重要作用。另外，要利用好我国产业结构调整的优势，大力发展智慧产业，推动信息技术产业国际化，加强国际间的交流与合作。产业的发展提升了我国在“一带一路”中的地位，“一带一路”的发展也带动了我国产业的进一步发展。

## 第二节
## 信息技术：产业转型升级的法宝

### 一、技术革命的演变

21 世纪以来，信息技术已成为支撑当今经济活动和社会生活的基石，代表着先进生产力的发展方向。信息技术的广泛应用使信息的重要生产要素和战略资源的作用得以发挥，使人们能更高效地进行资源优化配置，从而推动传统产业不断升级，提高社会劳动生产率和社会运行效率。

技术革命，是指新技术原理及其物化形态所引起的技术体系的根本变革。它首先产生于一个国家的某一个产业部门，而后波及其他产业部门，从而形成一个国家范围内的技术革命。技术革命是人们改造客观世界的巨大飞跃，是在技术体系中起着核心作用的主导技术或主导技术群的转换过程。

从社会发展史来看，人类经历了农业革命、工业革命，正在经历信息革命。农业革命增强了人类的生存能力，使人类从采食捕猎走向栽种畜养，从野蛮时代走向文明社会。工业革命拓展了人类的体力，以机器取代了人力，以大规模工厂化生产取代了个体工场手工生产。而信息革命则增强了人类的脑力，带来生产力又一次质的飞跃，对国际政治、经济、文化、社会、生态、军事等领域的发展产生了深刻影响。

### （一）农业革命

农业革命大约始于公元前 8000 年。最早的农业革命产生了多种技术，包括狩猎技术、采集技术、建筑技术、器皿加工技术以及管理技术，标志着技术革命的开端。从此，人类社会开始加速进行技术发展。如今，我们已经迎来智慧产业时代，从远古时期人们的智慧创造中就可见一斑。随着信息、知识的积累，农业革命开始了对能源的应用，除人力外，还有风力、水力和火力，而更加重要的是畜力。此次革命中，人们由于知识和经验的长期积累，能够利用越来越多的工具来减轻自己劳动力负担。从技术变革的角度来说，技术发展的历程就是技术逐渐解放人类劳动力的过程。在这个阶段，人们实现了从利用自然向改造自然的转变，拓宽了资源利用的视野，奠定了工业革命的基础。

### （二）工业革命

工业革命的发源地为英国，之后扩展至法国、美国、德国，始于 18 世纪中期至 19 世纪中期（1750—1850 年）。工业革命以纺织 - 蒸汽动力技术为主体，以轻工业生产的机械化为目标，解放了人的劳动力，推动了交通运输业、机械制造业，以及钢铁、化工等行业的蓬勃发展。随着电能和石油能源被发现与利用，工业革命发展到了欧洲更广阔的地区以及美国等国。电的发明和使用是19世纪末20世纪初的高新技术代表，它引起了产业结构的巨大变化，推动了电力工业的发展，实现了从机械化到电气化、自动化的转变。电动机和发电机的发明与应用无疑也推动了通信技术的发展，为信息革命的产生进行了铺垫。

### （三）信息革命

信息革命可以细分为第一次信息革命和第二次信息革命。第一次信息革命起源于20世纪40年代至70年代，由美国、日本和欧洲的一些国家和地区发起并领导，这一时期主要是电子、通信、核能等领域的技术创新。在这一时期，电子计算机技术对知识革命的网络物联、云计算和大数据等技术有着直接的奠基意义，智慧产业时代的主要技术体系大多依托计算机技术得以形成和发展，第一次信息革命的作用也因电子计算机技术的发展而凸显。计算机一经发明便得到广泛的应用，范围几乎涉及人类生产、生活的所有领域，从国民经济各部门至个人家庭生活，从军事部门到民用部门，从科学教育到文化艺术，从生产领域到消费娱乐，无一不是计算机的应用范围。第二次技术革命以移动互联网、云计算、大数据等新一代信息通信技术为核心，加上新材料、新能源、先进交通运输以及基因和干细胞生物等前沿技术所形成的新技术体系，其核心内涵是通过信息采集、存储、运输、加工处理技术的发明和应用，用信息技术的逻辑计算力把人类从处理海量信息的困境中解放出来，实现脑力扩张、智能飞跃。如大数据、云计算、物联网、智能化制造和绿色能源等技术正在对世界产生影响，人类社会正迎来智慧产业时代。

目前，以移动互联网、云计算、大数据、物联网等为标志的新一代信息技术对经济社会生活的渗透率越来越高，正以前所未有的广度和深度，加快推进资源配置方式、生产方式、组织方式、经济发展模式的深刻变革，世界正在进入以信息产业为主导的经济发展时期。

## 二、新阶段新技术

信息革命的发展进入新的阶段后，从人工智能到物联网，新的科技技术创新不断影响着人们的生产与生活。十几年来，中国从模仿到创新、从跟随到引领、从制造到智造，年度发明专利授权量快速超过日本，接着超过美国，成为世界技术创新之国，及世界知识产权资产上升的动力之国。2016 年，全球领先的信息技术研究和顾问公司高德纳（Gartner）提出了 2017 年及以后的若干科技热点预测，包括新兴技术成熟度曲线和十大战略技术趋势的预测等，并将科技发展的趋势概况为：以智能为中心，通过数字化实现万物互联。上述十大战略技术趋势可以概括为三个方面：智能无处不在，聚焦数字世界，以及智能数字网络发展。

### （一）智能无处不在

人工智能和高级机器学习带来了一系列智能实现，人工智能和高级机器学习由许多科技和技术（如深度学习、神经网络、自然语言处理）组成。更先进的技术超越了传统的基于规则的算法，以创建理解、学习、预测、适应和潜在地自主操作的系统。任何事物都可以智能化，比如消费者产品、医疗产品、嵌入式产品等。现在已经有这方面的产品，甚至它们都具备了可用性。比如谷歌、优步研发的应用在通用道路的自动车辆；运用在特定环境的自动驾驶汽车，如无人收割机；以及各种各样的机器人，如零售机器人、迎宾机器人等。

在未来 10 年，几乎每个应用程序和服务都将包含一定水平的人工智能，这将成为长期趋势，不断发展和扩大人工智能和机器学习应用和服务。这对一些企业而言是一个巨大的机遇，目前在应用、基础设施和设备上的智能分量越来越重。运用智能应用的形式是通过新的智能特性嵌入某一行业的现有应用程序中，如麦当劳运用智能 App，对汉堡包面包生产的监控由人工转为自动化，能够提高并保证质量。其带来的结果显而易见：避免了浪费，每年节省数千万元；加速生产并节约能源，减少人工成本。智能应用对其他行业来说也有显著的价值，比如在医学顾问领域，凯特琳癌病中心肿瘤学顾问应用智能 App 可带来高价值的用户，并能解决复杂的问题，整理杂乱、非结构性和重复内容，带给用户高影响力的结果。

### （二）聚焦数字世界

区块链和分布式分类账概念日益广受关注，有望改变行业运营模式。除金融服务行业外，其应用前景广泛，包括音乐分发、身份验证、所有权登记和供应链等。该技术的要点在于在不可信环境中增加信任机制，对于重要数据和事件不可更改的记录，例如货币交易、财产登记或其他有价资产，不仅是被动式数据记录，同时能够有选择性地为事件增加动态预置行为。

与此同时，沉浸式消费、商业内容和应用程序的格局正在发生巨变。沉浸式技术，如虚拟现实和增强现实，改变了人与人和人与软件系统交互的方式。虚拟现实和增强现实功能将与数字网络合并，形成一个更加无缝的设备系统，能够协调来自用户的信息流作为超个性化的相关应用和服务。融合多个移动、可穿戴设备、物联网和大量传感器的环境将拓展沉浸式应用，超越孤立的单人体验。

在 3 至 5 年内，数以亿计的物件将由数字化双生的形式呈现。数字化双生是事物或系统的多元软件模型，它依赖于传感器数据来理解其处境，响应变化，改进操作和增加价值。组织将使用数字化双生主动修复和规划设备服务、规划制造流程、操作工厂、预测设备故障或提高运营效率，以及执行增强的产品开发。因此，数字化双生最终将成为技术人员和传统监测设备和控制的组合的代理。

### （三）智能数字网络发展

数字技术平台为数字业务提供基本的构建模块，是数字业务的关键推动者。我们来回顾一下，20 世纪 60 年代是主机系统，到 20 世纪 70 年代就是微型计算机，20 世纪 80 年代是个人电脑和文件共享 LAN，20 世纪 90 年代是服务器和图形界面，1998—2007 年是互联网和网络应用，2007—2016 年是移动和云，2017 年以后，将是对话式人工智能和物联网。所有这些并非割裂，而是互相交织。未来会有越来越多的基础架构和应用程序融合。

网格应用程序和服务架构，将移动应用程序、网络应用程序、桌面应用程序和物联网应用程序链接到广泛的后端服务网络，创建被用户视为“应用程序”的内容。该架构封装服务，并在多级别和跨组织边界公开了 API，从而平衡了服务的灵活性和可伸缩性的需求与服务的组合和重用。网格使用户能够具有针对数字网格（如桌面、智能手机、汽车）中的目标端点的优化解决方案以及当他们在这些不同信道上切换时的连续体验。

数字网格有一系列不断扩展的端点，人们可通过这些端点访问应用程序和信息，或与他人、社交群体、政府和组织互动。随着设备网格的演变，连接模型将会不断扩展，设备之间会出现更大的协作交互，为连续和环境数字新体验奠定基础。进而出现了机器人和支持麦克风设备的会话，这在现在已经有了成熟的方案，比如苹果的 Siri、微软的 Cortana，这类应用的共同特征是使智能云服务、聊天机器人和个人助理成为对话媒介。语音对系统界面很重要，越来越智能、越来越交互的语音接口，将是人机交互的首选方式。未来的交互方式是一种主动性对话，将进一步增强语音交互。

智能数字网格和相关的数字技术平台和应用程序架构创建了一个日益复杂的安全世界。规定的安全技术应作为确保物联网平台的基准，监控用户和实体行为是物联网中特别必要的一个重要补充。然而，物联网边缘是许多 IT 安全专业人员产生薄弱领域的新前沿，因此经常需要新的补救工具和流程，比如自适应安全架构，能够实现持续分析用户和实体行为。

## 三、信息技术产业

从农业革命、工业革命到信息革命，每一次技术的变革都引起了产业的跨越式发展。技术创新对经济发展的最重要和最直接的作用是促进了产业的发展。信息技术是产业转型升级的法宝，为了发展以信息技术为核心的产业，我国推出了以下一系列促进产业信息化发展的政策。

- 2010 年，《国务院关于加快培育和发展战略性新兴产业的决定》指出，要加快新一代信息技术建设，力争到 2020 年新一代信息技术产业成为国民经济的支柱产业；加快建设宽带、泛在、融合、安全的信息网络基础设施，推动新一代移动通信、下一代互联网核心设备和智能终端的研发及产业化，加快推进三网融合，促进物联网、云计算的研发和示范应用。
- 2016 年年末发布的《“十三五”国家战略性新兴产业发展规划》和《“十三五”国家信息化规划》指出，我国将加大在信息基础设施建设领域的投入。“十三五”期间，新一代互联网、

5G 网络、北斗系统等网络基础设施将陆续进入部署和应用阶段，“宽带中国”战略也将继续推进。此外，国家级的大数据、云计算中心将开始统筹布局，可信计算、数据安全等新一代信息技术基础设施建设会在“十三五”期间同步展开。

- 2017 年，我国开始部署和建设 IPv6 地址项目，并以此展开相关应用。这意味着以 IPv6 地址为技术基础的我国新一代互联网将正式进入部署阶段，未来将对物联网、车联网、人工智能等新一代信息技术产业发展产生重大的促进作用。部署新一代互联网只是 2017 年我国推进新一代信息技术产业发展的诸多举措之一。为了进一步促进新一代信息技术产业的健康发展，我国将陆续出台多项产业政策，并实施一系列促进产业做大做强的举措。此外，财政部还将出台具有针对性的财税金融政策，帮扶产业企业快速成长。

除了国家出台的相关政策，各地方政府也积极响应，进一步加快信息技术产业发展。浙江省很早就出台了《浙江省人民政府关于加快发展信息经济的指导意见》，认为以发展信息产业、推进信息化应用、扩大信息消费、深化信息化和工业化深度融合为主要内容的信息经济，正成为全球抢占未来发展制高点的战略选择。该意见提出要加强信息基础设施建设，优先发展信息产业，扩大信息消费，推进信息化和工业化深度融合等。江苏省新一代信息技术产业集聚发展优势明显，自主创新能力不断增强，重点领域发展势头良好。沿沪宁线城市群因技术创新活跃、发展环境优越、政府服务高效，成为国内外知名的新一代信息技术产业密集带，其产业集聚优势逐步形成。

目前，信息技术正在向纵深发展，并深刻改变人类的生产和生活方式。新一代信息技术依然是我国产业结构优化升级的最核心技术，要以加快推进经济社会信息化、促进信息化与工业化深度融合为目标，着力发展新一代信息技术产业。信息技术的广泛应用使信息的重要生产要素和战略资源的作用得以发挥，使人们能更高效地进行资源优化配置，从而推动传统产业不断升级，提高社会劳动生产率和社会运行效率。信息技术的发展又催生了一大批新兴的智慧型产业，即以上述关键技术为核心的产业，比如云计算产业、大数据产业、物联网产业、移动互联网产业、人工智能产业、区块链产业、虚拟现实产业、机器人产业、信息安全产业等。

# 第一章
# 智慧产业的前世今生

21世纪，信息技术飞速发展，并以排山倒海之势渗入各行各业，给整个社会带来巨大的变革。这种革新在各方面具有不同的表现形式：在思想意识上，革新活跃并开放了人们的思路，使人们勇于经过各种尝试探索新的可能；在方式方法上，革新促进了生产生活方式的转变，使其更便捷、更有效率。近十年来，信息技术的革新更是逐一重构人们对城市、产业、经济的认识，使智慧城市、智慧产业、智慧经济成为人们热议和关注的焦点。总体来看，智慧产业的起源及发展与智慧城市、智慧经济紧密相连。

## 第一节
## 起源于智慧城市

业内一般认为，智慧城市（smart city）这一理念是由IBM于2008年“智慧地球战略”中率先提出的。也就是说，智慧城市理念的提出，距今已有十个年头了。而关于智慧城市在中国的发展，可以这样简单描述：“当创新技术与矛盾烦恼在异国他乡相互碰撞，一种新的发展理念产生了。它漂洋过海，落到中国的土地上。迎着古老文明的阳光，吸收着城镇化的养分，它繁茂成长……”

可以说，智慧城市其实是一个在技术创新发展并应用于解决社会问题背景下产生的外来词。而这个理念引入中国后，经过与中国文化的相互碰撞和融合，意外地得到了新的发展，尤其是那些伴随着中国惊人的城镇化而生的各种“城市病”，恰恰为智慧城市提供了广大的发展空间。

## 一、智慧城市在中国的发展

智慧城市是指充分运用物联网、云计算等先进信息技术手段，全面感测、分析、整合城市运行中的各项关键信息，创新管理制度和金融机制，通过对城市各方面各层次需求做出明确、快速、高效、灵活的智能响应，有效配置和融合人、土地、信息和资金等城市资源，形成高效运转、可持续的城市总体生态系统。总体上，智慧城市是一个从技术扩展到管理、金融等各方面的理念，是一种新型的城市发展模式。

随着新一轮科技革命蓬勃发展，以大数据、云计算、物联网、移动互联等为代表的新一代信息技术，带来了生产、生活、消费等多种方式的深刻变革。在技术推动力和现实需求拉动力的双重作用下，全世界掀起了高涨的智慧城市建设热潮。而在中国，为迎接科技革命的发展机遇，《国务院关于促进信息消费扩大内需的若干意见》《国务院关于推进物联网有序健康发展的指导意见》《国务院关于印发“宽带中国”战略及实施方案的通知》《关于印发 10 个物联网发展专项行动计划的通知》《关于印发促进智慧城市健康发展的指导意见的通知》等国家层面的相关政策陆续出台，并开展了物联网、智慧城市、信息惠民、国家下一代互联网示范城市等试点建设及课题研究。中央网络安全和信息化领导小组办公室提出了以点带面的建设思路，确定深圳、福州、嘉兴三个城市为新型智慧城市标杆市，由此正式拉开了国内新型智慧城市建设的序幕。智慧城市作为一种新型的城市发展模式，在全国各大中小城市迅速铺开。截至 2016 年 6 月，智慧城市在中国的发展情况如表 1 –1 所示。

表 1-1　智慧城市在中国的发展情况

| 类别 | 重要事件 | 发展表现 | 成果 |
| --- | --- | --- | --- |
| 战略规划 | 2014 年，出台《国家新型城镇化规划（2014—2020 年）》<br>2016 年，颁布《国民经济和社会发展第十三个五年规划纲要》<br>2016 年，发布《“十三五”国家信息化规划》 | 提出“推进智慧城市建设”的发展目标和思路 | 全国 100% 的副省级以上城市、89% 的地级及以上城市、47% 的县级及以上城市提出建设智慧城市的方案 |
| 建设试点 | 2012 年 12 月，住房和城乡建设部发布《关于开展国家智慧城市试点工作的通知》，并印发《国家智慧城市试点暂行管理办法》和《国家智慧城市（区、镇）试点指标体系（试行）》政策文件<br>2013 年 1 月，住房和城乡建设部确定 90 个城市（区、县、镇）为创建国家智慧城市第一批试点<br>2013 年 8 月，住房和城乡建设部确定 103 个城市（区、县、镇）为第二批国家智慧城市试点<br>2015 年 4 月，住房和城乡建设部与科技部确定 84 个城市（区、县、镇）为第三批国家智慧城市试点 | 通过智慧城市试点建设，积累更多的实践经验，探索适合中国实际和各地发展特色的建设模式，形成可行的技术路径，由点到面逐步在全国推广 | 超过 300 个城市和三大运营商签署了智慧城市建设协议，并有 290 个城市入选国家智慧城市试点。 |

| | | | |
|---|---|---|---|
| 标准体系 | 2014 年 8 月，经国务院同意，国家发展改革委、工业和信息化部等 8 部委印发《关于促进智慧城市健康发展的指导意见》 | 对智慧城市建设的主要目标和具体要求提出纲领性的指导意见 | 开展智慧城市标准体系建设，计划到 2018 年初步建立智慧城市整体评价指标体系，到 2020 年实现体系的全面实施和应用 |
| | 2015 年 10 月，国家标准委、中央网信办、国家发展改革委联合印发《关于开展智慧城市标准体系和评价指标体系建设及应用实施的指导意见》 | 明确到 2017 年完成 7 大类 20 项急需标准制定，到 2020 年累计完成 50 项左右的标准制定 | |
| 指导建议 | 2012 年 6 月，国务院发布《关于大力推进信息化发展和切实保障信息安全的若干意见》 | 推动城市管理信息共享，推广网格化管理模式，加快实施智能电网、智能交通等试点示范，引导智慧城市建设健康发展 | |
| | 2012 年 12 月，国家测绘地理信息局发布《关于开展智慧城市时空信息云平台建设试点工作的通知》 | 太原、广州等 9 个城市列入时空信息云平台建设的全国试点工作 | 为智慧城市建设提供基础建设支撑 |
| | 2013 年 3 月，国家测绘地理信息局印发《智慧城市时空信息云平台建设试点技术指南》 | 探索智慧城市时空信息云平台的建设模式、共享模式和服务模式 | |

（续表）

| 类别 | 重要事件 | 发展表现 | 成果 |
| --- | --- | --- | --- |
| 指导建议 | 2013年2月，国务院《关于推进物联网有序健康发展的指导意见》 | 应用物联网等新一代信息技术建设智慧城市 | 为智慧城市建设提供基础建设支撑 |
| | 2013年10月，科技部、国家标准委发布《关于开展智慧城市试点示范工作的通知》 | 确定南京、无锡等20个国家“智慧城市”技术和标准试点示范城市 | |
| | 2013年8月，国务院发布《关于促进信息消费扩大内需的若干意见》 | 对“加快智慧城市建设”提出具体意见 | |
| | 2014年1月，国家12部门联合发布《关于加快实施信息惠民工程有关工作的通知》 | 提出信息惠民国家示范城市的创建工作 | 为智慧城市惠民服务和智慧政务方面提供指导，旨在增强民生领域信息服务能力，提升公共服务均等普惠水平 |
| | 2016年4月，国务院办公厅转发国家发展改革委等10部门《推进“互联网+政务服务”开展信息惠民试点实施方案》 | 力促互联网与政务服务深度融合，提升政务服务智慧化水平，分级分类推进新型智慧城市建设 | |
| | 2016年9月，国务院再次发布《关于加快推进“互联网+政务服务”工作的指导意见》 | | |
| | 2014年5月，住房和城乡建设部编制印发《智慧社区建设指南（试行）》 | 智慧社区的建设内容和评价体系包括6个一级指标、23个二级指标、87个三级指标 | 为中国智慧社区建设提出明确的指导意见和评价标准 |

| | | | |
|---|---|---|---|
| | 2012 年 5 月，国家旅游局确定北京市、武汉市、成都市等 18 个城市为“国家智慧旅游试点城市” | 设立国家智慧旅游试点城市 | |
| | 2015 年 1 月，国家旅游局发布《关于促进智慧旅游发展的指导意见》 | 对智慧旅游发展的原则、目标和任务提出具有要求 | 积极引导和推动全国智慧旅游发展 |
| | 2015 年 9 月，国家旅游局发布《关于实施“旅游 + 互联网”行动计划的通知》 | 提出智慧旅游景区、智慧旅游乡村、智慧旅游公共服务体系等与智慧旅游相关的 10 项行动计划 | |
| 指导建议 | 2015 年 6 月，交通运输部发布《关于进一步加快推进城市公共交通智能化应用示范工程建设有关工作的通知》 | 分步骤、分阶段推进不同类型城市开展公共交通智能化应用示范工程建设 | |
| | 2016 年 7 月，国家发展改革委、交通运输部印发《推进“互联网 +”便捷交通 促进智能交通发展的实施方案》 | 力促交通与互联网深度融合 | 指导、推动智慧交通发展 |
| | 2016 年 6 月，国务院办公厅发布《关于促进和规范健康医疗大数据应用发展的指导意见》 | 对发展智慧健康医疗服务提出具体要求 | |

资料来源：盛广耀．智慧城市建设与城市转型发展研究［J］．中共福建省委党校学报，2017（06）。

由智慧城市在中国各地的发展情况总结来看，发展智慧城市的动力主要源自五个方面：一是实施国家战略的必然要求；二是城市化呼吁新城市模式的产生与实施；三是信息化促进城市走向“智慧化”；四是借力智慧城市实现服务型政府；五是推动城市经济转型升级。从各城市发布的愿景目标来看，智慧城市的建设愿景基本上集中于完善基础设施建设、推动城市发展更科学、推动公共管理服务更高效、推动社会发展更和谐、促进人民生活更美好五个方面；而具体到各城市制定的智慧城市发展规划内容上，主要遵循信息化规划的思路，重点考虑各领域需要建设的信息化内容，兼顾组织建设、项目资金来源、人才等保障措施及经济发展目标。

## 二、智慧城市中的智慧产业

一些实践领先的城市认识到产业支撑对智慧城市建设的重要性，将相关产业的发展纳入智慧城市规划、智慧城市评价体系，并将其统称为智慧产业。武汉市就是其中较具代表性的城市之一。

早在2010年，武汉市便提出了建设“智慧城市”的战略构想，并被科技部列为首批国家863“智慧城市”项目两个试点城市之一。2011年，武汉市发出公告，投入1 000万元面向全球公开招标智慧城市的规划设计方案，在国内掀起了智慧城市热议。2012年，武汉市完成《武汉智慧城市总体规划与设计》。

武汉智慧城市建设采用“113”总体架构，即建立一个发展目标，建设一套信息集成设施，构建三大核心体系，全面提升武汉市综合竞争力，实现武汉在中部地区率先崛起，建设国家中心城市。而在智慧城市整体架构中，智慧产业占据十分重要的地位。如在 10 年发展目标中，武汉市明确提出“智慧产业集群发展壮大，对智慧城市经济发展的贡献大幅提高，有效引领和带动城市经济转型和提升”。在三大核心应用体系中，武汉市将产业体系定位为智慧城市建设的基础，支撑智慧城市建设。更为具体地，武汉市提出确定的智慧产业体系建设目标：通过智慧城市建设，催生以新一代信息技术为基础的光通信产业、地球空间信息产业、软件与信息服务业、云计算产业、物联网产业等支柱产业；进一步优化全市电子信息产业结构，间接带动先进制造业和现代服务业，拉动周边地区经济的发展，辐射全国、全世界，体现国家中心城市的地位和作用（如图 1 –1 所示）。

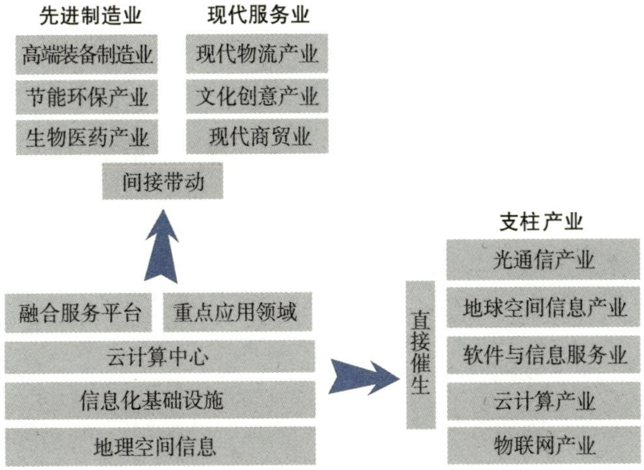


**图 1 –1　武汉智慧城市产业带动机制图**

资料来源：黄长清．武汉市智慧城市顶层设计与示范应用［EB/OL］．https：//wenku.baidu.com/view/be272d30376baf1ffc4fadf1.html，2013 –01 –07。

---

谈到实践领先城市对城市中智慧产业的探索，南京市也是较具代表性的城市之一。早在 2007 年，南京市便在举办的“智慧产业发展与城市创新”高层论坛上，围绕发展智慧产业、构建智

慧城市等议题进行了深入研讨。2011 年的“十二五”城市规划中，更是将智慧产业发展明确列入智慧城市建设目标，并在 2017 年的“十三五”规划中，进一步强调智慧产业的发展。

---

《南京市“十二五”智慧城市发展规划》指出，使信息资源成为重要的生产要素，智慧产业成为经济增长的重要引擎，打造一批重点示范工程和上规模的智慧产业基地。在智慧南京的“一大平台、三大领域、六大体系”总体架构中，智慧产业体系与信息基础设施体系、智慧应用体系、信息资源管理体系、技术支撑体系和政策保障体系并列。主要思路是采用先进信息技术改造提升传统产业，促进以智慧产业为代表的新兴产业蓬勃发展，提升经济发展适应能力和抗风险能力。重点部署智能工业、智能农业、智慧产业（以软件和信息服务业为重点）、产业基地建设（包括麒麟科技创新园、中国南京软件谷、无线谷等）四个方面。“十二五”期间，智慧南京充分利用云计算、大数据、物联网、移动互联等先进技术，为相关企业发展创造了良好的环境。吸引 IBM、微软、SAP 等一批国内知名企业的参与，促进技术研发及产业化和上下游产业链的形成；同时培育本地企业创新发展，在城市通信专网建设与运维、智慧政务、智能交通、三维城市数字空间、运动与健康等领域开展重大产业项目策划咨询，拓宽投融资渠道，培育一大批智慧城市创新应用典范和信息化行业排头兵。

南京智慧产业的建设思路是坚持政府引导、企业主体、市场导向发展原则，坚持政、产、学、研结合的创新体系，突出发展包括电信、互联网、广播电视、软件和 IT 服务业、动漫和工业设计在内的现代信息服务业为支撑的智慧产业。大力推动信息技术在社会生活中的广泛应用，扩大信息化改造传统服务业的覆盖面和渗透度，加强产业链整合，引导智慧产业发展。同时，通过依托智慧产业基地，加快产业的实质化落地与发展，促进产业基地资源优化整合，强化分工合作，向专业化、特色化方向发展，提升智慧城市发展的竞争实力（如图1－2所示）。

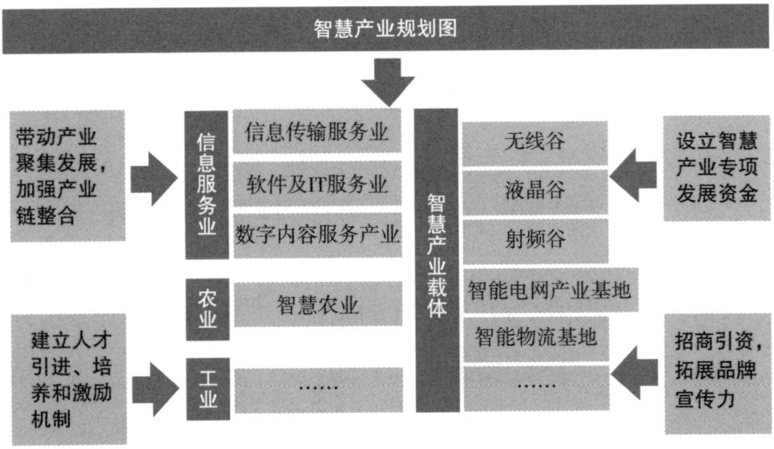


**图1－2　南京智慧产业建设架构图**

资料来源：戴春雷．智慧南京顶层设计平台课题研究［D］．南京：东南大学，2012。

同时，武汉、南京等智慧城市中的智慧产业建设的成功，也使一些学者开始重视产业在城市发展中的重要地位，为智慧城市的相关研究提供了一些新的思路。比如陈铭等以智慧南京建设为例，在研究智慧城市评价指标体系时，考虑到“智慧城市”的特征、建设的基本思路和推进模式，认为智慧城市评价指标体系可以分“智慧城市”基础设施领域、城市智慧产业领域、城市智慧服务领域、城市智慧人文领域四大部分。其中，智慧产业是高端技术和智力成果集中的行业。按照我国《国民经济行业分类》，智慧产业应包括：服务业内的电信业、计算机服务业、软件业、科学研究和专业技术服务业、科技交流和推广服务业，以及互联网信息服务、咨询和调查服务、知识产权服务、会议及展览服务业；制造业内的通信设备、计算机及其他电子设备制造业等。

## 三、产业视角里的智慧产业

智慧产业是由智慧城市建设催生出来的新兴事物，并会随着智慧城市建设的进行不断壮大并创新发展，而智慧城市建设又需要智慧产业提供强有力的支撑，伴随智慧城市建设的逐步推进和持续运营，智慧产业将对城市加快产业结构转型升级，对构建现代产业体系和经济社会全局的长远发展等产生重大引领带动作用。可以说，智慧城市建设与智慧产业发展相辅相成，最终打造智慧城市产业链与生态圈，形成良性发展态势。

目前，智慧城市经过七八年的发展，经历了概念推广期及规划时期。2013 年以后，国家住建部、国家发改委、国家旅游局、国家测绘局等在全国开展智慧城市、信息惠民、智慧旅游、智慧城市时空云平台等试点工作，智慧城市已然进入踏踏实实的落地实践期，产业本身的作用越来越获得人们关注，同时智慧产业也正以一种越来越独立的身份出现在人们的视野之中。

在我国，“宽带中国”战略推动宽带基础设施快速健康发展；云计算产业成熟并在各地获得广泛认知；物联网产业在芯片、通信协议、网络管理等领域取得了一系列创新成果，形成了包括芯片和元器件厂商、设备商、系统集成商等在内的较多门类的产业；数据作为一种重要的战略资源，已经广泛渗透到各个行业，面向大数据市场的新技术、新产品、新服务、新业态不断涌现。放眼全球，苹果的智能手机终端出现，使诺基亚、摩托罗拉、爱立信等从王冠地位坠落，引发了一场影响未来的移动互联的信息革命；全球电子商务得益于迅速膨胀的在线和移动用户、商业销售的增长、先进的物流和支付手段以及著名电子商务网站的国际扩张，并获得快速增长；互联网金融在美国、欧盟、亚洲地区的兴起，爆发了其巨大的潜力。

在智慧城市的推动下，智慧产业得到迅速的发展。部分学者和机构开始不再拘泥于将产业作为城市发展的重要因素或评价标准进行研究，而是从产业建设及发展本身的独立视角，去理解科技革新浪潮与产业转型升级之间的关联，探索智慧产业的意义、内涵及发展趋势。

郎咸平2012年在东莞谈论制造业发展出路时，曾开出“智慧产业”的药方。他认为，智慧产业对于制造业而言，就是把每个生产节点进行优化，进行节能研发，降低各个环节的成本，提高利润，从而实现产业升级。

北京大学胡宝钢教授认为，智慧产业是通过信息基础设施，使整个产业从研发、生产、制造到管理销售，整个过程都要利用信息技术来提升整个自动化水平的产业，其生产制造的产品能够充分体现出智慧化的因素。未来智慧产业主要体现在三个方面：第一个是高新技术产业，第二个是现代服务业，第三个是传统产业的智慧化改造。

赛迪顾问谢立宏则认为，智慧产业是通过智慧城市建设，以及通过研发创新和应用创新关联带动和培育发展起来的产业，是基于新一代信息技术研发应用的传统信息服务业智慧化和产业融合创新发展的产业，是以重大技术突破和重大发展需求为基础，是知识技术密集、物质能耗少、发展潜力大、综合效益好的产业。智慧产业的发展前景主要包含三个方面：一是传统信息服务业智慧化。智慧城市将推动各个纵向行业解决方案的发展，推动以服务金融、电信、企业、政府、公共事业（如教育、卫生）等行业为目标客户的传统信息服务业的发展和提升。二是智慧新兴产业融合发展。智慧城市在解决民生和城市管理问题的同时，通过融合创新，必将孕育出多种战略性新兴业态。三是新型智慧城市产业链的形成。智慧城市的建设和运营涉及城市各项主体和各个领域，将构建完善的上下游产业链，形成协同效应以及互相融合的产业链和生态圈。

## 第二节 发展于智慧经济

### 一、智慧城市的“退”与智慧经济的“进”

智慧城市更多的是解决城市当下遇到的问题，是为城市管理者和市民服务。习近平总书记在“十三五”规划中强调：“我们要深刻认识互联网在国家管理和社会治理中的作用，以推行电子政务、建设新型智慧城市等为抓手，以数据集中和共享为途径，建设全国一体化的国家大数据中心，推进技术融合、业务融合、数据融合，实现跨层级、跨地域、跨系统、跨部门、跨业务的协同管理和服务。”之后在“4·19”讲话中，习近平总书记便明确提出了新型智慧城市的概念。

新型智慧城市主要“新”在六大发展理念上，即新目标、新思路、新内涵、新原则、新方法、新要求。新目标，即将以城乡一体、人与自然一体的“绿色协调”发展作为新型智慧城市的长远目标，聚焦公共服务与社会治理两大主要目标，既要着眼于解决当前存在的城市病，又要关注城市发展的未来，从内涵上讲便是解决人与人、人与社会之间的协调和谐发展问题。新思路是指以“创新一体化机制”为推进新型智慧城市建设的基本思路，认为新型智慧城市建设的根本思路是以创新体制机制为着力点，构建“一体化的在线服务台”“一体化国家大数据中心”，以适应技术创新成果应用，使之达到最佳效果。

新内涵是指将以人民为中心作为新型智慧城市建设的基本内涵，在新型智慧城市建设中，无论在哪选择切入点和着力点，“互联网 + 政务服务”、社会治理能力现代化、智慧产业发展等，都必须把以人民为中心作为基本的出发点和落脚点，都要最终体现在民生上，让老百姓有获得感。新原则，即以信息数据等社会资源“开放共享”为基本原则，提出新型智慧城市建设要以数据集中和共享为途径，实现“三融五跨”大协同。新方法是指以“分级分类”推进新型智慧城市建设为基本方法，这是针对传统智慧城市“各自为政、无序展开”的推进方法的一个根本性改变。新要求，即“安全可控”是新型智慧城市建设的新要求，把网络数据安全提升到国家安全、民族安全的高度来认识，与基础支撑平台、应用系统建设同步规划、同步建设、同步检测验收。

综上所述，用六大发展理念定义新型智慧城市可以概括为，以民生服务便捷化、社会治理精准化、社会经济绿色化、城乡发展一体化、网络安全可控化为基本目标，以创新体制机制和数据资源开放共享为基本思路与原则，以分级分类推进和安全可控为基本方法和要求，推进新一代信息技术与城市现代化深度融合、迭代演进，实现人与社会、人与自然的可持续协调发展新的城市高级形态。

新型智慧城市理念的提出，一方面展现智慧城市具有“人本”特性，另一方面体现了智慧城市长期发展仍面临多方挑战。智慧城市面临的挑战是多方面的，比如，商业模式不明确。很多城市的大部分智慧城市项目都是政府出资，没有充分调动社会资金的参与，还由于产品或服务策划本身欠缺商业模式考虑，不能够自给自足地持久运营，没有实实在在地带动产业的发展。又比如，信息安全问题。在互联网时代，特别是云计算、大数据、物联网模式下，多网融合打破了信息网络之间的隔离，物联网打破了数字世界与物理世界的边界，云计算打破了自给自足的模式，从而大大增加了安全威胁的来源和破坏程度；而国内信息系统的关键软硬件又大多依赖国外厂商，且产品本身可能有技术上的漏洞，面临较大的安全隐患。

尽管如此，在移动互联网、大数据、创新创业的浪潮下，产业和资本的活跃，促使人们对未来经济的发展进行思考和布局。移动互联网经济、平台经济、数字经济、信息经济、虚拟经济、分享经济、共享经济等一些新的经济名词开始冲击人们的思想，也孕育着新的经济模式。这些不太明确的新经济模式，甚至比智慧城市本身更加令人激动。

---

在摸着石头过河的过程中，智慧城市落地过程中出现的新情况、新模式激发了人们对智慧城市的再认知，引发了人们对智慧经济的深入思考和探索，而浙江省（特别是杭州市）便是较具代表性的例子。

---

浙江省智慧城市建设起步早，拥有一整套具有浙江特色的建设理论和方案。同时，为推动浙江经济社会转型升级，浙江省特别启动了云工程与云服务产业培育、两化融合示范等创新探索工作，并对发展信息经济进行了全面布局，发布《浙江省人民政府关于加快发展信息经济的指导意见》，率先提出以发展信息产业、推进信息化应用、扩大信息消费、深化信息化和工业化深度融合为主要内容的信息经济，抢占全球未来发展制高点的战略选择。

在智慧城市建设理论和实践的探索方面，2012 年，浙江省在全国率先启动 13 个智慧城市试点工程。其中，杭州的试点项目是智慧安监、智慧城管。在全省“先试点、做精细化再推广”的思路下，杭州市智慧城市建设在政府层面并没有在各个领域大幅度铺开，但涌现出许多企业主导的创新服务。当智慧城市在全国各地火热开花的时候，杭州市结合自身的基础、优势及发展方向，提出发展信息经济、智慧经济“一号工程”。杭州在发展信息经济和智慧经济方面已经具有产业基础扎实、示范应用广泛、基础设施完备、公共服务完善等先发优势，尤其是在网络建设、产业发展、应用服务等领域，都有一大批全国领先甚至国际一流的龙头企业。

在 2014 年 7 月 15 日，杭州市委十一届七次全体会议审议通过《关于加快发展信息经济的若干意见》，做出加快发展信息经济和智慧经济的总体部署，以智慧产业化和产业智慧化为重点，坚持基础建设、产业发展、应用服务“三位一体”，加快发展信息经济、智慧经济。2015 年，杭州市先后出台了《杭州信息经济智慧应用总体规划（2015—2020 年）》和《信息经济智慧应用促进条例》。杭州市信息经济、智慧经济的战略布局和规划在全国引起了巨大的反响，在政界、学术界、产业界引起了一场智慧经济的广泛讨论。

## 二、智慧经济的探索

智慧经济这个概念是由我国著名学者陈世清于 2011 年 2 月在《对称经济学》一书中首次提出的。他认为，智慧经济是创新性知识在知识中占主导、创意产业成为龙头产业的知识经济形态，是完整的、真正意义上的知识经济形态。智慧经济形态是由国民创新体系与国民创业体系组成的，国民创新体系与国民创业体系使创新驱动由增长方式上升为经济形态。

---

对于智慧经济的概念，不同的学者与机构从不同的层面出发，会拥有不同的理解与认知。

---

浙江大学曾在编制的《杭州市发展智慧经济总体规划》中提出智慧经济的初步概念，即基于云计算和大数据等新一代信息技术，以大数据的采集、整理、存储、挖掘、共享、分析、反馈、应用为核心的跨界型、网络型、创新型经济，集中表现形式为智慧产业和产业智慧化。也就是说，作为新一轮科技革命和产业变革的突破口，智慧经济是基于云计算、大数据、物联网、移动互联网等新兴信息技术，以知识和数据为核心生产要素，以智慧产业化和产业智慧化为重点的现代经济发展形态。

杨冰之认为，智慧经济是指充分发挥信息资源和知识资源的主导作用，采用资源整合优化、融合催化的创新生产方式，高效利用土地、资本、人力和其他资源等，形成一个绿色、高质、价值最大化的经济形态。智慧经济的实现方式过去是商品，现在是价值，包括土地、劳动力、资本、技术和其他资源。智慧经济的智慧就在于经济函数中的 $F$，也就是投入与产出中价值增长的倍数，代表生产的价值增长情况以及创新设备、组织管理、市场需求等优化能力。智慧经济也是追求综合价值最大化的经济形态。智慧经济的特点包括价值性、流动性、创新性、可持续性。他还认为，智慧经济就是平台经济。

王辉、徐理虹等认为，智慧经济是继农业经济、工业经济、信息经济之后的新型经济发展形态，是基于云计算、大数据、物联网、移动互联网等信息技术，以人力资本、研发资本、技术资本和大数据为核心生产要素，以智慧产业化和产业智慧化为重点，实现企业、市场、政府、产业之间创新互动发展，实现人与自然环境良性互动发展的一种现代经济发展形态。智慧经济是创新型、学习型、知识型、共享型、开放型、联动型、超越型的新型经济发展模式。

> 虽然对智慧经济的概念具有不同的理解与认知，业界对于智慧经济与智慧城市、智慧产业概念间存在的紧密联系，及其自身具有的独特影响力，是具有相当共识的。

智慧经济与智慧城市、智慧产业概念紧密联系。首先，智慧产业的发展催生了智慧经济。智慧经济是继商品经济、服务经济、体验经济之后的第四大经济形式，涵盖其他三大经济，成为新经济时代的代表和象征。其次，从智慧城市会衍生到智慧经济，智慧城市商业模式体现智慧经济精髓；而智慧城市的建成必然会带来智慧经济的发展，智慧经济的发展又将支撑智慧城市的运营模式，智慧商业模式和智慧经济在智慧城市里都会体现出来。

对于智慧经济的影响，曹力铁进行了总结：第一，智慧经济的发展关系到社会的方方面面，是经济发展、社会治理和生活方式相互融合促进的过程；第二，智慧经济能够为我们的生活创造前所未有的便利，同时也需要我们为此付出前所未有的努力；第三，智慧经济的发展是生产方式和生活方式的创新；第四，智慧经济是知识的运用和创新，其发展的关键靠人才。

## 三、智慧产业的兴起

在早期的智慧城市时代，智慧产业只是作为智慧城市的产业，人们的认识大多停留在智慧城市还需要有这么一个重要的支撑，没有将智慧产业作为主角，进行深入分析和探索。

一方面，智慧城市建设过程中，需要通过促进信息产业发展，丰富信息消费产品，提供研发设计、规划咨询、应用开发、集成交付、运行维护等信息服务，全面深化信息化在农业、工业和服务业中的应用，从而实现农业现代化、工业化、信息化和城镇化四化同步发展。产业发展以城市应用为导向，保障智慧城市发展；智慧城市的建设运营将带动建立一批以提供智慧技术、产品和服务的智慧产业生态体系。在新产业革命浪潮下，智慧产业将进一步影响智慧城市的建设与发展。

另一方面，智慧城市的概念自提出以来，经过多年的发展，已经推动了一批新一代信息技术产业的发展，促进了传统产业转型升级，成为全球众多国家和地区促进产业的发展、恢复经济增长的重要战略手段。随着新产业革命的来临，我国智慧城市产业的发展重点也做出了相应的调整：上海市为应对新产业革命，引领“中国制造”向“中国智造”转变；在智慧产业建设中突出新一代信息技术产业、先进制造业和生产性服务业，把握新产业革命关键领域。在全球经济低迷、传统产业发展遭遇资源瓶颈的今天，全球亟待开发产业发展新空间，信息产业正成为经济发展的新动力。

---

当智慧城市热潮逐渐回落，渐渐淹没在移动互联网经济、平台经济、共享经济等新潮中时，人们的关注重点开始逐渐从城市建设、智慧应用转移到产业发展。这些产业不仅仅是明星的信息产业，还有制造业、农业、金融、设计等。随着智慧经济的崛起，智慧产业作为智慧经济的核心，得到了高度的重视，激发全社会思考全产业的升级和发展，正稳步布局，蓬勃发展。

---

以杭州市为例，杭州智慧经济的建设目标是，到 2020 年力争建成国际电子商务中心，基本建成全国云计算和大数据产业中心、物联网产业中心、互联网金融创新中心、智慧物流中心、数字内容产业中心。这一目标紧紧围绕着核心智慧产业，指出了六大智慧产业的全国

地位。建设智慧经济的首要目标就是优先发展智慧产业，以十二大智慧产业作为杭州信息经济的核心产业，通过打造多条核心的信息经济价值链，来整合杭州市的智慧产业，实行整体发展（如图 1－3 所示）。杭州市梳理了十二大核心智慧产业的发展现状，并规划了 2017 年、2020 年的产业增加值、规上企业主营业务收入目标值、全国排名情况、技术发展情况、企业发展情况等，并将其纳入绩效考核。

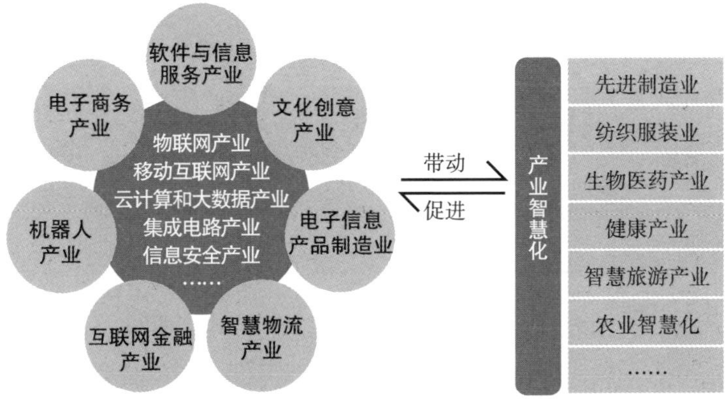


**图 1－3　杭州智慧产业生态图**

杭州在产业智慧化方面，即促进智慧的产业化方面，通过将智慧技术应用于传统优势产业，使其产业增加值的智慧化占比大幅度提高，现代产业体系进一步形成，产业结构调整成效明显。重点规划了在农业、工业、能源和服务业的全产业环节的智慧升级，明确了目标与任务、途径与措施。杭州智慧经济明确包括智慧产业化和产业智慧化，将智慧产业提到了一个讨论的风头浪尖，完全暴露在人们的视野中。杭州市智慧经济、信息经济的战略布局和规划在全国引起了巨大的反响，引领了全国各地智慧产业的快速布局和发展。

而位于大西北的贵州，在 2013 年也启动了智慧城市和大数据产业发展的实施方案。为推动地方产业升级发展及保护生态，贵州选择并聚焦大数据产业发展，落户了三大运营商南方数据中心，出台了《关于加快大数据产业发展应用若干政策意见》《贵州省大数据产业发展应用规划纲要》《贵州省大数据发展应用促进条例》（中国首部大数据地方法规）等一系列政策文件，创建了国家大数据中心，成立了大数据交易所（全球第一家大数据交易所）。省会贵阳市大数据产业呈现“聚变式”增长态势，站在了产业发展的最前沿。2015 年，贵阳市大数据及关联产业规模总量达到 916 亿元，同比增长 38% 以上，大数据及关联企业工商注册数较 2014 年增加 1 300 多家。

而在东北，智慧产业被认为是技术、产品、市场、管理等全方位的综合创新，将在老工业基地传统产业升级中发挥作用。多年工业化让东北沉淀下巨量重资产。面对传统产业订单下降的困境，东北各地加速工业化与信息化的深度融合，以智慧轻产业激活装备重资产，催生基于大数据、物联网、云计算等新技术的一系列新兴产业，推进新旧动能转换。东北装备制造优势突出，智慧产业不仅提供智慧城市惠民新路径，更是东北新一轮振兴中的产业动力，因此，要加快构建创新驱动下的智慧产业体系。沈北新区被定位为一个辐射东北的智慧产业园，发展智能终端产业链，打造东北最大智慧产业集聚区。

沈阳市 2015 年发布了《沈阳市智慧产业发展规划（2016—2020 年）》。总体目标是：力争到 2020 年，构建具有全国领先水平的智慧产业体系，实现创新能力显著提升、龙头企业创新引领、产业集群优势突出、产业环境汇聚活力。智慧产业规模超过 7 000 亿元，建成 10 个以上产业特色鲜明、竞争优势明显的产业集群，培育年业务收入超过 100 亿元的企业 10 家以上，培养和引进 1 000 名高端人才，成为全国智慧产业策源地、东北智慧产业火车头、辽宁省智慧资源集聚中心。重点方向与主要任务是依托沈阳市智慧产业基础，重点发展“一核四业”。“一核”即大数据产业，“四业”即基础智慧产业、智慧产品制造业、智慧服务业和提升型智慧产业（如图 1－4 所示）。

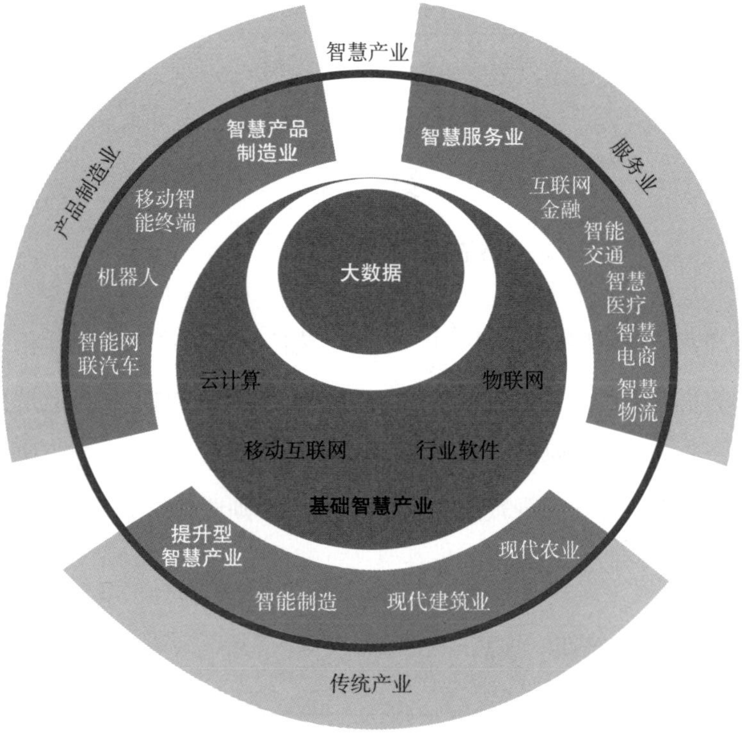


**图 1－4　沈阳智慧产业结构图**

资料来源：沈阳市人民政府．沈阳市智慧产业发展规划（2016—2020 年）［Z］．2015－12。

由此可见，在发展智慧产业的举措中，各地都非常重视智慧产业集群的培养，智慧产业园纷纷规划落地，包括坐落在杭州的中国智慧信息产业园、智慧信息产业园、智慧产业创业园、望江智慧产业园等，坐落大中城市的深圳智慧产业园、上海周浦智慧产业园、无锡（南长）智慧产业园、银川智慧产业园等。一些三四线城市也积极布局，有金乡智慧产业园、安庆智慧产业园等。而企业也积极投入智慧产业园区建设中，并在各地布局。比如中国智谷定位于中国智慧产业平台搭建者，已在青岛、济南、黄山、马鞍山、厦门、杭州、富阳、衢州、北京、绍兴等地规划中国智谷创业园，致力有效帮助地方培育智慧产业，助推地方智慧经济发展。

## 第三节 智慧产业“说”

产业是指使用相同原材料、相同工艺技术或生产产品用途相同的企业的集合。目前关于智慧产业，国内尚没有统一的定义。但是关于智慧产业的归属问题已经形成了一些观点和看法。有人认为归属知识产业，有人认为归属现代服务业，大部分人则认为智慧产业是第一、第二、第三产业某些部分的集合。

### 一、知识产业“说”

知识产业“说”认为，智慧产业也叫创意产业，是继信息产业之后的第五产业，是人的智慧在生产各要素中占主导地位的产业形态，是人类二次创业（生态创业）的龙头，是经济的无投资增长。

从智慧这一生产要素是否占主导地位进行界定，可以从知识、智慧的角度将智慧产业划归为知识产业。数据、信息、知识、智慧四者在数据规模和数据价值上呈现宝塔形逻辑关系（如图1－5所示）。从海量的数据中可以发现几分之一、十分之一、百分之一，甚至万分之一的有用信息；而几十倍、几百倍甚至几千倍的信息经过积累分析，可以产生一两个有用的知识点；最后在相当的经验与知识积累的基础上，通过数据模型的数据挖掘，产生智慧，从而实现对事物迅速、灵活、正确理解和解决的能力。

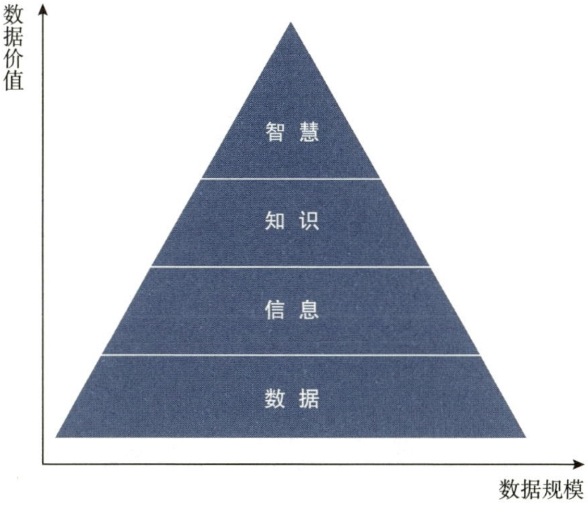


图 1－5 智慧生产的逻辑关系

### （一）智慧产业是继信息产业之后的第五产业

知识产业“说”认为“智慧产业＋知识运营＋智能经济＝智慧经济”，而智慧产业是智慧经济的龙头产业，是人的智慧在生产各要素中占主导地位的产业形态。因为人的智慧主要表现为创意，所以智慧产业也叫作创意产业。智慧产业表现为人的创意对资源整合与资源再生起主导作用，也表现为通过创意对传统产业的提升整合作用；而智慧产业或创意产业是知识产业的完成，本质上仍然属于知识产业，是继信息产业之后的第五产业。

### （二）智慧产业是人的智慧在生产各要素中占主导地位的产业形态

总体上，智慧产业具有两大主要特征：一是理论先行，以往的经济活动都是从经济实践活动中形成经验，再从经验上升为理论，智慧产业则一开始就是用最先进的理论指导经济活动。二是用科学规律规范经济活动，比较常见的有“规范经营”“规范竞争”“与国际惯例接轨”等。其中的“规范”“国际惯例”等都是经济活动的“游戏规则”或人类长期经济实践活动中总结出来的经济活动的科学规律。智慧产业就是帮助人们自觉地发现、制定、运用科学规律指导人们的经济活动，以最大限度地取得经济活动的效益。

### （三）智慧产业是人类二次创业（生态创业）的龙头

人类以往的经济活动发展是从产品运营上升到资产运营，而后上升到资本运营，最后上升到知识运营。而智慧产业则是自上而下的运营，以知识运营带动资本运营，以资本运营带动资产运营，以资产运营带动产品运营（如图1－6所示）。前者呈自下而上的发展，后者呈自上而下的提升。前者称为人类经济活动的第一次创业，也叫生存创业；后者称为人类经济活动的第二次创业，也叫生态创业；智慧产业便是人类二次创业（生态创业）的龙头。

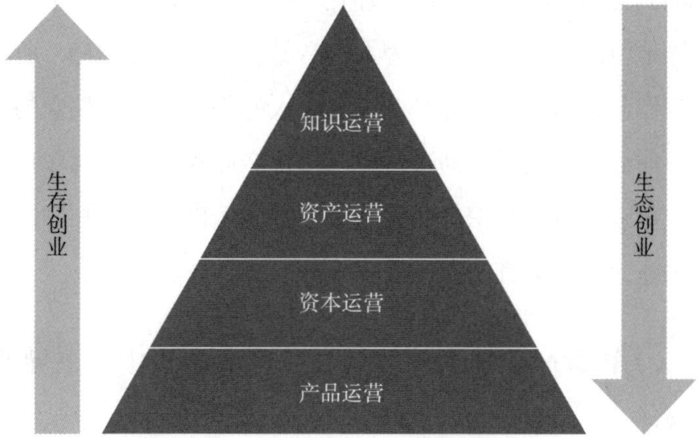


**图1－6　两种创业形态发展方式**

### （四）智慧产业是经济的无投资增长

智慧产业是经济活动中智力运作方式的综合和升华，是经济的无投资增长。资本积累是外延扩大再生产的前提，内涵扩大再生产依靠知识积累，即知识运营。靠知识运营带来的企业的序变（理论创新、企业文化创新→制度创新→管理创新→产业创新）而产生的能量，也必然大于简单的投资增长而产生的能量。实际上，通过投资的量的增加也必须通过序变（结构的变化）才能达到经济总量的增长。知识运营是把这种序变由自发上升为自觉，通过对生产各要素的优化组合，达到资源的优化配置（序变）产生巨大的生产力，从而产生相对于投资增长的“无投资增长”效益。

## 二、高端服务业“说”

---

高端服务业“说”认为，智慧产业是第三产业里的高端部分，是在知识产业的基础上，考虑历史因素、技术因素以及智慧发挥作用的结果，是最不受自然条件、社会条件、经济条件、政治条件影响的产业，具有极其广阔的成长空间和极为光明的发展前景。

---

高端服务业“说”的代表戴春雷在智慧南京顶层设计平台课题研究中认为，智慧产业是为社会提供智慧、知识和精神文化产品的各个产业的总称，是未来城市经济发展主导力量，智力资源为其主导因素，知识密集、信息密集是其主要特征。

庄一召则对智慧产业的内涵、外延、历史发展、前景、产业特征等进行了系统的表述。他认为，智慧产业是与人的智慧和知识相关的产业，是涵盖知识产业的范畴，是指直接运用人的智慧进行研发、创造、生产、管理等活动，形成有形或无形的智慧产品以满足社会需要的产业，是教育、培训、咨询、策划、广告、设计、软件、动漫、影视、艺术、科学、法律、会计、新闻、出版等智慧行业的集合。智慧产业是第三产业里的高端部分，是高端服务业，具有极其广阔的成长空间和极为光明的发展前景。

总体上，高端服务业“说”认为智慧产业与创意产业、文化产业、知识经济三者的概念相近，但与知识产业“说”不同的是，高端服务业“说”认为智慧产业并不等同于知识产业或创意产业，其相互关系如图 1－7 所示。首先，智慧产业的外延大于创意产业的外延。智慧有创新智慧、发现智慧、规整智慧三种类型，创意只是创新智慧的一种。也就是说，创意产业只是智慧产业的有机组成部分，是智慧产业的子集。其次，文化是群体智慧的积淀，是群体行为方式、群体生存与发展方式的总和。智慧产业可简单地表述为对人类智慧的直接利用过程。而文化产业不仅仅指这个直接利用过程，还包括这个过程之前和之后的过程。也就是说，文化产业与智慧产业是交叉关系。最后，知识经济是建立在人类知识基础上的生产关系的总和，是生产方式和生活方式的总和；而智慧产业是建立在智慧基础上的生产力的总和。知识是智慧的结晶，智慧产业决定知识经济，智慧产业撑起知识经济。也就是说，知识经济与智慧产业不在一个层面上。与知识经济并列的是农业经济、工业经济等范畴，而与智慧产业对应的是第一产业、第二产业等范畴。

此外，高端服务业“说”对智慧产业的发展前景持十分乐观的态度。其认为，智慧产业萌芽于人类最初的生产和生活实践，却提得很晚，目前也只能算刚刚起步。但由于智慧产业具有无穷无尽的延展性、衍生性、成长性，在所有的产业里，智慧产业是最不受自然条件、社会条件、经济条件、政治条件影响的产业。自然灾害可以要农

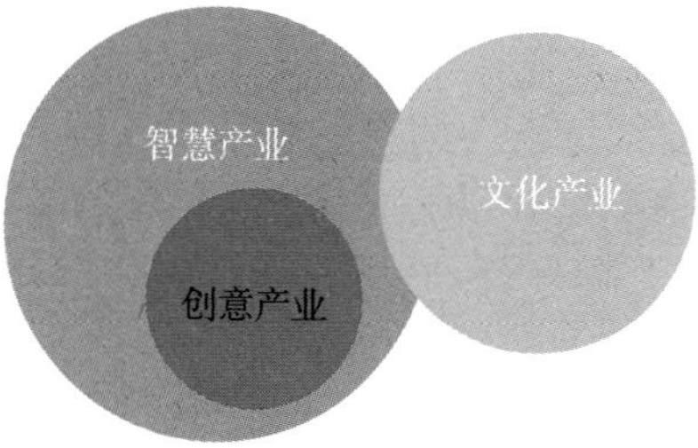


**图 1－7 智慧产业与创意产业、文化产业之间的关系**

业的命，金融危机可以要房地产业的命，国际关系危机可以要进出口业的命，但这些都与智慧产业无关。在形势好时，智慧产业可以顺势发展；在形势不好时，人们对智慧的需求将会增强，智慧产业甚至会拥有相对更好的发展良机，反而可以逆势而上。当前，智慧产业在全球范围内受到了极大的重视，智慧产业是属于未来的产业，将为整个经济和社会产生巨大的推动作用。

## 三、复合型产业“说”

复合型产业“说”认为，智慧产业不单独属于已有的某个产业，而是一个基于云计算、大数据、物联网、移动互联网等现代信息技术的发展和应用形成的相关产业的复合体，是产业跨界融合的结果。这一观点十分重视产生智慧所采用的新一代信息技术本身的发展及对其他行业的影响，认为技术对三大产业不仅是推动、促进，甚至是变革、淘汰，也产生出了一些产业融合的新业态。

复合型产业“说”的代表人物北京大学胡宝钢教授，在当时人们疑惑智慧产业究竟是文化创意产业还是科技创新产业时，便提出智慧产业不仅是文化产业，也是科技产业，从某种意义上讲，智慧产业是复合型产业。智慧产业不是对其他产业的取代，而是其他产业基础的叠加和复合，即智慧产业的本质产业为基础的传统产业，智慧产业的相关产业为文化创意的服务产业，智慧产业的衍生产业为科技创新的智慧产业，三者叠加和复合，构成智慧城市、智慧产业和智慧经济。

陈慧慧、赵飞根据武汉“智慧城市”建设的主要特点与目标，设计了一套多要素多层次的评价指标体系，产业发展作为运行效果的二级指标，包含了六项智慧产业相关的操作性指标。他们认为，智慧产业主要包括以物联网、云计算、软件和信息服务业等产业为代表的智慧信息产业、以现代物流和电子商务为代表的智慧服务业、以智能制造为代表的智慧工业、以设施农业和精准农业为代表的智慧农业等。

《杭州信息经济智慧应用总体规划（2015—2020年）》中指出，智慧产业是指基于云计算、大数据、物联网产业、移动互联网等现代信息技术，以知识和数据为核心生产要素，提供信息化、网络化、智能化产品和服务的产业。把电子商务、软件和信息服务业、文化创意产业、电子信息制造业定义为优势智慧产业，把云计算和大数据产业、物联网产业、智慧物流产业等定义为新兴智慧产业，提出了建设国际或全国中心的目标。杭州还推进产业智慧化，具体是指智慧技术和传统优势工业、能源、健康产业、服务业和农业的融合，强调智慧产业对传统产业的引领带动作用。

段君伟、颜爱妮构建了智慧城市的产业体系（如图1－8所示），他们认为智慧城市产业是指建设智慧城市背景下，以满足城市经济社会可持续发展和提高城市居民幸福感为导向，以高度智能化、技术先进、环保低碳为基本特征，以提供智慧技术、产品和服务为核心，广泛运用智慧技术、产品和服务的各行业集合体，可以简称为智慧产业。

王曼怡、郭珺妍则认为智慧产业包括第三产业中的信息传输、软

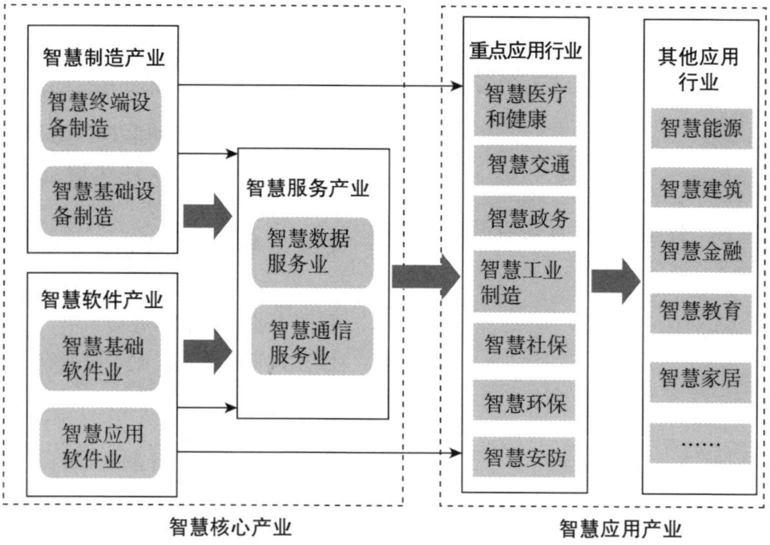


**图1－8　智慧产业组成及内部各产业关系图**

资料来源：段君伟，颜爱妮．智慧城市的产业选择与体系构建［J］．中国市场，2015（34）。

件和信息技术服务业（包含电信、广播电视和卫星传输服务、互联网和相关服务、软件和信息技术服务业等）、科学研究和技术服务业（包含研究和试验发展、专业技术服务业、科技推广和应用服务业等），也包括第二产业中的计算机、通信和其他电子设备制造业（包含电子及通信设备制造业 、电子计算机及办公设备制造业等）。

智慧产业复合型产业“说”综述如表1－2所示。

**表1－2　智慧产业复合型产业“说”综述**

| 作者 | 智慧产业定义提炼 | 智慧产业范围 |
| --- | --- | --- |
| 胡宝钢 | 智慧产业不是对其他产业的取代，而是传统产业、文化创意产业、科技产业三者的复合型产业 | 本质产业为基础的传统产业，相关产业为文化创意的服务产业，衍生产业为科技创新的智慧产业 |

（续表）

| 作者 | 智慧产业定义提炼 | 智慧产业范围 |
| --- | --- | --- |
| 陈慧慧<br>赵　飞 | 智慧产业发展是智慧城市运行效果之一 | 智慧信息产业：物联网、云计算、软件和信息服务等产业<br>智慧服务业：现代物流和电子商务等<br>智慧工业：智能制造等<br>智慧农业：设施农业、精准农业等 |
| 杭州市 | 智慧产业是指基于云计算、大数据、物联网产业、移动互联网等现代信息技术，以知识和数据为核心生产要素，提供信息化、网络化、智能化产品与服务的产业 | 优势智慧产业：移动互联网产业、电子商务、软件和信息服务业、文化创意产业<br>新兴智慧产业：云计算和大数据产业、物联网产业、互联网金融产业、智慧物流产业<br>其他智慧产业：电子信息制造业、机器人产业、集成电路产业、信息安全产业<br>关注产业：网络智能制造、3D打印、可穿戴设备等产业 |
| 段君伟<br>颜爱妮 | 智慧产业是指建设智慧城市背景下，以满足城市经济社会可持续发展和提高城市居民幸福感为导向，以高度智能化、技术先进、环保低碳为基本特征，以提供智慧技术、产品和服务为核心，广泛运用智慧技术、产品和服务的各行业集合体 | 智慧核心产业：智慧制造产业、智慧软件产业、智慧服务产业<br>智慧应用产业：智慧医疗和健康、智慧交通、智慧政务等重点应用行业以及智慧能源等其他应用行业 |

（续表）

| 作者 | 智慧产业定义提炼 | 智慧产业范围 |
| --- | --- | --- |
| 王曼怡<br>郭珺妍 | 综合国内外对智慧产业概念的界定，结合我国智慧产业发展的情况，从现实的统计角度出发，按照《国民经济行业分类》，界定了智慧产业的范围 | 第三产业：信息传输、软件和信息技术服务业（包含电信、广播电视和卫星传输服务 、互联网和相关服务、软件和信息技术服务业等）、科学研究和技术服务业（包含研究和试验发展、专业技术服务业、科技推广和应用服务业等）<br>第二产业：计算机、通信和其他电子设备制造业（包含电子及通信设备制造业 、电子计算机及办公设备制造业等） |

# 第二章
# 智慧产业：一个面向未来的产业体系

在智慧城市的沃土上，在智慧经济的环境中，智慧产业如璀璨的明珠，引起了全世界的关注，获得了快速发展。作为未来产业发展的方向，智慧产业是知识产业，是高端服务业，还是复合型产业？众说纷纭，但都离不开技术、知识、创新等元素。

从智慧产业的构成要素来看，作者认为智慧产业是一个技术和知识双核心创新驱动的有机产业体系，剖析了其特征，努力构建智慧产业的全景图，揭示发展情况和发展路径推动智慧经济的蓬勃发展。

## 第一节
## 智慧产业新说：体系“说”

### 一、智慧产业的定义

智慧产业起源于智慧城市，发展于智慧经济，至今已经有十多年的历史了。但是，业内对智慧产业的相关理论研究仍然较少，尤其是将其作为独立的对象而非附属对象的专门研究比较缺乏，对于智慧产业也还没有形成一个比较统一的定义。

目前，业内对智慧产业主要从产业特点视角、产业结构视角、技术视角、智慧化视角几个角度来定义。本文从智慧产业结构角度出发，在“智慧产业‘说’”一节中，已梳理出知识产业“说”、高端服务业“说”、复合型产业“说”这三种智慧产业的主要观点。本文认为，智慧产业既不只是知识产业，也不只是高端服务业，更不是相关产业的简单复合，而是一个复杂的有机产业体系。

## （一）智慧产业不只是知识产业

智慧产业不只是知识产业，智慧产业与知识产业在理念和构成上存在部分重叠关系。对知识产业范围的界定和分类，其实存在不同的观点。弗里兹·马克卢普（Fritz Machlup）在《美国的知识生产与分配》中认为，智慧产业是为自身消费，或者为他人消费而生产知识，它可以是从事信息服务和生产信息产品的组织或机构，如厂商、机构、组织或部门，甚至可以是个人或家庭；而知识产业包括研究与开发、所有层次的教育、通信及中介媒体、信息设备或设施、信息机构与组织（如图2－1所示）。

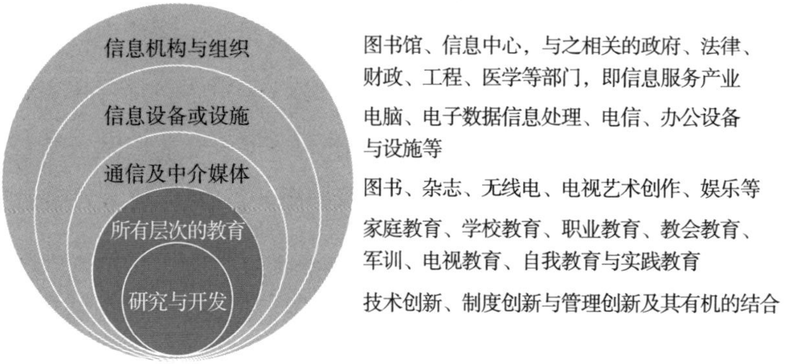


图2－1　知识产业的层次

经济合作与发展组织（OECD）则认为，知识产业是指具有较为密集的技术和人力资源投入的部门，从统计的角度出发，涵盖以下范围：制造业中的高技术产业，制造业中的中高技术产业，服务业中的通信业，服务业中的金融、保险、房地产和商务活动，服务业中的社区、社会和个人服务。

不论是智慧城市发展下的智慧产业，还是智慧经济中的智慧产业，智慧产业所包含的云计算、物联网、大数据、移动互联网等新一代信息技术产业都属于信息设备或设施、信息机构与组织中信息技术最先进的部分，而不包括其他层次的内容。同时，基于新一代信息技术的农业、工业、服务业的转型升级部分也是智慧产业的丰富内涵，这是在知识产业中难以体现的。因此，智慧产业与知识产业在理念和构成上是部分重叠的关系。

### （二）智慧产业不只是高端服务业

智慧产业不只是高端服务业，智慧产业与高端服务业在理念和构成上存在交叉关系。高端服务业通常是指智力化、资本化、专业化、效率化的服务业，虽然目前对高端服务业没有一个准确的定义，但统计口径大相径庭，其研究领域包括以下17大类：科技、教育、总部经济、金融、三四方物流、休闲旅游业、医疗保健、文化娱乐、咨询信息、创意设计、节庆、展会、IT资讯、订单采购、商务活动、企业服务业（智力资本、商务活动）、专业中介。智慧产业为高端服务业提供基于技术的支持服务，甚至颠覆某些商业模式，创造新的业态。智慧产业中高端信息设备和服务设备的制造是高端服务业中所没有的。因此，智慧产业与高端服务业在理念和构成上存在交叉。

### （三）智慧产业不只是相关产业的简单复合

智慧产业不只是相关产业的简单复合，而是一个复杂的有机产业体系。新一代信息技术革命产生的物联网、大数据、云计算等核心技术产业以创新为主要驱动力，具有强大的关联辐射性和溢出效应，引领和带动国民经济的发展。这不仅能够推进第一、第二、第三产业转型升级，促进产业结构调整（如工业物联网、农业物联网），还会加强产业之间的关联（如共享单车），推动相关和配套产业的发展，创造新的产业（如云服务产业、直播产业、手游产业）。也就是说，这些核心技术产业加速了社会生产的各种要素之间的流转，使得产业间的联系更加紧密。因此，智慧产业是一个复杂的有机产业体系。

---

从沈阳智慧产业体系等具体个案中可以清晰地发现，智慧产业是以云计算产业、移动互联网产业、物联网产业、软件和信息服务产业为技术支撑基础，以大数据产业为核心，以智慧产品制造业、智慧服务业和提升型智慧产业为应用的一个有机产业体系。

---

《沈阳市智慧产业发展规划（2016—2020年）》指出，智慧产业是建立在智慧的发现、创造、运用、消费基础上，以大数据、云计算、互联网、物联网、移动互联网等新一代信息技术为依托，以知识和数据为核心生产要素，提供数字化、网络化、智能化产品与服务的一类产业形态。与传统产业相比，智慧产业更强调智能化，包括研发设计的智能化、生产制造的智能化、经营管理的智能化、市场营销的智能化等。智慧产业的一个典型特征是人工智能等新一代信息技术在

各产业领域的广泛深入应用。根据领域的性质，可以将智慧产业划分为大数据产业、基础型智慧产业、智慧产品制造业、智慧服务业和提升型智慧产业五个层面（如表 2－1 所示）。

**表 2－1　沈阳市智慧产业分类**

| 层次 | 主要领域 | 主要表现 | 主要内容 |
|---|---|---|---|
| 大数据产业 | 大数据产品 | 大数据软硬件及解决方案 | 大数据管理软件、软硬一体机 |
| | 大数据运营管理 | 大数据管理、大数据运营 | 数据存储管理、数据开放共享、数据交易流通 |
| | 大数据服务 | 大数据行业服务 | 工业大数据服务、农业大数据服务、商业大数据服务、金融大数据服务等 |
| 基础型智慧产业 | 云计算 | 行业云 | 工业云服务、农业云服务、电子商务云服务、物流云服务等 |
| | | 民生服务云 | 医疗云服务、旅游云服务、交通云服务、教育云服务等 |
| | | 云计算产品及解决方案 | 云操作系统、虚拟化软件、整体解决方案等 |
| | 移动互联网 | 移动终端及网络设备 | 网络设备制造、移动终端产品制造 |
| | | 移动互联网软件及服务 | 移动互联网软件平台、移动互联网应用软件、移动互联网信息服务 |
| | | 移动通信 | Wi-Fi、3G/4G/5G 等移动通信网建设、移动通信服务 |

（续表）

| 层次 | 主要领域 | 主要表现 | 主要内容 |
| --- | --- | --- | --- |
| 基础型智慧产业 | 物联网 | 物联网感知制造 | 传感器/节点/网关、射频识别（RFID）、二维条码等<br>仪器仪表、嵌入式系统，微纳器件、集成电路、微能源 |
| | | 物联网服务 | 物联网网络基础平台和公共服务平台、物联网数据采集挖掘 |
| | 软件和信息技术服务 | 行业软件及解决方案 | 工业软件、制造业解决方案 |
| 智慧产品制造业 | 机器人 | 具有智能化的机器人产品 | 工业机器人、服务机器人 |
| | 智能工业设备 | 具有自我调整能力、网络远程控制能力的工业设备 | 数控机床、自动化智能成套设备 |
| | 测控装置 | 具有各类环境感知的元件和设备 | 新型传感器、智能仪表等 |
| | 移动终端产品制造 | 依托移动互联网的智能终端产品 | 手机、可穿戴设备等 |
| | 智能网联汽车 | 具有智能化功能的汽车产品 | 无人驾驶汽车、智能汽车等 |
| | 智能家居 | 具有智能化水平的家居产品 | 智能电视、智能空调等 |

（续表）

| 层次 | 主要领域 | 主要表现 | 主要内容 |
| --- | --- | --- | --- |
| 智慧服务业 | 先进信息技术+服务业 | 先进信息技术+高效物流、先进信息技术+电子商务、先进信息技术+普惠金融、先进信息技术+惠民服务、先进信息技术+文化创意、先进信息技术+旅行出游、先进信息技术+便捷交通、先进信息技术+政务管理 | 先进信息技术+高效物流（物流信息服务平台、智能仓储），先进信息技术+电子商务（行业电子商务平台、农业电子商务、跨境电商），先进信息技术+普惠金融（移动支付、在线理财、信用评价审核、金融中介、金融电子商务），先进信息技术+惠民服务（在线医院、智慧养老健康、在线教育、个性化教育），先进信息技术+文化创意（创意设计、广播影视、数字出版、动漫、手机游戏），先进信息技术+旅行出游（旅游O2O、旅游信息共享、在线旅游信息服务），先进信息技术+便捷交通（智能出行、智能交通管理），先进信息技术+政务管理（政务数据开放等） |
| 提升型智慧产业 | 先进信息技术+传统产业 | 先进信息技术+制造业、先进信息技术+农业、先进信息技术+建筑业 | 智能制造、现代农业、现代建筑业 |

资料来源：沈阳市人民政府．沈阳市智慧产业发展规划（2016—2020年）［Z］．2015-12。

### 1．大数据产业

大数据是将数据变成智慧的重要工具和桥梁，也是将其他信息产业和传统产业智慧化的引擎，是智慧产业的核心领域。新一代信息技术的发展突出了数据的核心地位，无论是云计算、大数据、物联网、移动互联网等信息产业的发展，还是传统产业的转型升级，都紧密围绕数据的生产、采集、整合、存储、分析等过程进行处理、应用和创新，数据已经成为最重要的生产资料。原始数据被赋予相应的含义后产生了信息，经过组合和规律挖掘，信息演变成了知识，知识的利用和驱动产生了智慧，正是数据的爆发式增长和数据技术的快速迭代升级，才使智慧产业孕育而生。大数据是将数据变成智慧的重要工具和桥梁，也是将传统产业智慧化的引擎。

作为智慧产业的核心部分，大数据与智慧产业的各个领域关联紧密，是连接各领域、打通智慧产业数据链的重要支撑和保障，特别是与基础智慧产业有着不可分割的关联。沈阳基础智慧产业包含了云计算产业、移动互联网产业、物联网产业、软件和信息服务产业。其中，云计算平台能够为大数据应用提供高效、廉价、灵活扩展的基础设施和强大的计算资源，大数据应用能够使云计算的价值更加突出，并推动云计算更好地与行业应用结合，发挥更大的作用。物联网为大数据提供源源不断的数据资源，物联网技术推动了数据采集能力的发展，为数据库建设提供了有力的支撑，大数据的处理结果可以通过物联网平台有效地执行，大数据应用的效益使物联网价值获得延展。移动互联网扩展了大数据的数据源和应用场景，大数据丰富了移动互联网的服务种类，提升了用户体验和黏性。行业软件和解决方案是大数据与行业结合的载体，大数据深化了软件和解决方案在行业中的融合发展。总之，大数据是基础智慧产业的应用和延伸，也是其他智慧产业走向智慧化的必经之路。

### 2. 基础型智慧产业

基础型智慧产业包括云计算、物联网、移动互联网等与大数据紧密联系的新一代信息技术产业，是智慧产业的基础和核心，为智慧产业的整体发展和其他产业的智慧化发展提供基础技术和手段。

### 3. 智慧产品制造业

智慧产品制造业将移动互联网、大数据、人工智能等先进信息技术融入家居产品、穿戴产品、制造装备等传统产品中，使传统产品实现网络化、信息化和智能化，形成智慧产品。相关智慧产品包括智能终端、智能可穿戴、智能家居、智能安防产品、智能装备、机器人等。

### 4. 智慧服务业

智慧服务业利用移动互联网、大数据、人工智能等先进信息技术，提升教育、医疗、交通等服务产业的智慧化程度，提供智慧化的服务，包括智慧医疗服务、智慧旅游服务、智慧交通服务、智慧商务服务、智慧教育服务、互联网金融服务等。

### 5. 提升型智慧产业

提升型智慧产业通过发挥信息技术对农业和工业领域的渗透性、融合性和创新性优势，创新发展智能制造、现代农业、现代建筑业等新型业态，旨在推动传统产业转型升级和提质增效。

---

沈阳智慧产业体系是在全球新一轮科技革命和产业变革背景下，基于沈阳发展基础与优势及对当前发展形势的判断，做出的一个战略性智慧产业体系，是一个具体化、个性化的智慧产业体系。对一个更具普遍性的智慧产业进行定义，我们认为，智慧产业是一个技术和知识双核心创新驱动的有机产业体系，不单独属于已有的某个产业，它是一个基于云计算、大数据、物联网、移动互联网等现代信息技术的发展和应用形成的相关产业的复合体，是产业跨界融合的结果。

---

从智慧产业的渊源看，“智慧”是其核心。“智”者，知也，说的是有知识、博学。“慧”者，心也，说的是心灵通透、丰富。智慧产业中的“智慧”包含了“智慧”和“智慧化”两个含义，分别对

应着“知识”和“技术”两个驱动力，即人对事物能迅速、灵活、正确地理解和解决的能力以及使由物体组成的体系也具有类似能力。也就是说，智慧产业是一个以智慧、知识为主导生产要素的产业，将人的智慧和知识化为产品和服务。

智慧产业所强调的“智慧”，不仅是人类智慧，更主要是人类智慧作用于物体，通过“感知、传输、分析、控制”，使得由物体组成的体系也具有对事物迅速、灵活、正确地理解和解决的能力。这就是“智慧化”。随着新一代信息技术等新兴技术和理论的不断发展和应用，越来越多的物体拥有了“智慧”，人类生产生活的环境逐渐变成一个由系统连接而成的越来越“智慧”的世界。这就是物的“智慧化”，是技术驱动的“智慧”，而这些系统使人们对世界的理解也将变得越来越“智慧”。

从智慧产业的构成要素来看，我们认为智慧产业是一个技术和知识双核心创新驱动，由技术核心产业及其带动的智慧化程度较高的产业组成的有机产业体系。智慧产业的核心由以云计算、物联网、大数据、移动互联网、人工智能、虚拟现实、机器人等新一代智慧技术刺激下催生的战略性新兴产业构成，并在此基础上与城市第一、第二、第三产业要素相融合，形成一个庞大的有机产业体系。

## 二、智慧产业的特征

智慧产业是以新型信息技术为支撑，具有高度数字化、智能化和融合化特性的一类产业。从业态上看，智慧产业是软件信息、科研创新、教育培训、文化创意业态等行业共同组成的一类集合。其起源于智慧城市，发展于智慧经济。在当下新型智慧城市、宽带中国、大数据、智能制造、人工智能等多项“智慧”战略的驱动下，纵观国内外智慧产业的发展情况，主要呈现出以下特征。

## （一）技术迅速发展，深度沉浸

智慧产业是依托物联网、云计算、大数据等新一代信息技术发展起来的产业，而目前这些核心技术发展迅速，新技术不断涌现，并呈现出深度沉浸的特征。

从目前来看，智慧产业的核心技术主要包含已较为成熟的物联网、云计算、大数据、移动互联网等产业，及正在逐步壮大的人工智能、虚拟现实、区块链等产业。在我国，智慧时代开启于2008年"感知中国"的提出，物联网成为技术界和产业界关注的热点。随后，云计算、大数据、移动互联网发展迅速，不断刷新人们对智慧时代的认识。以移动互联网为例，2016年我国电话用户和互联网用户规模居世界首位，手机网民已达6.95亿人，占比95.1%（如图2－2所示），使用的手机互联网应用有手机即时通信、手机网上支付、手机网络购物等18类应用。作为技术风向标的Gartner年度新兴技术成熟度曲线、麦肯锡（McKinsey）的技术发展报告等报告也不断总结和预测新技术的发展，揭示一些曾经的新技术已经成熟应用。近一两年，人工智能、虚拟现实、区块链技术成为关注的前沿技术，被认为将对社会生产生活产生巨大的影响。深度思维（DeepMind）开发的人工智能围棋程序阿尔法狗（AlphaGo）连续打败人类围棋顶级高手，充分展示了机器的智慧化所能达到的程度。

同时，随着技术的迅速发展，各项技术在生产、管理过程以及产品开发等方面的应用均体现出信息化深度沉浸的特征。例如，智慧交通利用大数据技术，研制交通数据分析引擎及模型工具，建立面向智能交通行业的大数据智能分析和开放服务平台，解决传统交通行业信息系统数据分析存在的严重性能瓶颈和应用难题，实现不同交通服务协调运作和整合。

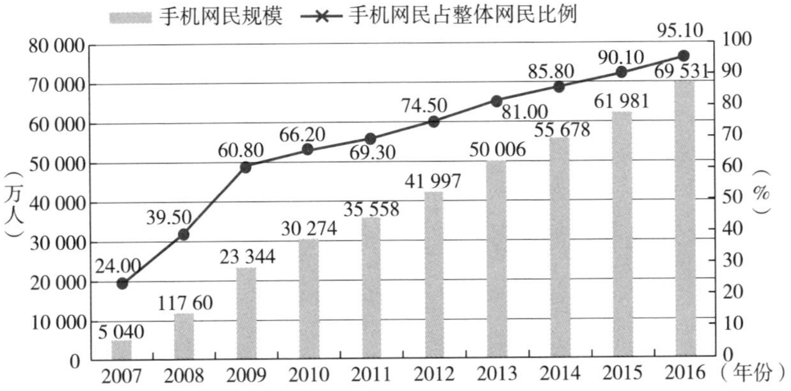


**图 2－2　中国手机网民规模及其占网民比例**

资料来源：中国互联网络发展状况统计报告［R］. 中国互联网络信息中心 CNNIC，2017。

## （二）产业加速智慧化，高度融合

智慧产业是一个技术和知识辐射作用很强的产业，核心技术的推广应用对城市整体产业产生冲击，促使城市产业升级优化，推动第一、第二、第三产业的智慧化加速进行。在第一产业中，物联网、大数据、空间信息、移动互联网等信息技术在农业生产的在线监测、精准作业、数字化管理等方面得到不同程度的应用，“十二五”期间在全国范围内总结推广了 426 项节本增效的农业物联网软硬件产品、技术和模式。在第二产业中，推出“中国制造 2025”规划，大力推动智能制造工程，紧密围绕重点制造领域的关键环节，开展新一代信息技术与制造装备融合的集成创新和工程应用。在第三产业中，新一代信息技术与生产性服务业、新兴服务业、文化产业、科技服务产业等融合，涌现了一大批冲击传统行业的新业态，比如出门可以不带钱包的支付宝，让人无须彻夜排队的网上挂号和火车订票，分享私家车的快车和顺风车，足不出户解决饮食的外卖 App 等。

同时，以往传统的第一、第二、第三产业属于独立的分支，而新一代信息技术作为重要的生产力，为各产业发展提供了新手段新思路；也作为一种特殊的纽带，将不同的产业连接起来，逐渐融合，产生新产业新业态，对现有一些产业将产生极大的冲击，甚至有可能彻底颠覆某个产业。智慧产业是既高于传统第一、第二、第三产业，又与传统行业紧密联系的一种产业，它既包括以人的智慧为根本的新兴信息、知识、创意等行业业态，也包括传统产业智慧化改造得到的新型业态。各传统产业与先进的信息技术相结合，各产业间相互融合，使产业结构得以优化。而智慧产业又有着很强的包容性，产业智慧化和智慧产业化都形成智慧产业，这种产业的高度融合性打破了传统产业间的相互独立状态，使市场成为一个有机统一的整体，有利于产业间的合作与交流。

于是，智慧产业呈现出产业跨界融合、新产业新业态活跃的特征。比如，依托互联网的自媒体、小微媒体，以其透明、快速、人性化冲击着传统新闻业的寡头垄断地位，让每个人都拥有话语权。未来，新媒体将成为与新闻媒体平齐的主体，甚至具有更强的话语权。在创新创业的良好氛围下，这些新产业新业态具有极其强大的发展空间，受到社会资本、政府、企业、个人的青睐，比较容易通过传统融资或众筹等途径获取资源，快速发展。这些活跃的领域逐渐扩大，模糊着现有传统划分的产业边界。

### （三）合作模式多样化

智慧产业作为当前最为热门的产业，得到了政府、企业和科研单位的广泛关注，大量研发资金和创新型人才的投入，加速了传统资源与智慧产业的交叉、渗透和重组。而新兴的智慧产业在各个发展阶段都需要大量资本的投入，因此资本投资和孵化器的模式备受青睐。由于智慧产业对技术和知识的更新要求非常高，企业与科研单位的合作也进一步推进。政府政策的支持、企业间的相互合作、科研单位的智力保障和信息安全的保驾护航，多样的合作模式使智慧产业得以可持续发展。

### （四）发展模式生态化

智慧产业发展遵循生态性原则，促使转变经济发展方式，实现人与自然的和谐相处。一方面，它通过各种能源生产和利用系统，降低可再生能源的消耗，减少能源浪费，提高能源的利用效率，构建资源节约、环境友好型可持续发展模式。另一方面，它通过思想的转变、商业模式的创新，改变人们对能源的需求，加强物质的利用效率。例如，共享单车使骑自行车的绿色出行方式成为一种时尚，同时减少了人们对汽车、公交等耗能出行方式的需求；同时，不需要每个人都拥有一辆自行车，这大大减少了自行车生产的物质和能源需求。

### （五）一城一体系

每个城市的资源禀赋和战略构想不同，其智慧产业的构成及发展特点也各不相同，各城市最领先的产业体系因此而不同。以杭州和沈阳2020年的主要产业目标为例：杭州要建成国际电子商务中心、全国云计算和大数据产业中心、全国物联网产业中心、全国互联网金融创新中心、全国智慧物流中心、全国数字内容产业中心六大中心，强调产业在国际和全国的影响力；沈阳要成为全国智慧产业策源地、东北智慧产业火车头、辽宁省智慧资源集聚中心，主要强调产业在片区和省内的影响力。

## 三、智慧产业细说

更为具体地，智慧产业的发展会受到多种要素的影响。从我国各省市的情况来看，其主要制约因素是技术、智力、资本、政策四大要素，且这四大要素之间具有一定的关联性。这些要素在全国范围内的分布不均匀，但是具有极强的流动性，为每个城市智慧产业的发展带来了不确定性和跨越发展的机会。

### （一）技术要素是产业发展的重要动力

智慧产业是典型的知识技术密集型产业，技术创新是产业发展的动力和源泉，是提升产业核心竞争力的关键手段。随着全球化的持续深入，智慧产业的竞争正日益激烈，核心关键技术成为智慧产业发展的命脉。美国、欧盟、日本等发达国家和地区以及苹果、谷歌、微软等跨国企业深刻认识到技术创新以及核心技术的重要性。它们非常注重技术创新能力的提升，投入大量资金用于先进技术的突破以及产品的开发创新，拥有大批专利，掌控绝大部分产品标准的制定权，不断强化自身全球技术的领先优势，以期掌握产业发展的主导权，在产业链分工中占据有利地位。

### （二）智力要素是产业发展的核心资源

人才是智慧产业保持创新持续性的必备条件。智慧产业领域的企业时刻面临新产品、新应用、新技术、新模式、新业态的冲击和挑战，需要具有创新能力和实践能力的创新型人才支撑企业成长与经济发展。同时，智慧产业更具开放性和包容性，更加鼓励创新，为创新型人才的成长和实践提供机会与条件。为此，很多企业都对创新型人才趋之若鹜。例如，百度为发展人工智能，力邀谷歌人工智能之父吴恩达加盟，成为百度首席科学家。吴恩达的加盟使百度在短期内吸引了 8 位人工智能领域的专家，使百度深度学习研究院在人工智能领域的研究取得积极进展，并已将成果应用于百度无人驾驶汽车等产品。

美国智慧产业的快速发展源于出现了苹果、谷歌等极具创新能力的企业，其产品拉动了整个产业链的共同进步，并对移动互联网经济的发展产生了重要影响，而创新型人才是推动这些企业成功的核心要素。

### （三）资本要素是产业发展的重要推手

创业创新活跃是智慧产业的重要特点，其对风险投资的依赖度较高，积极活跃的投资环境是智慧发展不可或缺的重要推手。风险投资不需要抵押，也不需要偿还。对于创业者来说，使用风险投资创业，即便失败，也不会背上债务遭到银行催逼。这种鼓励尝试、容忍失败的投资方式极大地刺激了创业者的创新欲望。许多智慧产业领域企业采用轻资本方式运营，在发展初期无法上市且难以从其他渠道获得资金的情况下，风险投资的注入无疑雪中送炭。在技术演进和规模扩张的过程中，风险投资成为创新创业活动得以持续并走向成功的必要因素。

### （四）政策要素是产业发展的内在要求

产业政策能够支撑产业持续健康发展。相关投融资政策、税收优惠政策、区域布局政策、人才培养政策、产业技术政策、软件出口政策、政府采购政策、收入分配政策、知识产权保护政策有助于形成一个包容开放的市场竞争环境，并形成集聚人才、吸引资金的良好氛围，推动智慧产业的研发创新能力不断提升，为企业由小做大继而做强创造良好的基础条件，推动产业链条的不断完善，为智慧产业的可持续发展提供坚实保障。

此外，人才综合了技术、智力等资源，是当下智慧产业发展中较为欠缺的资源。因此，智慧城市产业内部的竞争主要体现在人才和知识的竞争，加大教育宣传和人才培养是当下快速推动智慧产业发展的有力途径。

# 第二节
# 智慧产业图：一览风华

## 一、绘制智慧产业构成图

总体来说，智慧产业是近几年发展起来的一个城市产业发展方面的概念，在政界、产业界和企业界都受到了高度关注。但是至今仍然没有形成一个统一的定义和划分体系，不仅各界都有一些自成体系的观点，不同的城市也出台了一些自成体系的产业规划，而本书对于智慧产业的定义与产业构成也有自身独特的理解。

在“体系‘说’”一节中我们谈到，智慧产业起源于新技术对社会生产生活的渗透和冲击，由技术和知识双核心创新驱动，包含“智慧”和“智慧化”两个方面，其发展受技术、智力、资本、政策等要素影响，智慧城市产业的发展更注重人的智慧，并且产业内部的竞争主要体现为知识的竞争。

具体到智慧产业的构成，简单来说，智慧产业由内核产业与主体产业两部分构成。其中，内核产业是技术产业，主体产业是技术与城市第一、第二、第三产业要素结合发展起来的融合产业。核心技术产业，由以云计算、物联网、大数据、移动互联网、人工智能、虚拟现实、机器人等新一代智慧技术刺激下催生的战略性新兴产业构成，总体相对简单，具有非常强的辐射带动作用。融合应用产业，由智慧技术在第一、第二、第三产业创新应用形成的融合产业构成产业场景，为核心技术产业发挥其技术特性提供了广阔的空间，同时也推进了核心技术的发展，影响了核心技术的发展方向。融合应用产业一方面具有很强的创新性，不仅包括技术创新，还包括业务创新、商业模式创新、政策创新等；另一方面也具有很强的跨界性，其形成总是以某一问题为核心，不局限在某一产业内部，从整个产业链及生态寻求解决方案，需要融合多个产业要素，具备跨界创新思维。

从我国当前智慧产业发展的情况来看，智慧产业构成图（如图 2 - 3 所示）可以分为四大类：一是核心技术产业；二是核心技术产业与第一产业的融合应用产业（简称一类融合应用产业）；三是核心技术产业与第二产业的融合应用产业（简称二类融合应用产业）；四是核心技术产业与第三产业的融合应用产业（简称三类融合应用产业）。另外，政府对智慧产业和创新创业的培育与扶持，也形成了智慧园区、智慧孵化等政府特色明显的融合产业。

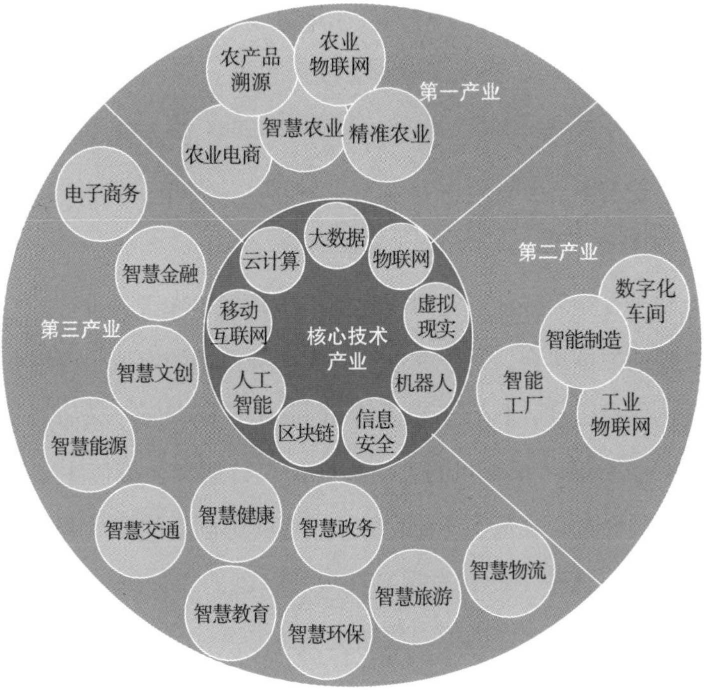


**图 2 - 3　智慧产业构成图**

## （一）核心技术产业

核心技术产业，由以云计算、大数据、物联网、移动互联网、人工智能、区块链、虚拟现实、机器人等新一代智慧技术刺激下催生的战略性新兴产业构成，具有非常强的辐射带动作用。作为智慧产业的核心创新驱动产业，核心技术产业主要攻克前沿科学问题，并为解决某些问题提供技术实现手段。比较重要的有以下几个产业。

### 1. 云计算产业

云计算是指一种通过网络把多个成本相对较低的计算实体整合成一个具有强大计算能力的系统，借助先进的商业模式将强大的计算能力分布到终端用户手中的技术。云计算的产业价值体现在以下几个方面：一是以低成本的计算、存储能力提供并保障服务的高可用性和高安全性成为可能；二是按需取用、按需付费、集中管理的云计算理念，能够把系统或资源统一管理、平台化运营，提升效率，带来巨大的贡献。

### 2. 大数据产业

大数据是指无法在一定时间范围内用常规软件工具进行捕捉、管理和处理的数据集合，是能够创造巨大社会价值的海量、高增长率和多样化的信息资产，具有高容量（volume）、多样性（variety）、速度（velocity）、价值（value）的突出特征。大数据产业价值主要体现在以下三个层面：一是基于产业趋势及产业业态创新的需求端“功能模块”构建；二是基于产业发展功能模块基础的“数据模块”搭建设计；三是基于数据模块进行的数据挖掘、采集、清洗和应用编程。大数据产业本身最核心的价值在于采用数据的手段服务于市场诉求及产业经济发展需要，强调数据工程建设，更重视对数据搜集、处理、应用的大数据思维的形成。

### 3. 物联网产业

物联网，简单来说就是将物和物的连接、人和物的连接、人和人的连接，增加从终端到中央端、局端的智能技术。物联网产业的核心价值在于实现万物互联，使有感知能力、有自我控制能力的机器联网，进一步取代人可能会出现失误的工作，提高社会生产效率，优化资源，实现降低成本的智慧化设想。

### 4. 移动互联网产业

移动互联网产业是移动通信网和互联网的结合体。随着时代与技术的进步，人类对移动性和信息的需求急剧上升，移动互联网产业蓬勃发展，深刻改变了信息时代的社会生活。移动互联网产业的核心价值在于打破时间空间的限制，随时随地获取所需的信息，处理工作与生活中的各项事务。

### 5. 人工智能产业

人工智能是一门研究和开发用于模拟与拓展人类智能的理论方法和技术手段的新兴科学技术。人工智能产业，一方面，提供家庭机器人、超级智脑等工具，让我们的生活更为便捷愉快；另一方面，作为人类智力的一种补充，用于替代人类完成部分难以胜任的劳动，这对于基础科研和工程活动都是必不可缺的。

### 6. 区块链产业

区块链是伴随比特币产生的一个重要概念，简单来说，就是把加密数据（区块）按照时间顺序进行叠加（链）生成的永久、不可逆向修改的记录。区块链产业的核心价值在于，让人类的信息共享更加快速，打破人与人、机构与机构间的壁垒；精准控制价值流动的去向、使用范围，甚至时间有效期；使交易更加公开公平，相互信任，不可篡改，在金融、能源、物流、教育、文化和社会服务等多个领域发挥独特作用。

7. 虚拟现实产业

虚拟现实是指借助一系列交互设备构造的用以体验或感知虚拟境界的一种计算机软硬件环境，用户使用这些高级设备以自然的技能向计算机发送各种指令，并得到环境对用户视觉、听觉、触觉等多种感觉信息的实时反馈。虚拟现实产业的核心价值在于，凭借技术所具有的沉浸性、交互性和构想性特征，在各个领域再造一个更丰富的“美丽新世界”。

8. 机器人产业

机器人是指具备一些与人或生物相似的智能能力，如感知能力、规划能力、动作能力和协同能力的高灵活性自动化机器。它由实体身体和某种形式的人工智能系统组成。与人工智能产业相似，机器人产业的核心价值在于代替人类完成部分难以或不愿完成的事务，机器人产业包含实体机制造等部分，且已形成完整的上中下游产业链。

此外，新一代信息技术以外的生物技术、电脑 – 人脑结合技术、纳米技术等其他学科的前沿技术也为智慧产业的发展提供了重要的驱动作用。例如，以纳米技术为引领，出现微纳制造、能源与清洁技术、纳米新材料和纳米生物技术等一大批战略性新兴产业；电脑 – 人脑结合技术，以最有可能使人类受益的方式推进数字智能等。

9. 信息安全产业

信息安全即保证信息的保密性、真实性、完整性、未授权拷贝和所寄生系统的安全性，是国家安全的重要组成部分。随着互联网和信息技术高速发展，信息安全问题日益突显，位于信息安全链条之上的软硬件设备生产商、科研系统、市场及用户等各子系统之间相互协调、相互作用，呈现出产业化的趋势。信息安全产业逐渐成长为每个国家和城市关注的基础产业，智慧产业的守护神。

### （二）一类融合应用产业

一类融合应用产业是核心技术产业与第一产业融合形成的应用产业，主要包括智慧农业、农业物联网、农产品溯源、农业电商、精准农业等。

#### 1. 智慧农业

智慧农业是农业生产的高级阶段，是指集新兴的互联网、移动互联网、云计算和物联网技术为一体，依托部署在农业生产现场的各种传感节点（如环境温湿度、土壤水分、二氧化碳、图像等）和无线通信网络，实现农业生产环境的智能感知、智能预警、智能决策、智能分析、专家在线指导，为农业生产提供精准化种植、可视化管理、智能化决策。

#### 2. 农业物联网

农业物联网，即通过使用各种自动化、智能化、远程控制的生产设备，构成可实时显示、自动控制的监控网络，实现对物品（商品）的自动识别和信息的互联与共享。运用物联网系统的温度传感器、湿度传感器、pH（氢离子浓度指数）传感器、光照度传感器、$CO_2$（二氧化碳）传感器等设备，可以检测环境中的温度、相对湿度、pH 值、光照强度、土壤养分、$CO_2$ 浓度等物理量参数，保证农作物有一个良好的、适宜的生长环境；同时使农业逐渐从以人力为中心、依赖于孤立机械的生产模式转向以信息和软件为中心的生产模式。

#### 3. 农产品溯源

农产品溯源综合运用多种网络技术、条码识别等前沿技术，实现对农业生产、流通过程的信息管理和农产品质量追溯管理、农产品生产档案（如产地环境、生产流程、质量检测）管理、标签设计和打印、基于网站和手机短信平台的质量安全溯源等功能。支撑农产品溯源的是农产品质量安全及管理溯源系统，该系统基于单机或网络环境运行，可用于农产品质量监管部门和生产企业应用，实现农产品安全生产管理、流通管理、质量监督管理及质量追溯。

#### 4. 农业电商

农业电商是指通过电子数据传输技术开展的商务活动，能够消除传统商务活动中信息传递与交流的时空障碍。农业电子商务用户可以根据网站提供的农贸通认证系统直接选择有官方认证的商家进行交易，资金交易可以选择第三方资金担保（如支付宝），由此不但增加了资金安全，更有效地节约了时间。农业电子商务把线下交易流程完全搬到网上，可有效推动农业产业化的步伐，促进农村经济实现以市场为导向、经济效益为中心的产业化发展。

#### 5. 精准农业

精准农业是当今世界农业发展的新潮流，它由信息技术支持，可根据空间变异，定位、定时、定量地实施一整套现代化农事操作。精准农业主要根据作物生长的土壤性状，调节对作物的投入：一方面，查清田块内部的土壤性状与生产力空间变异；另一方面，确定农作物的生产目标，进行定位的“系统诊断、优化配方、技术组装、科学管理”，调动土壤生产力，以最少的或最节省的投入达到同等收入或更高的收入，并改善环境，高效地利用各类农业资源，取得经济效益和环境效益。

### （三）二类融合应用产业

二类融合应用产业是核心技术产业与第二产业融合形成的应用产

业，主要包括智能制造、智能工厂、数字化车间、工业物联网等。

### 1. 智能制造

智能制造是新一代信息技术与制造业深度融合的结果，在制造过程中能进行诸如分析、推理、判断、构思和决策等智能活动。通过人与智能机器的合作共事，扩大、延伸和部分取代人类专家在制造过程中的脑力劳动，更新制造自动化的概念，将其扩展到柔性化、智能化和高度集成化。我国高度重视智能制造战略，于 2015 年 5 月发布《中国制造 2025》，以加快新一代信息技术与制造业深度融合为主线，通过 5 大工程、10 大重点领域（如图 2 －4 所示），实现制造业由大变强。

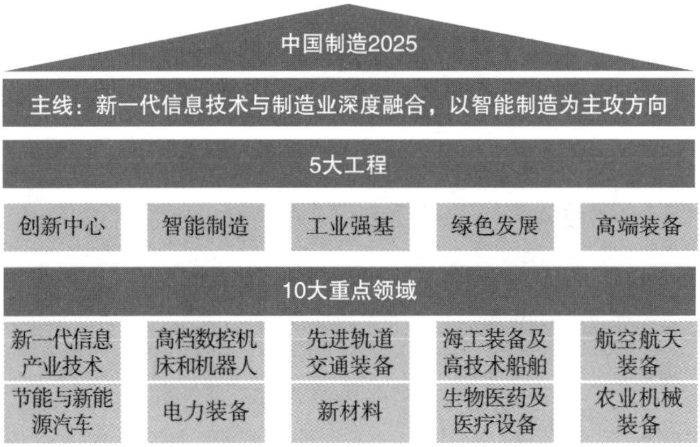


**图 2 －4　《中国制造 2025》详解图**

资料来源：中国制造 2025 主攻智能制造、确定 10 大重点领域［EB/OL］. https：//sanwen. net/a/hsqrdbo. html，2016 －07 －16。

### 2. 智能工厂

智能工厂是工厂在设备智能化、管理现代化、信息计算机化的基础上达到的新阶段，不但包含智能设备和自动化系统集成，还涵盖人事、财务、销售、调度等企业管理方面的智能化内容。智能工厂可以有效打破组织边界，将企业整个生产现场都纳入管理网络中，从而深刻改变制造模式、流程乃至整个制造业的结构。

### 3. 数字化车间

数字化车间是基于物联网中智能硬件的数字化平台，搭载云 MES[①] 贯穿了五大生产要素“人、机、料、法、环”，从三大维度（“生产数据捕捉透明化、数据呈现可视化、工业数据分析智能化”）进行打造。数字化车间应用于企业内部物流的全线追溯、制造工程配置、生产及品质过程控制，为计划系统的再调整提供可以信赖的决策依据，能有效提升制造环节的透明度，填补生产现场与系统之间的“信息孤岛”，帮助企业全面提升工厂制造执行能力。

### 4. 工业物联网

工业物联网是将具有感知、监控能力的各类采集或控制传感或控制器以及泛在技术、移动通信、智能分析等技术不断融入工业生产过程各个环节，从而大幅提高制造效率，改善产品质量，降低产品成本和资源消耗，最终实现将传统工业提升到智能化的新阶段。从应用形式上来看，工业物联网具有实时性、自动化、嵌入式（软件）、安全性和信息互通互联性等特点。

## （三）三类融合应用产业

三类融合应用产业是核心技术产业与第三产业融合形成的应用产业，主要包括电子商务、智慧金融、智慧文创、智慧能源、智慧交通、智慧健康、智慧政务、智慧教育、智慧环保、智慧旅游、智慧物流等。

### 1. 电子商务

电子商务是以信息网络技术为手段，以商品交换为中心的商务活

---

① MES，即制造执行系统。

动，其关键是依靠电子设备和网络技术进行的商业模式。电子商务不仅包括购物的主要内涵，还包括物流配送等附带服务，以及电子货币交换、供应链管理等系统。电子商务的存在价值在于让消费者通过网络进行网上购物、网上支付，节省客户与企业的时间和空间，大大提高交易效率；同时，通过足不出户的网络渠道，形成全新的商务思维。

### 2. 智慧金融

智慧金融是指运用大数据、人工智能、移动互联网、云计算等新型技术手段，使金融行业在业务流程、开拓和客户服务等方面得到全面提升，实现金融产品、风控、获客、服务的智慧化。在互联网时代，它是传统金融服务演化的更高级阶段，可以有效解决传统金融服务存在的种种问题，使决策更贴近用户的需求，效率更高，服务成本更低。

### 3. 智慧文创

文化是人类智慧知识想象和热情的结晶，是人类对自身实践在精神上的高度提炼。智慧文创是新兴技术与文创产业结合的产物：首先，在开拓文化创造的领域上开阔了资源创造的空间；其次，改变了人们的文化生活方式，为更多的人们、企业、机构参与文化创造提供了极大的方便；再次，创意经济、文化产业在全球格局中扮演的角度、展现的视野越来越重要，其重塑文化创意产业的格局，需要我们重新看待文化生产力的组合方式。

### 4. 智慧能源

智慧能源是贯穿能源生产、配送、供给、使用各个环节的综合性解决方案。第一，智慧能源是一种特定意义的新能源，将信息技术（IT）应用到能源领域，最优化能源管理，通过专业技术吸收热能、冷能及环境能，再通过能量流和信息技术的融合，从而产生巨大的协同效应，达到最高能效。第二，智慧能源还包括水、煤、气等常规能源，可以减少浪费及对环境的污染。第三，智慧能源是一种整体的能源解决方案，综合考虑能源的生产、输送、消费等环节的运作情况，从整体上采用智能化手段进行优化设计。第四，智慧能源是一个高效、互动的能源体系，是一个集成各种能源管理的系统体系。

### 5. 智慧交通

智慧交通是在以人为本、可持续发展的理念指导下，将物联网、云计算、大数据、移动互联网等技术为代表的智能传感技术、通信传输技术、数据处理技术和信息网络技术等有效集成，并运用到交通系统中，以提高交通管理服务效率、提升人们的出行体验为目的，以更精确的信息在更广的时空范围内构建的智能化、人性化、立体化的综合交通体系。智慧交通一方面可以提高交通系统的运行效率、减少交通事故、降低环境污染；另一方面可以提高交通服务水平，为交通参与者提供高效、准确、随需而变的出行服务，使交通管理者的管理更加科学精准，使出行者的交通出行体验更加安全舒适。

### 6. 智慧健康

智慧健康是在新一代信息技术深入发展和智慧城市的推动下，人的健康管理与医疗信息化、智能化交相融合的高级阶段。从广义上来说，智慧健康是指扩展人们的医疗健康理念，以人的健康状况为核心，以人的健康活力为目标，以技术产品创新、商业模式创新、制度机制创新为带动，调动和激发社会医疗健康服务资源，提供便捷化、个性化、经济性、持续性的医疗健康服务。从狭义上来说，智慧健康是综合应用云计算、物联网、大数据为代表的新一代信息技术，以及生物技术、纳米技术，整合卫生部门、医院、社区、服务机构、家庭的医疗资源和设备，创新医疗健康管理和服务，形成全息全程的健康动态监测和服务体系。

### 7. 智慧政务

智慧政务运用云计算、大数据、物联网等技术，通过监测、整合、分析、智能响应，实现各职能部门的各种资源的高度整合，提高政府的业务办理和管理效率；加强职能监管，使政府更加廉洁、勤政、务实，提高政府的透明度；形成高效、敏捷、便民的新型政府，保证城市的可持续发展，为企业和公众建立一个良好的城市生活环境；从而打造“政务公开、联网审批、责任追溯、智慧决策”的智慧型、服务型政府。

### 8. 智慧教育

智慧教育是不断将物联网、云计算、大数据、移动互联网、人工智能、虚拟现实等新一代信息技术手段与教育理念和实践融合，构建网络化、数字化、智能化的学习空间、学习生态和现代教育模式与系统，旨在促进教育利益相关者的智慧养成与可持续发展，推动教育的创新与改革。智慧教育可以帮助教育行政部门实现网络化办公协同、教育数据采集分析，以及教育的全局监督；可以帮助学校构建独立的数字化校园环境，以提升管理水平和管理效率；可以使教育者和被教育者便捷、低成本地获得优质的教育资源与创新的教育服务；并最终体现教育公平，实质性地提升教学质量和教育管理水平。

### 9. 智慧环保

智慧环保是绿色革命与智能技术的综合体现，是基于数据实时采集、网络传输、智能分析和紧急预警等基础技术而设计的，以面向信息服务为目标，以信息智能化集成为重点，结合环保信息实时监控网，进行污染预报、灾害预警。智慧环保是物联通信时代环保信息化的发展进程，是环保管理工作的目标走向。总之，智慧环保通过建设一个开放性、实用性和先进性，集智能感知能力、智能处理能力和综合管理能力于一体的新一代网络化智能环保系统，达到“测得准、传得快、说得清、管得好”的效果，旨在创新环境管理思路，创新环境管理新模式，推进污染减排、加强环境保护，实现环境与人、经济乃至整个社会的和谐发展。

#### 10. 智慧旅游

智慧旅游是指利用云计算、物联网等技术，通过互联网（或移动互联网），借助便携的终端上网设备，主动感知旅游资源、旅游经济、旅游活动、旅游者等方面的信息并及时发布，让人们能够及时了解这些信息，及时安排和调整工作与旅游计划，从而达到对各类旅游信息的智能感知、方便利用的效果。

#### 11. 智慧物流

智慧物流是指利用物联网、集成智能化等技术，使物流系统具有模仿人的智能，具有思维、感知、学习、推理判断和自行解决物流中某些问题的能力，通过以精细、动态、科学的管理，实现物流的自动化、可视化、可控化、智能化、网络化，从而提高资源利用率和生产力水平，创造更丰富社会价值的综合内涵。智慧物流可以降低物流成本，提高企业利润；加速物流产业的发展，提供物流业的信息技术支撑；为企业生产、采购和销售系统的智能融合打基础；使消费者节约成本，轻松、放心购物，并最终促进当地经济进一步发展，提升综合竞争力。

## 二、总览智慧产业发展地图

在智慧城市建设的早期，各个城市的智慧城市建设主要属于应用主导型，强调解决实际应用问题；而随着智慧城市概念的发展与成熟，越来越多的城市逐渐将发展的重心放在智慧产业与应用建设的互动双赢上。比如武汉市提出建立“适应智慧城市发展的创新型产业体系”，基本构建完成现代化智慧产业体系，形成自主创新带动发展的增长模式，产业总规模要突破11 500亿元，其中支撑性产业要实现产值5 600亿元，带动性产业实现产值5 900亿元。

目前，我国智慧产业的发展尚处探索阶段，业内对智慧产业及发展水平的评价研究仍相对较少，尤其是智慧产业的分类没有与国民经济行业分类标准衔接，无法对智慧产业规模、增速等指标进行统计核算。现有研究主要从规模、投入、产出等方面来衡量智慧产业发展的水平。刘鸿雁、雷磊便从规模、投入、产出和潜力四方面出发，对我国智慧产业发展水平进行衡量，并对我国31个省市的早期（2006—2014年）智慧产业发展整体态势进行评价。

总体上，我国智慧产业的发展具有明显的空间集聚性，高聚集区集中在东部，低集聚区主要在西部特别是西北地区，中部无明显区域集中。环渤海的北京、天津，长三角的上海、江苏、浙江和珠三角的广东等省市智慧产业的发展一直保持较高的水平。其中，广东、北京的发展水平持续位居前列，江苏、浙江的增速则超过上海，中部的江西、湖北和安徽的智慧产业发展较快，西部的四川和重庆智慧产业发展相对较好，贵州和云南智慧产业发展增速较快。

---

具体地，部分城市或地区智慧产业发展走在全国前列。浙江省作为我国首批智慧城市试点之一，便是典型的代表。

---

对于浙江省智慧产业发展，从经济产出、信息化建设、技术创新和可持续发展等方面构建评价指标体系，利用统计数据进行量化评价可以发现：浙江省智慧产业发展水平总体呈上升趋势，但其发展速度却由于受到智慧产业人才缺失、信息基础设施不完善、技术创新投入

不足等因素制约而有所放缓（如图 2－5 所示）。从协调发展状况来看，浙江省智慧产业的经济产出、信息化建设、技术创新和能源环境优化等方面缺乏协调性，而提升教育水平、加速地区经济发展、加大政府财政支持力度等措施，有利于促进浙江省智慧产业协调发展。从预测结果来看，浙江省智慧产业未来发展仍将保持总体上升趋势，其中在能源环境优化方面增长缓慢，技术创新方面取得显著成效，经济产出和信息化建设方面基本保持同步增长。

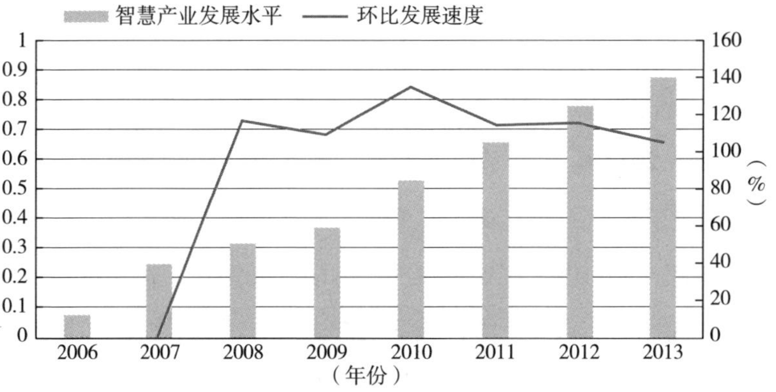


**图 2－5　2006—2013 年浙江省智慧产业发展水平**

资料来源：黄玲丽．浙江省智慧产业发展评价指标体系构建及实证分析［J］．杭州电子科技大学，2016。

---

此外，一些协会、联盟等组织通过问卷、爬虫等方式针对大数据、人工智能等专项主题收集企业资料，从地区企业数、企业排名、细分领域分布、独角兽企业、地方政府热情指数等方面来刻画产业发展的情况。

---

独角兽企业是指成立 10 年以内，估值超过 10 亿美元，获得过私募投资且尚未上市的企业。作为爆发式成长的代表，独角兽企业被认为是新经济时代科技创新的集中体现。独角兽企业的密集度，也是一

个区域该类产业发展情况的重要参考指标。

例如，北京市长城企业战略研究所发布的《2016中国大数据独角兽企业发展报告》指出，“北上深杭”仍然是目前大数据企业的主要聚集地，这一特征与2016年中国独角兽企业的分布情况保持一致。上榜的83家大数据企业分布在11个省份，在“北上深杭”地区的企业为73家，占比达到87.95%。其中，北京企业最多，有44家；上海其次，为17家；杭州和深圳各有6家。在全国的其他城市中，南京有4家，广州、苏州、成都、武汉、贵阳、厦门各有1家。北京大数据技术企业最为集中，上海、深圳在“金融”大数据领域表现不俗，杭州仍然是阿里出身的蚂蚁金服和菜鸟网络独占鳌头的城市。虽然“北上深杭”以其资源环境优势培育了大量的大数据独角兽企业，但是以贵州货车帮、厦门美柚为代表，在我国很多其他地区也正在出现大数据（准）独角兽企业。

再如，乌镇智库是一个数据和算法驱动的新型智库。其研究范围是人工智能新增企业、人工智能企业融资情况、人工智能技术专利情况，数据来源为学术论文、投融资数据库、中华人民共和国国家知识产权局、美国专利及商标局（USPTO）、欧洲专利局（EPO）等。目前全球有1亿多条专利、1亿多篇论文数据、8 000多万条知识图谱数据、近亿组社交媒体数据，接近绝对全样本。乌镇智库用数据和机器出报告，可以精确到每个国家、每个省份（州）、每个市县、每家企业、每所高校的具体情况。以新增人工智能（AI）企业数为衡量指标，我国新增AI企业数主要集中在北京、上海、杭州、广东，成都是西北地区的领军发展城市。从整个亚洲来看，2000—2016年，中国人工智能新增企业数占亚洲人工智能企业总数的68.67%，印度紧随中国之后（占13.2%），其次是以色列（占9.4%）。

## 三、描写智慧产业发展路径

智慧产业发展更加注重效率、产品质量与环境可持续发展之间的平衡，有利于减少环境污染，符合产业绿色化、集约化的发展方向和经济发展以人民为中心的导向，是中国产业结构调整和转型升级的重要途径。总体上，智慧产业的发展遵循发展规律和地方产业的基础、优势、特色，每个城市和地区发展智慧产业的理念、思路、模式、路径都不是千篇一律的。

美国、日本、韩国、新加坡、马来西亚等国家发展较为迅速，已建立较完善的智慧产业发展模式，且成效显著。从上述国家的发展经验来看，智慧产业的发展路径可总结为园区引导型、传统产业改造型和市场需求导向型三种。这三种模式及其发展路径如图 2－6 所示。

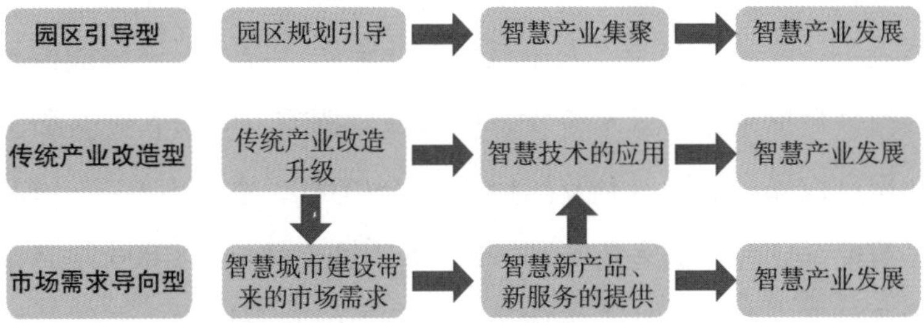


图 2－6　智慧产业发展路径

### （一）园区引导型

该模式主要以产业园区为载体，通过发挥原有产业园区的作用或专设智慧产业园区，优化园区产业布局，加强园区科技创新，完善园区招商引资政策，以此营造智慧产业发展的良好环境，形成较为完善的智慧产业链、生态圈和智慧产业集群，推动智慧产业规模化发展。

园区引导型的产业发展路径为“园区规划引导—智慧产业集聚—智慧产业发展”。这是一种以规划蓝图为驱动，以建设新一代信息技术发展环境为吸引的路径，重点在于引进国内外大型智慧产业相关企业，及对小微企业进行孵化。该路径对园区的招商能力和服务能力提出了较高的要求，尤其在各地争相吸纳优质企业的情况下，更需要政府战略规划和政策的支持。

### （二）传统产业改造型

该模式主要是指运用智慧技术，推动传统产业改造升级，实现研发设计智能化，生产过程智能化，管理、营销和服务智能化，节能环保智能化应用，提高产业竞争力，促使原来的部分传统落后产业转化为具有较高技术和知识含量的较高级产业。

传统产业改造型的产业发展路径为“传统产业升级改造—智慧技术的应用—智慧产业发展”。这是以提升现有产业竞争力为驱动，主要通过推行信息智慧技术和智慧解决方案或产业内扩散一些公共关键共性技术服务平台来实现的。该路径强调转变传统产业发展思路，妥善做好劳动力转移等相关工作。

### （三）市场需求导向型

该模式主要是根据市场的实际需求来生产新的产品，提供新的服务，培育新兴产业业态。特别是在智慧城市建设的背景下，智慧城市建设必定会进一步催生更多新的市场需求，智慧基础设施、智慧产品、智慧技术和智慧设备等会应运而生，这无疑扩大了智慧产业的市场空间和范围广度，有利于智慧产业链和产业群的发展。

市场需求导向型的产业发展路径为“智慧城市建设带来的市场需

求—智慧新产品、新服务的提供—智慧产业发展”。这是以满足市场需求为驱动，核心技术扩散应用的过程，同时存在于智慧产业化和产业智慧化过程中。该路径存在较多的跨界融合，涌现出丰富的新兴业态，同时也将对现有的理念制度、生产生活方式产生较大的冲击，需要社会的接纳和包容。

这三种发展模式和路径都有各自的特点与要求，我国城市在借鉴的时候，需要结合智慧产业发展的现状、产业资源、产业发展方向、科技创新水平等因素，探索符合自身实际且切实有效的发展模式和发展路径。

事实上，智慧产业作为知识型和技术型的战略性新兴产业，不论哪种发展模式、哪条发展路径，创新人才都是影响智慧产业发展的重要因素。据有关调查数据显示，在影响智慧产业发展的智力资本、劳动力、技术研发、营销渠道、物力财力、政府体制机制等因素中，智力资本拥有的价值最高，而且随着企业技术水平的提高、知识密集程度的加深，智力资本对企业价值的贡献值会不断提高。人力资本和创新资本可以为企业提供创意及促使其不断开发新产品，因此有利于企业提高经营效率、降低经营成本、扩大销售收入和提高市场竞争力。只有获得充足的人才支撑，拥有丰富的智力资本并有效发挥作用，智慧产业才可能获得长久的生命力和拥有巨大的发展空间。

智慧产业的迅速发展，对创新人才结构和能力产生了新的需求。2015 年，杭州市发布了《2015 年度信息（智慧）经济产业紧缺人才需求目录》，涉及 12 个产业、235 个岗位类别。每个产业分为专业技术人才、管理人才、技能人才三大岗位类别，每个类别又细列了岗位名称、需求专业、学历、岗位职责、任职能力要求、年薪、紧缺程度等内容。从目录来看，互联网金融、集成电路、移动互联网、物联网、数字内容（智慧文创）五个产业的紧缺人才净雇佣前景指数在50%以上，表明这些产业的人才需求旺盛。其中，互联网金融产业的紧缺人才净雇佣指数达到80%，显示出了良好雇佣态势。在岗位需求人才类型方面，与管理类和技能类相比，研发类人才需求所占的比例最高，为47%。对于管理类人才来说，智慧物流、数字内容（智慧文创）产业对其需求较大。对于技能类人才来说，集成电路、智慧物流、电子信息产品制造、云计算与大数据、软件与信息服务、数字内容（智慧文创）等产业对其需求在30%以上。

# 第二篇
# 核心技术产业篇

智慧产业是一个技术和知识双核心创新驱动的庞大有机产业体系，技术产业是该体系的核心驱动力。核心技术产业攻克技术开发难题，通过具体的场景应用，将技术的优势和影响辐射到整个城市产业体系，产生巨大的经济效益和社会效益。

本篇是全书的核心所在，以云计算产业、大数据产业、物联网产业、移动互联网产业、人工智能产业、区块链产业、虚拟现实产业、机器人产业、信息安全产业为主要代表，介绍了智慧产业核心技术产业的技术、产业、应用案例等方面的发展情况。

# 第三章
# 云计算产业：IT 界的“水电气”

在信息高速运转的时代，传统的 IT 架构已经不能适应发展的需求。云计算作为一种新的 IT 资源供给方式，逐渐成为主流。政府和企业不再需要花巨资、时间、人力来建设和维护庞大的 IT 基础设施，个人创新创业也不必止于高门槛的 IT 基础设施，人们可以像获取水电气一样，随时随地按需获取如存储、计算、安全等方面的 IT 资源。

## 第一节
## 认识云计算技术

### 一、追溯云计算的产生背景

云计算与并行计算、分布式计算和网格计算关系密切，更是虚拟化、效用计算、软件即服务（SaaS）、面向服务的架构（SOA）等技术混合演进的结果。1959 年 6 月，克里斯托弗·斯特雷奇（Christopher Strachey）提出“虚拟化”这一云计算基础架构的基石；2006 年谷歌推出了“Google 101 计划”，并正式提出“云计算”的概念和理论。而如今，人类已经进入以信息和信息技术来精确调控物质与能量的网络时代，云计算的广泛应用一方面更好地满足信息社会中人的高层次需求，另一方面也通过技术进步提高各种生产要素的利用率，促进经济持续健康的发展。事实上，云计算技术的产生与发展有其社会经济的必然性。

### （一）互联网发展刺激信息需求提升

只有有信息需求，才会有信息服务，两者相辅相成。网络技术的进步不断提升互联网的渗透程度，互联网应用领域不断扩大，用户规模快速增长，影响力持续增强。大众信息需求型涉及学习、工作、生活与娱乐的方方面面，从最初的电子邮件服务发展到网络新闻、搜索引擎、BBS（电子公告牌系统）论坛、网上购物、数字图书馆、网络游戏等，互联网已经成为社会系统的一个有机组成部分。作为一种具有交互性、公开性与平等性的“全媒体”和“超媒体”，互联网已经成为人们表达观点和情感的最重要途径之一，对满足公民参与社会政治、进行舆论监督的民主需求，发挥出越来越突出的作用。网络论坛、社交网站、博客、播客等能够“一呼百万应”，充分说明这些应用正是由于适应网络受众新需求而得以迅速发展。

### （二）信息需求的提升促进云计算技术发展

人的物质需求有一个从简单到复杂、从低级到高级的发展过程。人们在不断追求高层次需求的满足中，不断产生新的动机与行为。互联网为人类提供了信息社会的高速公路，各种各样的网络连接方式和越来越快的连接速率使人们能够很好地享受宽带所带来的冲击，分享互联网所带来的价值。随着用户的增加，用户对信息消费的需求开始提升，互联网上相对匮乏的信息难以满足用户巨大的需求，内容成为最大的需求。当互联网上的资源海量化之后，搜索服务成为最重要的需求。从早期的 Archie 到雅虎再到谷歌、百度，互联网上有名有姓的搜索引擎已达数百家。为满足用户层出不穷的个性化需求，云计算这样更灵活、更具适应性的网络计算模式应运而生。

### （三）云计算技术解决信息利用难题

随着互联网向移动互联网的扩展，网络将连接更多的人和物，信息网络—物理网络—社会网络构成的三元世界会进一步融合，信息海量化趋势会进一步加速。尽管人们所处的信息空间在急剧膨胀，但人们真正需求的只是那些与自己的兴趣、工作、专业、学习等相关的个性化信息，人们已从对简单信息的需求转化为对有用信息和知识的需求。但由于互联网信息的分布和构成没有集中统一的组织结构与管理机制，使得网络信息资源处于无序、无规范的分散状态，信息需求服务系统质量和服务水平限制了用户信息需求的满足。通过云计算，人的感知能力和认知能力将真正进入网络，挣脱时间和距离的束缚，得到极大的延伸。

### （四）信息服务必然走向社会化、集约化和专业化

工业时代，社会化大生产通过集约化方式优化整个社会的生产资源，同时通过专业化的服务满足用户的个性化需求。例如，制造业的社会化分工协作、软件业的外包与众包等生产方式都是通过集约化、专业化方式实现随需而变的柔性化生产。云计算正在让信息技术和信息服务实现社会化、集约化与专业化。

#### 1. 社会化

目前，互联网计算正在成为社会的基础设施，而建立集中的、各种各样的云计算中心，实现规模化的社会服务已然成为当前发展的趋

势。云计算服务提供商通过集约化计算资源产生规模优势，而企业灵活地租用这些计算资源获得实施业务所需的信息服务，就可以不用花费大量资金重复建设单独的信息支撑体系，从而能压缩相应的生产和人力成本，简化 IT 管理，快速响应市场变化。

#### 2. 集约化

集约化是指通过归并分散、粗放的软件开发与应用，使软件模块构件化，提高平台利用率，使计算资源以虚拟化组织和配置、弹性伸缩，通过软件的重用和柔性重组，进行服务流程的优化与重构。云计算将促进软件开发商之间的资源聚合、信息共享和协同工作，形成面向服务的计算，为网络时代的软件工程开辟了新的道路。

#### 3. 专业化

面向多租户，使服务更为精细、规范，并使服务使用透明化，按需租用。随着社会和经济的发展，对于大众用户更全面的、个性化的、深层次的信息需求，需要通过云计算来提供更专业化的服务。例如，爆炸式增长的海量信息给搜索服务带来困扰，搜索引擎之间开始出现专业化分工协作，有提供普通网页信息的大众搜索引擎，也有针对某领域的专业搜索、垂直搜索等搜索引擎，还有提供专业搜索引擎技术和搜索数据库服务的提供商。

## 二、了解云计算的定义及特征

### （一）云计算的定义

云计算（cloud computing）是一种通过网络统一组织和灵活调用各种 ICT（信息、通信、技术）资源，实现大规模计算的信息处理方式。云计算是网格计算、分布式计算、并行计算、效用计算、网络计算、虚拟计算、负载均衡等计算机技术和网络技术发展、融合的产物。

云计算利用分布式计算和虚拟资源管理等技术，通过网络将分散的 ICT 资源（包括计算与存储、应用运行平台、软件等）集中起来形成共享的资源池，并以动态按需和可度量的方式向用户提供服务。用户可以使用各种形式的终端［如个人电脑（PC）、平板电脑、智能手机甚至智能电视等］通过网络获取 ICT 资源服务。

“云”是对云计算服务模式和技术实现的形象比喻。“云”由大量基础单元（云元，cloud unit）组成。“云”的基础单元之间由网络相连，汇聚为庞大的资源池。云计算通过网络把多个成本相对较低的计算实体（包括计算与存储、应用运行平台、软件等）整合成一个具有强大计算能力的系统，并借助先进的商业模式将强大的计算能力分布到终端用户手中，由此实现对各种 ICT 资源的统一组织和灵活调用，在后端庞大的云计算中心的支撑下为用户提供更方便的体验和更低廉的服务。

云计算具备四个方面的核心特征：一是宽带网络连接，“云”不在用户本地，用户要通过宽带网络接入“云”中并使用服务，“云”内节点之间也通过内部的高速网络相连；二是对 ICT 资源的共享，“云”内的 ICT 资源并不为某一用户所专有；三是快速、按需、弹性的服务，用户可以按照实际需求迅速获取或释放资源，并可以根据需求对资源进行动态扩展；四是服务可测量，服务提供者按照用户对资源的使用量进行计费。

### （二）云计算的基本特征

云计算技术具有可靠、便捷和强大三大基本特征。它凭借这些特征，在安全、存储、社交等诸多领域发挥其独特作用。

#### 1. 可靠

一方面，云计算中心在软硬件层面采用诸如数据多副本容错、心跳检测和计算节点同构可互换等措施，还在设施层面上的能源、制冷和网络连接等方面采用冗余设计来确保服务的可靠性；另一方面，云计算提供最安全可靠的数据存储中心，用户不用担心数据丢失、病毒入侵等麻烦，因为在“云”的另一端，有全世界最专业的团队来帮用户管理信息，有全世界最先进的数据中心来帮用户保存数据，还有严格的权限管理策略保证数据安全。

### 2. 便捷

首先，云计算支持用户在任意位置使用各种终端获取应用服务，所请求的资源都来自“云”，用户无须了解，也不用担心应用运行的具体位置，这样能有效地简化应用的使用；其次，云计算中心很少为特定的应用存在，但其有效支持业界大多数的主流应用，并且一个“云”可以支撑多个不同类型应用的同时运行，并保证这些服务的运行质量；再次，云计算对用户端的设备要求最低，使用起来也最方便，用户可以在浏览器中直接编辑存储在“云”的另一端的文档，可以随时与朋友分享信息。

### 3. 强大

一方面，云计算可以实现不同设备间的数据与应用共享，为人们使用网络提供几乎无限多的可能，为存储和管理数据提供几乎无限多的空间，也为完成各类应用提供几乎无限强大的计算能力。另一方面，云计算技术可以大大地节约成本，云计算中心本身巨大的规模带来经济性和资源利用率的提升，“云”作为一个庞大的资源池，用户可以按需购买，并无须任何软硬件和设施等方面的前期投入；同时，“云”大都采用廉价和通用的 X86 节点来构建，因此用户可以充分享受云计算所带来的低成本优势，通常只要花费几百美元就能完成以前需要数万美元才能完成的任务。

### （三）云计算的部署模式

云计算具有三种典型的部署模式，即公有云、私有云和混合云。

公有云是现在最主流的云计算模式，是一种对公众开放的云服务，由云供应商运行并负责从应用程序、软件运行环境到物理基础设施等 IT 资源的安全、管理、部署和维护。公有云能支持数目庞大的请求，而且由于规模的优势，成本偏低。如今许多 IT 巨头都推出了它们自己的公有云服务，包括亚马逊的 AWS、微软的 Windows Azure Platform、谷歌的 Google Apps 等。但是对许多大中型企业而言，因为很多限制和条款，在短时间内很难大规模地采用公有云技术，所以引出了私有云这一云计算模式。

私有云主要为企业内部提供云服务，不对公众开放，在企业的防火墙内工作，并且企业 IT 人员能对其数据、安全性和服务质量进行有效的控制。与传统的企业数据中心相比，私有云可以支持动态灵活的基础设施，降低 IT 架构的复杂度，使各种 IT 资源得以整合和标准化。目前，较成功的私有云有采用 IBM Blue Cloud 技术的中化云计算中心和采用 Cisco UCS 技术的 Tutor Perini 云计算中心。

混合云是把公有云和私有云结合到一起的方式，即让用户在私有云的私密性和公有云灵活的低廉之间进行一定权衡的模式。比如，企业可以将非关键的应用部署到公有云上来降低成本，而将安全性要求很高、非常关键的核心应用部署到完全私密的私有云上。目前混合云的例子较少，主要有 Amazon VPC 和 VMware vCloud 等。

## 三、详解云计算的基本架构

云计算涉及了很多产品与技术，看起来纷繁复杂，但其本身的架构总体上可分为服务和管理两大部分。

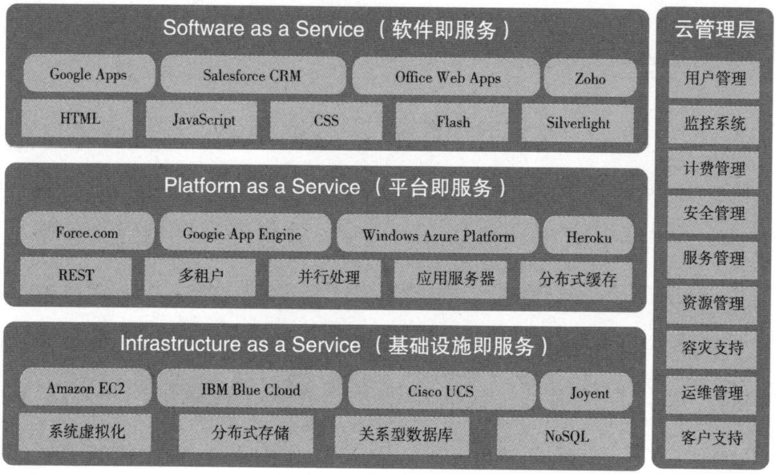


**图3－1　云计算架构图**

资料来源：云计算架构［EB/OL］. http：//blog. csdn. net/zhoudaxia/article/details/9021693，2013－10－13。

## （一）服务层

服务层主要以提供基于云的各种服务为主，共包含三个层次：一是IaaS（Infrastructure as a Service，基础设施即服务），作用是将各种底层的计算（如虚拟机）和存储等资源作为服务提供给用户；二是PaaS（Platform as a Service，平台即服务），作用是将应用的开发和部署平台作为服务提供给用户；三是SaaS（Software as a Service，软件即服务），作用是将应用主要以基于Web的方式提供给客户。对用户而言，这三层服务之间的关系是独立的，它们提供的服务完全不同，面对的用户也不尽相同。而从技术角度看，这三层之间存在一定的依赖关系：SaaS层的产品和服务不仅需要使用SaaS层本身的技术，而且还依赖PaaS层所提供的开发和部署平台或者直接部署于IaaS层所提供的计算资源上，而PaaS层的产品和服务也构建于IaaS层服务之上。

## 1. IaaS

IaaS 即厂商将多台服务器组成的“云端”基础设施作为计量服务提供给用户，使用户无需管理或控制任何云计算基础设施，便能操作系统完成选择、存储、部署等应用，并可获得对有限制的网络组件(如路由器、防火墙、负载均衡器等）的控制。IaaS 层的主体部分将服务器、存储设备、网络设备等物理资源以及虚拟机、存储空间等虚拟资源抽象形成可管理、可调度的逻辑资源，并通过资源整合与优化形成的资源池，具体包括计算资源、网络资源、存储资源、安全资源等。在传统架构下，每一平台和系统都要部署一套硬件资源，无法实现共享和对资源的错峰平谷，造成设备众多，能耗巨大，利用率却很低下；同时，新业务、新产品上线周期长，无法快速响应市场需求。而构建资源池便通过虚拟化的方式将服务器、存储、网络等资源全面形成一个整体，能够根据用户应用的需求，灵活地提供硬件资源，从而消除物理边界，实现资源的动态分配，大大提升资源利用率。

## 2. PaaS

PaaS 实质是将软件开发平台作为一种服务，并以 SaaS 的模式提交给用户。PaaS 在云架构中位于中间层，对下层 IaaS 设备进行统一管理封装，并可以加快上层 SaaS 应用开发的速度，为企业或个人提供进行定制化研发的中间件平台，以及同时涵盖数据库和应用服务器的应用程序开发、数据库、试验、托管等应用服务。PaaS 可以提高在 Web 平台上利用的资源数量，实现应用的多元化和定制化，基于用户需求迅速进行应用开发。PaaS 所提供的服务与其他服务最根本的区别在于 PaaS 提供的是一个基础平台，以及围绕平台的各项技术支持服务，包括针对平台进行的应用系统开发、优化等。

### 3. SaaS

SaaS 提供商将应用软件统一部署在自己的服务器上，用户可根据实际需求，通过互联网定购所需的应用软件服务，按定购的服务多少和时间长短支付费用。SaaS 层使用下层 PaaS 提供的 API 开发各类软件，并依托 IaaS 层提供的计算、存储、网络等资源顺利运行，其实质是基于云平台开发的各类应用服务。

## （二）管理层

云计算管理层是云最核心的部分之一，确保整个云计算中心能够安全和稳定的运行，并且能够被有效管理。与过去的数据中心相比，云最大的优势在于云管理的优越性。并且，管理层承担云服务的基础和保障作用，为云服务提供多种管理和维护等方面的功能与技术。具体来说，管理层包含用户层、机制层、检测层三层（如图 3 - 2 所示）。

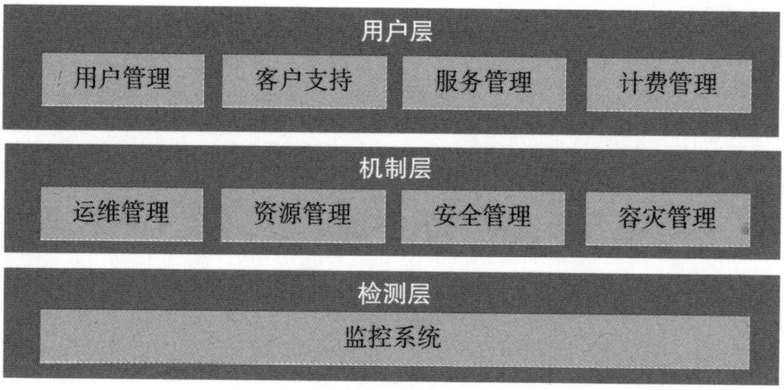


**图 3 - 2　云计算管理层架构图**

资料来源：云计算架构［EB/OL］. http：//blog. csdn. net/zhoudaxia/article/details/9021693，2013 - 10 - 13。

### 1. 用户层

该层直接面向使用云的用户，并通过多种功能更好地为用户服务。该层主要包括四个方面：一是用户管理，即对用户身份及访问权限、单点登录及相关的配置信息进行记录、管理和跟踪。二是客户支持，即按优先级帮助用户解决疑难问题。三是计费管理，即利用底层监控系统所采集的数据来对每个用户所使用的资源和服务进行统计，准确地向用户索取费用，并提供完善和详细的报表。四是服务管理，如大多数云都在一定程度上遵守 SOA 的设计规范，即将应用不同的功能拆分为多个服务，并通过定义良好的接口和契约将这些服务连接起来，这样做的好处是能使整个系统松耦合，从而使整个系统能够通过不断演化更好地为客户服务。

### 2. 机制层

该层主要负责提供各种用于管理云的机制，让云计算中心内部的管理更加自动化、安全和环保。该层主要通过各种操作程序实现，包含四个方面：一是运维管理，即通过自动维护程序实现运维操作专业化、自动化，降低运维成本；以及通过监控、分析程序，确保云中发生的任何异常事件都会被管理系统捕捉，并做出预警。二是资源管理，通过服务器、存储设备和网络设备等物理节点，实现资源的虚拟存储、自动部署、统一调度。三是安全管理，通过访问授权、安全审计、数据加密、数据备份、网络隔离等方式，对数据、应用和账号等 IT 资源采取全面保护，使其免受犯罪分子和恶意程序的侵害，并保证云基础设施及其提供的资源能被合法地访问和使用。四是容灾支持，即在数据中心级别方面，异地建立备份数据中心保证整个云服务持续运行；在物理节点级别方面，检测每个物理节点的运行情况，恢复或屏蔽问题节点。

### 3. 检测层

该层主要负责监控云计算中心的方方面面，并采集相关数据，以供用户层和机制层使用。全面监控云计算的运行主要涉及三个层面：其一是物理资源层面，主要监控物理资源的运行状况，比如 CPU（中央处理器）使用率、内存利用率和网络带宽利用率等；其二是虚拟资源层面，主要监控虚拟机的 CPU 使用率和内存利用率等；其三是应用层面，主要记录应用每次请求的响应时间（response time）和吞吐量（throughput），以判断它们是否满足预先设定的 SLA（Service Level Agreement，服务级别协议）。

## 第二节
## 图解云计算产业

### 一、云计算产业链全图

云计算的产业链由云计算基础硬件、云计算基础软件、云计算运行支撑服务、云计算服务以及云计算终端等五大环节构成。其中，云计算运行支撑服务又包括云计算规划咨询服务、云计算系统集成服务、云计算运维服务以及云计算监理和培训服务等子环节；云计算服务则包括 IaaS 服务、PaaS 服务以及 SaaS 服务等子环节。

#### （一）云计算基础硬件

云计算基础硬件处于云计算产业链的底层，为整个云计算产业提供基础硬件产品，包括 CPU、闪存、面板等底层元器件，以及服务器、网络设备、存储设备和机房附属设备等云数据中心基础设施产品，还根据云计算数据中心的需求出现了集装箱数据中心等新一代硬件设备。云计算产业链的这一环节市场发育完善，思科、惠普、英特尔、IBM、戴尔等大量传统硬件制造商可以为整个产业的发展提供技术和产品保障。我国的一些企业也在此环节中占据重要位置，如华为、联想、浪潮及H3C 等。互联网数据中心（IDC）数据显示，2011 年中国用户用于建设云计算基础架构的投资达到 2.86 亿美元，同比增长 42%。

### （二）云计算基础软件

云计算基础软件是软件提供商结合云计算的概念与自身技术提供的面向云计算的操作系统、中间件、数据库、虚拟化软件、安全软件以及应用软件等产品。目前，主流的软件企业均提供云计算领域的相关产品，如 IBM、Micros、VMware、Oracle、HP、EMC 等。我国虽然没有超大型的云计算基础软件企业，但每个细分领域中也都有国内企业的身影。在操作系统、中间件、存储软件和虚拟化软件等云计算基础软件方面，我国企业普遍落后；在云应用软件及基于云计算的安全软件领域，我国企业数量较多。

### （三）云计算运行支撑服务

云计算运行支撑服务包括云计算相关的规划咨询、监理培训、评估认证、系统集成服务以及电信运营商提供的运营服务等。随着云计算的兴起，传统 IT 支撑产业逐渐关注这一产业，并积极开展对应业务。传统 IT 领域的咨询、设计和评估机构，如 Uptime、LEED、Breeam 等，均已不同程度地涉足云计算领域。

在云计算运行支撑产业中，系统集成商通过成熟软硬件产品的整合与集成为云计算提供基础支持服务。运营商则主要从事云计算的网络运营、数据中心运营以及电力供应等服务。中国移动、中国电信等网络运营商为用户与数据中心之间的网络连接提供保障服务。数据中心运营服务商为上层服务商/各种用户提供数据中心环境，上层服务商或用户主要通过租用等方式享受运营保障服务。电力供应商利用专线向数据中心动力能源供应，保障数据中心运营中能源供应的质量和安全。

### （四）云计算服务

云计算服务是云计算产业链的核心。云计算服务商结合自身技术面向企业、个人以及政府用户提供 IaaS、PaaS 和 SaaS 服务。IaaS 服务商针对用户业务提供弹性可扩展的存储或计算基础环境解决方案，用户利用 IaaS 的公有云或自建私有云实现存储、计算资源的管理、调度与访问；PaaS 服务商在底层基础设施的基础上提供平台中间件服务，其既可以以私有云的方式面向用户提供一体化平台解决方案，也可以利用自身或第三方资源搭建公有云，通过平台系统面向各种用户提供任务管理、资源协同等平台服务；SaaS 服务商在自建云平台的基础上提供定制服务软件，用户通过网络远程访问这些服务软件，享受资源共享、桌面应用、数据产品消费等服务。

### （五）云计算终端

云终端也是云计算产业链的重要组成部分。用户要使用云服务，必然要通过各种终端产品，包括个人电脑、笔记本电脑、手机、平板电脑等。由于移动设备性能的日渐提高、携带轻便，以及接入各种网络的便利性，市场对移动设备的需求与日俱增。将来云终端将不仅限于这几种设备，电视、车载系统、可穿戴设备等新终端也将成为云终端的重要成员。

## 二、云计算产业市场规模图

目前，全球云计算市场快速平稳增长。2015 年，全球云计算服务市场规模达到 1 750 亿美元，增长 13.06%。云计算产业仍处于快速发展阶段。并且，随着技术和商业模式的不断创新和成熟，云计算产业未来仍将快速发展。

### （一）全球云计算市场规模

全球云计算市场总体平稳增长。2015 年以 IaaS、PaaS 和 SaaS 为代表的典型云服务市场规模达到 522.4 亿美元，增速 20.6%。预计 2020 年将达到 1 435.3 亿美元，年复合增长率达 22%。

### （二）全球云计算市场结构

在云计算细分市场中，SaaS 市场规模最大，达到 66.7%（如图 3－3 所示），比 IaaS 和 PaaS 市场规模的总和还多。但 IaaS 和 PaaS 的市场规模增速均超过 SaaS，IaaS 市场增长最快，且预计未来几年这种情况还将延续。

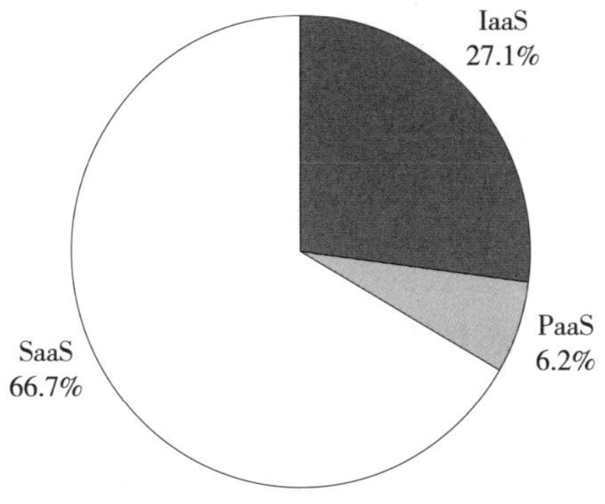


**图 3－3　全球云计算细分市场格局**

资料来源：搜狐．全球云计算市场，还有多少想象空间？［EB/OL］．http：//www.sohu.com/a/199127632_100041170，2017－10－25。

### （三）全球云计算市场区域分布

作为云计算的“先行者”，北美地区占据市场主导地位。2015 年美国云计算市场占据全球 56.5% 的市场份额，增速达 19.4%，预计未来几年仍将以超过 15% 的速度快速增长。欧洲作为云计算市场的重要组成部分，以英国、德国、法国等为代表的西欧国家占据了 21% 的市场份额。2015 年，日本云计算市场全球占比 4.2%，增速 7.9%，预测未来几年的增速会小幅上升，但仍低于北美国家。2015 年，亚洲云计算市场全球占比 12%，保持快速增长，其中印度增速达 35%。中国市场全球占比已由 2012 年的 3.7% 上升到 2015 年的 5%。其他金砖国家的巴西、俄罗斯、南非云计算市场占有率总和仅 3% 左右，但增速较快，且市场潜力较大，预计未来几年市场会进一步扩大。

## 三、云计算产业发展趋势

在过去几年里，无论是通过公有云、私有云的搭建，还是将业务托管在第三方数据中心，云计算已经帮助许多企业实现了 IT 架构转型。甚至有专家认为，市场即将迎来第二波云计算浪潮。而福雷斯特公司（Forrester）最新报告也显示，企业通过拓展计算资源提高业务效率、为客户提供更好服务的需要，将在 2017 年加速云计算市场的发展。

### （一）强化云生态体系建设

随着政府以及 IT 厂商的积极推动，云计算产业链逐渐形成。例如，我国在云计算基础硬件领域，浪潮、华为、联想等硬件企业的发展蒸蒸日上；在云计算基础软件领域，我国企业虽然实力较弱，缺乏大型软件企业，但也有浪潮、中金数据、人大金仓等企业进军数据存储领域，金山、奇虎、启明星辰、网秦天下等一批安全厂商致力云安全软件开发；大部分企业集中于云计算服务领域，三种类型的云服务厂商已有大量企业介入；此外，在云计算运营支撑领域和云终端领域，我国企业也占有一席之地。

与此同时，各大巨头正纷纷打造以“我”为主的云生态，以强化对云计算行业的掌控力，而这也成为云计算产业发展的一大趋势。比如阿里云推动云合计划，招募 1 万多家云服务商，共同构建生态体系，为企业、政府等用户提供一站式云服务；腾讯云发布“云 + 计划”，5 年投入 100 亿元打造云平台及建设生态体系，吸引云计算产业链上的长尾企业；浪潮发布“云腾计划”，计划 3 年内发展 3 000 家以上合作伙伴；华为企业云与国内 100 多家各行业领先的合作伙伴、20 多个城市达成合作，扩展行业应用和计算能力。未来，各大企业仍将实质性推动云生态建设，会有更多云计算企业启动云生态战略。

## （二）云计算市场保持高速增长态势

随着云计算技术与商业模式逐渐成熟，行业、企业与个人应用的商业价值将回归。面向金融、物流、教育、公共卫生、交通等重点行业的云计算解决方案将日益丰富，并且形成规模庞大的新兴市场。以我国为例，我国拥有世界上数量最多的中小企业，对于这些处于成长期的中小企业而言，自己投资建立数据中心的投资回报率较低，并且很难与业务的快速成长匹配，而云计算的租用模式正好为这些中小企业提供了合适的解决方案。此外，众多的服务器、存储硬件厂商以及软件与服务厂商都希望通过云计算平台将自己的产品与解决方案推广到政府和企业用户中，以便未来能获得更多的理论与实证机会。

目前，我国的云计算市场仍比较小，随着我国信息化的普及、人口规模的快速增长，云计算市场将会呈现出巨大的发展潜力。随着云计算应用不断向深处拓展，整个产业市场规模将迅速扩大。据前瞻数据库数据显示，2016 年，中国云服务市场规模超过 500 亿元，达到 516. 6 亿元，预计 2017 年中国云计算市场份额将在 690 亿元以上。

### （三）企业上云进程提速伴随优胜劣汰

在市场的推动下，越来越多的企业会进入云计算市场，企业上云进程提速将是必然趋势。例如，在“互联网+”、《中国制造2025》等一系列战略推动和企业自身转型升级的迫切需求下，企业越来越重视信息技术的应用，而云计算无疑是企业更快部署信息化应用的“利器”，诸多行业企业成功上云已起到良好示范作用。国内云计算服务能力日趋完善，价格不断下降，为企业上云提供了较好的条件。根据中国互联网信息中心（CNNIC）调研数据，截至2016年年底，在调研企业中云计算的采用比例达到21.4%，比2015年提高50%，增长趋势显著。另据美国国际数据集团（IDG）2016年11月发布的报告，在调研企业中，目前有70%的企业至少运行着一个云应用，在未使用云应用的企业中有90%计划在未来12个月内或1～3年内使用云应用。在政策利好、企业数字化转型和云计算行业加速发展等各方面的助推下，未来企业仍将进一步加快上云步伐。

与此同时，已有云计算的企业会加速优胜劣汰。目前，由国内外云计算巨头主导的价格战已持续上演，根据调研机构的结果，主要云计算厂商表示将跟随降价。降价有利于云计算更快普及，将加速中国云计算市场进化历程，同时也会直接影响云计算企业的收入，可能加速产业洗牌速度。阿里云在2016年年中进行了17次产品价格下调，如此的降价幅度，难免让中小云厂商倍感压力，甚至逐渐失去竞争力而遭到淘汰。以美国市场为例，主要云计算厂商推动的价格下降促使市场整合，在几轮降价之后，美国几十家云服务商变为当前的三家主导。由此可见，未来云计算企业仍将面临严峻的优胜劣汰局面。

### （四）公有云成为发展趋势，但私有云仍大有可为

混合云是企业与厂商妥协的产物，公私转换技术存在问题，同时很难真正发挥云计算的低成本优势。它只是过渡阶段，而公有云将是基础云服务的终极形态。目前，公有云的增速和渗透率均超过私有云，最初选择私有云的企业在意识到其成本问题后，很可能会切换到公有云。2017 年全球公有云市场将达到 22% 的复合增长率，由 2015 年的 870 亿美元增长至 1 460 亿美元。目前，已有部分企业将应用程序迁移到公有云，更有不少企业把企业应用托管在亚马逊云服务（AWS）这样的平台上，这表明企业对于在公有云上运行关键软件的方式，态度越来越开放。

但是，大型云计算服务商实际上无法满足每个客户的个性化需求，这也意味着相对规模较小的云计算服务商同样有机会在 2017 年收获业务的快速发展。而且，公有云也不是一定能省钱的，如果企业在不需要服务的时间段依然运行着公有云实例，很可能会花费比理论上更多的钱。不过在 2017 年，IT 管理人员在云计算成本控制方面逐渐成熟，配合云计算服务商提供的成本管理工具，企业将没有理由再让云计算成本失控。

于是，未来众多业务快速发展的中小企业将成为公有云计算市场高速发展的重要驱动力，未来 5 年内将有大量的中小企业将自己的 IT 基础架构迁移至公有云平台；大型企业则将加快私有云建设步伐，从而提高 IT 基础架构的效率，更好地支持业务的发展。

### （五）容器技术获得新发展

容器技术可以让开发人员更方便地管理软件代码，特别是为云应用程序开发的软件。容器服务具有部署速度快、开发和测试更敏捷、

系统利用率高、资源成本低等优势。随着容器技术的成熟和接受度越来越高，容器技术将更加广泛地被用户采用。谷歌的 Container Engine，AWS 的 Elastic Container Service，微软的 Azure Container Service 等容器技术日臻成熟，容器集群管理平台也更加完善，以 Kubernetes 为代表的各类工具可帮助用户实现网络、安全与存储功能的容器化转型。Forrester 预测，在 2017 年，主流云计算平台将全面支持容器技术，开发者将可以在这些平台上直接利用容器技术构建自己的微服务堆栈。

## 第三节
## 云计算案例

### 一、IBM：混合云 SoftLayer①

IBM 并不是云计算领域里最先被想起的名字。在市场辨识度的竞争中，IBM 落后于 Amazon Web Services 和 Microsoft Azure。但是，随着云计算的演进，在一些场景里 IBM 仍可能成为主要甚至统治级的选手。2014 年年中，IBM 宣布通过吸引数千家新客户包括众多龙头企业，SoftLayer 正在推动混合云的普及。为了支持这种持续的增长，IBM 同时推出了一系列新的云服务，专门针对使用 SoftLayer 基础架构的企业。

① 资料来源于搜狐网(http://www.sohu.com/a/130898508_114800)和 IBM 中国公众号(https://mp.weixin.qq.com/s?__biz=MjM5Mjk1MjgyMA==&mid=2650610263&idx=1&sn=8c542e477a1dfea1ae2fd0b3439b04e5&mpshare=1&scene=1&srcid=09087tEErrstalweSo7ojQyo#rd)。本书在收编时对相关内容进行整理汇编。

2013 年，IBM 以 20 亿美元收购 SoftLayer，并继续投资云计算领域，将 SoftLayer 打造成为 IBM 云产品组合的基础。这些投资包括：新增40 个 SoftLayer 全球数据中心，数据中心覆盖全球各个主要地区和金融中心，开放更多的 SoftLayer 设施；成立 Watson 事业部，在 SoftLayer 上运行 Watson；建立“云平台即服务”（PaaS）—Bluemix；推出 IBM 云市场，并进行多项云收购。

在大数据引发的企业云计算需求下，SoftLayer 将会发挥举足轻重的作用，以更快的速度、更好的效果、更高的效率为企业带来丰富的数据及分析产品组合。基于 Bluemix 开发平台，IBM 针对混合云而设计的新系统产品组合包括以下几种。

（1）面向云的 Power 系统：全新 IBM 面向云端的企业级 Power 系统完美融合了基于 Open – Stack 的云管理和弹性消费模型，帮助客户将 IT 基础架构转换成一个能够处理 AIX、IBM i 和 Linux 工作负载的本地云，从而快速扩展至 IBM 云端计算服务。

（2）面向云的 z 系统：IBM z Systems Operational Insights 是一个全新的基于软件即服务平台的产品，可以提供有关云操作的分析洞察，从而将运行效率和应用性推向一个新高度。通过它的图形用户界面，用户可以根据有关性能数据的走势和内置技术制定更好的业务和应用决策。该产品可与 IBM OMEGAMON 应用性能管理解决方案搭配使用，从而借助针对客户混合工作负载（其中包括 z 系统应用）的端到端可视性，快速确定问题组件。此外，新发布的 IBM Common Data Provider 能够让客户的云计算或本地企业运行分析平台以几乎实时的方式高效应用 z 系统运行数据。

（3）IBM Spectrum Copy Data Management 和 IBM Spectrum Protect：IBM Spectrum Copy Data Management 全新解决方案能够对数据复制进行精细、易用管理，以提高所有新旧应用的运行和开发的灵

活性及效率。此外，IBM Spectrum 保护解决方案为适用于混合云部署，进一步扩展了其混合云解决方案，在方案中集成了多个云对象存储选项。

除了全系列的产品线，IBM 目前已经针对基于 SoftLayer 的云市场提供了超过 300 种服务，包括数据和分析以及 SoftLayer 解决方案。例如，IBM 的多企业关系管理 SaaS 能够连接并管理多个社区之间的共享业务流程；时间序列数据库将应用与物联网连接到一起；分析仓库为数据建仓和分析提供了灵活的平台。SoftLayer 云市场提供的服务主要包括以下几种。

（1）Aspera 高速传输技术可以帮助用户以最快的速度和最大的安全性移动大量非结构化和结构化数据，不论数据规模、传输距离或网络条件如何。

（2）代号为“弹性存储”（Elastic Storage）的产品是一款软件定义的“存储即服务”产品。它能帮助企业高速访问大量的数据，并在其内部部署的基础架构与云端之间无缝管理数据。

（3）SoftLayer 扩大了在裸机服务器上以小时计费的范围，把虚拟服务器上随需付费的优势延伸到专用资源中。裸机服务器提供了许多企业梦寐以求的高性能和安全性。

（4）IBM 云计算模块化管理是一套完全自动化的服务管理系统，能够帮助企业更轻松地管理新的云应用环境。IBM 云计算模块化管理能够让企业灵活选择它们需要的服务，企业既可以亲自管理，也可以请 IBM 代为管理。

（5）Jumpgate 是 SoftLayer 的另一项创新，其关键作用是帮助企业建立它们自己的混合云环境。Jumpgate 能够保证 OpenStack API 与供应商专有 API 之间的兼容性，从而实现云端的相互操作。

除了自身的产品和服务建设，IBM 宣布在混合云环境中开展一系列全新且更广泛的与 IBM Systems 有关的合作计划，以构建一个开放、协同的软件生态系统来进行云部署和云创新。比如，与 Canonical 推出 Ubuntu OpenStack，与全球最大的数据平台之一 Hortonworks 将基于 Power 的 Hortonworks Hadoop 推向市场，与 Mirantis 合作开发参考架构（reference architectures），与 NGINX 将 NGINX Plus 和 Power 的结合，与 Red Hat 计划推出基于 Red Hat 开源产品关键组件的解决方案等。

混合云作为一种两全其美的方案，将传统的 IT 系统与云计算联系到一起。通过混合云，企业一方面可以保持对关键应用和数据的控制，同时又能够把其他工作负载，如客户及合作伙伴交互系统等转移到云端，以便快速获取数据，扩展新服务，并降低成本。利用 IBM 云计算，企业能够更快速地整合现有的和新的服务与数据，以驱动创新，并更加容易地控制、管理和保护其数据与业务应用，寻找各种途经有效地存储和挖掘数据，同时保护数据的隐私和安全。

目前，世界各地的企业正在转向 IBM 云计算。仅 2014 年，就有数千家企业迁移到 SoftLayer 平台上。比如，北美零售商梅西百货利用 SoftLayer 的物理裸机与共享云基础架构服务组合，实现一种全新的运营模式，从而满足零售商对可扩展性以及针对企业长期业务目标的可持续的可用性需求。全球领先的家电制造商和销售商惠而浦，利用 IBM 云计算（包括 SoftLayer）从本地部署的 IT 环境转向全球整合的混合云模式，以推动电子商务的销售，精简订单，降低成本，提高灵活性并缩短处理时间。除此之外，戴姆勒分公司 Moovel Gmbh、Sicoss 集团以及众多其他企业，也正在转变自身的运营体系迎接混合云时代的到来。

## 二、亚马逊：专业云服务平台①

亚马逊公司是在 1995 年 7 月 16 日由杰夫·贝佐斯成立的美国最大的一家网络电子商务公司，位于华盛顿州的西雅图。它是网络上最早开始经营电子商务的公司之一。2006 年 3 月，亚马逊推出弹性计算云服务，并逐步发展成为现在较完善的云计算服务系统，其主要面向一些小的零售商家。

AWS（Amazon Web Service，亚马逊云服务）的起源是亚马逊购物网站。由于该网站是一个客户访问流量变动很大的网站，IT 人员有很大的动力去思考类似问题的解决方案。利用 AWS，软件开发人员可以轻松购买计算、存储、数据库和其他基于网络的服务来支持其应用程序。开发人员能够灵活选择任何开发平台或编程环境，以便尝试解决问题。开发人员只需按使用量付费，无须前期资本支出，因此 AWS 是向最终用户交付计算资源、保存的数据和其他应用程序的一种最经济划算的方式。自 2006 年年初起，AWS 开始为各种规模的公司提供云平台服务。

2006 年，亚马逊又推出 S3（Simple Storage Service，简便存储服务）。它是科技行业中最早提供云服务的公司，是目前公有云市场的最大服务商，为大中小型数十万家企业提供完整的云服务。亚马逊电商平台是以低价优质的服务取胜，而 AWS 的成功之道也同样如此。企业不必再为软件、硬件、安装、调试以及维护等诸多 IT 服务花费大量的时间、人力和资金成本，可以把运算、存储、网络、应用、管

① 资料来源于阿里云（https://www.aliyun.com/zixun/content/2_6_1926295.html）和新浪科技（http://tech.sina.com.cn/i/2013-11-23/07008941547.shtml）。本书在收编时聚焦 AWS 平台的相关内容，进行归纳整理。

理等诸多烦琐的工作完全交给 AWS。企业可以根据需求灵活购买 AWS 的按量计费的云服务，而不必像从前那样采购服务搭建数据中心，从而担心采购过多在业务淡季造成浪费，或是采购不足无法应对业务高峰需求。AWS 为企业节省了大量的资金。

弹性、可拓展、低成本的基础设施服务，让 AWS 牢牢占据市场主导地位。Gartner 的数据显示，AWS 的市场占有率是其他 14 家主要企业总和的五倍。虽然亚马逊从来不愿公布具体业绩明细，但据麦格理（Macquarie）分析师预计，2012 年 AWS 部门营业收入就接近 40 亿美元。

亚马逊 2013 年还继续发布了 WorkSpace、AppStream、Kinesis 等新服务产品，为企业用户与开发者减负，更加关注自己的产品与用户体验，而无须担忧 IT 条件的限制。其中，WorkSpaces 是一套完整的云端桌面计算服务。借助这一服务，企业用户可以非常便捷地向终端用户提供完整管理的、基于云端的桌面体验，而不需要担忧采购或部署硬件以及安装复杂软件。WorkSpaces 将承担软硬件管理与维护等所有的繁重工作，保障企业用户可以关注于为终端用户提供高质量的桌面体验。AppStream 是一套灵活、低延迟的流式云计算服务，开发者可以从云端流式传输 SD 游戏或互动高清应用等资源密集的应用与游戏。借助这一服务，内容在云端渲染，而终端用户依旧可以在自己的设备上享受高清流畅且响应迅速的内容体验。开发者可以灵活地流式传输其整个应用或者应用中需要额外资源的部分。

AWS 已经形成了一个生态系统。亚马逊也在不断完善自己的服务体系，加快服务与产品的推新步伐。诸多服务提供商在 AWS 的平台上为企业用户提供诸多服务。随着云时代尤其是公有云趋势的逐渐到来，AWS 正逐渐成为亚马逊的另一个金字招牌。

AWS 与自家的电商业务之间起到了很好的协同作用。AWS 的服务区域也是电商业务的核心业务布局区域，二者彼此互相协同。AWS客户可以进入电商业务的生态系统中，电商业务和AWS客户也可以同时扩展到新增区域。生态系统同时也推动亚马逊云计算技术突飞猛进和高速扩张。

## 三、阿里云：基于飞天系统的全行业云解决方案[①]

---

阿里云计算有限公司（简称阿里云）创立于2009年，是全球领先的云计算及人工智能科技公司。其致力于以在线公共服务的方式，提供安全、可靠的计算和数据处理能力，让计算和人工智能成为普惠科技。阿里云在全球各地部署高效节能的绿色数据中心，利用清洁计算为万物互联的新世界提供源源不断的能源动力，目前开服的区域包括中国（华北、华东、华南、香港）、新加坡、美国（美东、美西）、欧洲、中东、澳大利亚、日本。2017年1月，阿里巴巴成为奥运会“云服务”及“电子商务平台服务”的官方合作伙伴，阿里云将为奥运会提供云计算和人工智能技术。

---

在2015云栖大会上，阿里云发布了全新品牌口号及品牌广告——为了无法计算的价值，深入地阐释了阿里云的品牌定位及品牌价值。在传统认知中，“计算”一词对于大多数人而言太过遥远和冰冷，是必须花费力气去破解的代码世界，与日常生活的交集看起来是那么微乎其微。阿里云认为，计算的终极意义是发挥数字的力量，去解决问题、创造价值，让数字不止于数字，赋予数字以人的喜怒哀乐。

---

① 资料来源于企业网（http://www.d1net.com/cloud/xaas/470346.html）和阿里云（https://yq.aliyun.com/articles/61866）。本书在收编时摘录并整理了飞天系统的相关介绍。

阿里云致力以在线公共服务的方式，提供安全、可靠的计算和数据处理能力，让计算和人工智能成为普惠科技。目前，阿里云在全球14个地域开放了31个可用区，为全球数十亿用户提供可靠的计算支持。此外，阿里云为全球客户部署了200多个飞天数据中心，通过底层统一的飞天操作系统，为客户提供全球独有的混合云体验。

阿里云主要的产品及功能如下：

（1）ECS（Elastic Compute Service）：以虚拟机的方式将一台物理机分成多台云服务器，提供可伸缩的计算服务。

（2）SLB（Server Load Balance）：基于LVS和Tengine实现的4层和7层负载均衡，有动态扩容、session保持等特点。

（3）RDS（Relational Database Service）：通过云服务的方式让关系型数据库管理、操作和扩展变得更加简单。

（4）OCS（Open Cache Service）：基于内部Tair，增加一层Proxy，支持海量小数据的高速访问。

（5）OTS（Open Table Service）：海量（结构化）数据存储和实时查询服务。

（6）OSS（Open Store Service）：对任意大小数据对象提供高可用、高可靠的海量存储服务。

（7）CDN（Content Delevery Network）：通过覆盖全网的缓存服务以及负载均衡等技术将用户请求定向到最合适的区域，提高用户服务的响应速度及网站服务能力。

（8）OAS（Open Archive Service）：离线归档，冷数据备份，类似Amazon Glacier。

（9）ODPS（Open Data Processing Service）：海量数据处理和分析平台。

（10）SLS（Simple Log Service）：解决异构、分布式系统中日志实

时收集、存储与查询的基础服务。

阿里云自主研发的超大规模通用计算操作系统飞天（Apsara）是阿里云服务的技术基石，飞天操作系统诞生于2009年2月，是由阿里云自主研发、服务全球的超大规模通用计算操作系统，目前为全球200多个国家和地区的创新创业企业、政府、机构等提供服务。它可以将遍布全球的百万级服务器连成一台超级计算机，以在线公共服务的方式为社会提供计算能力。从PC互联网到移动互联网再到万物互联网，互联网成为世界新的基础设施。飞天希望解决人类计算的规模、效率和安全问题。飞天的革命性在于将云计算的三个方向整合起来：提供足够强大的计算能力，提供通用的计算能力，提供普惠的计算能力。

飞天操作系统管理着互联网规模的基础设施，其架构如图3－4所示。最底层是遍布全球的几十个数据中心，数百个POP（卖点广告）节点。飞天所管理的这些物理基础设施还在不断扩张。飞天内核跑在每个数据中心里面，它负责统一管理数据中心内的通用服务器集群，调度集群的计算、存储资源，支撑分布式应用的部署和执行，并自动进行故障恢复和减少数据冗余。

飞天操作系统的最顶层是阿里云打造的软件交易与交付第一平台——云市场。它如同云计算的“App Store”，用户可在阿里云官网一键开通“软件＋云计算资源”。云市场上架在售的商品有几千个，支持镜像、容器、编排、API、SaaS、服务、下载等类型的软件与服务接入。安全管理根植在飞天内核最底层。飞天内核提供的授权机制，能够有效实现“最小权限原则”，同时，还建立了自主可控的全栈安全体系。监控报警诊断是飞天内核的最基本能力之一。飞天内核对上层应用提供非常详细的、无间断的监控数据和系统事件采集，能够回溯到发生问题的那一刻现场，帮助工程师找到问题的根源。

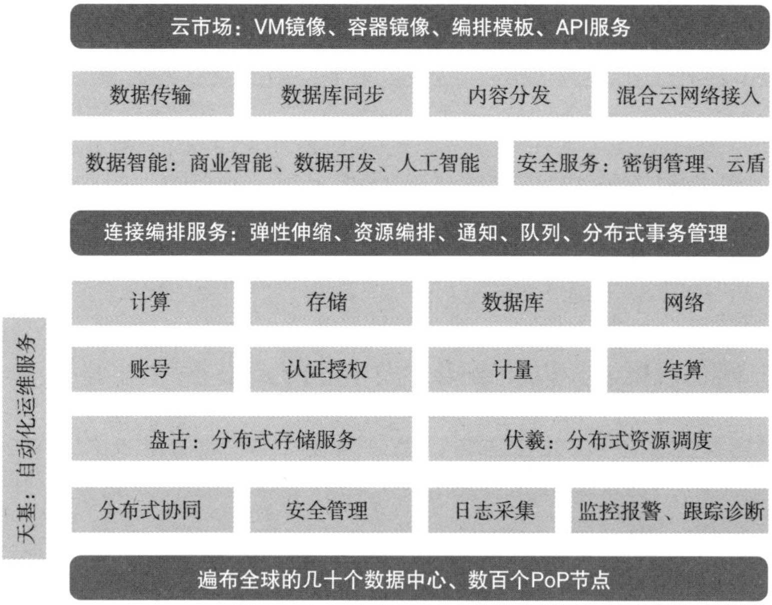


**图3－4　飞天系统架构图**

资料来源：企业网．深度解析：云服务为何离不开底层硬件衬托［EB/OL］．http：//www.d1net.com/cloud/xaas/470346.html，2017－05－06。

在基础公共模块之上，有两个最核心的服务，一个叫“盘古”，一个叫“伏羲”。盘古是存储管理服务，伏羲是资源调度服务，飞天内核之上应用的存储和资源的分配都是由盘古与伏羲管理。在基础公共模块边上，还有一个服务，叫作“天基”，意思是“飞天的基础”。天基是飞天的自动化运维服务，负责飞天各个子系统的部署、升级、扩容以及故障迁移。飞天的核心服务分为计算、存储、数据库、网络。为了帮助开发者便捷地构建云上应用，飞天提供丰富的连接、编排服务，将这些核心服务方便地连接和组织起来，包括通知、队列、资源编排、分布式事务管理等。飞天接入层包括数据传输服务、数据库同步服务、CDN（内容分发网络）内容分发以及混合云高速通道等服务。

基于飞天系统，阿里云发展和衍生出大量的产品和解决方案，截至2017年年初，已达150款。阿里云服务覆盖制造、金融、政务、交通、医疗、电信、能源等众多领域的领军客户，包括中国联通、12306、中石化、飞利浦、华大基因等大型企业客户。在天猫“双11”全球狂欢节、12306春运购票等极富挑战的应用场景中，阿里云保持着良好的运行记录。马云在2016杭州云栖大会上提出了五新：“新零售、新制造、新金融、新技术、新能源。”阿里云正在成为这“五新”的经济基础设施。

## 四、百度云：以生态用户为中心的云服务①

百度云是百度提供的公有云平台，2015年正式开放运营，2016年正式对外发布“云计算+大数据+人工智能”三位一体的云计算战略，推出40余款高性能云计算产品，为社会各个行业提供安全、高性能、智能化的计算和数据处理服务，让智能的云计算成为社会发展的新引擎。

2012年9月起，百度面向开发者全面开放包括云存储、大数据智能和云计算在内的核心云能力，为开发者提供更强大的技术运营支持与推广变现保障。2015年，百度进一步开放其核心基础架构技术，为广大公有云需求者提供全系列可靠易用的高性能云计算产品。百度云将通过不断推出贴合生态需要的解决方案，为百度用户打造更为全面优质的生态服务，助力百度生态用户的业务价值最大化。

百度云最核心的服务是提供稳定、安全、高效、高可扩展的云存储服务和极高性能的块存储服务。其中最常用的是网盘服务，即向用户提供多元化数据存储服务，支持最大2T容量空间，实现可

① 资料来源于百度云（https://cloud.baidu.com/product/bmr.html）。本书在收编时根据百度云官方网站的相关内容对产品、服务、理念和战略进行归纳整理。

自由管理网盘存储文件。为更好地实现存储服务，百度云还提供 DDoS 防护、云服务器防护、Web 漏洞检测等全方位的安全防护服务，以实时发现资源及业务系统的安全问题，保障业务系统稳定运行。

在 to B 系列服务中，百度云的主要产品有计算和网络、存储和 CDN、数据库、安全和管理、数据分析、智能多媒体服务、物联网服务、应用服务和网站服务等。基于百度虚拟化技术及分布式集群操作系统构建的云服务器，可以负载均衡，提供专属服务器 DCC，支持专线 ET，提供应用引擎 BAE。稳定、安全、高效、高可扩展的云存储服务和极高性能的块存储服务，依托于百度自主研发的快速、全托管 NoSQL 数据库，具有无缝扩展、低延迟、性能可预期等特点；而百度 MapReduce 提供全托管的 Hadoop/Spark 计算集群服务，助力客户快速具备海量数据分析和挖掘能力。百度云的物接入作为一个全托管的云服务，帮助建立设备与云端之间安全可靠的双向连接，以支撑海量设备的数据收集、监控、故障预测等各种物联网场景。

除了 to B 系列服务之外，百度云还提供多种 to C 服务，同样深受市场喜爱。其中，个人主页功能提供个性化分享功能和优质资源聚合服务，用户可通过关注功能获得好友分享动态，实现资源共享；群组功能既能够单纯点对点，又可以一对多、多对多地直接对话，是国内首个能够进行云存储社交的云服务平台；相册功能可以使用户通过云相册便利地存储、浏览、分享、管理自己的照片，用照片记录和分享生活中的美好瞬间；人脸识别功能不仅能实现图片智能分类、自动去重等功能，还能以图搜图，在海量图片中精准定位目标；通讯录备份功能可提供通讯录同步、短信备份功能；手机找回功能可帮助用户在手机遗失后，通过百度云 Web 版在线锁定手机，避免信息泄露，同时可发出警报、追踪定位，提升手机找回的可能性。

百度云的服务理念，是为客户提供云计算产品的同时，用百度自身的服务品质为客户的事业发展保驾护航。基于这种服务理念，百度云承诺为客户提供免费备案、免费镜像服务、故障百倍赔偿、7×24小时客户服务等服务保障。通过百度云一站式服务，无论是站长还是开发者，无论是传统企业还是初创公司，都可有效节约 IT 运维成本，轻松应对来自服务器、存储、带宽等资源成本和技术实施的压力，真正坐享无忧服务。

2016 年，百度正式对外发布了“云计算 + 大数据 + 人工智能”三位一体的云计算战略，推出了 40 余款高性能云计算产品。天算、天像、天工三大智能平台，分别提供智能大数据、智能多媒体、智能物联网服务，以及数字营销云、泛娱乐行业、教育行业、物联网、政企混合云、金融云和生命科学云等行业解决方案，还有网站及部署、视频云、智能图像云、存储分发、数据仓储、移动 App 和日志分析等专项解决方案。它为社会各行业提供安全、高性能、智能化的计算和数据处理服务，让智能的云计算成为社会发展的新引擎。

百度云平台是百度实现闭环生态的基础，通过内部资源整合，百度旨在为百度云用户提供良好的生态服务环境。一方面，百度云推出百度生态领域的行业解决方案，比如针对教育行业提供媒体云方案，提升传统教育行业在线视频的编解码能力；另一方面，针对网站站长，提供集成化的建站组件和技术能力，帮助站长简单便捷地实现站点优化、无线建站等工作；未来，百度云还将整合百度推广及大数据生态资源，通过各类产品线的联动服务，助力百度生态客户 ROI 的提升，最终实现百度云用户与百度的共赢发展。

## 五、京东云：全产业链云方案[①]

---

京东云是京东集团旗下的云计算综合服务提供商，拥有全球领先的云计算技术和完整的服务平台。其依托京东集团在云计算、大数据、物联网和移动互联应用等多方面的长期业务实践和技术积淀，致力打造社会化的云服务平台，向全社会提供安全、专业、稳定、便捷的云服务。

---

京东云作为京东集团旗下的事业部，是技术能力与服务的重要输出窗口。云计算产业中企业数量众多，包括 BAT、金山、华为、七牛等。而京东云的不同之处在于，相比出售底层 IaaS 资源（如服务器、存储等）加部分 PaaS 资源和 SaaS 服务，京东云要做的是产业链云，就是提供特定方向的 IaaS + PaaS + SaaS 服务。京东云的结构包括“两个基础平台 + 四个行业解决方案”。其中，“两个基础平台”包括基础云平台和数据云平台，而“四个解决方案”指的是京东优势所在的电商云、物流云、智能云和产业云四个方面的创新。京东的云计算，实际上不只是计算，还包含面向电商、物流等的 PaaS 和 SaaS 模块。

“两个基础平台”中，基础云平台由私有云和公有云两部分组成。京东私有云云存储系统稳定支持主站商品图片、订单、物流等 200 多个系统的运行。公有云服务中的云主机服务、对象存储服务（云存储）也颇有建树。数据云则主要关注数据的使用，帮助传统企业完成对数据的收集、存储、分析到运用，通过系统建设、云计算专家、数据建模专家和开发者共同构成一个体系，形成一个大数据生态圈。

---

① 资料来源于中国新闻网（http://www.chinanews.com/it/2016/04－07/7825810.shtml）。本书在收编时对京东云的平台、方案、服务等方面进行归纳整理。

“四个解决方案”中，“电商云”在计算和大数据的基础上，结合京东十多年电子商务技术及运营经验，推出的帮助传统企业互联网转型和升级的以企业交易为核心的综合电子商务解决方案，可以有效扩大目标客户群体基数，促进线下业务的开展，显著提高销售额和收入，同时，简化系统管理，降低IT成本。“物流云”依托京东稳定、高效、灵活的云计算和大数据能力，为政府和企业提供物流技术、产品及运营咨询服务，降低用户自建物流成本，提升物流运营效率，助力政企互联网+物流转型升级。“智能云”依托京东云技术和大数据能力，整合京东在互联网市场的优质资源，提供技术支持、智能产品对接、智能创业孵化等服务，加速政府、企业及个人的“互联网+智能”创新转型。“产业云”立足于产业客户的行业需求，依托京东云强大的技术与云产品，结合京东的“互联网+实践经验”与集团资源，透过京东云专业服务，共筑行业标杆与业界领先的产业解决方案。

京东云目前服务行业众多，主要包括农业、制造业、服务业、政府政务等。在农业流通方面，京东云帮助农产品流通做到信息对称，按需生产，改变盲目供应；帮助农村消费市场升级，让各农村均能享受到城市消费；帮助农村互联网化，使其未来在信息化方面与一线城市达成一致。在制造业方面，京东云帮助专业市场升级，打造区域性专业市场，实现线上线下联合运营，降低成本，提升效率；帮助工业产业链升级，反向由消费需求指导生产，减少库存，使渠道互联网化。在服务业方面，京东到家一直是京东进攻社区的生力军，围绕商户、物业、公共服务等方面进行；而园区电商也是京东的一大方向，在北京，京东与锋创科技园区、中科电商谷达成合作。在政府政务领域，京东云开发“京云慧政”产品，搭建政务产业平台、政务大数据平台，提供政府政务基础资源服务，助力政府产业化升级。

2015年，京东开放电商业务的全部资源和能力，以云的形式向全产业链各环节提供京东云服务，成为中国第一位电商云提供商，跻身全球领先的云计算服务行列。

京东云依托京东集团在云计算、大数据、物联网和移动互联应用等多方面的长期业务实践和技术积淀，打造社会化的云服务平台，向全社会提供安全、专业、稳定、便捷的云计算专业服务。随着京东基础云、数据云两大产品线，京东电商云、物流云、产业云、智能云四大解决方案以及华北、华东、华南三地数据中心的正式上线，京东云正式加入风生水起的云计算市场争夺战。2016 年京东 618 大促期间，京东云带宽扩容数百 G，从容抵挡大量流量瞬间暴增带来的冲击，100% 的订单在云上完成，而 Docker 容器上的应用数量已突破 5 000 个，在生产环境上运行的 Docker 实例也已突破 150 000 个。这些充分经过电商大促考验的技术服务，将会成为中国企业进行“互联网 +”转型的强劲动力。

## 六、优橙科技：智慧停车云平台

---

杭州优橙科技有限公司（简称优橙科技）是银江股份智慧停车领域子公司，成立于 2015 年，是一家专业从事城市级智慧停车云平台和交通大数据研发的高科技企业，是国内城市级智慧停车领域的开拓者和领导者。公司践行“大数据驱动智慧城市”的发展理念，做精行业产品、做深底层技术，以城市停车为切入点，结合传统智能交通技术及新兴的物联网、云计算和大数据等技术，建设基于专有云计算架构，面向城市级智慧停车信息服务的大数据管理和智能分析平台。其核心技术团队由国内智能交通行业专家、浙大博士和阿里技术专家组成，掌握自主研发软硬件的核心技术及知识产权。公司与浙江大学、浙江工业大学等高校建立了紧密的产学研合作关系。

---

优橙科技自主研发的城市级智慧停车云平台、集群车库联网管理平台、城市道路停车运营管理平台和交通大数据平台等产品已经成功应用于武汉、重庆、杭州、西安、福州、盐城等城市，在全国智慧停车领域有较大的影响力。

公司的主要产品是前端管理系统和城市停车运营管理云平台。其中，前端管理系统包括路内停车前端物联网系统、封闭式停车场出入口管理系统、城市停车诱导系统、违法停车取证抓拍系统、停车充电一体化系统等。城市停车运营管理云平台包括城市智慧停车运营管理平台、公共信息服务平台、数据交换和共享系统、停车大数据分析系统、清分结算系统等。

优橙智慧停车云平台集成了以下多个子系统。

（1）路内停车前端物联网系统，主要由基于 NB－IOT 的无线地磁检传感器和掌上电脑（PDA）管理终端组成。无线地磁传感器适用于室外停车位，埋于地下；而巡检、收费 PDA 终端是城市道路停车收费管理的主要终端。

（2）停车场管理系统，为停车场收费员提供收费管理功能，并连接岗亭周边的智能设备进行数据采集，可以进行各类数据的查询等。

（3）城市智慧停车运营管理平台，通过整合城市各类停车场的静态和动态数据，综合分析与控制各种停车管理资源和设施，同时满足停车管理部门的日常监管需求，为公众提供停车服务和泊车增值服务。停车场联网运营管理是消除停车场信息孤岛，实现停车信息共享，提高城市停车资源使用效率，缓解城市停车难现象的重要手段。

（4）公共信息服务平台，负责统一向车主提供整个城市的泊位资源剩余情况动态分布信息，为车主提供自助缴费、充值自动扣费、办理包月/年租赁等便利服务。

（5）数据交换和共享系统，管理综合平台信息资源目录，支撑信息资源共享和交换的基础系统，为泊车管理相关应用系统提供数据共享与交换的应用环境。

（6）停车大数据分析系统，是停车业务数据存储、处理结果、数据挖掘、提炼分析等方面的主体。

（7）交通诱导系统，是智能交通系统的重要领域之一，主要实现对机动车流的动态分配、实时诱导、科学管理等功能，从而达到提高城市道路服务水平的目的。

（8）违停取证抓拍系统，对城市道路违法停车行为自动抓拍取证，是治理城市乱停车现象的重要手段。

（9）清分结算系统，实现与各个合作伙伴，如银联等支付服务提供商的资台对账、结算功能，具体包括每笔交易的查询、异常处理，以及数据查询、报表统计、报表分析等。

2016年，公司承担建设的武汉市城市道路智慧停车项目是全国规模最大、功能最全的智慧停车系统。目前，公司对武汉市3万余个道路停车泊位进行改造，实现全市范围内的智能停车服务。利用先进的大数据和信息化手段，让停车变得更加规范和快捷。系统投入运营后，停车泊位资源的使用效率得到明显提升，收费路段因乱停车带来的交通压力得到有效缓解。该系统不仅用价格杠杆调解停车需求，还将配合交警对停车秩序进行全方位管理。其中，专为武汉开发的“武汉停车”App智慧服务系统，利用先进的大数据和信息化手段，让停车变得更加便捷和规范。App投入运营后，公共资源的使用效率得到明显提升，收费路段因乱停车带来的交通压力有效缓解。管理者可以通过武汉智慧停车数据平台（如图3－5所示）随时掌握运行情况。

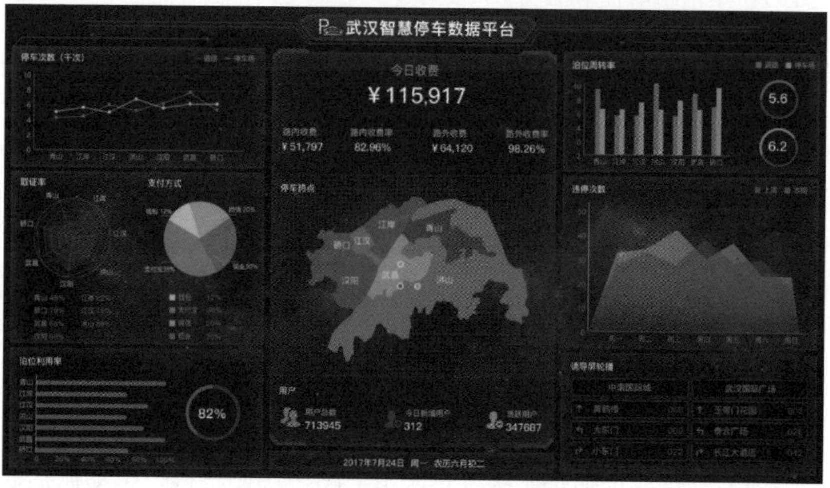


**图 3-5　武汉智慧停车数据平台**

资料来源：杭州优橙科技有限公司。

2016 年，公司负责的盐城智慧停车系统项目是路内外体系与系统和静态交通管理结合的典范。公司已将盐城市区 1.5 万个泊位接入管理服务平台，以多级信息发布屏为载体，以云计算、无线通信技术为支持，提供停车场线路引导、空车位查询、空车位预定等功能。初步搭建盐城市静态交通管理服务信息化平台，实现对盐城核心区范围内重点停车场及解放路、人民路等重点道路路侧停车的信息接入与管理。在此基础上，未来逐步推动全市范围内所有停车场所有出入口的联网联控改造、安防接入。在满足实时监控各停车泊位的前提下，系统性地协调静态交通和动态交通，有效缓解停车难和交通拥堵。

2017 年，公司承建了重庆解放碑地下环道智慧停车系统。该系统将成为全国首个地下集群车库管理系统，实现静态交通协同管理和应急指挥。

## 七、杭州天迈：浙江省旅游云号簿[①]

杭州天迈网络公司（简称杭州天迈）成立于2009年，是一家专注于智慧旅游行业的国家级高新技术企业，定位于一站式智慧旅游运营服务商。作为智慧旅游行业的先导，2016年天迈网络公司以“更多的游客更开心地花更多的钱”为核心，从智慧旅游建设商全面转型为全域旅游服务商，更全面、更深入、更符合实际客户需求地持续深耕智慧旅游市场。

浙江旅游云号簿是杭州天迈基于云存储技术开发的一款面向个人手机客户端用户的旅游资讯查询类应用软件。它以浙江全省旅游行业的基础数据库内容为核心，让用户能方便地通过移动互联网使用手机终端随时随地进行旅游相关企业的基本信息查阅，电话号码的查询、拨打，企业位置定位、导航以及导游导览、消费黄页的浏览；旨在协助用户便捷地查询旅游目的地的相关企业及部门（如景区、酒店、餐饮、农家乐、旅行社以及旅游相关部门）的资讯信息。

目前，浙江旅游云号簿内整合了浙江省范围内的A级景区、星级酒店、民宿客栈、农家乐、餐饮、旅行社、旅游集团及各地市旅游部门机构的基本资料信息（如图3－6所示）。

（1）企业信息搜索功能。用户可以通过地区、行业、等级、距离、推荐等多个维度的组合搜索要查找的旅游企业，也可以通过直接输入要查找企业的名称关键字进行搜索。用户通过云号簿可以查看企

① 资料来源于杭州天迈网络有限公司官网（http://27431479.b2b.11467.com/about.asp）。本书在收编时对天迈官方网站及App Store功能介绍的相关内容进行整合。

**图3-6 浙江省旅游云号簿功能图**

资料来源：作者根据 App Store 里的浙江省旅游云号簿功能整理。

业的单位地址、单位电话、单位网址、微信微博、企业简介及企业展示图片，还可以点击企业展示页面中的菜单直接拨打企业电话、访问企业网站以及添加企业微信微博。

（2）导航功能。用户可以通过企业的位置信息，可以结合手机端地图为用户提供直接的导航功能，方便用户前往相关单位。

（3）景区导游导览功能。用户在云号簿中的景区类目中，景区单位的资讯还包含了景区介绍、在线导游，还将继续加入景区导览及 AR 实景功能。

（4）周边搜索功能。浙江旅游云号簿还利用手机的定位功能提供周边旅游相关企业的展示功能，可以为自驾游的用户提供周边便捷咨询服务。

（5）12301 旅游服务热线。浙江旅游云号簿还集成了 12301 旅游服务热线的功能，用户在浙江省内的旅游途中遇到任何旅游相关问题，都可以通过云号簿直接接入 12301 服务热线，获得在线帮助。

（6）用户纠错功能。浙江旅游云号簿不仅是一个单向的旅游企业咨询提供软件，还提供用户纠错功能，当用户发现所查询的企业相关信息有错误时，可以直接通过软件进行报错。通过这一功能方式，可以不断地完善和改进全省旅游基础数据库的内容。

# 第四章
# 大数据产业：数据金矿挖掘机

近年来，随着云计算、物联网、移动互联网等技术的快速发展，数据呈现爆炸式增长，大数据时代已然来临。数据成为城市运行的重要能源、企业发展的重要资源、个人的重要资产，但数据的真正价值，还需大数据技术来挖掘。大数据的采集、存储、处理和呈现技术成为数据金矿的挖掘机。大数据的产业链也不断完善，纵向链条上的各细分市场在资本的助推下，迎来巨大的发展机遇。

## 第一节
## 认识大数据技术

### 一、了解大数据的基本概念

对于“大数据”的定义，不同机构有不同的表述。研究机构 Gartner 认为，“大数据”是需要新处理模式才能具有更强的决策力、洞察发现力和流程优化能力来适应海量、高增长率和多样化的信息资产。麦肯锡认为，大数据是一种规模大到在获取、存储、管理、分析方面大大超出了传统数据库软件工具能力范围的数据集合，具有海量的数据规模、快速的数据流转、多样的数据类型和价值密度低四大特征。国际数据公司（IDC）认为，大数据是为更经济地从高频率获取的、大容量的、不同结构和类型的数据中获取价值而设计的新一代架构与技术。总体上，大数据可以视为一种新资源、新技术和新理念的混合体。

从资源视角来看，大数据体现了一种全新的资源观。从1990年以来，在摩尔定律的推动下，计算存储和传输数据的能力在以指数速度增长，每GB存储器的价格每年下降40%。2000年以来，以Hadoop为代表的分布式存储和计算技术迅猛发展，极大地提升了互联网企业的数据管理能力，互联网企业对“数据废气”的挖掘利用大获成功，引发全社会开始重新审视“数据”的价值，开始把数据当作一种独特的战略资源对待。而大数据所谓的高容量（volume）、多样性（variety）、速度（velocity）、价值（value）的4V特征，便是从这个角度描述的。

---

大数据技术的战略意义不在于掌握庞大的数据信息，而在于数据专业化处理之后形成有意义的信息。大数据产业实现盈利的关键是提高对数据的“挖掘能力”，通过“加工”实现数据的“增值”。

---

从技术视角来看，大数据代表新一代的数据管理与分析技术。传统的数据管理与分析技术以结构化数据为管理对象，在小数据集上进行分析，以集中式架构为主，成本高昂。与“贵族化”的数据分析技术相比，源于互联网、面向多源异构数据、在超大规模数据集（PB量级）上进行分析、以分布式架构为主的新一代数据管理技术，与开源软件潮流叠加，在大幅提高处理效率的同时（数据分析从$T+1$到$T+0$，甚至实时），成百倍地降低了数据应用成本。

从理念视角来看，大数据开启了一种全新的思维角度。大数据的应用，一是带来“数据驱动”思维，即经营管理决策可以自下而上地由数据来驱动，甚至像量化股票交易、实时竞价广告等场景中那样，可以由机器根据数据直接进行决策；二是拥有数据采集、建模分析、效果评估到反馈修正各个环节在内的完整“数据闭环”，从而能够不断地自我升级，螺旋上升。目前很多“大数据应用”，要么数据量不够大，要么并非必须使用新一代技术，但都体现了数据驱动和数据闭环的思维，提高了生产管理效率，是大数据思维理念应用的体现。

## 二、详解大数据技术参考模型

大数据作为一项新兴技术，目前尚未形成完善、达成共识的技术体系。本节结合工业和信息化部发布的《大数据标准化白皮书》中比较认可的一个技术参考模型（如图4－1所示），进行具体分析。

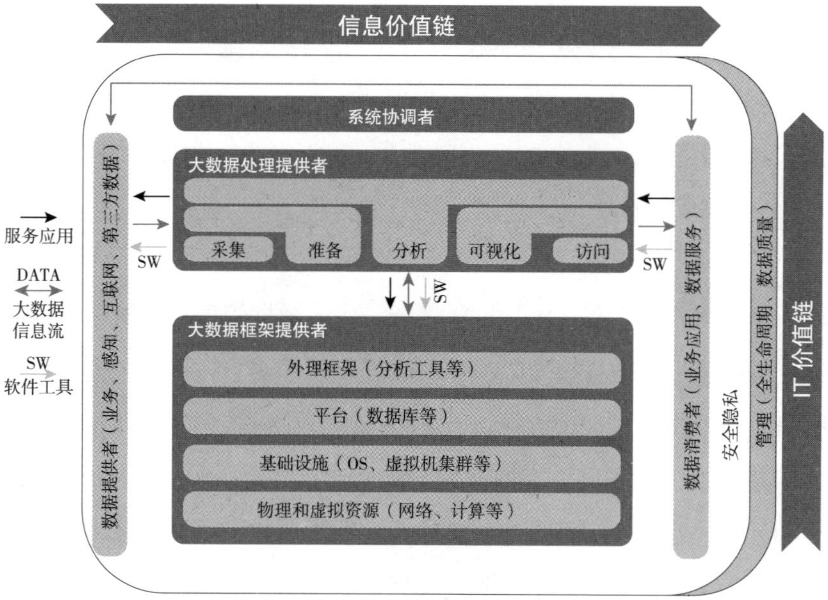


图4－1　大数据技术参考模型图

资料来源：中国信息通信研究院．大数据标准化白皮书（2016版）［Z］．2016－05。

大数据技术参考模型架构可以用于多个大数据系统组成的复杂系统，这样其中一个系统的大数据使用者可以作为另外一个系统的大数据提供者。模型表示了通用的、技术无关的大数据系统的逻辑功能模块以及模块之间的互操作接口。这些被称为“提供者”的模块代表了大数据生态系统中的功能角色，表明提供或实施大数据系统中特定技术的功能。“数据”箭头表明在系统主要模块之间流动的数据，模块之间的数据可以是物理实体或者数据的引用地址；“软件”箭头表明在大数据流程中的支撑软件工具；“服务使用”代表软件程序接口。虽然此架构主要用于实时运行环境，但也可以用于配置阶段。大数据系统中涉及的人工协议和人工操作并没有被包含在此架构中。

大数据技术参考模型基于信息流（垂直维）和 IT 集成（水平维）这两个代表大数据价值链的维度组成：在信息流维度上，价值通过数据采集、集成、分析、使用结果来实现；在 IT 维度上，价值通过为大数据应用的实施提供拥有或运行大数据的网络、基础设施、平台、应用工具以及其他 IT 服务来实现。大数据应用提供者模块是在两个维度的交叉点上，表明大数据分析和其实施是为两个价值链上大数据利益相关者提供的特定价值。

参考模型主要包括五个主要的架构模块，即数据提供者、数据消费者、大数据处理提供者、大数据框架提供者、系统协调者，它们分别代表在每个大数据系统中存在的不同技术角色。数据提供者包含业务、感知、互联网和第三方数据四个种类。其中，业务数据提供者提供传统信息系统中存在并动态产生的大量结构化数据和异构数据，感知数据提供者提供由物联感知设备实时生成的大量数据，互联网数据提供者提供由互联网应用快速生成的大量非结构化数据，而第三方数据提供者则提供政府、学术界、商业机构逐步对外开放的一些可维护管理、可信的数据集。数据消费者可分解为业务应用和数据服务平台：业务应用主要是根据各个行业不同的数据需求进行相应的处理，通过不同的方式，形成符合业务的应用；而数据服务平台则是通过平台向数据需求者提供相应的数据服务。同时，数据提供者和数据消费者在不同的角度下可以相互转换：数据消费者在处理使用数据之后，会形成新的数据提供者；而数据提供者在收集整理相关数据的时候，也会变成数据消费者。

此外，参考模型还包括安全隐私和管理两个架构模块。它们是能为大数据系统其他模块提供服务和功能的构件，这两个关键功能极其重要，因此也被集成在任何大数据解决方案中。特别是在管理模块中，其主要关注数据的全生命周期和数据质量的管理：数据质量贯穿数据全生命周期，涉及采集、存储、传输、分析、展现等各方面；数据质量的关键因素包括数据的一致性、完整性、准确性、新鲜度、约束性等。

## 三、介绍大数据的技术标准

目前，大数据产业和应用发展迅猛。在这个阶段，急需通过标准化的途径整合资源，固化现有成果，促进各方达成共识，形成统一的数据格式、接口、安全、开放等规范。大数据标准体系框架（如图4－2所示）为数据开放共享提供基础，为数据安全应用提供保障，促进数据交易等新兴服务模式规范发展。

### （一）基础标准

为整个标准体系提供包括总则、术语、参考模型、元数据等基础性标准，该类标准主要对大数据总体框架、相关技术基本元素及名词表述进行规范。

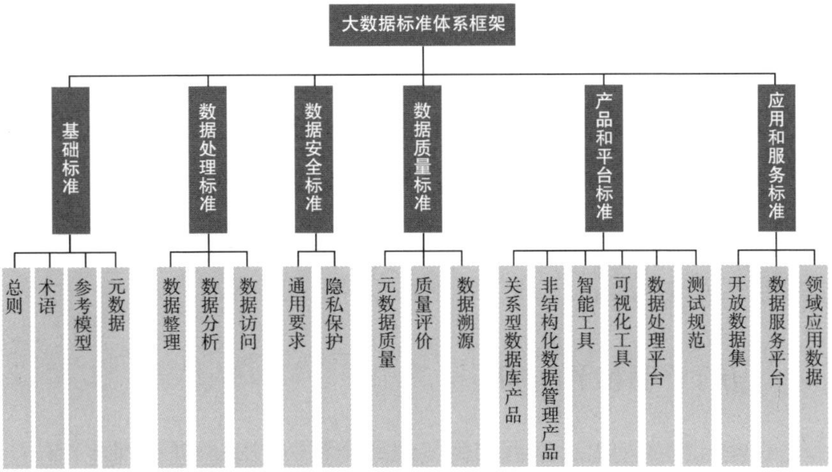


**图 4－2 大数据标准体系框架**

资料来源：赛迪网．大数据标准体系［EB/OL］．http：//www. ccidnet. com/2014/1215/5705691. shtml，2014－12－15。

## （二）数据处理标准

数据处理类标准主要对数据的收集、预处理、分析、可视化、访问、能力成熟度等方面进行规范，包含数据整理、数据分析和数据访问三种类型的标准。数据整理标准主要是针对数据在采集汇聚后的初步处理方式、方法的标准，包括数据表示、数据注册和数据清理三类标准。数据分析标准主要针对大数据环境下数据分析的性能、功能等要求进行规范。数据访问标准则是提供标准化的接口和共享方式，使数据能够被广泛应用。

## （三）数据安全标准

数据安全作为数据标准的支撑体系，贯穿于数据整个生命周期的各个阶段。抛开传统的网络安全和系统安全，大数据时代下的数据安全标准体系主要包括通用要求、隐私保护两类标准。

### （四）数据质量标准

该类标准主要针对数据质量提出具体的管理要求和相应的指标要求，确保数据在产生、存储、交换和使用等各个环节中的质量，为大数据应用打下良好的基础，并对数据全生命周期进行规范化管理。其主要包括元数据质量、质量评价和数据溯源三类标准。

### （五）产品和平台标准

该类标准主要对大数据相关技术产品和应用平台进行规范，包括关系型数据库产品、非结构化数据管理产品、智能工具、可视化工具、数据处理平台和测试规范六类标准。其中，关系型数据库产品针对存储和处理大数据的关系型数据库管理，从访问接口、技术要求、测试要求等方面进行规范，为关系型数据库管理系统进行大数据的高端事务处理和海量数据分析提供支持；非结构化数据管理产品针对存储和处理大数据的非结构化数据管理系统，从参考架构、数据表示、访问接口、技术要求、测试要求等方面进行规范；智能工具包括 ETL（数据提取转换和加载）、OLAP（联机分析）、数据挖掘等工具，帮助用户对大数据进行分析决策，标注对智能工具的技术及功能进行规范；可视化工具标准是指对大数据处理应用过程中所需用到的可视化展现工具的技术和功能要求进行规范；数据处理平台是针对大数据存储、处理、分析系统，从技术架构、建设方案、平台借口等方面进行规范；测试规范针对大数据的产品和平台给出测试方法与要求。

### （六）应用和服务标准

应用和服务两类标准主要是针对大数据所能提供的应用和服务，从技术、功能、开发、维护和管理等方面进行规范，主要包括开发数据集、数据服务平台和领域应用数据三类标准。其中，开放数据集主要对向第三方提供的开放数据包中的内容、格式等进行规范；数据服务平台标准是针对大数据平台所提出的功能性、维护性和管理性的标准；领域应用数据是指各领域根据其领域特性产生的专用数据标准，包括工业电子商务等领域。

## 四、点评几种主流的大数据技术

当前，大数据已经渗透到每个行业和领域，成为重要的生产因素。在大数据环境下，数据是海量的，且呈爆发式增长。数据类型复杂多样，除结构化数据外，还有大量半结构化和非结构化数据。大数据应用需求也很复杂，包括复杂多表关联查询、即席查询、离线数据批量处理等。传统事务型数据库是针对事务型处理设计的，采用行存储和 Shared Disk 架构，硬件方面采用“小型机 + 磁盘阵列”的配置。而面对大数据的分析处理型应用，传统的数据库在处理海量数据方面表现出明显的不足。针对传统数据库处理大数据瓶颈以及大数据的应用需求，衍生了多项大数据技术。当前市面上有几种主流的处理架构，包括 MPP 数据库、Hadoop、Storm、Apache Drill。

### （一）MPP 数据库

MPP 数据库是新型数据库类型，采用 Shared Nothing + MPP 架构，通过列存储、高效压缩、粗粒度智能索引等多项大数据处理技术，结合 MPP 架构高效的分布式计算模式，完成对海量高密度结构化数据的分析类应用的支撑，运行环境多为低成本 PC Server，具有高性能和高扩展性的特点。MPP 数据库擅长处理高价值密度的结构化数据，适合大规模复杂分析，海量数据查询、关联等场景，如数据仓库、数据集市、企业级报表、统计分析、即席查询、多维分析等，广泛应用到行业数据仓库和各类结构化数据分析领域。

MPP 数据库可以有效支撑 PB 级别的结构化数据处理，它具有如下特点。具备 ACID 特性：满足原子性、一致性等要求；支持关系模型：基于关系模型设计；使用 SQL 引擎：标准接口，开发效率高，应用迁移方便；基于 Share Nothing 架构：可以横向扩展数百个节点，支撑 PB 级别的数据处理；存储结构化数据，有明显的星型和雪花模型结构：便于进行 OLAP 分析、多维分析；可基于开放的 X86 架构服务器部署：平台建设成本低。

## （二）Hadoop

基于 Hadoop 生态的大数据技术主要针对非结构化数据的存储和计算、实时流处理等传统关系型数据库较难处理的数据和场景。Hadoop 依托开源社区的优势以及相关技术的不断进步和迭代更新，可支撑对于非结构、半结构化数据的处理，复杂的 ETL 流程，复杂的数据挖掘和计算模型。

Hadoop 技术采取键值对存储方式、简单低耦合方式存储数据；基于 HDFS 的分布式文件系统，具有明显的存储优势，可以存储海量的结构化、半结构化、非结构化数据；拥有灵活的 MR/RDD 编程模式；可基于开放的 X86 架构服务器部署，扩容成本低；可扩展到上千节点。

在大数据处理中，MPP 数据库和 Hadoop 技术均有其各自的优劣势以及适用的场景。实际应用中必须采用 MPP 数据库和 Hadoop 技术的混搭方案，这样才可以充分发挥其各自的优势，实现功能互补，解决大数据的诸多复杂需求。对于大规模的复杂分析、即席查询、多表复杂关联等场景，由 MPP 数据库处理；而非结构化数据处理、流处理以及大规模批量复杂作业，则由 Hadoop 架构负责。MPP 数据库和 Hadoop 技术的混搭方案可以实现对全量数据的处理，满足各行业对大数据的应用需求。

## （三）Storm

随着大数据业务的快速增长，针对大规模数据处理的实时计算变成了一种业务上的需求，缺少“实时的 Hadoop 系统”已经成为整个大数据生态系统中的一个大问题。Storm 正是在这样的需求背景下出现的，并很好地满足了这一需求。Storm 是一个自由的开源、分布式的实时计算系统，它可以快速可靠地处理庞大的数据流。Storm 很简单，支持许多种编程语言，使用灵活。它为分布式实时计算提供一组通用原语，可被用于“流处理”之中，实时处理消息并更新数据库。Storm 也可被用于“连续计算”，对数据流做连续查询，在计算时就将结果以流的形式输出给用户，它可以方便地在一个计算机集群中编写与扩展复杂的实时计算。Storm 处理速度很快，在一个小集群中，每秒可以处理数以百万计的消息。许多知名的企业，诸如淘宝、支付宝、阿里巴巴、高朋（Groupon）、乐元素、精硕科技（Admaster）等都基于它做开发。

## （四）Apache Drill

为帮助企业用户寻找更为有效、加快 Hadoop 数据查询的方法，Apache 软件基金会发起了一项名为“Drill”的开源项目。Drill 已经作为 Apache 孵化器项目来运作，将面向全球软件工程师持续推广。该项目将会创建出开源版本的 Google Dremel Hadoop 工具（谷歌使用该工具为 Hadoop 数据分析工具的互联网应用提速），而 Drill 将有助于 Hadoop 用户实现更快速查询系统的数据对接功能。

# 第二节 图解大数据产业

## 一、大数据产业链全图

大数据本身既能形成新兴产业，也能推动其他产业发展。当前，国内外缺乏对大数据产业的公认界定。我们认为，大数据产业可以从狭义和广义两个层次进行界定。

从狭义上看，当前全球围绕大数据采集、存储、管理和挖掘，正在逐渐形成一个“小生态”，即大数据核心产业。大数据核心产业为全社会大数据应用提供数据资源、产品工具和应用服务，支撑各个领域的大数据应用，是大数据在各个领域应用的基石。狭义的大数据产业仍然围绕信息的采集加工构建，属于信息产业的一部分（如图4－3所示）。

数据资源部分负责原始数据的供给和交换，根据数据来源的不同，可以细分为数据资源提供者和数据交易平台两种角色。数据基础能力部分负责与数据生产加工相关的基础设施和技术要素供应，根据数据加工和价值提升的生产流程，数据基础能力部分主要包括数据存储、数据处理和数据库（数据管理）等多个角色。数据分析/可视化部分负责数据隐含价值的挖掘、数据关联分析和可视化展现等，既包括传统意义上的商业智能（BI）、可视化和通用数据分析工具，也包括面向非结构化数据提供的语音、图像等媒体识别服务。数据应用部分根据数据分析和加工的结果，面向电商、金融、交通、气象、安全等细分行业提供精准营销、信用评估、出行引导、信息防护等企业或

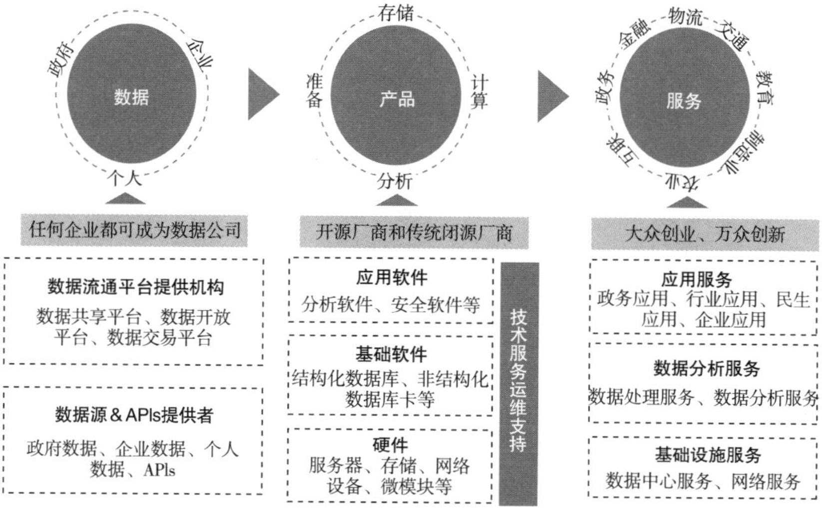


**图 4－3　大数据核心产业构成**

资料来源：搜狐．系统性分析大数据产业现状和预测未来发展方向［EB/OL］．http：//www.sohu.com/a/124904067_243993，2017－01－22。

公众服务。

大数据产业链按照数据价值实现流程，包括数据组织与管理层、数据分析与发现层、数据应用与服务层三大层级，每一层都包含相应的 IT 技术设施、软件与信息服务（如图 4－4 所示）。

在数据组织与管理层，涉及虚拟化、数据安全、分布式文件系统、数据库、数据仓库、数据转换工具等软件销售与租赁；支撑数据组织与管理的存储设备、服务器、一体机等 IT 基础设施硬件的生产、销售与租赁；支撑数据组织与管理的平台规划咨询、系统集成、云存储等服务。

在数据分析与发现层，涉及并行运算、数据统计、内容/知识管理、数据挖掘、商务智能、人工智能、语义分析、数据可视化等软件销售与租赁；支撑数据分析与发现的服务器、高性能计算设备、一体机等 IT 基础设施硬件生产、销售与租赁；支撑数据分析与发现的计

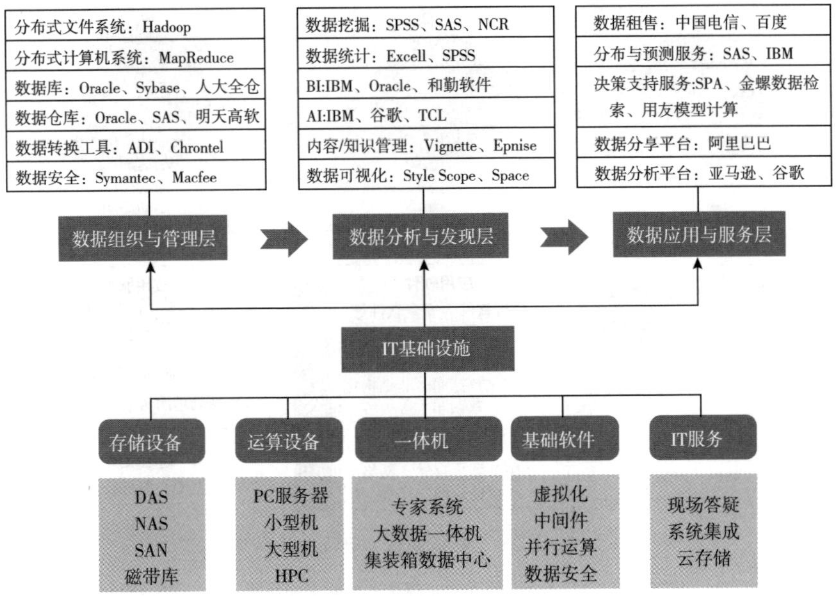


**图4-4　大数据产业链构成**

资料来源：赛迪网．大数据是个产业吗？［EB/OL］．http：//www. chinanews. com/it/2013/03-05/4617325. shtml，2013-03-05。

算平台咨询规划、系统集成等服务。

在数据应用与服务层，涉及通过数据租售业务、分析预测服务、决策支持服务、数据分享平台、数据分析平台等商业模式为最终用户提供原始数据、数据价值、数据能力的服务集合，还包括支撑数据分析与共享平台的IT基础设施等硬件销售与租赁、系统集成、运营管理服务。

从广义上看，大数据具有拥有技术的属性，能够提升运作效果，提高决策水平，从而形成由数据驱动经济发展的“大生态”，即广义的大数据产业。广义的大数据产业包含大数据在各个领域的应用，已经超过信息产业的范畴。据华沙经济研究所测算，欧盟27国因大数据的引进，至2020年将获得1.9%的额外GDP增长。美国麦肯锡预计，到2020年美国大数据应用带来的增加值将占2020年GDP的2%~4%。中国通信研究院预计，到2020年大数据将带动中国GDP

2. 8% ~4. 2%。同时，大数据产业能够为社会管理、企业创新、个人生活等多领域带来巨大的经济效益和社会效益，吸引大量的 IT 企业积极投资与布局大数据相关软硬件产品与服务，极大地促进 IT 技术的创新。

## 二、大数据产业市场规模图

当今是一个数据爆发增长的时代。移动互联网、移动终端和数据传感器的出现，使数据以超出人们想象的速度快速增长。据统计，2013 年全球产生的数据达到 3. 5 泽字节，到 2020 年产生的数量将增至 44 泽字节。

### （一）全球各国大数据产业发展现状

美国在《大数据研究和发展倡议》中，提出通过收集庞大而复杂的数字资料获得知识和洞见，以提升能力，并协助加速科学、工程的步伐，强化美国国土安全，转变教育和学习模式。根据这一计划，美国希望利用大数据技术实现在多个领域的突破，包括科研教学、环境保护、工程技术、国土安全、生物医药等。其中，具体的研发计划涉及美国国家科学基金会、国家卫生研究院、国防部、能源部、国防部高级研究局、地质勘探局六个联邦部门和机构。

世界第二人口大国的印度，近两年也持续运用大数据，期许打造出一个更便利、更亲民的智慧城市。印度全国软件与服务企业协会预计，印度大数据行业规模在三年内将快速增长，达到当前规模的六倍，同时为全球大数据行业平均增长速度的两倍。对于印度的整个 IT 行业来说，大数据时代的到来会创造更多的新机遇。

英国政府 2012 年时计划在未来两年内，在大数据和节能计算研究上投资 1. 89 亿英镑，以带动企业在该领域的投资。大数据被英国看作是自己的优势所在，且英国认为已在政府层面为大数据做好了准备。

法国政府在 2013 年投入近 1 150 万欧元，用于七个大数据市场研发项目。目的在于“通过发展创新性解决方案，并将其用于实践，来促进法国在大数据领域的发展”。法国政府在《数字化路线图》中列出了五项将大力支持的战略性高新技术，大数据就是其中一项。

日本在 2012 新一轮 IT 振兴计划中，将发展大数据作为国家战略层面提出，重点关注大数据应用技术，比如社会化媒体等智能技术的开发、新医疗技术的开发，以及交通拥堵治理等公共领域的应用。

新加坡政府在大数据发展过程中充当了关键角色，抓住了大数据发展的五大关键要素——基础设施、产业链、人才、技术和立法，弥补了企业的短板。新加坡政府很早就提出支持新加坡企业采用大数据技术，利用大数据提升政府服务水平。

欧盟在大数据方面的活动主要涉及四方面内容：研究数据价值链战略因素；资助“大数据”和“开放数据”领域的研究与创新活动；实施开放数据政策；促进公共资助科研实验成果和数据的使用及再利用。

此外，澳大利亚、加拿大、新西兰、德国和印度等国也在大数据领域进行了研究部署，还纷纷推出本国的公共数据开放网站，以使更多的人可以使用大数据资源，并从中获益。目前，全球至少拥有大大小小的数据开放网站 50 余个。

### （二）全球大数据市场规模

近两年来，大数据发展浪潮席卷全球。随着社会的进步和信息通信技术的发展，信息系统在各行业、各领域快速拓展。这些系统采集、处理、积累的数据越来越多，数据量增速越来越快，以至用“海量、爆炸性增长”等词汇已无法形容数据的增长速度。

2014 年，全球大数据市场规模达到约 285 亿美元，实现 53.23% 的增长，比 2013 年 57.63% 的增速略有回落，但快速增长态势不变，且呈现出应用成为新增长动力、竞争态势愈加激烈、融资并购成为市场热点、产业生态不断优化和基础设施建设更加合理等特点。

2015 年，全球大数据总体加速发展趋势不变，全球大数据市场规模达到 421 亿美元，预计 2020 年全球大数据市场规模将达到 5 397.10 亿美元，同比增长 17.51%。

大数据成为全球 IT 支出新的增长点。数据显示，2014 年数据中心系统支出达 1 430 亿美元，比 2013 年增长 2.30%。2015 年大企业对与大数据有关项目的平均开支达到 1 800 万美元，目前，70% 的大企业和 56% 的中小企业已经部署或者正在计划部署与大数据有关的项目和计划。

在全球大数据市场中，行业解决方案、计算分析服务、存储服务、数据库服务和大数据应用为市场份额排名最靠前的细分市场，分别占据 35.40%、17.30%、14.70%、12.50% 和 7.90% 的市场份额。云服务的市场份额为 6.30%，基础软件占据 3.90% 的市场份额，网络服务仅占据 2.00% 的市场份额（如图 4－5 所示）。

目前，全球大数据企业主要分为两大阵营：一部分属于单纯以大数据技术为核心的创新型公司，希望为市场带来创新方案并推动技术发展；另一部分则是以数据库/数据仓储业务为主的知名公司，利用自身资源与技术优势地位冲击大数据领域。

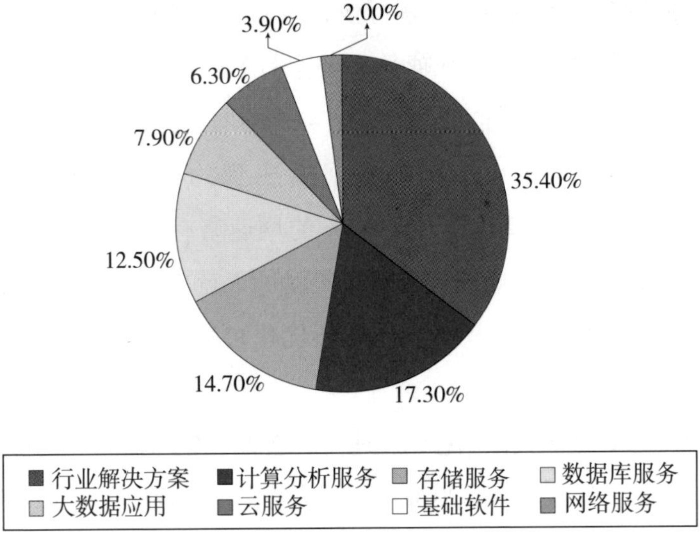


**图4-5　全球大数据市场结构**

资料来源：赛迪智库．大数据发展白皮书（2015版）［Z］．2015-04。

## 三、大数据产业发展趋势

2016年，近40%的公司开始或正在实施和扩展大数据技术应用，另有30%的公司计划在未来的12个月内采用大数据技术。2016年NewVantage Partners的大数据管理调查发现，62.5%的公司现在至少有一个大数据项目投入生产，只有5.4%的公司没有大数据应用计划，或者是没有正在进行的大数据项目。

2017年有越来越多的公司加速采用大数据技术。互联网数据中心预测，到2020年，大数据和分析技术市场将从今年的1 301亿美元增加至2 030亿美元。“公司对数据可用性要求的提高，新一代技术的出现与发展，以及数据驱动决策带来的文化转变，都继续刺激着市场对大数据和分析技术服务的需求，”IDC副总裁丹·维赛特（Dan Vesset）表示。

### （一）数据量将持续增长

数据量的不断增加意味着通过数据的快速分析获取宝贵的市场洞察已经成为大数据业务运营的关键环节。机构和企业组织必须将其内部未被利用的每一字节的大数据，也就是我们所谓的“黑暗数据”（darkdata）加以合理化的整合并转化成可以利用的数据资源。如果大数据还没有为你的企业带来可供战略参考的新见解，那么在2018年为你所在的企业提出有关大数据的创新计划，才能提升企业的竞争优势。

### （二）利用大数据提升客户体验

对于企业的并购，可以将遗留下来的数据资源转交到分包商系统，这种大数据的使用方式除了可以改进消费者体验之外，还可以升级核心系统。让消费者使用灵活性的自助服务方式可以让大数据分析成为企业快速掌握市场发展的主导趋势，还可以为客户需求增长机遇带来更多有竞争力的市场洞察。利用大数据更深入地了解客户需求，可以让搭配销售或者促销活动提高企业的一线财政收入水平，同时还可以免除因客户流失所导致的业绩缩水风险。

### （三）Hadoop的应用领域将更加广泛

将会有越来越多的企业选择采用Hadoop和其他类型的大数据存储架构，相应地，分包商们也将为业主提供更加有创新功能的Hadoop解决方案。当Hadoop架构占据有利地位时，企业使用高级分析方法所处理大量数据可以为盈利决策找到宝贵信息的“金矿”。

### （四）预测分析将崭露头角

为降低企业收入风险暴露所使用的欺诈行为，快速鉴别和预判技术将会迎来质的飞跃，同时企业运营的卓越性将进一步得到改进。

### （五）基于云的数据分析将获得更多关注

将数据分析业务迁移到云端可以加速企业采用最新的技术能力，并实现数据资源到行动计划的快速转变。数据分析业务转移到云端之后，企业的运营和技术维护成本也将削减不少。

### （六）向信息学领域进军并注重数据价值的界定

新的一年，使用信息学助推复杂数据收集、分析与可视化技术的整合可以从数据资源中推导出企业所需的收益来源。从未被充分利用的数据当中提取资源可以提高企业的运营绩效。

### （七）数据可视化将放大商业智能的作用与优势

数据可视化技术让隐藏在大数据资源背后的真相呈现在众人面前。无论数据怎样形成，无论数据资源在哪里，图形数据可视化可以让企业组织在业务繁忙的同时对数据进行检索与处理。

### （八）物联网、云技术、大数据和网络安全深层融合

数据管理技术，比如数据质量控制、数据准备、数据分析以及数据整合等方面的融合程度将在新的一年当中达到新的高度。当我们对智能设备的依赖程度增加时，互通性以及机器学习将会成为保护资产免遭网络安全危害的重要手段。

### （九）提升数字渠道优化与多渠道体验

以客户偏好的渠道与其保持有效接触可以让企业在传统渠道与数字渠道之间找到最佳平衡点。通过不同渠道不断寻求创新手段提高客

户体验度，可以给企业带来竞争优势。

### （十）数据准备和分析的自助式服务将提高效率

无论企业数据类型属于结构化、半结构化还是非结构化，自助服务式的数据预备工具可以加速企业数据准备的时间。使用自助式数据技术可以降低企业对开发团队的依赖程度，从而更重视用户的使用感受，同时提升企业的运营效率。

## 第三节　大数据案例

### 一、谷歌：最强大的数据存储系统

谷歌是大数据时代的奠基者，其大数据存储系统一直是互联网公司争相学习和研究的重点，是大数据行业的标杆。谷歌存储了来自世界各地的互联网网站统计数据，其检索功能可以从如此巨量的数据中快速返回要求谷歌具备特殊的解决方案。在谷歌，随时都可能有大量应用程序被添加到其基础设施，而这些应用程序中，任意一个都可能给系统带来繁重的工作负载。鉴于谷歌应用程序的数量和存储数据的体积，建立强大的数据存储系统变得尤为重要。

为保证海量数据处理的速度和可靠性，谷歌建立了自己的数据存储解决方案“BigTable”。与存储在关系型表中的数据不同，其进行数据的多维排序映射存储，并实现“key – value”（键值）这种广为人知的存储方式，提供性能优势，使扩展过程更加容易。

传统的数据存储通常采取关系型数据库的方式，即在一个地方存储每一条信息，通常称为表中的列。对于关系型数据库，保证数据规范化非常重要。这个过程可以确保在其他表中或者列中没有重复数据。例如，客户的名字总是应该存储在特定表的特定列中。如果客户名字在数据库的另一个表或另一列中出现了，那么应该删掉，并从原来的表和列中提取信息。但这种结构的缺点是数据库内部会变得十分复杂。甚至相对简单的查询也会经过许多路径才能执行，在运行时候必须找到所有这些路径，评估其运行时间，才能知道如何做性能最优。数据库变得越复杂，运行时需要判断查询路径就会需要越多的资源。

BigTable 看起来像一个数据库，沿用了很多关系型数据库的术语，像 table（表）、row（行）、column（列）等。但是 BigTable 并不支持完整的关系型数据模型，而是为客户端提供一种简单的数据模型，客户端可以动态地控制数据的布局和格式，并且利用底层数据存储的局部性特征。BigTable 将数据统统看成无意义的字节串，客户端需要将结构化和非结构化数据串行化再存入 Bigtable。

从本质上说，BigTable 是一个键值映射，一个稀疏的、分布式的、持久化的、多维的排序映射。在键值形式的存储结构中，复制数据是可以接受的。主要思路是利用磁盘空间而不是其他硬件资源，磁盘空间相对容易获取，成本效率更容易升级（尤其是在云环境中），其他硬件资源要提速代价更昂贵。从简化查询方面考虑，数据复制是非常有益的，因为相关信息可以存储在一起，避免查询数据时需要经过许多路径。与关系型数据库使用表结构不同的是，键值存储方式使用域的概念。域是一个存放数据的存储区。域内的数据片段是通过“键”定义的，这些“键”可以有任意数量的属性与它们相关联。属性可以是简单的字符串值，也可以是更复杂的结构，还可以与流行编程语言中的数据类型相匹配，包括数组，对象，整数，浮点数，布尔型值，以及编程中的其他基本数据类型。在键值存储方式中，数据完整性和逻辑在应用程序代码中处理（需要使用一个或者多个 API），而不是通过数据库本身的结构来处理。这样一来，数据提取就变成了使用正确的编程逻辑的事，而不是依赖于数据库优化器基于需要访问的关系从大量可能路径中选择查询路径。

BigTable 作为一个为管理大规模结构化数据而设计的分布式存储系统，具有很好的伸缩性，可以扩展到 PB 级数据和上千台服务器。很多谷歌项目使用 BigTable 存储数据，包括 web indexing、Google Earth、Google Finance 等。这些应用对 BigTable 提出了不同的挑战，比如数据规模的要求、延迟的要求，但是同时都需要海量的数据和实时性的应用。BigTable 能够满足这些多变的要求，为这些产品成功地提供灵活、高性能的存储解决方案，也因此被称为谷歌的“三宝”之一。

## 二、甲骨文：Oracle 大数据云平台①

---

甲骨文股份有限公司（简称甲骨文）是全球最大的企业级软件公司，总部位于美国加利福尼亚州的红木滩。1989 年，甲骨文正式进入中国市场。2013 年，甲骨文已超越 IBM，成为继 Microsoft 之后的全球第二大软件公司。2015 年 11 月，甲骨文宣布推出 Oracle 大数据云平台（Oracle Cloud Platform for Big Data），以使企业更简便地从大数据中受益。

---

① 资料来源于 CSDN 网（http://www.csdn.net/article/a/2016-09-21/15840917）。本书在收编时归纳整理了 Oracle 大数据云平台的相关内容。

云交付、消费类应用和无处不在的移动办公已经从根本上改变了用户使用数据的方式，使企业对数据易用性和数据访问产生了新的预期。甲骨文作为大数据发展趋势的主要推动者，推出了 Oracle 大数据云平台，以使企业更简便地从大数据中受益，帮助企业最大限度地释放数据的价值，更快地获得深度信息。

甲骨文 Oracle 大数据云平台包括 Oracle 大数据准备云服务（Oracle Big Data Preparation Cloud Service）、Oracle Goden Gate 云服务、Oracle 大数据和 Oracle NoSQL 数据库云服务（如图 4 –6 所示），这些新服务构成了一个全面的云中大数据解决方案系列，能够帮助客户企业实时地针对任何数据源整合、汇集、准备和发现深度信息。

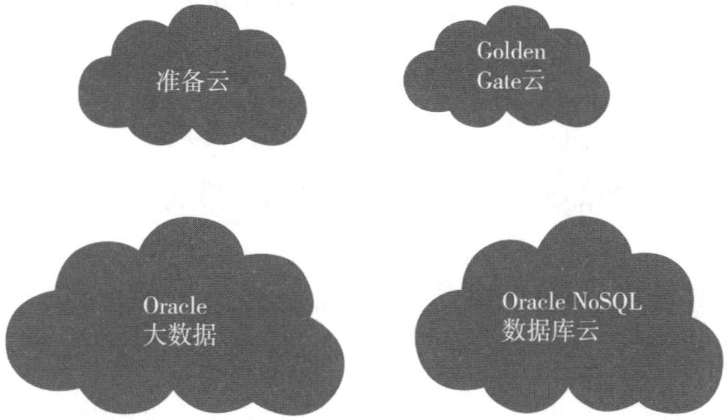


**图 4 –6　Oracle 大数据云平台**

## （一）Oracle 大数据准备云服务

Oracle 大数据准备云服务使客户无需昂贵的人工干预，就能够自动化、简化和引导容易出错的数据摄取、准备、修复、充实和治理流程。凭借 Oracle 大数据准备云服务及其创新性推荐引擎，数据准备时间和成本减至仅为传统方法的一小部分。Oracle 大数据准备云服务在业界首次整合了基于 Spark 的机器学习功能与语义技术，例如自然语言处理（NLP）以及面向在线数据充实的关联开放数据（Linked Open Data）集。Oracle 大数据准备云服务技术使业务数据的准备、修复和充实变得更加容易。

## （二）Oracle Golden Gate 云服务

Oracle Golden Gate 云服务实现了将大批量数据以低延迟方式转移到云中大数据湖（Big Data Lake）和数据仓库中的服务。基于云向 Oracle 数据库云服务、Oracle Exadata 云服务和 Oracle 大数据云服务交付数据，可简化客户端数据库与基于云的 DBaaS、Hadoop、Spark 和 NoSQL 数据服务之间的集成。这些高度可靠的数据转移功能基于非常可靠的 Golden Gate 技术，专注于提供影响非常小的源数据获取和向 Oracle 公用云的高速数据转移，全世界已有成千上万的客户使用 Golden Gate 技术。最新的创新云功能，例如预置部署自动化和集成式云监控功能，提供了全新的数据集成体验。

## （三）Oracle 大数据

Oracle 大数据发现云服务将甲骨文在大数据分析领域的创新扩展到云中，使了解大数据潜力、转换和改善大数据以及为企业用户和数据科学家等释放大数据价值的工作变得更快、更容易了。Oracle 大数据发现云服务与 Oracle 大数据云服务相结合，使客户无须部署复杂的架构、学习专门工具的使用方法或依靠专家资源，就能够立即着手大数据的相关工作。甲骨文全面的数据分析解决方案还包括 Oracle 大数据空间与图表（Oracle Big Data Spatialand Graph）、包括 R 在内的 Oracle 高级分析（Oracle Advanced Analytics）和 Oracle 大数据 SQL 云服务，从而进一步增强了人们改进预测模型、将数据分析推进到更高水平的能力。

### （四）Oracle NoSQL 数据库云服务

OracleNoSQL 数据库云服务提供先进的高价值数据存储功能，具备内置的高可用性和高弹性横向扩展能力，是一款经济实惠的高性能解决方案，可实现简便的数据收集操作。这项云服务满足如今的企业级应用需求，即以最低限度的管理、针对大批量数据实现简便、快速、灵活、可靠的操作。Oracle NoSQL 数据库云服务还可与其他 Oracle 产品相集成，以节省开发时间和成本，加快产品上市。

甲骨文持续不断地将客户端大数据产品送入云中，推出的最新服务增强了已经推出的 Oracle 大数据云服务阵容，Oracle 大数据云服务为在 Apache Hadoop、Apache Spark 和 NoSQL 数据库上运行多样化工作负载提供了一个安全的高性能平台。Oracle 大数据 SQL 云服务将甲骨文业界领先的 SQL 实现方案扩展到了 Hadoop 和 NoSQL 上。这些云服务与 Oracle 数据库云服务相结合，在企业云中为用户提供了一个全面的大数据管理系统。如今，大数据正在帮助客户企业应对改善客户体验、减少客户流失率、简化运营和开发物联网应用等关键领域的问题；而甲骨文也通过大数据云平台的推出和完善，使客户企业在大数据云平台中解决这些棘手问题，并扩大自身在大数据领域的领先优势。

## 三、华为：FusionInsight 大数据平台①

---

华为技术有限公司（简称华为）成立于 1987 年，是一家由员工持有全部股份的民营企业。作为全球领先的信息与通信（ICT）解决方案供应商，华为坚持以丰富人们的沟通和生活为愿

---

① 资料来源于中关村在线网（http://smb.zol.com.cn/641/6411595.html）。本书在收编时对华为 Fusion Insight 大数据平台的相关功能介绍进行归纳整理。

景，围绕客户需求的持续创新，与合作伙伴开放合作，在电信网络、企业网络、终端和音视频等领域构筑端到端的解决方案优势。通过全球专注敬业的 17 万名华为人，致力于为运营商客户、企业客户和消费者创造最大的价值，提供有竞争力的 ICT 解决方案、产品和服务。目前，华为的业务遍及全球 170 多个国家和地区，服务全世界 1/3 以上的人口。

---

面对持续激增的海量数据信息，现今大部分企业能做的至多是被动地将数据短暂存储，已采用近 30 年的企业传统数据处理架构对这些海量信息几乎无能为力。华为 FusionInsight 大数据平台通过企业内部和外部的巨量信息数据实时与非实时的分析挖掘，能够帮助企业快速构建海量数据信息处理系统，通过对企业内部和外部的巨量信息数据实时与非实时的分析挖掘，发现全新价值点和企业商机。该平台是完全开放的大数据平台，可运行在开放的 x86 架构服务器上。它以海量数据处理引擎和实时数据处理引擎为核心，并针对金融、运营商等数据密集型行业的运行维护、应用开发等需求，打造敏捷、智慧、可信的平台软件、建模中间件及 OM 系统，让企业可以更快、更准、更稳地从各类繁杂无序的海量数据中发现价值。

华为 FusionInsight 大数据平台是集 Hadoop 生态发行版、大规模并行处理数据库、大数据云服务于一体的融合数据处理与服务平台，拥有“端到端”全生命周期的解决方案能力。除了提供批处理、内存计算、流计算和 MPPDB 在内的全方位数据处理能力外，该平台还提供数据分析挖掘平台、数据服务平台，帮助用户实现从数据到知识、从知识到智慧的转换，进而帮助用户从海量数据中挖掘数据价值。

华为 FusionInsight 大数据平台主要由 PaaS 化云平台、FusionInsight HD、FusionInsight Universe、大数据分析应用等构成（如图4－7所示）。其中，FusionInsight HD是一个分布式数据处理系统，对外提供大容量的数据存储、查询和分析能力，可帮助大企业解决五大问题：一是快速地整合和管理不同类型的大容量数据；二是对原生形式的信息提供高级分析；三是可视化所有的可用数据，供特殊分析使用；四是为构建新的分析应用程序提供开发环境；五是工作负荷的优化和调度。

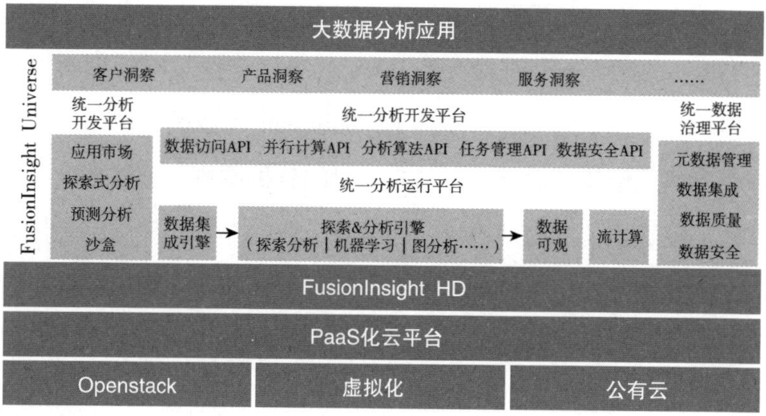


**图4－7　华为大数据FusionInsight平台架构**

资料来源：华为开发者社区．华为大数据平台开放的能力［EB/OL］．http：//developer. huawei. com/ict/cn/site－bigdata/article/overview。

华为大数据FusionInsight平台目前开放五类能力，即数据集成、数据治理、数据洞察、数据分析以及实时决策能力。开发者合作伙伴可以利用这些能力的API接口，以华为大数据平台为基础搭建应用，或者开发有特色的组件集成到华为大数据解决方案中，为用户提供更丰富的选择。

## （一）数据集成

数据集成能力用来完成数据的清洗（标准化）、转换和加载，数据经过清洗被去除冗余数据，零散字段被合并成全局记录，并解决重叠和矛盾的数据，通过添加关系和层次结构完善丰富数据信息。开发者合作伙伴可以通过数据集成能力实现对外部海量数据的采集，并将其存储到大数据平台数据库中。

### （二）数据治理

数据治理也称为数据管控或数据监管，是指通过对贯穿整个企业信息的完整管理，杜绝信息冗余、冲突、缺失和错误等问题，保证数据的一致性和相关性。数据治理能力将企业信息作为一种资源加以管理并实施领导和控制，保证其满足企业的需求而不偏离方向。数据治理是实现智能的分析洞察、构建数据中心的一个关键流程，可帮助企业避免各种操作违规，降低合规性风险，也是对开发者合作伙伴有很高价值的平台能力。

### （三）数据洞察

数据洞察组件对开发者合作伙伴提供数据挖掘的业务能力，在这种能力的帮助下，开发者可以从各类原始数据中得到活跃、优质的数据。数据洞察组件通过选取合适的模型算法，以特征化训练集作为输入训练生成业务模型，并进一步对业务模型进行评价获得最优方案。

### （四）数据分析

数据分析能力为开发者合作伙伴提供大数据分析平台的辅助分析能力，实现对数据模型的访问，屏蔽底层具体计算平台和数据处理逻辑的复杂性，包括以下三种子能力：智能事件识别能力（实时的复杂事件连续识别），智能决策能力（结合大数据分析平台分析结论并智能输出决策辅助)，分析模型能力（共享跨域融合分析模型的分析能力)。

### （五）实时决策

大数据平台策略中心的实时决策系统支持灵活、低门槛地完成各种商业策略的配置，并高性能地执行预定义的决策逻辑。用户可以通过图形化、拖拽式的方式配置决策流程，直观地反映出实时决策的执行过程。开发者合作伙伴可以利用开放的 API 将第三方产品集成到华为大数据平台中，为客户提供更加丰富的事件、场景和优化策略。

华为大数据 FusionInsight 平台目前在海量数据分析处理、海量数据存储、实时流计算、机器学习等场景中都有重要的应用。它可以针对海量数据计算量大、分析时间久、海量数据的数据特征和数据价值的自动化分析洞察，根据实时数据迅速分析处理和决策等问题，提供日志分析、离线分析、在线分析、日志存储、文件存储、科学模拟数据存储、实时移动数据收集等相关解决方案。

## 四、银江股份：ENLOOP 大数据平台

---

银江股份有限公司成立于 1992 年，是中国第一批创业板上市企业（股票代码为 300020），已成长为中国领先的智慧城市解决方案提供商和数据运营服务商。公司以“致力智慧城市建设”为企业愿景，率先在国内提出智慧城市理念，应用物联网、移动互联网、云计算、大数据、人工智能等技术，研究开发系统平台、智能终端设备等软硬件产品，为城市管理者提供全方位的智慧城市顶层设计规划及建设运营模式，为智慧城市各行业用户提供先进的整体解决方案、技术应用服务、数据运营服务。

公司是国家规划布局内重点软件企业和国家火炬计划重点高新技术企业，承担了国家云计算工程、国家科技支撑计划等科研项目。它也是国内行业内综合业务资质等级最高且种类最齐全的公司之一，已完成全国化战略部署，与76个城市签订智慧城市整体战略合作协议，智慧交通应用系统覆盖30个省市自治区268个大中小城市，智慧医疗应用系统已进入1 000多家医院（其中三甲医院300多家）。通过区域做大、领域做深、产业和资本结合等方式，公司正在构建多维度、多层次、互动共享的银江智慧城市产业生态圈。

---

## （一）ENLOOP大数据平台架构

ENLOOP大数据平台在大数据时代背景下，通过技术革新和应用，以“业务应用产生数据，数据共享与分析推动业务升级，螺旋式迭代，极致化行业应用”为建设理念，打破数据壁垒，解决业务瓶颈和数据技术瓶颈，充分释放数据价值，形成统一数据共享出口、高效业务协同和睿智决策支持，为打造数据驱动的新型智慧城市目标不懈努力。

该平台包含两大核心子平台（如图4－8所示）：一是ENLOOP－Hub信息交换服务平台，聚焦于数据流转与动态整合；二是ENLOOP－Analysis大数据分析服务平台，主要聚焦于数据汇聚和深度分析。各个行业领域的数据经过大数据平台的汇聚与深度分析、流转与动态整合，形成分析研判服务和共享交换服务，从而为各领域提供强大的决策支持、统一的管理协同、面向社会公众提供服务以及提供跨领域、跨行业的对外共享。

ENLOOP－Hub信息交换服务平台是“跨领域信息交换枢纽”

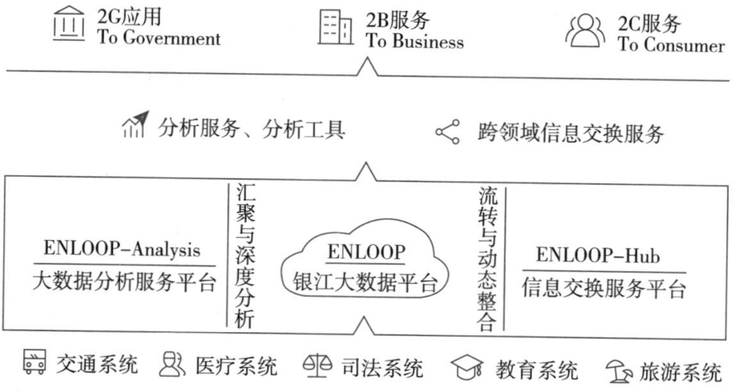


**图 4-8 ENLOOP 大数据平台架构**

资料来源：银江股份有限公司。

的服务平台。基于该平台可轻松实现跨领域、跨部门、跨地区、跨层级的数据交换和共享。相较于传统厂商的信息交换技术，ENLOOP - Hub 在节约开发维护成本、提高项目实施可行性和效率、隐私保护、扩展性等方面具有巨大的优势。在技术上采用非侵入架构设计，其突出特点为在不改变已建系统的前提下可解决主流关系型数据库和大数据系统的数据连接问题；在交换模型软实力方面，创新性地提出标准服务的模式，实现信息交换标准的可重用和可扩展性。基于平台的特性，ENLOOP - Hub 未来将作为中间件连通各行业数据通道，使数据能够进行动态的整合和汇聚，应用于智慧司法、智慧交通、智慧医疗、智慧旅游、智慧教育、智慧水务等各个领域。

ENLOOP - Analysis 大数据分析服务平台提供算法和模型分析处理服务，以统一服务接口形式向外提供服务。目前，这个平台上已经积累了 40 多种算法和预测模型，并在自然语言处理和深度学习方面也进行研究与整合。在应用服务层面，采用国际统一的 rest service 接口服务形式，将各种应用和模型进行封装，以服务方式提供，使得利用这些应用和模型就像在超市选购商品一样，通过简单调用就能获取，提高进行应用系统开发的便捷程度。

## （二）银江交通大数据管理平台

随着城市建设的不断升级，智能交通系统建设的规模正在不断扩大，交通数据采集的范围、广度和深度也急剧增加，从以往的卡口、微波雷达、GPS、视频等向电子车牌、车联网等综合方式发展。交通数据生产速度越来越快，种类越来越多，传统的交通数据存储模式已经渐渐不能满足日益提高的存储和分析要求。

凭借20年的智能交通行业经验，银江交通大数据管理平台旨在推动交通管理从“经验主导型”向“大数据驱动型”转变。该行业应用平台以ENLOOP大数据平台为架构基础，构建了以人、车、路为分析主体的多套实战应用型数据分析系统，为城市交通管理者的指挥决策、拥堵治理、精准执法和队伍建设提供全面的数据决策支持体系。

银江交通大数据管理平台采用Hadoop技术，并进行性能优化和易用性开发。传统研发人员无须了解平台架构，即可在该平台上进行开发。该平台具有以下四大优势。

第一，存储无上限，超大规模存储成本优势明显。平台设计采用低成本PC存储服务器集群方式，相比专用的小型机，成本明显降低。当系统存储空间不足时，在保证系统服务连续的前提下，可以通过添加节点，对系统进行在线动态扩容。以浙江某城市为例，用普通的关系型数据库最多只能存储3个月的交通数据，而采用银江交通大数据管理平台，可以将存储时间延长到24个月甚至更久。

第二，冗余设计更加可靠。平台采用多备份存储机制，保证在服务器出现故障时，系统仍然能够响应业务应用的数据访问请求，同时后端系统可自动进行故障数据的迁移和恢复。

第三，并行设计超高速写入。相比于单台服务器限制于带宽，平台充分利用集群多节点的优势，将大量的数据及访问请求进行合理的水平、垂直分割，充分发挥网络以及服务器的I/O吞吐能力。

第四，多引擎支持，满足不同开发需求。平台支持Elasticsearch全文搜索引擎、Hive/Spark等面向分析的计算引擎，实现离线复杂分析和近实时的分析模型，支持RestAPI服务风格的交通数据获取，能够满足不同的开发需求。

银江交通大数据管理平台是一个包含大数据存储、管理、挖掘在内的完整的大数据管理平台解决方案。目前以在杭州、南昌等地完成多源异构交通感知数据和业务数据的整合和深度挖掘，形成了“警情分析研判系统”“卡口大数据研判与实战应用系统”“快速路网交通态势可视分析系统”“交通感知设备智能分析与运维系统”“车辆智能搜图系统”等大数据深度应用产品，提供全方位的智能决策、指挥调度、稽查布控、分析研判服务，真正解决城市交通拥堵难题。

## （三）沈阳市区域人口健康信息平台

沈阳市区域人口健康信息平台PPP（政府和社会资本合作）项目是国家和辽宁省下达给沈阳市政府的一项卫生信息化建设重点工作任务，也是打造国际化营商环境的要素。作为沈阳市“智慧卫生”顶层设计的核心和枢纽，该项目是“智慧沈阳”建设工作的重要组成部分，是一项重大民生工程项目。

沈阳市区域人口健康信息平台是沈阳市区域人口健康信息平台PPP项目的核心系统。该平台以ENLOOP大数据平台为架构基础，以医疗领域云及端安全交互为技术支撑，以个人健康、保健和医疗全域信息为数据支持，以国家所制定的“46312”规划为顶层框架，支撑卫生管理机构为主体、融通综合医院/基层医院/体检机构/社区居民的全生态医疗服务模式。

该平台整合各类医疗机构的数据，通过医疗健康系统各组成要素（医生/病人，机构/医院，系统/终端）的有机协调，全面建成互联互通医疗信息平台。能够实现业务应用、业务协同和信息共享，形成从“被动适应”到“互动协同”的智慧融合新模式，提供医疗卫生协同、指挥、应急、管理、监督等综合服务。平台建设主要包括网络与硬件平台、数据共享与交换平台、云数据中心、云应用四大部分。其中，数据共享与交换平台主要为各医疗机构之间的按统一的数据标准，便于大数据采集，使数据共享、交换、协同能融合处理，使信息可以快速地转换利用。云数据中心集合了人口信息库、EHR 库、EMR 库、索引库等数据资源。云应用主要包括公共卫生、医疗服务、医疗保障、药品管理、计划生育及综合管理六大应用。

该平台将形成覆盖全市 13 个区县和超 800 万名常住人口的互联互通健康信息服务体系，实现“卫生计生一网覆盖、居民健康一卡通用、健康信息资源统一融合”的目标，为沈阳全体市民提供从负一岁到终老的全生命周期医疗服务。在此基础上，可缓解百姓“看病难、看病贵、看病繁”问题，提升各级医疗机构的分级诊疗能力，促进健康医疗大数据的分析应用，支撑业务集成、跨部门协同、社会服务和政府决策，实现“百姓就医、诊疗服务、政府管理”三大方面能力的重大提升。未来，沈阳市居民的健康、就诊情况都将收录到健康档案、电子病历、人口信息三大数据库中，实现医疗机构间数据的互联、交换。

## 五、未来教育：教育大数据平台

未来教育集团（FEG）具有厚重的教育基因，依托近20年服务教育体制内的资源积淀、教育教学研究成果及自主研发的人工智能测评技术，从教育部主管的《中国信息技术教育》杂志社，发展为以“教育服务+教育信息化”双轮驱动为战略目标，以互联网技术结合传统产业研发产品的高科技集团。集团拥有多项专利技术、注册商标和软件著作权，获得多项资质与荣誉认定。集团旗下有《中国信息技术教育》杂志社和深圳市亚太未来教育科技发展有限公司。

FEG学生智能测评系统以NOC活动的用户大数据、资源大数据积累为基础之一，向以NOC活动辐射和衍生的用户群体提供素质测评、学业规划测评、学业测评服务，提供个性化教与学诊断和指导。该系统主要使用的技术是人工智能测评技术，其源于《网络教育与传统教育优势互补研究》国家课题。基于NOC活动沉淀的数百万用户参与样本的采集，参考国外“科技创新力”评估的先进理念，团队与美国进行合作研发。项目主要成果“FEG学生智能测评系统”促进了学习测试手段的现代化，可以满足单体个性化方案需求，是我国一次重大的技术创新。

FEG学生智能测评系统由三个子系统构成：综合素质测评系统、学业生涯规划系统、学业测评系统（如图4－9所示）。

### （一）综合素质测评系统

综合素质测评系统的建设目标是以《中国学生发展核心素养》为指导框架，结合中小学综合素质测评的实践量表与学校、班级、个体

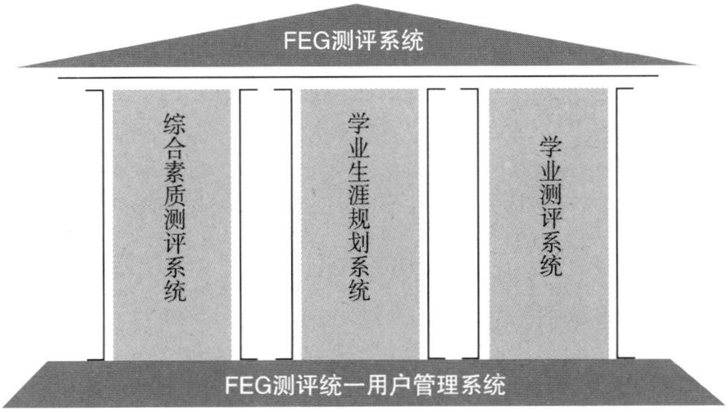


**图 4-9　FEG 学生智能测评系统**

资料来源：未来教育集团。

可量化的形成性可量化数据，给予教学与学习过程性、阶段性、终结性的评价依据，解决 K12 教育的素质测量与评价的可数据化、系统化的问题。按照量表算法程序，学生通过测评，最终得到一份有文字、有图表的 PDF 电子指导意见文档。

## （二）学业生涯规划系统

学业生涯规划系统为高中阶段学生提供选科、文理方向选择、高考志愿指导测评服务，分为高中学业规划测评系统、高考志愿智能测评系统。

高中学业规划测评系统面向高一、高二学生，通过对学生的性格特征、学科倾向和专业倾向进行测评，使学生清晰了解自己的性格、发展潜力、发展方向，帮助学生规划高中阶段学习，为学生的职业发展打下基础。

高考志愿智能测评系统主要面向高三学生群体。测评基于霍兰德职业兴趣理论、荣格性格类型理论、加德纳多元智力理论，同时基于大数据分析技术，为广大高三学生提供客观的天赋潜能评估、深度的性格特点剖析，清晰地展示职业倾向和专业偏好，利用线差分析算法推荐符合考生条件和要求的专业和院校，科学填报高考志愿。

### （三）学业测评系统

学业测评系统是针对中小学生的信息化教育综合学习平台。平台充分尊重学生个体的发展，利用大数据发掘不同学生的问题并形成相关动态报表，根据测评报表向学生提供个性化的反馈指导和解决方案。在学习解决方案中不仅有个性化优质学习资源的配置，同时系统还根据艾宾浩斯记忆规律进行时间管理、课程管理和目标管理，让每位学生有的放矢地进行泛在化学习、自适应学习。

系统涵盖小学、初中、高中各年级的主要学科，分为同步测评、中高考测评和个性化组卷测评三大模块，可以满足教学中课前、课中、课后的不同需求。系统的特色是大数据深层挖掘，薄弱点精准锁定；科学诊断优劣势、长短版；扬长补短，改进学习，引导科学的学习策略，培养自主、自发学习。

未来教育集团以云服务平台为支撑，以教育大数据应用为驱动，深耕自主研发人工智能测评技术及服务，形成教育信息化多维度、全方位的生态系统，以优质资源共建共享和应用为核心，将其融入教学、学习、测评、科研、管理、培训等教育领域，提高教育质量，推动教育教学改革的发展，最终实现教育公平。

# 第五章

# 物联网产业：万物互联新生态

物联网作为前些年的一项新兴技术，早已在全球范围内得到广泛的认可和深入的应用，成为新一轮科技革命与产业变革的核心驱动力量。物联网的核心在于实现人与人、人与物、物与物之间的互联互通，并由此改变传统产业形态和生产生活方式，跨越农业、医疗、零售、环保、金融、电网、交通、安防、物流等众多领域，形成充分互联、全面感知、可靠传递、智能处理的完整新生态。

## 第一节

## 认识物联网技术

### 一、了解物联网的定义与特点

简单来讲，物联网就是关于任何客观物体变成一串数字数据的转换过程，通过给某个东西加上传感器，使其像任何数字产品那样运作：发出用量、位置和状态的数据；可被追踪、控制、个性化和远程升级；当与大数据和 AI 结合时，还可以变得智能、有预测性和可协同工作，甚至某些情况下可自主工作。

物联网的概念最初来源于1999年美国麻省理工学院（MIT）自动识别中心提出的网络无线射频识别（RFID）系统。此时的物联网是以物流系统为背景提出的，是指把所有物品通过射频识别等信息传感设备与互联网连接起来，实现智能化识别和管理的网络。随着技术和应用的发展，物联网的内涵已发生了较大的变化。

2005年，国际电信联盟（ITU）在突尼斯举行的信息社会世界峰会（WSIS）上正式明确了“物联网”的概念，并发布了名为《物联网》（The Internet of Things）的报告。报告指出，我们正站在一个新的通信时代的边缘，信息与通信技术（ICT）的目标已从满足人与人之间的沟通，发展到实现人与物、物与物之间的连接，无所不在的物联网时代即将来临。物联网使信息与通信技术的世界里获得一个新的沟通维度，通过嵌入微型RFID芯片或传感器芯片，小到钥匙、手表、手机，大到汽车、楼房，均可实现物与物之间的信息交互，从而形成一个无所不在的“物联网”。进而扩展到连接任何物品，世界上所有的人和物在任何时间、任何地点，都可以方便地实现人与人、人与物、物与物之间的信息交互。

而目前，不同领域的研究者基于各自的出发点，对物联网的具体概念描述侧重于不同的方面，短期内尚未达成共识，总体上存在以下几种观点：第一种观点将物联网视为对未来网络的整合，这种观点认为未来所有的实质和虚拟物品都会被赋予特定的编码与物理特性，因而形成各自的物品网络，而物联网是在标准、互通通信协议的基础上，通过智能界面实现这些未来网络间的无缝链接、信息共享，形成具有自我配置能力的全球性动态网络设施。第二种观点将物联网视为由具有标识、虚拟个性的物体组成的网络，这些标识及其个性运行存在于智能空间中，可以使用智慧的接口通过物联网与用户、社会和环境进行连接与通信；这种观点认为物联网的关键在于随时随地实现人与人、人与物、物与物之间的交互。第三种观点将物联网视为互联网基础上延伸和扩展的网络，认为物联网是通过红外感应器、全球定位系统、激光扫描器等信息传感设备，按照约定的协议把任何物品与互联网连接起来，进行信息交换和通信，以实现智能化识别、定位、跟踪、监控和管理的网络。也有侧重于技术的观点，其将物联网定义为基于互联网和工技术发展的网络，或传感器、数据处理单元和通信单元等节点通过自组织的方式构成的无线网络。

对于比物联网的最初概念以及上述不同的定义表述，本文认为物联网是指运用 RFID、无线传感器、云计算、纳米技术等技术，通过内置于物理对象的传感器、执行器等设备，以及“物”与“物”相连的方式，实现物品之间、物品与人、人与环境之间的互联互通，使各种信息技术真正融入并服务于社会行为的网络。

---

物联网的定义看起来十分复杂，而事实上它离我们并不遥远。在日常生活中，物联网被广泛运用于桥梁、农业、医疗、零售、环保、金融、电网、交通、安防、物流等众多领域，如日常使用的二代身份证、校园一卡通、超市购物扫描标签系统等，都可以看作简单的物联网。

---

目前，物联网技术正被越来越多地运用于人们的生产与生活过程中，这在很大程度上是凭借其所具有的充分互联、全面感知、可靠传递、智能处理的基本特征。

### （一）充分互联

物联网具有的最鲜明特征在于充分的互联互通，这种互联开始于物物互联。在物联网发展初期，物联网将“人”也理解为物，比如常见的物联网门禁系统本质上就是将“人”作为一个物品而未区别于其他非生命体对象，实现原理依然停留在将“人”转换为“物”进行再处理的逻辑上。而随着技术的不断发展，物联网终将进一步实现物与物、人与物、人与环境，在任何时间、任何地点的充分互联。这将首先对人们的沟通产生影响，不仅改变沟通的范围，使人们能在更广泛的对象范围、空间范围内开展沟通活动；更使沟通模式、沟通渠道、沟通效率发生深刻的变革，使传统的面对面模式将不再成为必需，基于特定网络、特定工具的沟通渠道也仅仅成为一种选择。并且，通过在家庭个人、产业经济、公共服务等市场中的应用，帮助人们与物理世界有机结合，使得这些领域主体“智商”提升、效率提高，深刻影响人们的生产生活，进而提升整个社会的信息化能力。

### （二）全面感知

全面感知即利用 RFID 系统、二维码、传感器等感知、捕获、测量技术随时随地对物体进行信息的采集和获取，这一特征主要依靠物联网网络架构中的感知层实现。从结构角度上，可以将物联网体系分为感知层、网络层、平台层、应用层四层（如图 5－1 所示），而感知层位于物联网三层架构的最底层，是物联网发展和应用的基础，具有物联网全面感知的核心能力。物联网类似于人体的五官、皮肤，具有感知、识别外界一切事物，从而获取信息的能力。它可以利用电子射频、传感器、无线网络等技术，通过 RFID 系统、条码识读器、摄像头等设备，实现感知、识别物体以及采集、捕获信息。在未来，物联网仍将通过各种方式不断凸显其全面感知的优势，力争拥有更敏感、更全面的感知能力。

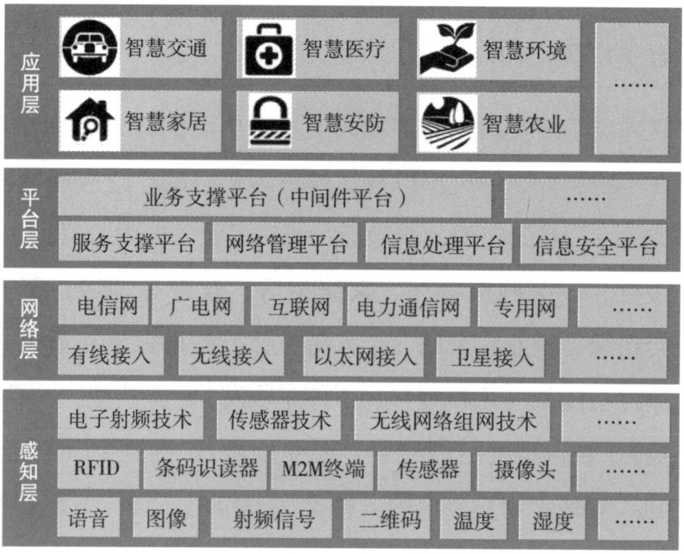


**图 5－1　物联网网络架构图**

## （三）可靠传递

物联网可以实现物体信息的实时准确传递，这种传递可靠、全面、及时而不失真，且具有较高的安全性。这一特征主要依靠网络层得以实现，而网络层相当于物联网的神经中枢和大脑，主要功能是信息传递和处理。物联网通过对现有网络的融合和扩展，利用新技术以实现更加广泛和高效的可靠信息传递。

## （四）智能处理

智能处理是指物联网能通过对海量数据与信息的分析、处理，实现对“物”的智能化控制，并应用于生产生活的各个领域。而平台层就扮演将感知、传输信息进行处理，并最终服务于应用的角色，对感知和传输的信息进行分析和处理，实现跨行业、跨应用、跨系统之间的信息协同、共享、互通的功能。

## （五）广泛应用

物联网应用涉及国民经济和人类社会生活的方方面面，且应用版图仍在不断扩大，体现出以智慧城市为靶心的广泛应用特征（如图5－2 所示）。具体应用领域包括农业、工业、电力、交通、物流、医疗、银行、环保城市管理、家居生活、教育等领域，服务于政府、社会组织、企业、家庭、个人等主体，帮助做出正确的控制和决策，通过扫描型（手机钱包、不停车收费）、监控型（污染监控、物流监控）、查询型（智能检索、远程抄表）、控制型（智能家居、路灯控制）等基于用户需求的多种类型的应用，实现智能化的管理和服务。

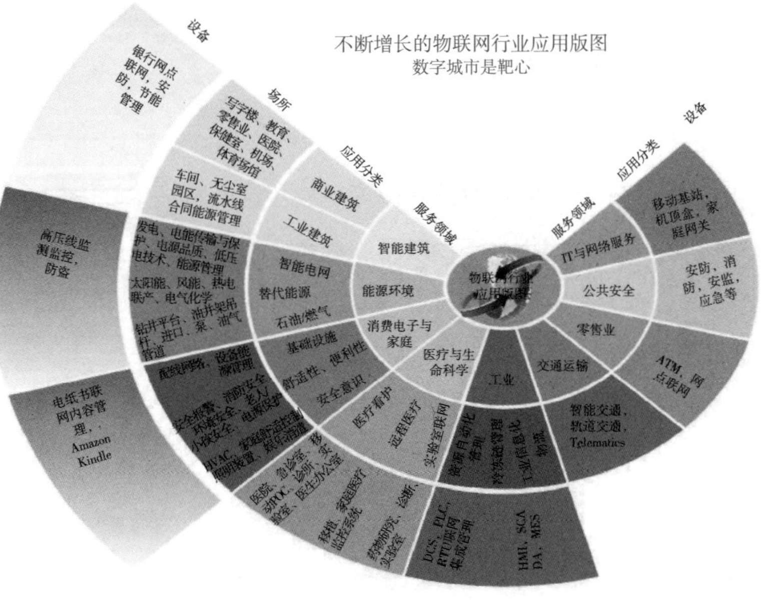


**图 5－2　物联网技术应用版图**

资料来源：周洪波．物联网技术、应用、标准和商业模式．［M］．北京：电子工业出版社，2011。

## 二、解构物联网参考体系

物联网参考体系是对物联网不同应用系统的共性抽象描述。作为全局性描述，它为所有物联网应用系统设计者提供一致的系统解构和开放的标准设计框架，为不同物联网应用系统之间的兼容性、互操作性和资源共享提供保障。目前，已存在 ISO/IECJTC1/WG10、ITUSG20 等诸多国际标准化组织或联盟研究设计的物联网技术参考体系。这些参考体系的结构表现形式不同，但本质基本一致，其差异主要与描述物联网的视角有关。在本节中，将主要通过参考国家物联网基础标准工作组制定的物联网参考体系结构，对物联网参考体系进行解构。

自 2011 年起，国家物联网基础标准工作组花费大量的时间在多个行业进行调研、分析、梳理和归纳、总结，并对当时所存在的各类架构做了深入的剖析和反思，经过反复论证，提出物联网参考体系“六域模型”。“六域模型”对于物联网所有重点覆盖的共性要素均做了全面的梳理和归纳，把一个复杂的物联网生态体系有序地划分为用户域、目标对象域、感知控制域、服务提供域、运维管控域、资源交换域六大部分（如图 5－3 所示），并建立起各自之间的基本逻辑关系。基于“六域模型”，人们对物联网的认识开始具象化，并且能够相对便捷、清晰和高效地构架不同应用领域的物联网生态体系的顶层架构，从而为系统的建设、运营服务以及商业模式创新等奠定基础。

### （一）用户域

用户域定义用户和需求，是不同类型物联网用户和用户系统的实体集合，是物联网服务需求的提出者和最终消费者。按类型划分，用

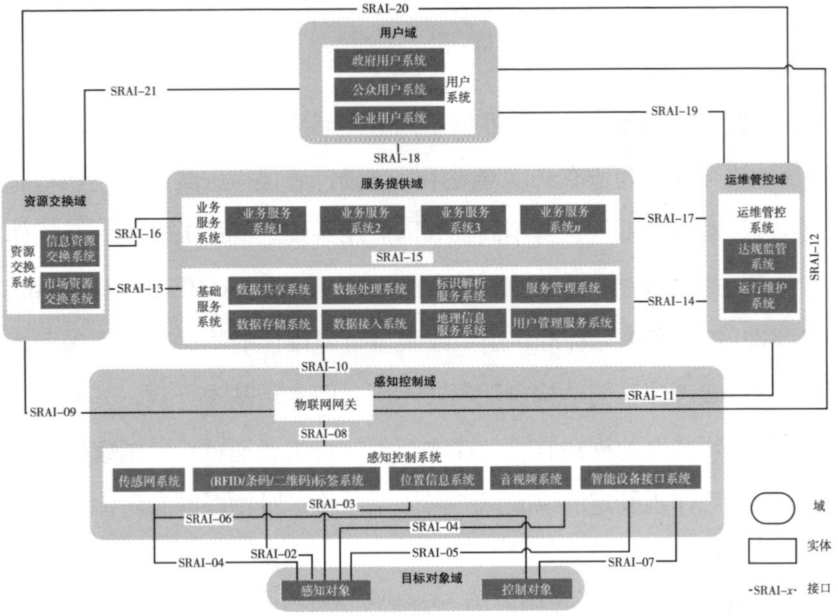


**图5-3　物联网参考体系图**

资料来源：国家物联网基础标准工作组．物联网标准化白皮书［Z］．2016-01。

户可分为公众用户、企业用户、政府用户等。物联网用户可通过用户系统及其他域的实体获取物理世界对象的感知和操控服务。

## （二）目标对象域

目标对象域明确“物”及关联属性，是物联网用户期望获取相关信息或执行相关操控的对象实体集合，包括感知对象（用户期望获取信息的对象）和控制对象（用户期望执行操控的对象）。目标对象域可与感知控制域中实体（如传感网系统、标签识别系统、智能设备接口系统等）以通信类接口的方式进行关联绑定，以此实现物理世界和虚拟世界的接口绑定。其中，数据类接口主要包括串行总线接口、并行总线接口、USB 接口等；非数据类接口包括物理、化学、生物类作用关系、标签附着绑定关系、空间位置绑定关系等。

## （三）感知控制域

感知控制域设定所需感知和控制的方案，即“物”的关联方式。感知控制域是各类可获取目标对象信息的感知系统与操控目标对象的执行系统的集合，可实现针对物理世界对象的本地化感知、协同和操控，并为其他域提供远程管理和服务的接口，比如其与目标对象域的关联关系便是实现物理空间和信息空间融合的接口。在当前技术状态下，感知控制域中主要存在传感器网络系统、智能设备接口系统、标签系统、音视频系统、位置信息系统等几大子系统，并且，新的感知控制系统还会随着技术的发展而不断出现，以充分实现物联网对目标对象信息的采集或执行操控。

### 1. 传感器网络系统

传感器网络系统通过与目标对象关联绑定的传感结点采集目标对象信息，或通过执行器对目标对象执行操作控制。

### 2. 智能设备接口系统

智能设备接口系统具有数据处理、通信、协议转换等功能，且提供与目标对象的通信接口，其目标对象包括电源开关、空调、大型仪器仪表等智能设备。智能设备接口系统与目标对象的智能设备在实际应用中可以是一个统一的集成设备。

### 3. 标签系统

标签系统通过标签信息读写设备对附加在目标对象上的 RFID、条码、二维码等标签进行信息读写，以采集目标对象相关的信息。

### 4. 音视频系统

音视频系统通过语音、图像、视频等设备采集目标对象的音视频信息。音视频系统的目标对象一般为空间对象。

### 5. 位置信息系统

位置信息系统通过 GPS、北斗、移动通信网络系统等定位系统采集目标对象的位置信息，定位系统终端一般与目标对象物理上绑定。在一个具体的物联网应用中，根据用户感知控制等需求，可存在上述一种或多种感知、控制系统。各感知、控制系统由于关联的目标对象具有不同的社会属性，在实现感知、控制的过程中，相关感知、控制系统可不同程度地进行协同感知和操控。此外，感知控制域可以作为一个独立的系统存在，即作为一个物联网系统的最小集合，实现局部区域化的感知和操控应用服务功能；而一般感知控制域、服务提供域、运维管控域、资源交换域及用户域分别存在着关联关系。

## （四）服务提供域

服务提供域将原始或半成品数据加工成对应的用户服务，是实现物联网基础服务和业务服务的功能实体集合。物联网服务提供域一般包含物联网共性类支撑服务、保障服务等基础服务功能，而具体包含的业务服务功能内容还应根据实际的用户需求进行定义。此外，服务提供域可实现对感知数据、控制数据及服务关联数据的加工、处理和协同，为物联网用户提供对物理世界对象的感知和操控服务的接口。

## （五）运维管控域

运维管控域从技术和制度两个层面保障系统的安全、可靠、稳定和精确的运行，是物联网系统运行维护与法规监管等实体的集合。运维管控域从系统运行技术性管理和法律法规符合性管理两大方面保障物联网的设备和系统安全、可靠、高效运行，以及物联网系统中实体及其行为与相关法律规则等的符合性。

### （六）资源交换域

资源交换域实现单个物联网应用系统与外部系统之间的信息和市场等资源的共享与交换，建立物联网平衡商业模式。资源交换域根据物联网应用服务需求，实现物联网系统与外部系统之间的相关资源交换、共享功能，以及实现物联网系统信息和服务集中交易的软硬件系统的实体集合。资源交换域可获取物联网服务所需外部信息资源，主要包括政府、企业、个人等相关联信息资源以及市场资源等，也可为外部系统提供所需的物联网系统的信息资源，以及为物联网系统的信息流、服务流、资金流的交换提供保障。

由此可见，物联网参考体系是对物联网中业务功能域及域间关系在系统层面的高度抽象和模型化表现，它屏蔽了不同物联网应用间的差异，依据物联网应用实例中业务功能的分类，归纳用户域、目标对象域、感知控制域、服务提供域、运维管控域和资源交换域六大功能域。各个物联网行业应用的架构师可以在六域模型的基础上，根据各自的特点与需求进行裁减，并定制出特定应用的物联网系统架构。目前，在环保、医疗、纺织、消防、农业、能源、食品安全、家居等行业的应用领域，均已逐步开始采用六域模型的参考架构进行物联网应用系统的顶层设计，并取得了较好的效果。当然，这一架构还会在实际应用中不断地丰富和完善，而各行业和产业基于统一的顶层架构，也具备了融会贯通与协作分工的基础。

## 三、梳理物联网技术链

技术链本身并未形成一个统一的概念，总体上存在两种不同的观点：一种观点认为，技术链本质是技术的空间集聚，基础技术处于中心节点，其应用的产业活动可向多个领域拓展，进而形成多个分支节点；而在一条技术链中一种技术的使用和获得须以另一种技术为前提，相关技术之间形成一种上下游的链接关系，即上游和下游节点之间在技术上相互联系、互为依存。另一种观点认为，技术链本质是一种具有某种内在联系的产业集群的链条，产业内部及产业之间存在相互依存、相互衔接的链条关系，而物化于上下游产品中的各种技术依据产品的链接关系形成了相对应的技术链。无论是第一种或是第二种观点，均无法否认技术链与产业活动之间的密切关系，因此本节便依据物联网对信息的感知、传输、处理、应用四个基本活动环节，对物联网技术链进行梳理（如图 5 – 4 所示）。

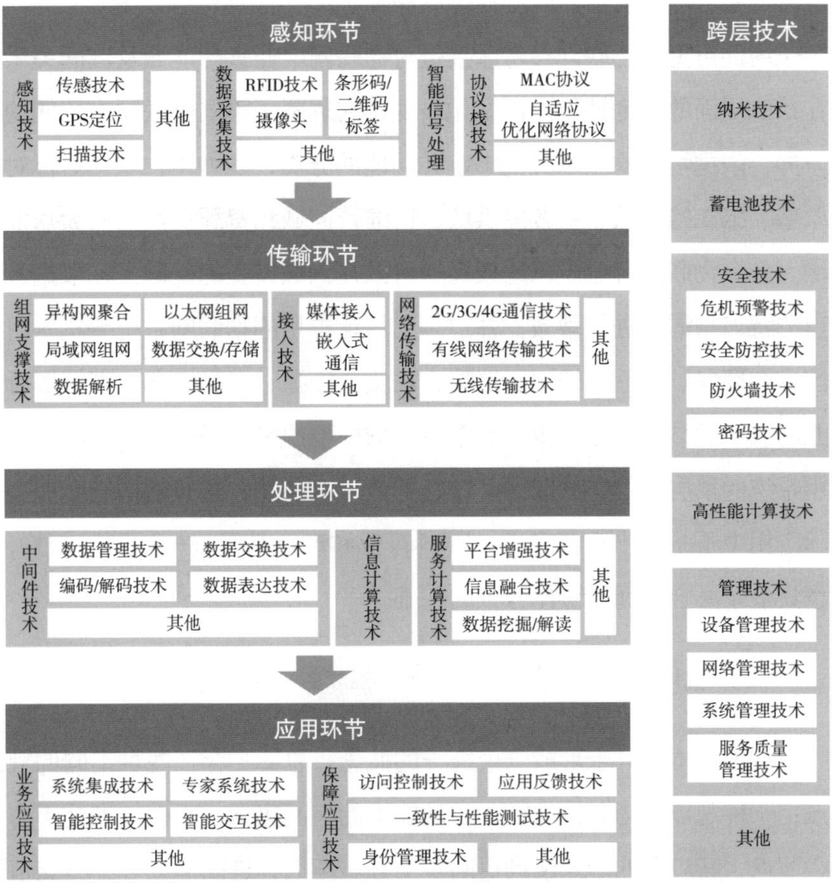


图 5 – 4　物联网技术链图解

## （一）感知环节

感知环节主要包含数据感知、采集、信号处理、协议栈四类技术。它利用技术感知、捕获、测量特定物体的状态，进行信息的采集与获取，并接入网络，为传输环节进行必要的准备。这一环节相关技术众多，包含传感技术、GPS 定位技术、扫描技术、RFID 技术、条形码/二维码标签技术、智能信号处理技术、MAC 协议、自适应优化网络协议技术等，下面选取部分核心技术进行详细介绍。

### 1. 传感技术

传感技术利用传感器和多跳自组织传感器网络，协作感知、采集网络覆盖区域中被感知对象的信息。传感技术依附于敏感机理、敏感材料、工艺设备和计测技术，对基础技术和综合技术的要求非常高。物联网正是通过遍布在各个角落和物体上的形形色色的传感器以及由它们组成的无线传感器网络，来最终感知整个物质世界的。

### 2. RFID 技术

RFID（Radio Frequency Identification，射频识别）是一种非接触式的自动识别技术，基本上是由标签、阅读器、天线三部分组成。它通过射频信号自动识别目标对象并获取相关的数据，识别过程无须人工干预，可工作于各种恶劣环境。该技术首先解决的是全局标识问题，研究标准化物体标识体系。RFID 技术可识别高速运动物体并可同时识别多个标签，操作快捷方便，与互联网、通信等技术相结合，可实现全球范围内的物品跟踪与信息共享。

### 3. 智能信号处理技术

智能信号处理技术可以通过对采集设备获得的各种原始数据进行必要的处理，包括信号抗干扰、信号分离以及信号滤波等技术，获得与目标事物相关的信息。将感知、采集到的原始信号通过信号提取技术筛选出有用的信号，通过调理提高信号的信噪比，在映射空间上可以进行信号的特征提取，借助信号分析技术（如特征对比、分类技术等）将各种特征信号对应到某一类的物理事件。

#### 4. 协议栈技术

协议栈（protocol stack）是指网络中各层协议的总和。其形象地反映了一个网络中文件传输的过程：由上层协议到底层协议，再由底层协议到上层协议。面对众多不同的计算机和网络生产厂家，以及用户要求的便宜、灵活、方便的联网需求，必须建立一个公认的计算机网络联网标准和网络体系结构，以实现任意计算机系统和任意网络系统的互联。

在技术的使用方面，为实现物联网的普适性，终端感知网络需要通过 MAC 协议实现多样性。为完成不同的感知任务，节点组网技术必不可少，而终端感知设备之间的通信不能采用传统的资源充分设备的通信协议，因此需要自适应优化网络协议。同时，为进行系统优化以保证其低功耗和高能效，自适应的优化通信协议设计变得尤为重要，而终端设备的低处理能力、低功耗等特性，决定了必须采用轻量级和高能效的协议。最后，为实现一个统一的目标，必须在上述各种协议技术之间进行取舍，网络跨层优化技术也便成为必需的。

### （二）传输环节

传输环节主要包含组网支撑、接入、网络传输三类技术，通过泛在的互联功能，实现感知信息高可靠性、高安全性传输。下面选取部分重点技术内容进行介绍。

#### 1. 接入与组网技术

物联网的网络技术涵盖泛在接入和骨干传输等多个层面的内容。

以互联网协议版本6（IPv6）为核心的下一代网络，为物联网的发展创造了良好的基础网条件。以传感器网络为代表的末梢网络在规模化应用后，面临与骨干网络的接入问题，并且其网络技术需要与骨干网络进行充分协同，这些都将面临新的挑战，需要研究固定、无线和移动网及Ad－hoc网技术、自治计算与联网技术等。

物联网以终端感知网络为触角，以运行在大型服务器上的程序为大脑，实现对客观世界的有效感知及有利控制。其中，连接终端感知网络与服务器的桥梁便是各类网络接入技术，包括GSM、TD－SCDMA等蜂窝网络，WLAN、WPAN等专用无线网络，Internet等各种网络。物联网的网络接入是通过网关来完成的，比如MultiRadio高性能网关就是由中科院计算所传感器网络实验室开发的，可同时支持两个嵌入式Wi-Fi模块的操作。

#### 2. 信息传输与频管技术

物联网需要综合各种有线及无线信息传输技术，其中近距离无线通信技术将是物联网的研究重点。由于物联网终端一般使用工业科学医疗（ISM）频段进行通信，频段内包括大量的物联网设备以及现有的无线保真（Wi-Fi）、超宽带（UWB）、无线个域网（ZigBee）、蓝牙等设备，频谱空间将极其拥挤，制约物联网的实际大规模应用。为提升频谱资源的利用率，让更多的物联网业务能实现空间并存，需切实提高物联网规模化应用的频谱保障能力，保证异种物联网的共存，并实现其互联、互通、互操作。

### （三）处理环节

处理环节主要包含中间件、信息计算、服务计算三类技术。这一环节对传输信息进行初步处理与分析，使其更好地服务于实际应用。由于物联网具有明显的“智能性”要求和特征，而智能信息处理是保障这一特性的共性关键技术，海量感知信息的计算与处理是物联网的核心支撑，对物联网的发展具有十分重要的作用。下面选取信息计算、服务计算两大重要技术进行详细介绍。

1. 信息计算技术

海量感知信息计算与处理技术是物联网应用大规模发展后面临的重大挑战之一。需要研究海量感知信息的数据融合、高效存储、语义集成、并行处理、知识发现和数据挖掘等关键技术，攻克物联网“云计算”中的虚拟化、网格计算、服务化和智能化技术。信息融合是智能信息处理的重要阶段和方式，信息融合是一个多级的、多方面的、将来自传感网中多个数据源（或多个传感器）的数据进行处理的过程，能够获得比单一传感器更高的准确率、更有效和更易理解的推论。而信息计算技术的核心是采用云计算技术实现信息存储资源和计算能力的分布式共享，为海量信息的高效利用提供支撑。

2. 服务计算技术

物联网的发展应以应用为导向，在“物联网”的语境下，服务的内涵将得到革命性的扩展，不断涌现的新型应用将使物联网的服务模式与应用开发受到巨大的挑战，如果继续沿用传统的技术路线，必定会束缚物联网应用的创新。从适应未来应用环境变化和服务模式变化的角度出发，需要面向物联网在典型行业中的应用需求，提炼行业普遍存在或要求的核心共性支撑技术，研究针对不同应用需求的规范化、通用化服务体系结构以及应用支撑环境、面向服务的计算技术等。

### （四）应用环节

应用环节主要包含业务应用和保障应用两类技术。这一环节位于物联网技术链的最高端，与需求结合最为紧密，为实现广泛的智能化物联提供完整的解决方案，这类似于人的社会分工，最终构成人类社会。应用环节中技术众多，主要关注点聚焦于“实用”和“安全”两大话题，业务应用更重视物联网的实用性，保障应用则更重视物联网的安全问题。下面选取其中的部分重要技术进行详细介绍。

### 1. 智能控制技术

物联网就是要给物体赋予智能，可以实现人与物体的沟通和对话，甚至实现物体与物体互相间的沟通和对话。为了实现这样的目标，必须要对智能控制技术与系统实现进行研究，比如研究如何控制智能服务机器人完成既定任务（运动轨迹控制、准确地定位和跟踪目标等）。

### 2. 智能交互技术

智能交互技术主要体现在情景感知关键技术上，能够解释感知的物理信号和生物化学信号，对外界的不同事件做出决策以及调整自身的监控行为，因此已成为物联网应用系统中不可或缺的一部分。同时，情景感知能让物联网中的一些数据以低能耗的方式在本地资源受限的传感器节点上处理，从而让整个网络的能耗和通信带宽最小化。

### 3. 专家系统技术

物联网的应用需要针对大量的数据，通过深层次的数据挖掘，并结合特定行业的知识和前期科学成果，建立针对各种应用的专家系统、预测模型、内容和人机交互服务。专家系统利用业已成熟的某领域专家知识库，从终端获得数据，比对专家知识，从而解决某类特定的专业问题。预测模型和内容服务等基于物联网提供的对物理世界精确、全面的信息，可以对物理世界的规律（如洪水、地震、蓝藻）进行更加深入的认识和掌握，以做出准确的预测预警以及应急联动管理。

## （五）跨层技术

此外，物联网的正常运行还需要一些跨越感知、传输、处理、应用多个层次的技术内容，包括与硬件设计密切相关的纳米技术、蓄电池技术，以及保障各环节顺利运行的安全技术、计算技术、管理技术等。

### 1. 纳米技术

纳米技术是研究结构尺寸在 0.1 ~ 100nm 范围内材料的性质和应用，主要包括纳米体系物理学、纳米化学、纳米材料学、纳米生物学、纳米电子学、纳米加工学、纳米力学等。当前电子技术的趋势要求器件和系统更小、更快、更冷。更小，是指响应速度要快；更冷，是指单个器件的功耗要小。纳米技术是电子建设者的最后疆界，其技术优势意味着物联网当中体积越来越小的物体能够进行交互和连接。

### 2. 安全技术

安全是基于网络各种系统运行的重要基础之一。物联网的开放性、包容性和匿名性决定了其不可避免地存在信息安全隐患。例如，物联网传感器网络除了具有一般无线网络所面临的信息泄露、信息篡改、重放攻击、拒绝服务等多种威胁外，还面临传感节点容易被攻击者物理操纵，并获取存储在传感节点中的所有信息，从而侵入网络、控制网络的威胁，以及可信度问题。因此，物联网除了面对移动通信网络的传统网络安全问题之外，还存在着一些与已有移动网络安全不同的特殊安全问题（如图 5 – 5 所示）。

物联网涉及的安全技术内容十分广泛，包括程序内容、运行使用、信息传输等方面，相关技术包括以确保使用者身份安全为核心的认证技术，确保安全传输的密钥建立及分发机制，以及确保数据自身

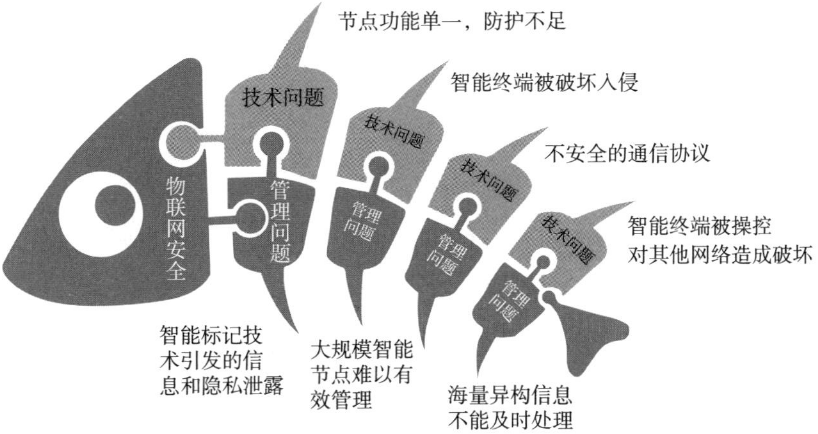


**图 5－5　物联网安全问题图**

资料来源：太平洋安防．物联网时代来临，百亿设备大爆发，世界该如何守护？［EB/OL］．http：//www.tpy888.cn/news/201703/21/92642.html，2017－03－21。

安全的数据加密、数据安全协议等数据安全技术。而同时具体技术繁多，例如在通信前进行节点与节点的身份认证；设计新的密钥协商方案，使其即使在部分节点被操纵后，也难以推导出其他节点的密钥信息；对传输信息加密解决窃听问题；保证网络中的传感信息只有可信实体才可以访问；采用跳频和扩频技术减轻网络堵塞问题等。

## 四、说说物联网技术标准

标准制定是物联网的产业前提，物联网标准体系非常复杂，涉及很多基础标准及应用标准。这些标准处于产业链的顶端，标准的掌握者必将垄断并引领产业的发展。因此，标准的制定也是各国、各科研机构纷争的战略领域。

目前，物联网涉及的标准组织十分复杂，既有国际、区域和国家标准组织，也有行业协会和联盟组织。依据物联网的参考体系结构和技术框架，不同标准组织侧重的技术领域也各不相同，有些标准组织的工作覆盖多个层次，不同标准组织之间错综交互。国外标准组织如IEEE、ISO、ETS、ITU－T、3GPP、3GPP2等，开展了大量的物联网相关技术标准制定工作。ISO主要针对物联网、传感网的体系结构及安全等进行研究；ITU－T与ETSI专注于泛在网总体技术研究，但二者侧重的角度不同，ITU－T从泛在网的角度出发，而ETSI则是从M2M的角度对总体架构开展研究；3GPP和3GPP2是针对通信网络技术方面进行的研究，IEEE针对设备底层通信协议开展研究。自2009年至今，物联网标准已成为国外标准化组织的工作热点。而在我国，物联网作为战略性新兴产业仍处于起步阶段，在国家发展和改革委员会、国家标准化管理委员会与工业和信息化部的指导下，我国在国际标准化工作中的影响力和竞争力呈不断上升趋势，如前文所介绍的，物联网参考体系便是标准成果的杰出代表。

总结现有的物联网标准体系，并结合物联网技术链的内容，可以发现技术标准大体上可以被划分为基础类、感知类、网络传输类、服务支撑类、业务应用类、共性技术类六大类别（如图5－6所示）。

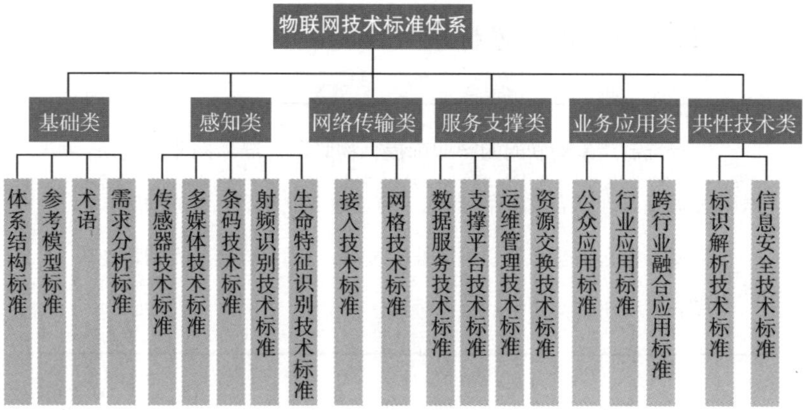


**图5－6　物联网技术标准体系图**

资料来源：国家物联网基础标准工作组．物联网标准化白皮书［Z］．2016－01。

## （一）基础类标准

基础类标准包括体系结构标准、参考模型标准、术语和需求分析标准等，是物联网标准体系的顶层设计和指导性文件，负责物联网通用系统体系结构、技术参考模型、数据体系结构设计等重要基础性技术规范。较具代表性的，比如国际电信联盟（ITU）在物联网的总体架构方面提出了泛在网（USN/UN）的概念，并成立了SG20工作组专门从事物联网标准工作；ETSI对M2M体系架构进行分析；ISO/IEC对物联网、传感网相关的术语和架构进行研究。

## （二）感知类标准

感知类标准是物联网标准工作的重点和难点，是物联网的基础和特有标准。感知类标准主要面对各类被感知的对象，涉及信息技术之外的多种技术。由于复杂性、多样性、边缘性、多领域性，其造成的难度是很突出的，其核心标准亟待突破。具体来说，感知类标准范围十分广泛，主要包括传感器、多媒体、条码、射频识别、生物特征识别等技术标准，同时涉及信息技术之外的物理、化学专业，还涉及广泛的非电技术。

## （三）网络传输类标准

物联网网络传输类标准包括接入技术和网络技术两大类标准。接入技术包括短距离无线接入、广域无线接入、工业总线等，网络技术包括互联网、移动通信网、异构网等组网和路由技术。目前，网络传输类标准已相对成熟，能够满足物联网发展早期阶段基本应用需求。为了适应在特定场景下的物联网需求，国内外主要标准组织将这方面的研究重点放在了物联网应用的新型接入技术和优化的网络技术研究。

### （四）服务支撑类标准

物联网服务支撑类标准包括数据服务、支撑平台、运维管理、资源交换四大技术标准，同时，海量存储、云计算、大数据、机器学习、SOA 等技术标准均与其联系密切。具体的，数据服务标准是指数据接入、数据存储、数据融合、数据处理、服务管理等标准；支撑平台标准是指设备管理、用户管理、配置管理、计费管理等标准；运维管理标准是指物联网系统的运行监控、故障诊断和优化管理等标准，也涉及系统相关的技术、安全等合规性管理标准；而资源交换标准是指物联网系统与外部系统信息共享与交换方面的标准。

### （五）业务应用类标准

物联网业务应用标准关系到技术能否真正实现落地的问题，具有鲜明的行业属性，需要按照行业配置、推进。由于物联网涉及的行业众多、行业发展不平衡，现在缺失较多的是行业应用标准，导致物联网建设不能满足最终应用要求，这也是直接制约物联网发展的主要因素。标准的缺失导致物联网面临竖井式应用、重复建设问题，标准化需求极为迫切。

### （六）共性技术类标准

物联网共性技术标准主要包括标识解析技术标准与信息安全技术标准两方面。其中，标识解析技术作为是物联网最为基础的关键技术，由编码（代码）、数据载体、数据协议、信息系统、网络解析、发现服务、应用等共同构成，已成为当前的焦点和热点问题；而针对物联网的特殊安全需求，不同的安全组织也已开展相关标准的制定工作，但仍处于探索阶段。

# 第二节
# 图解物联网产业

## 一、物联网产业链全图

物联网的产业链非常完整，从元器件到设备、软件产品到信息服务、解决方案提供再到平台运维，物联网于四个功能层中包含硬件产品、硬件设备、软件产品、系统方案，甚至公共管理系统、行业应用系统，以及第三方物联网平台运维服务等多个环节，涉及多个产业主体。

基于对物联网感知、网络、平台、应用四层架构的认识，我们可以构建清晰的物联网产业链（如图5－7所示）。可见，完整的物联网产业链主要包括传感设备供应商、芯片供应商、无线模组供应商、网络运营商、中间件供应商、系统及软件开发商、智能硬件厂商、系统集成及应用服务提供商几部分。

### （一）传感设备供应商

传感设备本质是一种检测装置，是用于采集各类信息并转换为特定信号的器件，可以采集身份标识、运动状态、地理位置、压力、温度、湿度、光线、声音、气味等信息，包括敏感元器件、RFID、条形、条形码、二维码、雷达、摄像头、读卡器、红外感应元件等。目前，传感设备供应主要由博世、德州仪器、意联科技 Alien 等美国、日本、德国的几家龙头公司主导，我国传感器市场中约70%的份额被

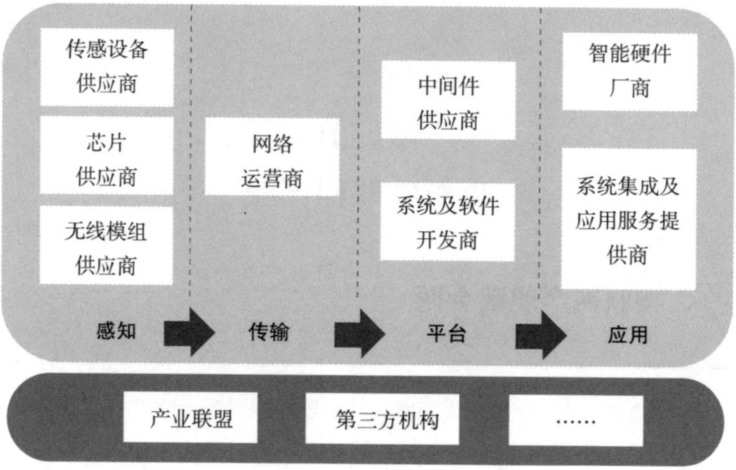


图 5－7　物联网产业链

外资企业占据，本土企业主要包含汉威电子、盾安环境等，市场份额相对较小。

### （二）芯片供应商

芯片是物联网的“大脑”，低功耗、高可靠性的半导体芯片是物联网几乎所有环节都必不可少的关键部件之一。依据芯片功能的不同，物联网产业中所需的芯片既包括集成在传感器、无线模组中实现特定功能的芯片，也包括嵌入在终端设备中提供“大脑”功能的系统芯片——嵌入式微处理器，一般是 MCU/SoC 形式。目前在物联网领域中，芯片厂商数量众多，芯片种类繁多，个性化差异明显。然而，芯片领域依然为高通、德州仪器（TI）、ARM 等国际巨头所主导，国内芯片企业数量虽多，但关键技术大多引进自国外，这就直接导致众多芯片企业的盈利能力不足，难以占领市场份额。

### （三）无线模组供应商

无线模组是物联网接入网络和定位的关键设备，可以分为通信模组和定位模组两大类。常见的局域网技术有 Wi - Fi、蓝牙、ZigBee 等，广域网技术主要有工作于授权频段的 2/3/4G、NB - IoT 和非授权频段的 LoRa、SigFox 等技术，不同的通信对应不同的通信模组。从广义上来看，与无线模组相关的还有智能终端天线，包括移动终端天线、全球导航卫星系统（GNSS）定位天线等。目前，在无线模组方面，国外企业仍占据主导地位，主要有泰利特（Telit）、瑟孚（SiRF）等企业。国内华为、中兴通讯等厂商也比较成熟，能够提供完整的产品及解决方案。

## （四）网络运营商

网络是物联的通道，也是目前物联网产业链中最成熟的环节。广义上来讲，物联网的网络是指各种通信网与互联网形成的融合网络，包括蜂窝网、局域自组网、专网等，因此涉及通信设备、通信网络（接入网、核心网业务）、SIM 制造等。考虑到物联网在很大程度上可以复用现有的电信运营商络（有线宽带网、2/3/4G 移动网络等），同时国内基础电信运营商具有垄断特征，是目前物联网发展的最重要推动者，主要局限于中国移动、中国电信和中国联通三大运营商企业。

## （五）中间件供应商

中间件提供商可以为数据处理控制环节提供普适计算中间件，实现数据存储管理、设备管理、服务管理、QoS 管理等。而一组中间件集成在一起，可以构成一个平台，是实现物联网有效管理的基础。物联网平台作为设备汇聚、应用服务、数据分析的重要环节，既要向下实现对终端的“管、控、营”，还要向上为应用开思、服务提供及系统集成提供 PaaS 服务。据平台功能的不同，可分为设备管理平台、连接管理平台、应用开发平台三种类型。

就中间件供应商而言，国外厂商有贾斯珀（Jasper）、Wylessy 等。国内的企业主要存在三类厂商，一是三大电信运营商，其主要从搭建连接理平台方面入手；二是 BAT、京东等互联网巨头，其利用各自的传统优势，主要搭建设备管理和应用开发平台；三是在各自细分领域的平台厂商，如宜通世纪、和而泰、上海庆科等。

### （六）系统及软件开发商

系统及软件可以让物联网设备有效运行，物联网的系统及软件一般包括操作系统、应用软件等。其中，操作系统是管理和控制物联网硬件和软件资源的程序，类似智能手机的 IOS、Android，是直接运行在“裸机”上的最基本的系统软件，其他应用软件只有在操作系统的支持下才能正常运行。

目前，发布物联网操作系统的主要是一些 IT 巨头，如谷歌、微软、苹果、阿里等。由于物联网目前仍处起步阶段，应用软件开发主要集中在车联网、智能家居、终端安全等通用性较强的领域。

### （七）智能硬件厂商

智能硬件是物联网的承载终端，是指集成了传感器件和通信功能，可接入物联网并实现特定功能或服务的设备，涉及企业繁多，包括先锋电子、安吉星等。按面向的客户可大致划分为 ToB 和 ToC 两类：ToB 类包括表计类（智能水表、智能燃气表、智能电表、工业监控检测仪表等）、车载前装类（车机）、工业设备及公共服务监测设备等；ToC 类主要是指消费电子，如可穿戴设备、智能家居等。

### （八）系统集成及应用服务提供商

系统集成及应用服务是物联网部署实施与实现应用的重要环节。

所谓系统集成，就是根据一个复杂的信息系统或子系统的要求，把多种产品和技术验明并接入一个整体解决方案的过程。物联网的系统集成一般面向大型客户或垂直行业，如政府部门、水务公司、燃气公司、热力公司，石油钢铁企业等，往往以提供综合解决方案形式为主。面对物联网的复杂应用环境和众多不同领域的设备，系统集成商可以帮助客户解决各类设备、子系统间的接口、协议、系统平台、应用软件等与子系统、建筑环境、施工配合、组织管理和人员配备相关的问题，确保客户得到最佳解决方案。

将整体产业链按价值分类，硬件厂商的价值较小，传感器/芯片厂商加上通信模块提供商约占整体产业价值的 15% 左右，电信运营商提供的管道约占整体产业价值 15% ，剩下 70% 的市场价值均由系统集成商/服务提供商/中间件及应用商分享，这类占产业价值大头的公司通常都集多种角色为一体，以系统集成商的角色出现。

### （九）其他主体

除以上主体外，物联网产业链中还包含产业联盟、第三方机构等主体。例如，产业联盟就在标准制定和认证环节发挥重要作用，而只有基于行业内公认产业联盟和标准，测试认证提供商才具有测试认证权威，任何产业都离不开标准化。同时，第三方机构也在相关服务提供、项目管理咨询等环节对物联网产业链的良性运行发挥重要作用。

## 二、物联网产业解剖图

物联网概念诞生十余年以来，已逐渐成长为一个庞大的产业生态系统，涉及国民经济和人类社会生活的方方面面。从硅谷投资公司 FirstMark 于 2016 年发布的物联网产业分布图中，我们除了可以看到谷歌、苹果、亚马逊、微软等国际巨头企业，也可以看到中国移动、中国联通、华为、富士康等国内厂商。行业巨头纷纷加入，逐鹿物联网产业市场，这意味着物联网领域参与主体繁多，市场氛围十分活跃（如图5－8所示）。

**图5－8　物联网产业主要参与企业解剖图**

资料来源：弘则研究．从移动互联网到物联网的革命［EB/OL］．http：//www.useit.com.cn/forum.php？mod＝viewthread&tid＝12964&page＝1&extra＝，2016－06。

例如，英特尔公司2014年发布爱迪生（Edison）可穿戴及物联网设备的微型系统级芯片，2015年推出居里（Curie）芯片，集成低功耗蓝牙通信能和运动传感器。华为推动NB－IoT标准制定，先后发布物联网操作系统LiteOS、NB－IoT端到解决方案，提出“1＋2＋1”战略，努力构建OceanConnect生态圈。谷歌提出ProjectIoT物联网计划，2015年发布Brillo物联网底层操作系统，该系统源于Android，支持ARM、X86、MIPS架构的智能硬件等。

同时，部分巨头开始尝试利用互联网模式打造自己的物联网生态圈，例如，苹果基于硬件发展来的系统用户拓展至物联网；谷歌从数据走向硬件；小米也积极布局物联网生态圈，积极构建小米手机（含平板）、小米电视（含盒子）和小米路由器三大硬件核心产品线，并计划投资50亿美元用于100家智能硬件公司，形成独立的三级生态。同时，产业链上的各类角色也开始逐渐摆脱低技术和孤立化的发展局面，形成立体化的物联网产业生态系统（如图5－9所示）。

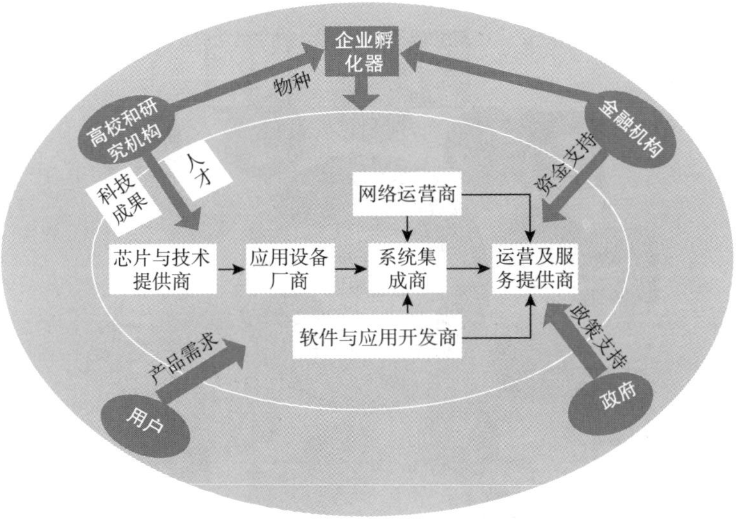


**图5－9　物联网产业生态系统解剖图**

根据生态系统的一般规律，可以把物联网产业生态系统分成物质和营养源子系统（仿拟自然界的阳光、水、土壤、空气等养料）、企业种群子系统（仿拟生物，其活动是物质能量的吸收、转换、传递）及环境子系统三大部分。第一部分是营养源子系统，主要是指高校和研究机构、金融机构，它提供企业种群子系统所必需的各种要素，具体包括企业所需要的资金、技术以及各种人才。第二部分是环境子系统，主要包括用户、政府等其他环境因素。第三部分是企业种群子系统，包括处于物联网产业链不同环节的上中下游企业。这三部分之间具有很强的关联性，且具有很明显的动态特征，而这种动态特征是整个产业生态系统得以进化发展的原动力。

更为直观的，可以从应用层面对物联网产业进行解剖（如图5－10所示）。随着技术的不断发展，以及物联网自身所具备的实时性和交互性特征，物联网产业已覆盖市政管理、节能环保、医疗健康、家居建筑等多个领域，实现立体化、综合型发展。

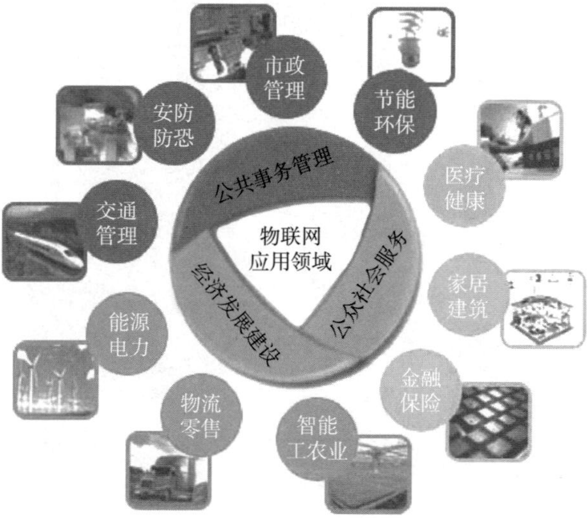


**图5－10　物联网产业应用解剖图**

资料来源：智能界．物联网进入快速发展时期［EB/OL］．http：//www.znjchina.com/yj/10689.html，2017－02－28。

## 三、物联网产业市场规模图

目前，物联网市场广阔，且正处于高速发展的阶段。据中国产业信息统计数据显示，2015年全球物联网市场规模达到624亿美元，同比增长29%，且仍保持良好增长趋势（如图5－11所示）。同时，IDC统计数据显示，2016年全球物联网市场的总投入已达7 369亿美元。而作为物联网软件和数据传输的载体，2016 年全球物联网安装设备也已达到 148.66 亿台。

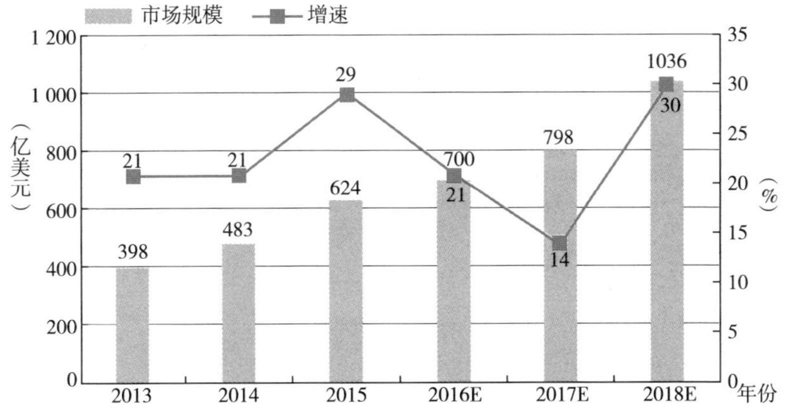


**图 5-11 2013-2018 年全球物联网市场规模及增速**

资料来源：中国产业信息.2016 年全球物联网行业市场规模及增速分析［EB/OL］. http：//www.chyxx.com/industry/201612/473769.html，2016-12-03。

总体上，物联网的发展得到了全球各国政府的重视，物联网市场十分活跃。IT 巨头积极进行物联网布局，抢占行业发展先机，物联网引领的新型信息化与传统领域走向深度融合，芯片巨头、设备制造商、IT 厂商、电信运营商、互联网企业等纷纷依托核心能力，积极进行物联网生态布局，抢占行业先机，在竞争与合作中共推物联网进步。各巨头意图抢占物联网发展先机，首要要做的便是建立技术优势，进而拥有建立标准的话语权，物联网专利数量因此成为各方实力比拼中的重要因素。目前，芯片巨头高通和英特尔在 2016 年物联网相关专利数量中排名前两位，而国内的中兴、华为也榜上有名（如图 5-12 所示）。

从产业分布空间上看，市场研究公司 Gartner 的调查显示，大中华区、北美和西欧在推动物联网设备的普及方面努力最多，2017 年这三大地区占到物联网设备总量的 67%。具体到我国，工信部数据显

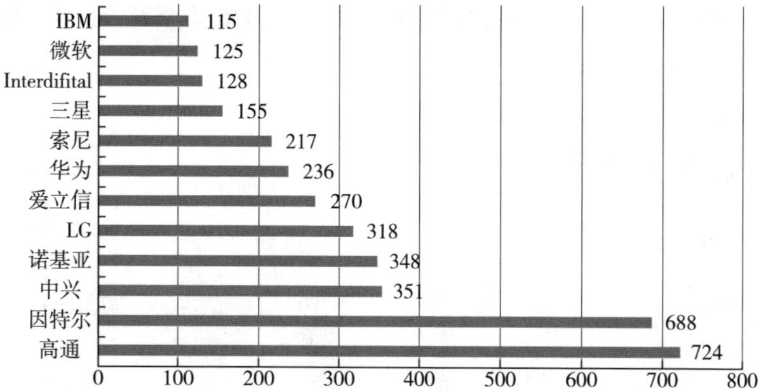


**图 5－12　2016 年物联网相关专利数量持有公司排名**

资料来源：中国产业发展研究网 . 2016 年我国物联网行业市场发展动态分析［EB/OL］. http：//www. chinaidr. com/tradenews/2016－12/109171. html，2016－12－04。

示，2015 年物联网产业规模已达 7 500 亿元人民币，同比增长 29. 3%，并已初步形成环渤海、长三角、珠三角、中西部四大区域产业集聚区（如表 5－1 所示）。

**表 5－1　国内物联网产业集群分布状况表**

| 区域 | 重点城市与潜力城市 | |
|---|---|---|
| 环渤海 | 重点城市 | 北京、青岛 |
| | 潜力城市 | 大连、天津、济南 |
| 长三角 | 重点城市 | 无锡、上海、杭州 |
| | 潜力城市 | 宁波、南京、合肥、徐州 |
| 珠三角 | 重点城市 | 广州、深圳 |
| | 潜力城市 | 佛山、厦门 |
| 中西部 | 重点城市 | 武汉、重庆、成都 |
| | 潜力城市 | 西安 |
| 其他区域 | 重点城市 | / |
| | 潜力城市 | 昆明 |

资料来源：中国物联网产业地图白皮书［R］. 中国电子信息产业发展研究院，赛迪顾问股份有限公司，2011。

近年来，在中央系列顶层设计和各地各部门的不懈努力下，我国物联网发展取得了显著成效。市场规模不断扩大的同时，在物联网技术标准研究、应用示范和推进、产业培育和发展等领域也取得了十足的进步。各地方政府也积极营造物联网产业发展环境，以土地优惠、税收优惠、人才优待、专项资金扶持等多种政策措施推动产业发展，并建立了一系列产业联盟和研究中心。目前，我国在物联网产业布局方面，已形成环渤海、长三角、泛珠三角以及中西部地区四大区域集聚发展的空间格局，无锡、重庆、杭州、福建等国家级物联网产业基地建设初见成效，北京、上海、深圳、成都等地物联网产业园区建设蓬勃发展。各区域物联网产业联盟和研究中心逐步成熟，产业集聚各有特色，物联网应用发展各有侧重，产业领域和公共服务保持协调发展。

## 四、物联网产业发展趋势图

当今时代，全球新一轮科技革命和产业变革正在孕育兴起，信息通信技术以前所未有的速度转化为现实生产力，深刻改变着全球的经济格局、利益格局和安全格局。物联网产业迅速发展，并呈现出以下趋势。

### （一）产业影响力持续提升

物联网作为信息通信技术的典型代表，在全球范围内仍将呈现良好的发展态势，潜在的经济影响力将持续提升。据麦肯锡估计，截至2025年，物联网市场的潜在经济影响力将达到2.7万亿～6.2万亿美元（如图5－13所示）。

### （二）市场规模持续扩大

不同行业和不同类型的物联网应用的普及与逐渐成熟推动物联网的发展进入万物互联的新时代，如可穿戴设备、智能家电、自动驾驶

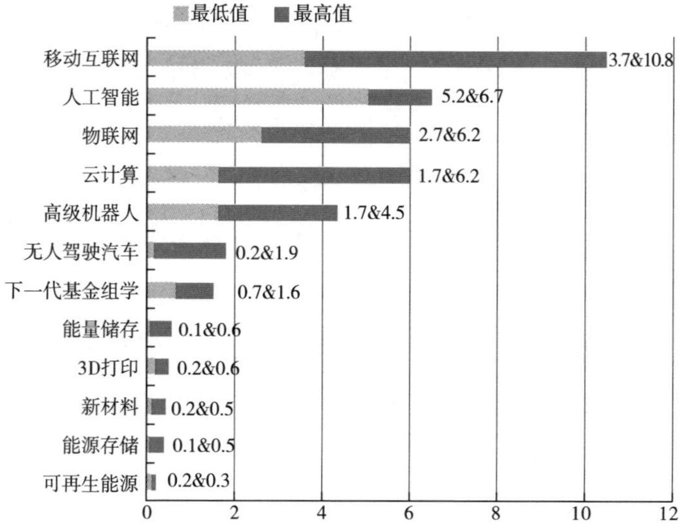


**图 5-13　麦肯锡物联网市场经济影响力预测**

资料来源：福布斯.2016 年物联网预测和市场估算总结［EB/OL］. http：//www. devstore. cn/new/newInfo/28062. html，2016-11-30。

汽车、智能机器人等，数以百亿计的新设备将接入网络，预计到 2020 年全球物联网设备数量将达到 307 亿个，到 2025 年这一数字更将达到 754 亿（如图 5-14 所示）。到 2020 年预计物联网市场规模将达到 1.9 万亿美元，相比 2016 年的 160 亿美元增长 13 倍。

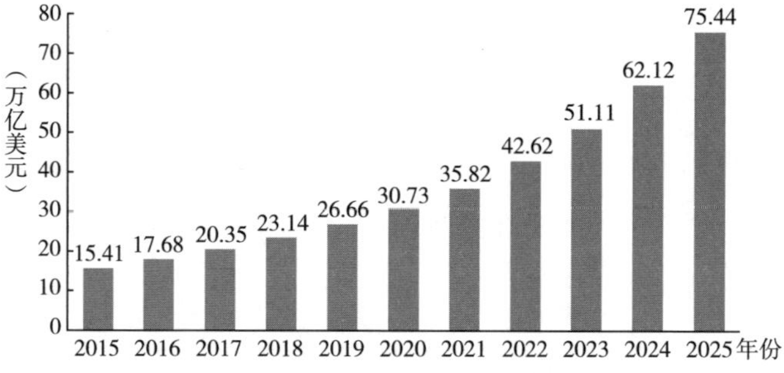


**图 5-14　全球物联网设备的安装基数趋势图**

资料来源：福布斯.2016 年物联网预测和市场估算总结［EB/OL］. http：//www. devstore. cn/new/newInfo/28062. html，2016-11-30。

### （三）管理领域、大企业成为发展热点

在具体领域上，Forrester 预测，交通运输、政府部门的安保与监控零售和库存管理以及初级制造业的工业资产管理将是未来物联网增长的热门领域。Forrester 还发现，相比小公司，大企业更有可能使用物联网。调查中，23% 的大型受访企业正在使用物联网，中小企业中，这个比例只有 14% 。

### （四）物联网技术产品服务支出持续走高

同时，全球企业在物联网技术的产品和服务上的支出预计将持续走高，到 2021 年，将增长到 2 530 亿美元，达到 16% 的年复合增长率。物联网技术服务单独支出预计在未来五年将以 17% 的年复合增长率增长，到 2021 年达到 1 430 亿美元 5 所。其中，亚洲地区将以最快的速度增长，以 20% 的年复合增长率预计，到 2021 年将占总支出的 35% 左右。

### （五）物联网生态系统逐步形成

伴随着物联网概念的不断成熟，物联网的生态系统和价值链条的构建逐渐成为发展的趋势。如全球物联网领域的先锋企业 PTC 公司，从 2013 年以 2. 3 亿美元收购物联网平台公司 ThingWorx 开始，到 2015 年年中已在物联网领域投资逾 5 亿美元，与超过 300 个物联网生态公司建立了合作伙伴关系，构建以物联网平台 ThingWorx 为核心的生态系统图（如图 5 – 15 所示）。物联网生态的建立，一方面可以大大简化整个物联网业界部署的难度和成本，加速物联网应用落地；另一方面可以分化各企业的生态能力，提高各横向能力的聚焦式发展，加速物联网技术革命。在未来的物联网世界中，合作代表了一切。没有一

家公司有能力完成所有的事情，几个厂商联合起来，才能够提供一个完整的物联网应用解决方案。

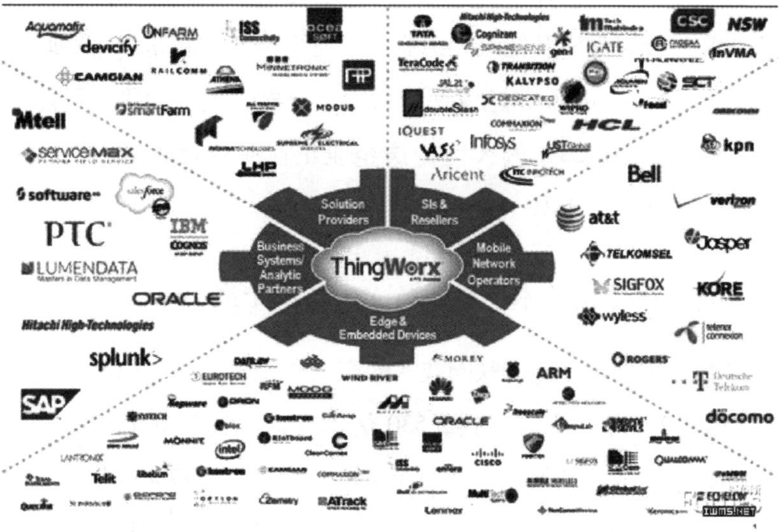


图 5-15 PTC 物联网生态系统

资料来源：PTC 的物联网战略［EB/OL］. http://articles. e-works. net. cn/pdm/Article127023_ 1. htm，2016-02-29。

# 第三节 物联网案例

## 一、智尔信息：医疗物联网

浙江智尔信息技术有限公司（简称智尔信息）是由银江股份成立的控股子公司，是国内领先的移动医疗与医疗物联网整体解决方案提供商和产品服务商。公司基于移动计算、智能识别、数据融合技术，打造以物联网中间件为中心，物联网 AP 为数据总线的物联网智慧医院，为医疗行业客户提供最先进的信息化产品和技术服务。公司凭借丰富的行业经验、先进的设计理念、优秀的解决方案和强大的研发实力，为智慧医疗领域提供各项综合服务，不仅是国内首家医疗物联网概念的提倡者，更是物联网技术的实践者。

智尔信息布局了“一横三纵”的医疗物联网产品线发展战略（如图5－16所示）。“一横”是物联网AP的数据总线，“三纵”是在物联网AP基础上开发的医疗物联网、移动医疗、数据管理和运营三大应用系统。

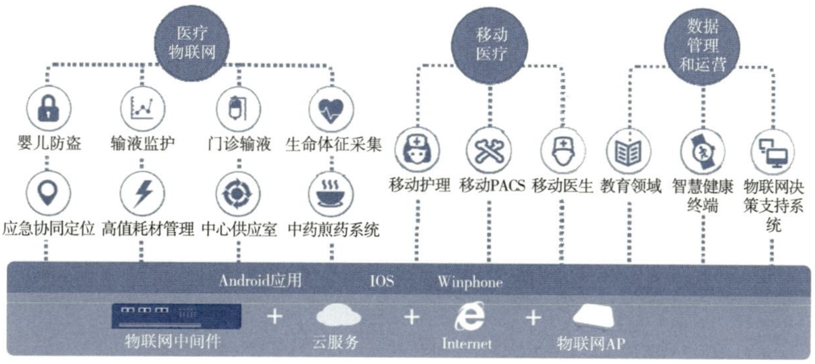


**图5－16　智尔医疗物联网“一横三纵”产品线**

资料来源：浙江智尔信息技术有限公司。

智尔医疗物联网基于移动计算、智能识别、数据融合技术建立，能够实现患者、医护、药品、器械、医疗设备、医疗场所等资产系统之间的有效互动，保障医院的基本医疗安全，提高医疗质量、医疗水平和医疗效率。对于患者，医疗互联网能够提升就医效率，简化就医流程，降低就医成本；对于医院，医疗互联网能够全岗、全程、全面应用信息技术，以管理信息化、作业网络化、医疗数字化、智慧人文化为目标，达到医院现有信息系统软硬件、医疗设备、管理制度、医院文化及其他资源的数字化整合，构建技术精湛、服务优质、运营高效的现代化医院管理与服务新模式。

智尔信息医疗物联网的主要产品有婴儿安全系统、输液监护感应系统、智慧健康腕表、移动临床信息系统、移动门诊输液系统、人员资产定位管理系统、消毒供应室管理系统、医疗垃圾管理系统等。

### （一）婴儿安全系统

依托全球领先的 RFID 射频识别科技，在婴儿身上佩戴防尘防水且对人体无害的智能电子标签。婴儿电子标签定时发射具有唯一 ID 信息给系统，系统据此对婴儿所在位置进行实时监控和追踪，还可对企图盗窃婴儿的行为及时报警提示。以技术防范手段取代了落后的人防手段，充分提高了医院的管理水平和管理档次，防止婴儿被人从医院内盗走，有效保护婴儿安全，保障各方权益。

### （二）输液监护感应系统

采用红外线感应、电容熔断技术，实时感应输液管中单位时间内液滴的通过情况，从而获得输液过程中的液体速率，并及时将数据发送到输液管理系统，当输液完成即呈现空瓶状态时，输液报警器将自动卡住输液管，可以有效防止病人血液回流的情况发生。

### （三）智慧健康腕表

病人手环对患者的情况进行实时跟踪监测，为患者提供各项生命体征数据量化体验，一键呼叫、区域定位、跌倒报警功能，对病人进行统一化监督管理，全方位地呵护患者健康。医护腕表移动通信、医嘱提示、短信提醒功能等为繁忙的临床护理工作提供了科学有效的保障，减少了医护语言沟通中的信息传递失误。同时，责任护士能及时有效地为患者提供各种治疗与护理信息，加大对护理环节质量控制的力度，使护理工作完全实现量化，加强管理的深度与广度，推进医院数字化发展的进程。引进智慧健康腕表，势将加强医护配合。

### （四）移动临床信息系统

通过无线技术、条码技术和移动计算等技术的应用，实现了电子病历的移动化，让医护人员在临床服务中实时采集数据和实时录入数据，不仅优化了医护流程、提升护理人员工作效率，同时杜绝了医护人员的医疗差错。

### （五）移动门诊输液系统

依托条形码技术、移动计算技术和无线网络技术实现护士对病人身份和药物的双重条形码核对功能，提高工作效率，杜绝医疗差错提升服务质量；依托无线呼叫技术实现护士对病人求助的及时响应，有效改善输液室环境，并减轻护士的工作强度和工作压力。

### （六）人员资产定位管理系统

采用 RFID、移动计算、数据融合等技术，实现对院内重要资产、病患者、医护人员、其他医院工作者的精细化管理。人员的行为管理、严格的绩效考核，能够有效地提高员工工作的积极性，提高医院的社会效益和经济效益。

### （七）消毒供应室管理系统

以银江物联网应用平台为基础，结合 EDA 平台、智能识别技术、网络技术的应用，对器械包的回收、清洗、分类包装、消毒、发放等环节进行信息化管理，对器械包的存放、使用实行监控，最大限度地控制和消除器械包的安全隐患。这样可以使医院消毒供应室的管理科学化、责任明确化，随时随地对再生医疗器械处理的全过程实行质量追溯控制。

### （八）医疗垃圾管理系统

对医疗垃圾的回收、称重、分类包装、运输等环节进行信息化管理，对医疗垃圾包的存放、产生情况实行监控，最大限度地控制和消除医疗垃圾交叉污染的安全隐患。这样可以使医院医疗垃圾的管理科学化、责任明确化，随时随地对医疗垃圾产生和处理的全过程实行质量追溯控制。针对有毒有害放射性医疗垃圾支持单项制包、回收、运输、销毁全过程的跟踪监控。

智尔公司于2016年率先提出“物联网医院”的概念，并在南沙第二幼儿园首次实行了跨医疗行业实践。目前，智尔以浙江大学附属第二医院为开端，武汉亚洲心脏病医院为基石，在全国铺开物联网整体解决方案的实行。未来，智尔公司还会在医疗行业中不断扩大自己的服务体系，同时不断尝试在教育、养老等领域进行新的物联网实践。

## 二、高科物联网：环境监控物联网[①]

---

无锡高科物联网科技有限公司（简称高科物联网）是国内新兴领军型物联网核心技术团队，由具有自主知识产权的物联网

---

① 资料来源于第一推（http://diyitui.com/content-1477260985.59748189.html）。本书在收编时对其环境监控物联网的应用与优势进行归纳整合。

领域资深技术团队组建，是物联网行业中提供系统技术解决方案和专业化服务的大型企业。其在应用研发、示范工程、商业模式、产业链打造等方面积极推进，联合物联网相关力量共同推动物联网产业发展及感知中国建设，所研发产品已在智慧环保、智慧社区、智能停车场、智能医疗、智慧烟草物流等多个领域得到了广泛的应用和探索。

---

高科物联网公司研发建设的“感知环境、智慧环保”环境监控物联网应用，作为国家环保部环保物联网应用示范项目、国家发改委物联网示范项目、工信部物联网专项资金支持重点项目，在标准、技术、平台和应用等顶层架构层面创新探索，成功入选由中国经济信息社与无锡市政府联合评选、发布的“无锡物联网应用2016年度十大案例”。

该项目于2015年3月正式启动建设，总投资3 200余万元。基于“共性平台+应用子集”的建设模式，应用物联网相关先进技术和手段，从环保物联网的感知互动层、网络传输层、基础支撑层、智慧应用层等层面开展研发建设。项目应用计算机控制技术，构建覆盖各环境要素的环保物联网监测体系，空间数据服务平台实现环保基础数据、质量数据和管理数据等5大类数据的实时集成、挖掘分析与共享应用，环境风险防范、应急指挥等24个智慧应用系统，使减排决策、环境质量预测预报成为现实。项目已形成通信传输、系统接口等多个领域的国家标准，在国内率先实现环境监测监控现代化和环境管理智能化。

## （一）感知互动层

在感知互动层，应用计算机控制技术、通信网与互联网技术、智能运算技术、海量数据挖掘技术、传感器、传感器网络技术、射频识别技术、二维码技术等，全面感知环境要素信息，构建涵盖空气质量、水环境质量、污染源等全方位、全覆盖的生态环保物联网监测体系。

### （二）网络传输层

在网络传输层，采用固定接入网络、移动通信网络、Mesh 网络、宽带无线接入网络、低功耗无线传感网、多网融合等，实现网络数据传输，为远程感知设备的数据传输提供质量和安全性的技术保障。

### （三）基础支持层

在基础支撑层，基于 Web 服务的数据共享应用模式、地理信息系统（ArcGIS Server）构建的空间数据服务平台和三维虚拟现实技术，建成环保物联网业务支撑平台，实现环保基础数据、环境质量数据等五大类数据的集中整合与共享应用，形成环保“大数据”。

### （四）智慧应用层

在智慧应用层，基于 Portal 门户和 B/S 模式的系统架构，建成环境风险防范与应急指挥等四大智慧应用系统，实现环保物联网业务数据的智能分析、挖掘，为环境风险防范与应急指挥、总量减排任务决策规划、环境空气质量预测预报、环保物联网系统运行效率评估控制等工作提供技术支撑。

相比传统人工监测等环境监测方式，“感知环境、智慧环保”无锡环境监控物联网应用示范工程利用互联网等新兴技术，在数据真实性、共享性、资源化、智慧化等方面具有独特的优势，并进一步提升环境监测的准确性、实时性、有效性。

#### 1. 数据真实性

数据真实性是系统解决的首要难题。以水质检测为例，高科的水质监测全程均为设备仪器自动完成，无法人为参与采集，以避免出现数据造假情况，为环保部门执法、决策提供可靠的依据。且每台检测仪器均设定了对比参数，绑定到实际采集数据传输系统，同步传输到数据中心，如果检测的实际数据明显低于对比参数，很可能是遭到人为篡改。

### 2. 数据共享性

环境监控牵涉水利、环保、国土等多个政府职能部门，应将各部门环境管理行为转化成可用、有效的数字化信息，打通各部门之间数据对接。在环境物联网监控中心的监控大屏上，汇集了水利、工商、环保等部门相关数据建立模型，所有河流流向、污染源资料、水质监测、信访情况等内容在一张图上便可清晰呈现（如图5－17所示）。

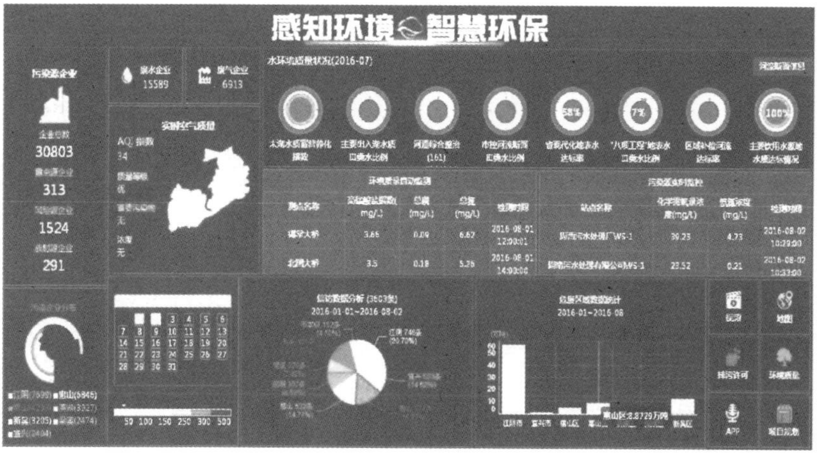


**图5－17　高科智慧环保数据平台**

资料来源：第一推．“环境监控物联网应用工程”示范，构建全方位、全天候、智能化环保监测网［EB/OL］．http：//diyitui. com/content－1477260985. 59748189. html，2016－10－24。

在数据共享的基础上，依托庞大的数据资源，无锡高科通过业务重构、流程再造与制度创新，以排污许可证为核心，建立了涵盖无锡全市30 811家企业的“一证式”管理系统，系统串起污染源全生命周期每个节点的管理要素，形成“一源一档”动态管理档案，整合共享污染源信息，实现全程可监控、进程可追踪、异常可预警。围绕该证，环保部门可查看企业所有的环保相关资料和数据，包括所属行业、机构代码、生产地址、环评单位、设备数量、用水用电、原料使用量等，进一步提高环保部门的工作效率。

### 3. 数据资源化

无锡高科以信息资源目录为驱动，统一数据的定义、编码、调用，并基于因果关系、从属关系等特征，建立各应用系统数据之间的关联关系，实现“一数一源、一源多用、多源共享”，编制形成9大类8要素7层级的资源目录体系，其被称为“环保数据字典”。例如，“环境质量信息”目录下分为“环境功能区划”“环境质量数据”“环境质量报告”“其他环境质量信息”四个子目录，每个子目录下又根据具体检测内容细分。“环境质量数据”子目录下的“水环境质量数据”一项，就根据水体又细分为“江河环境质量数据”“湖泊、水库环境质量数据”“地下水环境质量数据”“饮用水环境质量数据”等内容。每项资源都有一个编码，环保部门在决策时，只要定位编码便可快速查阅所需数据，对症下药。

### 4. 数据智慧化应用

目前，“感知环境、智慧环保”无锡环境监控物联网应用示范工程已经支撑“智能化业务视图”与“智慧化决策视图”两大智慧应用。其中，“智能化业务视图”实现“多维度、可拖拽”的统计操作方式，让环境决策者可立体审视数据的变化规律，识别数据的异常；“智慧化决策视图”通过数据建模技术，建立符合环保应用的数据模型，结合地理信息系统（GIS）平台形象，直观地展示模型的输出结果。

目前，该项目已实现为环保物联网建设单位、承建单位提供环保物联网应用项目的咨询与设计服务，并提供面向科研机构提供数据信息服务。同时，基于环保大数据挖掘，提供环境质量综合报告、灰霾成因分析、污染综合防治决策措施、污染应急调控方案、环境治理规划等分析服务的相关数据及应用产品服务。在此项目基础上，高科物联积极推动环保物联网产业标准联盟的成立，并初步形成“传感器研发生产—数据采集传输标准制定—数据平台开发—数据分析应用—决策反控”的“产、学、研、用”完整产业链，具有示范效应。

## 三、哲勤科技：疫苗冷链全流程监控物联网①

---

江苏哲勤科技有限公司（简称哲勤科技）成立于2010年7月，为公共卫生、食药监局、现代农业、智能工厂、智能家居、冷链物流等多个行业提供尖端的系统解决方案，基于自主知识产权开发了冷链仓储环境监管系统、冷链车载环境监管系统、现代化预防接种门诊系统、企业制造资源计划系统、视频督导系统、短信网关系统等多款行业应用软件，被中国软件行业协会认定为2014年中国物联网领军企业之一。

---

接种疫苗是控制传染性疾病的主要手段之一，国内的疫苗市场规模从2005年的65亿元增长到2015年245亿元，年均增幅高达25%。然而，近年来疫苗安全问题频发，化解“疫苗之殇”迫在眉睫。疫苗安全事故的根源之一便是在储存、运输、分发过程中未能按规定冷

① 资料来源于第一推（http://www.diyitui.com/content-1477098486.59552643.html）。本书在收编时摘录了实时监测系统的相关介绍，并对其技术三大改造和后期转型升级的内容进行归纳总结。

藏。为填补全程冷链管理这一市场空白，哲勤科技集成运用物联网核心技术，自主研发“哲勤冷链监测系统”，破解疫苗储运温、湿度实时监测难题，让疫苗冷链全流程实时监管成为现实。截止到2016年年底，该系统已在全国疾控中心系统广泛应用，用户达5 000余家企业和机构，覆盖4 000余万疫苗接种人群。

哲勤全程疫苗冷链实时监测系统由无线RFID温湿度标签、数据处理网关和冷链云平台三部分组成，具有模块化、功耗小、稳定性高、处理速度快等优点，特别适合进行小数据无线传输和处理。无线RFID温湿度标签采用高精度的温湿度探头，温湿度测量精度分别达到±0.4℃和±3%RH，响应时间小于8秒，实现温湿度精准采集和无线传输。数据处理网关包含ZigBee数据接收部分、GPRS通信部分和数据处理部分。其中，ZigBee数据采集模块采用高性能处理器，数据处理部分采用的低功耗单机芯片，不仅实现了温湿度数据和定位信息的实时上传，同时达到降低系统功耗和提高系统稳定性的效果，显著延长电池使用寿命，并保障数据处理网关可同时识别200张以上标签和移动速度200公里/小时以内的快速移动标签，有效突破接入节点的数量限制。

为增强系统的稳定性，哲勤全程疫苗冷链实时监测系统在技术上实行三大改造：一是增强无线RFID温湿度标签的发射功率，从-55dbm提高到2dbm，信号传输距离从100米提高到500米；二是引入三角校验碰撞预测的ZigBee网络防冲突机制，基于TDMA方式的防冲突算法有效解决信道信号冲突，减少数据传输过程中的漏读、无法识别等现象，提高标签与网关数据传输效率；三是扩展网关的存储空间，可存储2万条备份数据，提高网关与云平台数据传输的稳定性。

近年来，哲勤已经逐渐从产品生产者向系统解决方案提供商转型，为不同层级用户提供差异化服务。比如疫苗接种点需要的主要是温度的实时监测、冷链设备的运转、测温点的接入等功能，而疾控中心的工作重点则放在接种点冷链管理水平的评估、计免条线疫苗冷链整体的运转、突发疫情疫苗的统筹调度等功能上，更加突出管理特性。更进一步，“哲勤冷链监管系统”正进行拓展，将加入接种副反应评估、公众查询、智能决策等多种功能，打造围绕疫苗安全的全程可追溯的区域免疫开放生态服务链（如图5－18所示）。

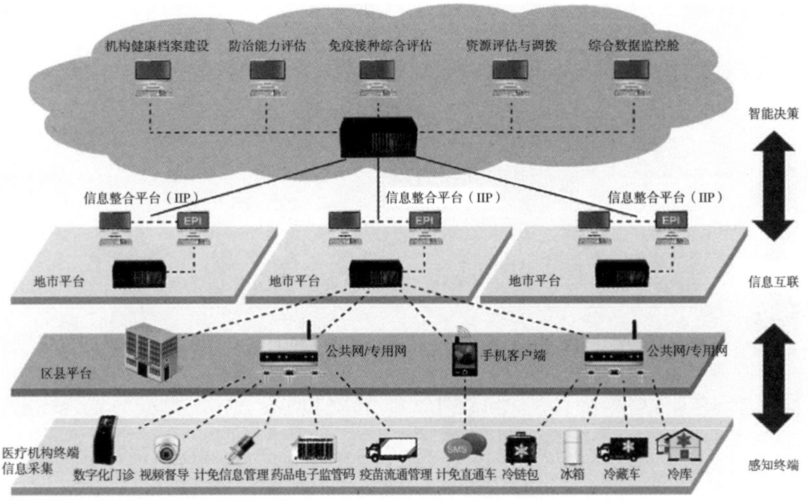


**图5－18　区域免疫开放服务链**

资料来源：哲勤科技［EB/OL］．http：//www. zigin. net/jjfa. aspx？Cid＝10。

## 四、博耳电力：电力管理物联网①

博耳电力控股有限公司（简称博耳电力）成立于1985年，在中国电力配电市场上居于翘楚地位。集团业务涉及产品生产、项

① 资料来源于第一推（http://www. diyitui. com/content－1477098486. 59552644. html）。本书在收编时整合了“电管家”系统构成、功能及其推广计划。

目工程服务、销售、智能配电管控软件开发、能源工程、EPC总承包、金融租赁等。

---

传统的电力设备维保，人力成本高、故障反应处置慢、企业耗能管理粗放。博耳电力研发“电管家”系统，在企业重点能源节点部署传感器和监控软件，实现关键数据快速采集，设备故障即时报警，诊断处理精准到位，运维人员足不出户即可完成“数字巡检”。依托后台系统挖掘数据、自动建模和智能分析，“电管家”智能生成电力设备“体检病历”，提交能耗研判，帮助企业节能增效。

“电管家”系统主要包括“云终端”传感层、网络传输层、“云平台”数据中心、“云服务”应用层。

### （一）“云终端”传感层

“云终端”传感层是系统运行的基础，通过在重要监测点安装博耳电力自主研发的带通信接口的全电量采集仪、无线测温仪、多回路温度巡检仪、烟感探头等传感设备，对配电室内电量数据、开关状态等数据与图像进行实时采集，并通过有线或无线网络传送到配电室内的通信管理机进行简单处理。

### （二）网络传输层

网络传输主要依靠通信管理机实现，其相当于一个小型计算机，可以把现场采集到的数据进行简单的筛选加工，再通过网络传输层传送到“云平台”数据中心上。这不仅减轻了云平台数据中心的工作负荷，提高了整个系统的工作效率，还可以在外网断开的情况下保存重要数据，避免信息遗失。

## （三）“云平台”数据中心

在“云平台”数据中心设置有数据库服务器、应用程序服务器和Web服务器等多台服务器和大型磁盘阵列。其中，数据库服务器主要用于现场采集数据的管理，报表的生成、分析、查询等；应用程序服务器安装有博耳多用户能源管理系统专用程序，可实现远程诊断、报警和预报警系统方案升级、能效优化和管理等功能；Web服务器负责网页的发布、客户端数据信息查询等；大型磁盘阵列负责数据的保存。

## （四）“云服务”应用层

所有的数据最终将被部署在“云服务”应用层中的各类应用程序所调用。应用程序基于对海量数据的分析汇总，实现包括故障预警定位及恢复、备件库管理、节能建议生成、视频实时监控、维护计划制订等功能。博耳电力的工作人员会对整个系统进行24小时全天候监控，用电企业不必再保留庞大的运维队伍。用户也可以在手机、电脑等终端上安装专用软件，用以收取相关信息，进行对应控制，从而实现电力设备运维的远程托管。

相比传统电力运维系统，博耳电力的硬件库中包含有温度、电压、烟雾等系列传感设备，用户可根据实际需求进行组合搭配，“电管家”则负责传感器的规划布点和具体安装。同时，博耳电力“电管家”系统依托前端传感器和大数据系统，能够精准判断出如漏电、过负荷、短路、高温等故障的类型，并能够把当前回路的参数以短信或电话的形式推送给相关技术维修人员，帮助其更好地判断故障情况。并且，基于前端安装在配电室内的各类传感器采集到的数据，通过云服务平台进行分析计算，进而可以提供“智能报表”“能效分析”“电费管理”等智能分析。用户点开“智能报表”就可直观显示出设备的用电量报表、用点明细、最大功率报表等具体数据。“电费管理”则能显示实时用电量、用电排名图表等数据，并自动生成折线、饼状图帮助客户精准找到节能潜力点，帮助用户省钱、省心。

目前，“电管家”系统已在全国31个城市投入使用。而下一步，博耳电力计划进一步丰富和完善“电管家”的功能。计划推出的需求侧管理模块有望使其能与政府的电力需求侧管理平台对接，更多地服务于工业企业和直供电用户。博耳电力还计划将“电管家”系统从工业领域向智能家居、新能源汽车、养老医疗、有轨交通等多元化领域推广，进一步拓宽系统使用范围。

## 五、上海秀派：城域物联网[①]

---

上海秀派电子科技股份有限公司（简称上海秀派），是致力于2.45G有源RFID产品及解决方案的高科技企业。公司依托创新的SuperRFID核心技术平台，集科研开发、工程设计、产品制造、系统集成和工程服务为一体，为客户提供整体解决方案，已形成“产品生产、系统集成、专业化服务”三大业务板块，是国内最大的有源RFID制造和服务提供商。

---

在城域物联网建设方面，上海秀派拥有城域物联网感知平台电动车管理系统、公交信息化管理系统、SuperRFID社区智慧安防系统三大典型系统。

---

① 资料来源于秀派科技官网(http://www.superrfid.net/jjfa/&pmcId=38.html)。本书在收编时对解决方案进行归纳和梳理。

### （一）城域物联网感知平台电动车管理系统

电动自行车是很多市民出行的主要交通工具，但频繁被盗，不仅给自身带来麻烦，也给警务工作带来了压力。以 RFID 技术和物联网技术为基础的管理系统，可以从源头上做好电动车的安全管理工作。随着处理速度快、数据准确、自动识别能力强的 RFID 技术日益成熟，给单车装上“RFID 身份证”，借助城市物联网感知体系，能够让车主安全使用车辆，也能够为公安、交警提供快速破案的手段和依据。以往小区或学校电动车丢失主要是因为单车数量不清楚，车主身份不明确。有了 RFID 防盗管理系统，就可以对电动自行车从销售、使用进行科学有效的全程管理。

平台主要由电动自行车终端标签、RFID 基站（固定式阅读器）、移动检查终端（移动式阅读器）几部分组成，具有标签初始化及录入、车主 App、公安上牌、运营公司管理等功能（如图 5 – 19 所示）。平台可以录入车主身份证号码、住址、车辆上牌号码及其他车辆属性；车主可以通过 App 进行确定车辆位置、查询车辆行走轨迹、车辆投保、丢失报警、申请索赔等操作；公安管理系统能够实时追踪车辆运行轨迹，自动启动对丢失车辆的信息搜集，寻找可疑车辆；运营公司管理系统中能够即时获取车辆信息。系统提供各类台账管理和统计分析功能，同时提供设备巡检和维护、运营维护人员排值班、库存管理、财务管理等功能。

### （二）公交信息化管理系统

作为日常出行主要方式，公交服务质量的高低直接影响人们的出行品质。为实现高效管理，实时管理，必须要加快加速本行业的信息化进程，实现智慧公交的总体目标。通过调研，目前在公交行业中可

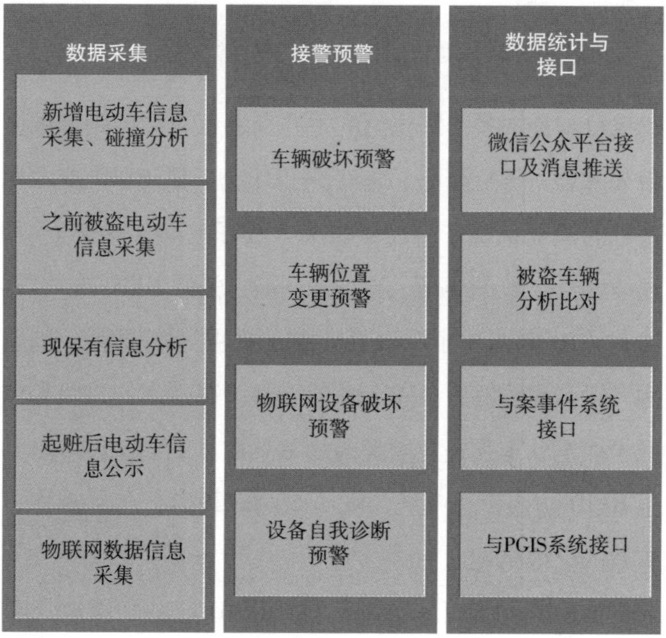


**图 5－19 城域物联网感知平台功能结构图**

资料来源：上海秀派电子科技股份有限公司［EB/OL］. http：//www. superrfid. net/zhcs_ detail/&productId＝30. html。

以在如下几个方面采用 RFID 技术、2. 45GHz 射频通信技术、精确区域唤醒技术、数据通信加密技术等关键技术，通过技术结合实现车辆身份信息位置信息的准确采集，根据不同的应用场景和具体需求进行优化组合，进行管理提升、效率提升。

一是公交首末站管理。为了实现更准确的公交车辆调度管理，对首末站的车辆抵达时间要求非常高，尽管目前公交车辆均安装了 GPS 定位系统，但是鉴于定位精度的影响，车辆在首末站的精确定位难以达到管理要求。车辆抵达首末站的时间点不准确，往往会影响整体的线路车辆调度。因此，在公交首末站管理中，精确采集车辆抵达首末站的时间数据是要解决的核心问题。

二是公交停车场场站管理公交场站是公交车的大本营，在场站中需要完成公交车辆的安全有序存放、日常维护保养等一系列车辆运行需要的各项保障工作。鉴于这些工作的复杂性、多样性，以及车辆数量较大，需要对车辆进行精细化管理，即实现以单一车辆为核心的车辆进出、车辆有序存放和查找、车辆定位分布的数据采集及统计。

三是公交道路优先管理。为了响应政府号召，大力推行公交出行，减少私车出行，缓解城市拥堵，必须要充分利用现有的道路资源、公交资源，为大家提供一个高效快捷的出行环境和出行体验。公交优先就是针对现有交通资源，为公交运行建立一个通常的道路环境和信号环境，提升公交的运行效率。

四是公交电子站牌（到站预报）。传统公交车到站预报采用车载GPS对车辆位置进行采集定位，通过移动网络将公交车的预计到站信息发布到公交车站的电子站牌上，让候车乘客能够选择适合自己的出行规划，然而，由于城市中高层建筑、高架桥、隧道等复杂的环境对GPS定位准确性的影响非常大，容易造成定位不准或误报，给候车乘客带来不便。通过采用车载OBU标签，在公交站点安装固定式阅读器，通过站点阅读器采集车辆进/离站信息，并通过无线或有线网络实时将信息传至后台，并及时发布到电子站牌，可有效解决GPS信号在城市环境受干扰的问题。

### （三）SuperRFID社区管理系统

物联网技术的发展和应用不仅改变人们工作、商务的模式，更开始全面改变人们生活的观念和方式，在我们熟悉的物质城市的身边已经迅速形成一个信息化、虚拟化或是数字化的“新城市”。在这个“新城市”中，物联网RFID技术将人和网络相连，通过系统自动分析、自动识别人员身份，并沟通云计算、大数据等技术实现综合化的社区管理。

SuperRFID 社区管理就是以物联网为依托，运用物联网技术将人员门禁、车辆出入控制、监控、定位、报警、巡更等各类传统安防系统、社区的物联系统和服务整合在一起，使管理者、用户和各种智慧系统形成各种形式的信息交互，以达到更加方便快捷的管理，同时给用户带来更加舒适的"数字化""智能化"的生活体验。SuperRFID 社区管理服务及村内封闭化管理系统基于"大联勤"工作，实行社区化管理，能够使村庄面貌发生翻天覆地的变化，治安秩序得到明显改善，群众满意度提高，社会效益明显。村内封闭式管理采用无障碍式电子识别系统，自动记录进出人员。SuperRFID 社区管理服务及村内封闭化管理系统具有三个显著特征：一是村庄自治化管理，最大限度地动员群众力量；二是依托管理服务中心，提供一站式公共服务；三是依托智能化信息系统，实现人员的有效管理。

目前，上海秀派在城域物联网建设方面已获得国家标准认证、煤矿安全、FCC、CE 等相关认证，并通过 ISO 9001 质量管理体系和 ISO 14001 环境管理体系认证。其城市 RFID 感知网设计，更是有效运用物联网技术为智慧城市建设提供了解决方案。

## 六、中科芯：物联网的"安全卫士"①

---

中科芯集成电路股份有限公司（简称中科芯）是中国电子科技集团公司下属企业，主要从事国家重要电子信息系统、软件和关键元器件的研发生产，具备集成电路设计、制造、测试、封装、可靠性、应用支撑等完整产业链条。公司研发实力雄厚，累计获得各类国家级科研成果奖项 18 项，部级 44 项，国防类 22

① 资料来源于第一推（http://www.diyitui.com/content-1477098486.59552615.html）。本书在收编时整理了中科芯软硬两大路径、打造新一代物联网"安全卫士"的相关内容。

项，在我国集成电路领域拥有“我国第一块实用化卫星用SO1CMOS专用集成电路”等多个“第一”。

---

物联网应用深度、广度不断拓展，对物联网信息安全提出了更高的要求。现阶段，信息防护主要有软、硬两大路径。“软路径”主要是指安装安全应用软件。该方法操作便捷、通用性强、价格便宜，但软件加密是在操作系统环境下进行运算，容易被窥探和劫持。目前我国主流手机操作系统多由国外开发，存在诸多未知领域，如果仅靠软件防护，安全性不高。“硬路径”是给设备加装固定的安全芯片，即开发定制终端。这虽然提高了安全性，但研发周期比通用终端长，设备价格贵，更新换代不便。同时，由于安全芯片生产、制造是一个系统化工程，人、财、物投入较大，会对企业造成财务压力。

中科芯采取的办法是“软硬结合”。在硬件方面，依托安全芯片对使用者身份进行绑定，对信息进行加密、解密；在软件方面，自主研发安全通信系统，在国密标准的基础上，创新设计安全通信体系，自主研发数字信封技术和高效语音通信信令技术，在安全芯片中精准绑定使用者身份，以毫秒级速度完成数据的加密、解密，有效杜绝信息泄露风险，确保物联网信息传输安全、灵活、高效。同时，依托专用软件简化使用流程、优化客户体验。依托后台平台对所有芯片进行管理，并根据客户需求拓展应用。又由于TF卡接口是手机等移动设备中为数不多的标准接口，用户只需插入安全TF卡并安装对应的软件，就可以为普通设备加装安全模块，从而极大地降低了投入成本，拓宽了应用范围，所以采取将安全模块融入TF卡的方式。

中科芯又从以下三方面进一步优化软硬件系统，为嫁接物联网应用拓宽道路。第一，打造安全服务云平台。目前，中科芯安全通信系统的后台系统主要负责对安全芯片进行实时管理，如果发现异常情况，可对该卡进行远程注销。中科芯在此基础上打造安全服务云平台，融入云存储、云计算、云安全等功能，可与第三方物联网应用平台进行对接，为其提供包括运营管理、资源整合等全方位安全服务。第二，拓宽硬件适配范围。中科芯正尝试跳出 TF 卡形式，进一步拓展安全芯片的使用范围。比如中科芯正在研制的一种安全手环，它将安全芯片与蓝牙、无线模块相结合，从而打破物理卡口限制，外接设备只需同该手环进行无线配对，就能拥有安全防护功能。最终实现，试水物联网应用。中科芯正在开发的“基于加密 TF 卡的安全移动 OA 平台”，可使安防、交通等敏感领域的物联网应用从内网局限中解放出来，真正利用移动设备进行远程监控。中科芯也正在开发智慧楼宇应用系统，依托在楼宇网关加装安全 TF 卡，确保对楼宇内空调、电灯、摄像头等系列设备的智能化管控，防范恶意侵入。

目前，中科芯研发的这套安全系统主要为手机之间的语音、文字信息交互提供安全保护，但它完全具备向物联网应用推广的能力。该系统适配性好、使用便捷，安全性能达国际先进水平，正在无锡市多个党政部门和重要系统使用，成为物联网应用的新一代“安全卫士”。

# 第六章
# 移动互联网产业：全球信息掌上通

移动互联网可以简单地理解为移动通信+互联网，其核心价值在于打破时间空间的限制，随时随地获取所需的信息，处理工作与生活中的各项事务，实现全球信息掌上通。

## 第一节
## 认识移动互联网技术

### 一、互联网思维概述

“互联网思维”是百度创始人李彦宏于2011年的一次演讲中偶然提到的一个技术概念，但此后人们对其逐渐上升到一种形而上的讨论。人们像着了魔一样追逐着这个概念。这种脱胎于互联网行业的思维模式的触角正延伸到经济社会的各个方面。

对于互联网思维并无权威的定义，一般的共识是：它是一种对市场、用户、产品乃至整个商业生态重新审视的方式，体现的主要是注重“以用户为中心”，强调信息在生产、交换和传播中的价值，其余诠释都由此衍生。互联网思维不是有互联网后才产生的，也不是只有互联网公司才拥有的，而是借助互联网“开放、协作、分享”等特性，迅速传播的一种与传统工业化思维不同的新的思维方式。而其概念之所以近年才被感知，且一经提及便引起广泛的关注，原因是互联网尤其是移动互联网、大数据、云计算、物联网等技术的推动，以及附着在这些新技术形态上对便捷服务、用户体验、挖掘数据价值等生态服务的要求。正是这些条件孕育了互联网思维的诞生环境，促使这一思维集中爆发，顺势而生。

## （一）互联网思维是相对于工业化思维而言的

传统企业往往遵循美国哈佛商学院著名战略学家迈克尔·波特提出的“价值链分析法”，把企业内外价值增加的活动分为基本活动和支持性活动：基本活动涉及企业生产、销售、进向物流、去向物流、售后服务；支持性活动涉及人事、财务、计划、研究与开发、采购等；基本活动和支持性活动构成了企业的价值链（如图6－1所示）。不同的企业参与的价值活动中，并不是每个环节都创造价值，实际上只有某些特定的价值活动才真正创造价值，这些真正创造价值的经营活动，就是价值链上的“战略环节”。企业要保持的竞争优势，实际上就是企业在价值链某些特定的战略环节上的优势。因此，工业化时代的标准思维模式是，大规模生产、大规模销售和大规模传播。这样的逻辑路径注定了不可能真正做到用户思维，所有环节都是基于利益关系而找不到用户的影子，企业往往自行生产产品，然后配以大量的广告促销等活动，把产品推销给顾客。

随着互联网越来越发达，资源和产品的稀缺性大大降低，渠道垄断很难实现，用户获得信息的渠道越来越碎片化，自主意识逐渐增强，工业化思维方式开始慢慢失效，互联网思维的“价值环”开始形成。“价值环”的核心在于以用户为中心，战略层、业务层和组织层都围绕着终端用户需求和用户体验进行设计，不断地关注用户需求、

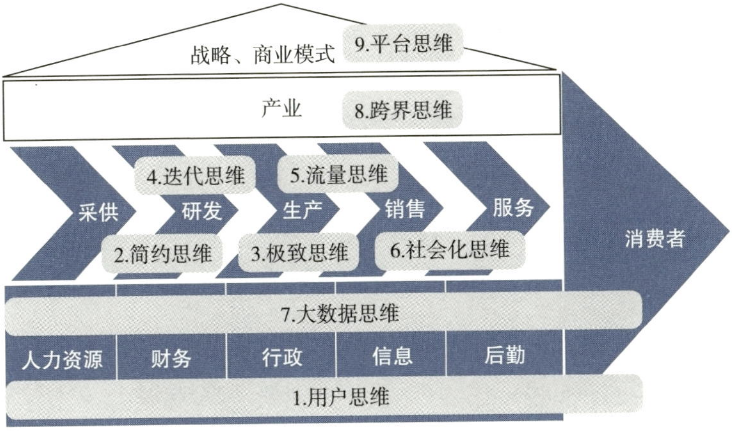


**图6-1　工业化思维价值链**

资料来源：什么是真正的互联网思维？［EB/OL］. http：//blog. sina. com. cn/s/blog_414230590101fuga. html，2013-12-26。

聆听用户反馈并且能够实时做出回应，同时，强调数据的作用，以数据驱动运营（如图6-2所示）。

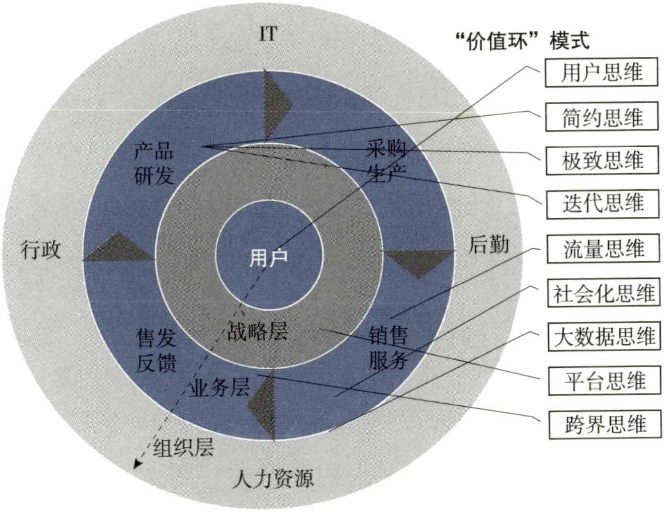


**图6-2　互联网思维价值环**

资料来源：什么是真正的互联网思维？［EB/OL］. http：//blog. sina. com. cn/s/blog_414230590101fuga. html，2013-12-26。

### （二）互联网思维强调合作、参与、共享的价值观念

互联网是一个开放的平台，打破时间空间的界限，使每个人表达、表现自己成为可能。“互联网思维”强调“民主”“开放”“参与”，强调“我思献人人、人人助我思”。这与传统产业相比最突出的变化体现在去中心化上，这便需要通过企业联盟等形式，合作构建良好的规范、生态。同时，个体企业应在信息的快速更新迭代上做得更好一些，这对于企业的创新和研发能力提出了更高的要求。

从历史上来看，技术手段如果要产生深远的影响，落脚点不仅仅只是其外在表现的具体形态，还在于思维层面的凝练和升华，互联网也不例外。顺势而生的互联网思维，对产业生态提出不同的要求。当商品、货币化身为信息的载体，与消费者单向、灌输式的传统式沟通，被多向、互动式、精准定向的模式所取代，用互联网思维思考，确实也能带来实实在在的价值。互联网思维不仅带来新的商业、服务模式，改造传统产业，也将影响人们在互联网时代的思考方式。或许目前这一思维内涵还有待完善，但不可否认，不少人已经在不知不觉地这样思考，而随着技术的革新和成熟，我们可以期待更多、更丰富、更有价值的变化。

## 二、了解移动互联网的定义与特点

移动互联网概念于 20 世纪末被提出，在 21 世纪得到极大的发展，由于概念较新，目前尚未形成一个统一的定义。从字面上看，“移动互联网”是移动通信网和互联网的结合体（如图 6 – 3 所示），既具有桌面互联网的内容优势，又结合了移动通信网的便携性，二者优势的融合互补带来乘数甚至是几何倍数的产业潜力。

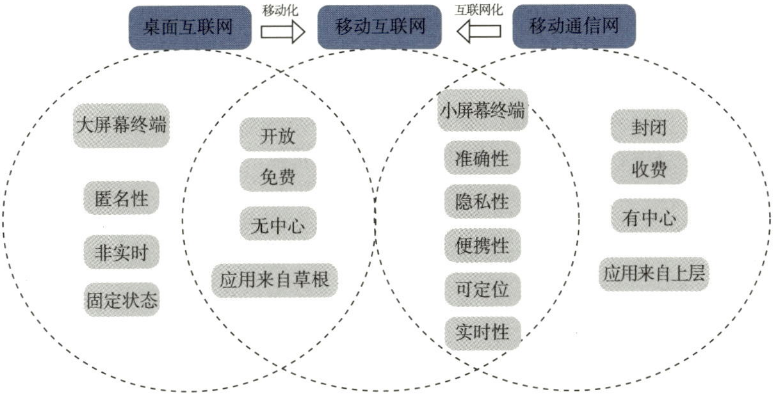


**图 6－3　移动互联网概念图**

资料来源：中国移动通信．近期移动互联网业务发展策略［Z］．2014－12。

移动互联网作为一个新兴产业，发展速度较快，诞生时间较短。其概念仍比较新颖，来自产业链节点企业、专家学者以及政府监管机构等社会各界的定义多种多样，众说纷纭。总体上，存在融合论和技术轮这两种较具代表性的观点（如表 6－1 所示）。

**表 6－1　移动互联网定义归纳表**

| 观点 | 提出者 | 内容 |
|---|---|---|
| 融合论 | 工业和信息化部电信研究院 | 移动互联网是以移动网络作为接入网络的互联网服务，包括移动终端、移动网络和应用服务三个要素 |
| | 中国移动 | 移动互联网是移动通信和互联网的融合，这种融合体现在以下几个方面：首先是移动终端趋于融合，手机和互联网趋于融合；其次是移动通信网络逐步向着 IP 方向不断迈进，与现有互联网结构不断融合；最后是内容和应用也逐渐趋于一致性 |
| | 国际电信联盟（ITU） | 移动互联网和移动无线技术、信息和数据通信服务，以及 IP 网络的灵活性的融合 |

（续表）

| 观点 | 提出者 | 内容 |
| --- | --- | --- |
| 技术论 | 中国互联网络信息中心（CNNIC） | 移动互联网是通过手机终端进行防伪、移动通信网络进行数据传输的互联网 |
| | 全球 IP 通信联盟 | 移动互联网是以宽带 IP 为技术核心的，可同时提供话音、传真、数据、图像等高品质电信服务的新一代开放的电信基础网络 |
| | WAP 论坛 | 移动互联网通过手机、PDA 或其他手持终端通过各种无线网络进行数据交换 |

综合以上观点，我们认为移动互联网是指以各种类型的移动终端作为接入设备，通过移动通信系统，方便用户获取互联网上丰富资源和服务的新型业务模式。同时，移动互联网具有以下几个特点。

### （一）移动互联

这既体现在终端的移动性上，即终端可以随身携带，使用户在移动之中方便使用终端；也体现为业务的及时性，即用户使用移动互联网能够打破时间空间的限定，随时随地获取自身或其他终端的信息及服务。另外，移动终端还具有天然的定位功能，可以精确定位用户的移动性信息。

### （二）碎片化

移动互联网不同于传统的互联网，而呈现出一种碎片化的特征。移动互联网与 PC 网络相比限制条件小、操作简便、响应时间短。当移动互联网的便利性变成惯常时，原有的整体性时间也会因此被分割为碎片，于是用户使用移动互联网通常是通过一些零碎的片段时间，用户偏向于对信息的迅速获取及浅层解读，互联网使用时间短且极易被打扰。而使用时间的碎片化也导致信息获取流于表面，呈现碎片化特征。相应的，使用体验、消费行为等也呈现出碎片化的特征。

### （三）互联网思维

移动互联网是多种传统业务的综合体，而不是简单的互联网业务的延伸，因而产生了创新性的产品和商业模式，其突出特征便是与互联网思维的高度契合。一方面，这体现在对用户需求的重视上，在用户层面上，移动互联网拓宽了用户应用选择的空间，充分彰显用户的个性化需求与爱好；同时，移动互联网用户身份是直接建立在手机号码之上的，而手机号码通常与用户的真实身份绑定。因此，用户之间的社交关系更具真实性，对用户需求的挖掘也更为便利。另一方面，移动互联网相比传统互联网更为开放，对合作、参与、共享等价值观念的彰显也更为突出，能够充分诠释什么是真正的互联网思维。

## 三、解构移动互联网的技术结构

移动互联网的出现带来了移动网和互联网融合发展的新时代，而这也必将需要应用、网络和终端的多层面融合才能得以实现。为满足移动互联网的特点和业务模式需求，其技术架构中必须包含接入控制、内容适配、业务管控、资源调度、终端适配等功能，以及终端、承载网络、业务网络等多方面综合性的技术，由此可以构建“云—管—端”一体化的完整技术结构体系（如图6－4所示）。

### （一）端

“端”即智能终端，是移动互联网络最外围的设备，主要用于用户信息的输入以及处理结果的输出等。移动终端模块自上而下包括终端软件架构和终端硬件架构两部分：终端软件架构包括应用App、用

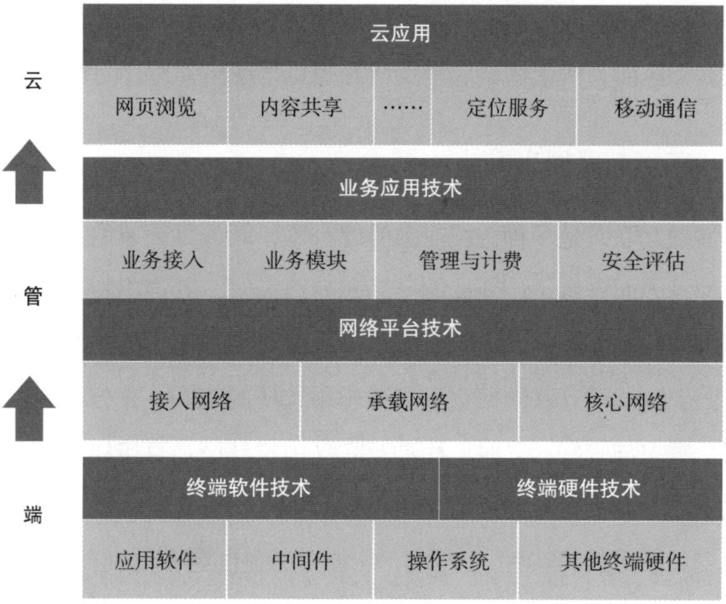


**图6－4　移动互联网技术结构体系图**

户UI、操作系统、中间件，以及支持底层硬件的驱动、存储和多线程内核等；终端硬件包括智能手机、平板电脑、电子书、MID等。移动终端支持实现用户UI、接入互联网、实现业务互操作。终端具有智能化和较强的处理能力，可在应用平台和终端上进行更多的业务逻辑处理，减少空中接口的数据信息传递压力。

## （二）管

“管”即网络与业务模块部分，自上而下包括业务应用平台和公用接入网络。公共接入网络包括接入网络、承载网络和核心网络等部分，以及各种将移动终端接入无线核心网的设施，如无线路由器、交换机、BSC、MSC等。网络接入网关可以为移动网络提供业务执行环境，实现识别上下行的业务信息、服务质量要求等，可基于这些信息提供按业务、内容区分的资源控制和计费策略，根据业务的签约信息动态进行网络资源调度，最大程度地满足业务 QoS 要求。而未来，LTE（长期演进，4G 通信技术标准之一）和 NFC（近场通信，移动支付的支撑技术）等网络传输层关键技术也将被纳入移动互联网的范畴之内。业务应用平台包括业务模块、管理与计费系统、安全评估系统等部分。业务接入网关负责向第三方应用开放移动网络能力 API 和业务生成环境，使互联网应用可以方便地调用移动网络开放的能力，提供具有移动网络特点的应用。同时，实现对业务接入移动网络的认证，及对互联网内容的整合和适配，使内容更适合移动终端的识别和展示。

### （三）云

“云”即云端业务应用部分，负责提供各类移动通信、互联网以及移动互联网特有的应用及服务。在 WEB 3.0 中，云端即云端软件平台，采用应用虚拟化技术，集软件搜索、下载、使用、管理、备份等多种功能为一体，为网民搭建软件资源、软件应用和软件服务平台，改善目前软件获取和使用的方式，带来简单流畅、方便快捷的全新体验。云端包含诸多应用服务的内容，包含休闲娱乐类、工具媒体类、商务财经类等类型，包括网页浏览、在线视频、内容共享与下载、电子邮件等典型的互联网应用，也包括基于移动网络特有的定位服务、移动业务搜索等应用，以及短信、彩信、铃音等移动通信业务。

## 四、说说移动互联网技术标准

统一的行业标准、统一的规范和协议是推动移动互联网发展的关键环节。移动互联网的发展还需要解决如何实现数据和应用的跨平台互操作，如何建立评估移动互联网提供商的统一标准，如何从数据存储、访问控制、管理制度、性能指标等方面进行评估等问题。同时，移动互联网的标准化问题并不是单纯的技术问题，还涉及监管领域及法律法规等，需要逐步研究解决的方法。

总体上，移动互联网技术标准可以分为通用型、平台型、终端型三大类，包含的具体标准种类繁多（如图6－5所示）。通用型标准贯穿移动互联网技术结构各个环节，包括术语、代码、云计算应用，以及重要的信息安全系列标准。平台型标准包含移动互联网技术结构中“管”“云”两层，包括应用商店系列标准、服务器系列标准等业务平台标准，及移动位置服务、电子支付服务等具体业务应用标准。终端型标准主要针对移动互联网终端，包含芯片系类标准、操作系统系列标准等具体内容。

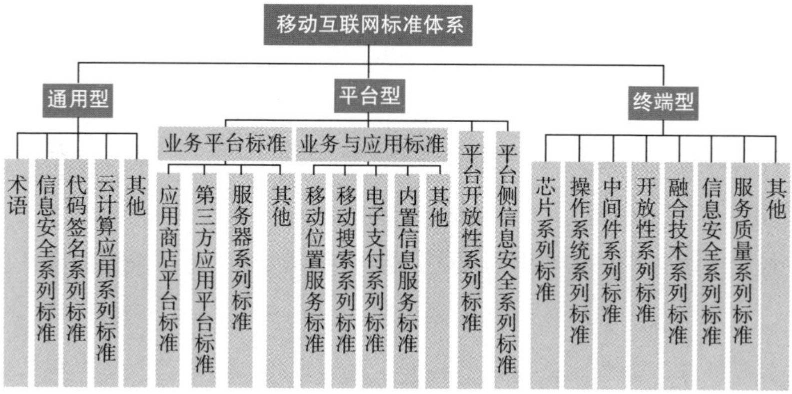


**图6－5　移动互联网技术标准体系**

目前，国际上已经存在一些较为成熟的移动互联网技术标准制定的组织及联盟。如开放移动联盟（OMA），其主要任务是收集市场移动业务需求并制定规范，清除互联网发展的障碍，并加速各种全新的增强型移动信息、娱乐服务及应用的开发和应用。OMA 通过组织制定移动应用层的技术引擎技术规范及实施互通测试，致力实现移动互联网无障碍访问、可控并充分开放网络和用户信息、融合信息沟通方式、灵活完备计量体系，以及建立可计费和经营、多层次的安全保障机制等，以标准支撑移动互联网形成开放有序的优良秩序。而万维网联盟（W3C）则从固定互联网出发，通过制定一系列的标准及督促Web 应用开发者和内容提供商遵循这些标准，致力解决移动互联网应用中不同平台、技术和开发者带来的不兼容问题，保障信息的顺利完整流通。

与此同时，我国在移动互联网的标准化进程中也进行了一系列积极的努力，比如中国通信标准化协会（CCSA）已经在 WAP、Java、移动浏览、多媒体消息（MMS）、移动邮件（MEM）、即按即说、即时状态、组和列表管理、即时消息（IM）、安全用户面定位（SUPL）、移动广播业务（BCAST）等方面开展了一系列的工作，包括移动广告、移动搜索、移动社区、移动二维码、移动支付等在内的标准研究。例如，2016 年 9 月第三届中国信息安全用户大会发布了首个移动互联网安全标准《移动互联网应用软件安全通用技术规范（试行）》，从技术安全和安全管理两方面，特别对第三方移动应用的信息保护要求提出考核要点。可以看出，移动互联网相关的系列标准正在逐步成型，但若要形成系统化的标准体系，依旧是一项任重而道远的工作。

## 五、点评几种主要的移动互联网技术

移动互联网涉及的技术繁多，而根据移动互联网的技术结构进行梳理，可以归纳为终端技术、接入网技术与应用技术三类。为对移动互联网技术形成更深入的认识，下面分别对三类技术中较为重要的内容进行介绍。

### （一）终端技术

移动终端是实现移动互联网的前提和基础，移动互联网终端技术包含硬件技术、开发框架、操作系统等。目前，移动终端硬件呈现出智能化的发展趋势，实现功能更加丰富，处理能力更强，存储空间更大。同时，手机等设备已经出现了硬件及软件架构向通用化发展的动向，大量采用嵌入式操作系统与中间件软件，而关键零部件也呈现出标准化发展趋势。终端操作系统等软件则呈现出开放性、安全性的发展趋势，开发操作本地化、服务全能化以及传统电信业务替代产品。

以终端开发框架为例，移动终端开发框架主要定义了整体结构、类和对象的分割及其之间的相互协作、流程控制关系，特别强调设计复用，以便应用开发者集中精力于应用本身的实现细节。常用的开发框架有 jQuery Mobile、Sencha Touch、Android Annotations 等。通常采用分层架构的方式，减少模块间的耦合，使应用组件、系统中间件具有良好的扩充性，并可以通过远程调用接口与各种云服务进行交互，实现与云计算服务的有机结合。

### （二）接入网技术

接入网技术主要包括无线接入网技术、移动性管理技术、移动互联网协议、异构网络多接口接入技术等。以无线接入网技术为例，现有的无线接入网络共有卫星通信网络、无线城域网（WMAN）、无线局域网（WLAN）、无线个域网（WPAN）和蜂窝网络（2G、3G、4G网络等）五种类型，每种技术各有其优势与不足。卫星通信的优势是通信范围广、距离远、频段宽、容量大，可靠性高、质量好、噪声小、可移动性强、不容易受自然灾害影响；但同时具有传输时延大、回声大、费用高等问题。无线城域网以微波等无线传输为介质，提供同城数据的高速传输、多媒体通信业务和多媒体接入服务，具有传输距离远、覆盖面积大、接入速度快、高效、灵活、成本低等优点；同时存在暂不支持用户在移动过程中实现无缝切换，性能与主流标准存在差距等不足。无线局域网是指以无线的方式或无线与有线相结合的方式构成的局域网，具有布网便捷、网络规划性强、可操作性强、易于扩展等优点；同时有在性能、速率和安全性上的不足。无线个域网采用红外、蓝牙等技术构成覆盖范围更小的局域网，采用的主流技术是蓝牙、家庭射频、红外技术、射频识别（RFID）、超带宽等，具有低功耗、低成本、体积小等优点，以及覆盖范围小的不足。蜂窝移动通信系统由移动站、基站子系统、网络子系统组成，是目前最常用的无线接入网技术，但也存在成本高、带宽低等问题。

### （三）应用技术

应用技术是移动互联网与用户联系最为紧密的技术，包括移动搜索、定位、人机交互等具体内容。以移动搜索技术为例，移动搜索是指以移动网络为数据传输承载，将分布在传统互联网和移动互联网上的数据信息进行收集整理，供移动终端用户查询。目前，移动搜索技术的发展成果主要集中于几个方面：一是进行地理标记的 Web 资源研究。移动设备搜索时大多数需求都与位置密切相关，这与传统的纯文本搜索方式有着很大的区别，因此需要使用自适应的信息抽取技术自动学习上下文规则，从而识别出潜在位置。二是将搜索结果进行排名。排名策略的好坏直接影响查询结果的优劣和用户的满意度，因此在移动搜索技术中便尤为重要；目前排名的方法主要包括文本的相关性、距离的远近或者上述二者的线性组合，但仍需从根本上解决搜索结果不准确、搜索结果泛滥等问题。三是基于位置的模糊搜索，即充分挖掘用户需求及偏好，对用户期望出现的搜索内容进行准确预测，而不局限于简单的关键词查询；以及自然语言搜索，即解决用户采用非标准检索式或非标准检索关键词下的查询。移动社交网络搜索等诸多方面关联技术的发展，使用户拥有更加优质的移动互联应用、服务体验。

## 第二节

# 图解移动互联网产业

## 一、移动互联网产业链全图

每个企业都是移动互联网产业链中的一个节点，企业想要发展和保持自己的竞争优势，不仅取决于自身的价值，更与所处产业链的上下游企业有关。同时，一个产业的发展也离不开产业链各个环节的共同努力。因此，只有对移动互联网产业链全图进行解读，并通过与产业链各个主体寻求合作，才能实现共赢。

目前，中国的移动互联网产业链已逐渐进入网络运营商、终端厂商和内容提供商三元竞合的阶段。作为产业链中最重要的三大主体，网络运营商仍在短期内主导产业链的发展，有实力的终端厂商在产业链中发挥越来越重要的作用，而内容提供商则作为决定用户满意度和启动市场需求的关键环节存在。此外，移动互联网产业链仍包含设备提供商、第三方服务提供商以及用户等主体。总体上，移动互联网产业链的主要参与者及联动关系如图 6－6 所示。

### （一）网络运营商

在移动互联网趋势下，全产业链竞合以及企业沿产业链的交叉进入，已经削弱了运营商依靠网络获得的核心地位。但凭借成熟的网络运营经验、对基础网络服务的垄断经营权以及庞大的用户群资源，网络运营商仍然在产业链中居于主导地位，为产业链上的其他环节提供服务和收费平台，直接面对大量的用户，掌握与用户沟通的渠道。

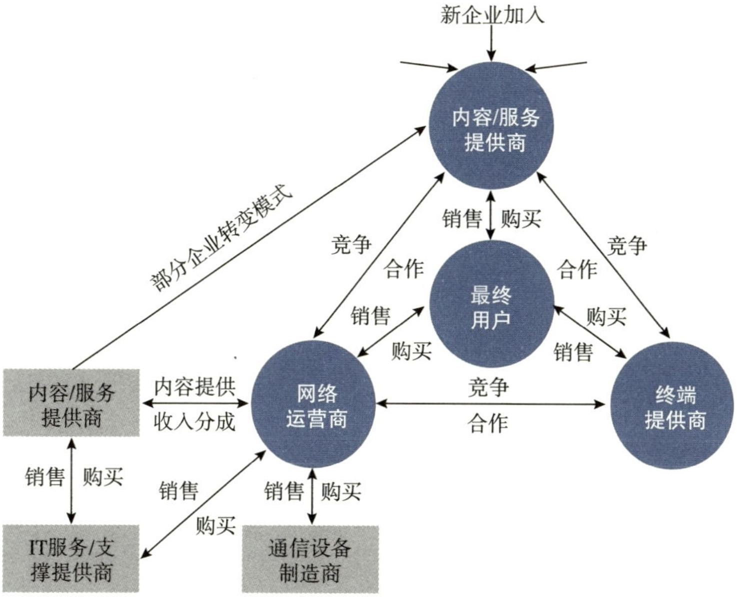


**图6－6　移动互联网产业链全图**

资料来源：2013年移动互联网行业分析报告［Z］2013－08. https：//max. book118. com/html/2013/0909/4682510. shtm。

2008年5月，工业和信息化部、国家发改委、财政部三部委联合发布《关于深化电信体制改革的通告》，正式宣布将我国六大电信运营商整合为三家，至此我国移动运营商环节正式形成中国移动、中国电信、中国联通三足鼎立之势。三家运营商都拥有运营移动业务的能力，且都把发展移动互联网业务作为战略发展和转型的重点。三大运营商不仅要应对业内竞争，更要面对苹果、三星、谷歌等国际IT和互联网巨头的挑战。目前，网络运营商主要从以下几个方面进行努力：一是拓宽业务布局，不断进行产业链融合，向上游和下游发展，走出一条与芯片厂商、集成商、设备商、终端商等与产业链各环节的全面融合之路；二是逐渐改变封闭成长的产业链状态，开放平台，与产业其他节点寻求合作，为用户提供更好的移动应用和服务，积极追求产业链共赢。

### （二）终端厂商

移动终端厂商主要负责为用户提供移动终端设备，作为连接最后用户和移动互联网的重要入口，是移动互联网的基础平台。由于与产业链其他环节比较，移动终端环节门槛相对较低，积聚了大量厂商，竞争十分激烈。国际上有苹果、HTC、三星等厂商，国内以联想、华为、魅族等为代表的本土品牌也开始崛起，并逐步摆脱垄断局面，凭借中低端的价格优势逐渐超过国外品牌的市场份额。此外，产业链开始逐渐向下游渗透，除传统手机厂商外，一些运营商、互联网厂商和山寨厂商等也开始参与到终端竞争中。

总体上，用户对于移动互联网终端主要存在三方面的要求：一是对硬件来说，需要具备强大的处理能力、足够的储存空间、大屏幕及长时间的续航、待机能力；二是从操作系统的角度来说，需要提供基于互联网标准的统一开放的手机软件运行环境，提供一个能够跨不同操作系统平台的终端的软件平台，改善用户的体验；三是对于应用软件而言，应该结合手机的特点专门开发业务软件，发挥网络功能，统一终端功能访问接口。在终端方面，大多数厂商最初的做法是以定制手机的方式实现内置自有应用内容。但在全产业链竞合的趋势下，终端厂商开始改变原有的终端策略，力推自主操作系统和浏览器，使手机的“定制性”智能终端由以前的注重价格和外形逐渐向高性能、多功能的用户体现与个性化方向转变。

### （三）内容提供商

内容提供商负责根据用户需求开发和提供适合移动用户使用的服务，是移动通信产业链中的重要市场主体，其核心作用是向用户提供丰富和实用有价值的信息。而随着移动互联网的发展，互联网企业凭借其在互联网行业积累的经验和优势，逐渐成为移动互联网行业的主要服务提供商。

其中，谷歌是较具代表性的移动互联网内容提供商，在经历服务资源积累、推广服务阶段、行业布局三个阶段后，最终形成了“服务 + 终端 + 用户界面”的发展战略。谷歌凭借在互联网方面掌握的资源基础，一方面，通过发布推广手机操作系统 Android，积极参与移动终端领域；另一方面，通过成立开放手机联盟，积极与产业链上的众多厂商开展合作，渗透到产业链的其他环节。由此可见，内容提供商除了针对终端用户的个性化需求开发适合的服务项目之外，还通过对上下游产业链环节的扩张，充分利用一切可引导并吸引用户的关键点，推广自有应用内容。

### （四）其他主体

除网络运营商、终端厂商和内容提供商三大主体外，移动互联网产业链还包含芯片、网络设备等设备提供商，支付提供商、广告代理商等第三方服务提供商，以及产业链的最终环节用户。而随着移动互联网产业的发展，将有更多的企业参与到移动互联网行业中，产业链的构成将会更加丰富。

## 二、移动互联网产业市场规模图

全球移动互联网产业市场已具有相当的规模，且仍处于不断发展的阶段。从用户规模的角度看，2016 年全球移动互联网用户达到 30. 7 亿人，诸多地区移动互联网用户规模已相当可观（如表 6 – 2 所示）。以我国为例，2016 年我国手机网民规模大概为 6. 95 亿人，比 2015 年增长 12. 2%；移动互联网用户规模达到 10. 93 亿人，同比增长 13. 4%，连续第三年保持 11% 左右的增长率。

**表 6-2　全球移动网民规模 TOP10**

| TOP10 | 国家 | 移动网民规模（万人） |
|---|---|---|
| 1 | 中国 | 102 342 |
| 2 | 美国 | 31 859 |
| 3 | 印度 | 31 026 |
| 4 | 巴西 | 14 111 |
| 5 | 俄罗斯 | 11 523 |
| 6 | 日本 | 9 288 |
| 7 | 墨西哥 | 7 378 |
| 8 | 印尼 | 7 287 |
| 9 | 土耳其 | 6 550 |
| 10 | 英国 | 5 400 |

资料来源：APUS&QuestMobile. 2016 全球移动互联网报告［Z］2017-05。

另外，全球移动互联网产业市场发展呈现不均衡性。中日韩和欧美等大多数早期移动互联网“带路党”或“接力玩家”的移动互联网已相对发达而发展趋缓。东南亚、非洲和拉丁美洲的新兴国家则仍存在巨大人口红利，发展潜力巨大。比如拥有 2.62 亿人口的印尼，虽然去年年初只有 8 810 万互联网用户，但到了 2017 年，就达到了 1.327 亿，增长 51%，成为全球互联网用户增长速度最快的国家。而且在这部分增长用户中，有 69% 是通过移动设备访问的。目前，全球移动网络数据流量增长最快的地区是中东和非洲，但亚太地区产生的网络数据流量在总流量中所占比重最高，很可能在未来四年内超过 40%。

我国移动互联网市场总体上呈现良好发展态势。截至 2016 年 12 月，手机网民占全部网民的比例已达 95.1%；移动智能终端规模已突破 13.7 亿台，相当于人均拥有一部移动终端设备。具体到应用市场规模，呈现持续增长趋势，截至 2016 年 12 月，移动应用市场规模已超过 6 050 亿元（如图 6－7 所示）。同时，产业价值凸显，经济贡献率提升，2016 年移动互联网信息服务市场总收入达到 13 786 亿元，同比增长 12%，对 GDP 增长的贡献约为 1.52%，对 GDP 增长率的贡献约为 0.20%，带动就业岗位 306 万个。从整体上看，移动网络经济已领先于 PC 网络经济的发展，对整体网络经济的营收贡献率进一步提升。

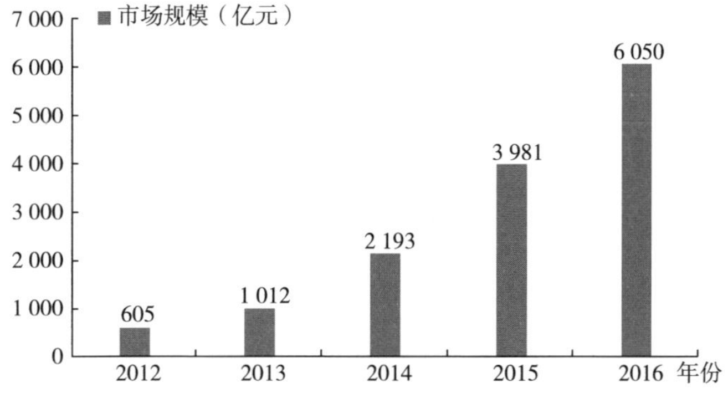


**图 6－7　2012—2016 年我国移动应用市场规模**

资料来源：人民网研究院．移动互联网蓝皮书：中国移动互联网发展报告（2017）［Z］2017－07。

从微观角度看，移动互联网市场规模受人口及区域经济发展水平的影响较大，发展呈现不平衡性（如图 6－8 所示）。智能终端用户比重较大、市场规模较大的集中于东部沿海地区，TOP10 省份拥有 60% 以上的移动互联网用户。

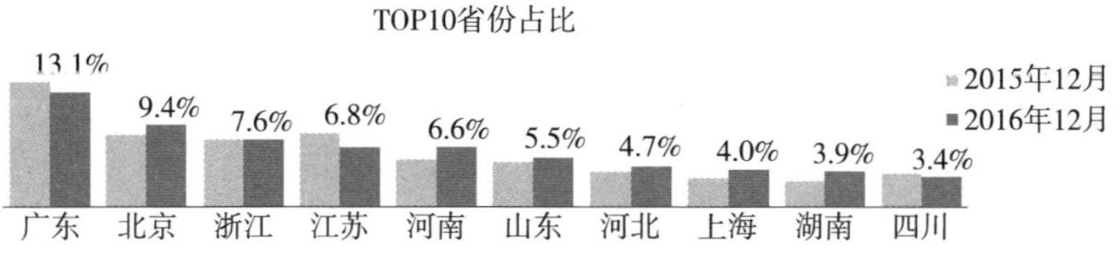


**图 6－8　移动智能终端用户省份图**

资料来源：TalkingData. 2016 年中国移动互联网行业发展报告［Z］2017－02。

另外，随着用户和终端总体规模逐渐触及天花板，Analysys 易观分析认为，我国移动互联网产业市场规模逐渐呈现增速趋缓的趋势（如图 6 – 9 所示）。而种种数据也印证了这一预测，比如手机终端规模 2014—2016 年连续三年的增长率分别为 21.9%、14.6%、8%，维持在较低的增长水平上；2016 年，中国移动互联网融资规模更是首次出现下降，融资案例数量和融资规模同比下降超过 22%，并购市场的交易也呈现下降趋势。而应当注意的是，在总体市场发展趋缓的同时，4G、可穿戴设备市场等局部领域仍处于高速增长的阶段。

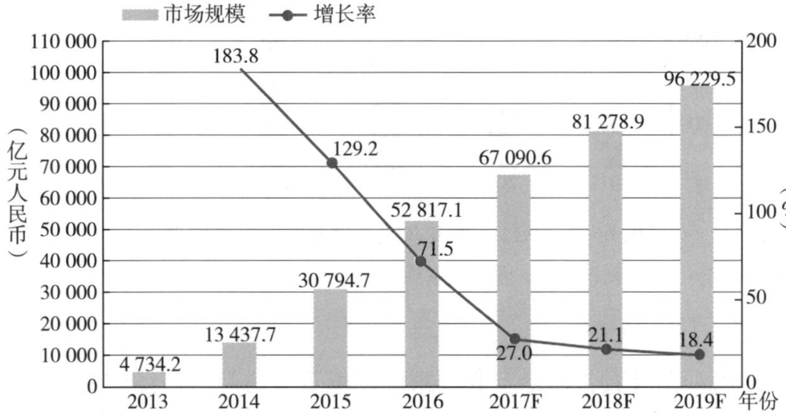


**图 6 – 9　中国移动互联网市场规模预测**

资料来源：易观智库。

## 三、移动互联网应用全景图

当前，移动互联网的发展已经深刻影响着我们的日常生活，多种多样的移动互联网应用已经涉及住房、医疗、通信、出行、餐饮等生活的方方面面。其中，通信社交到目前为止仍是覆盖率与使用率最高的移动互联网应用领域，视频、游戏、网络购物等应用也是使用率及覆盖率较高的领域（如图 6 – 10 所示）。

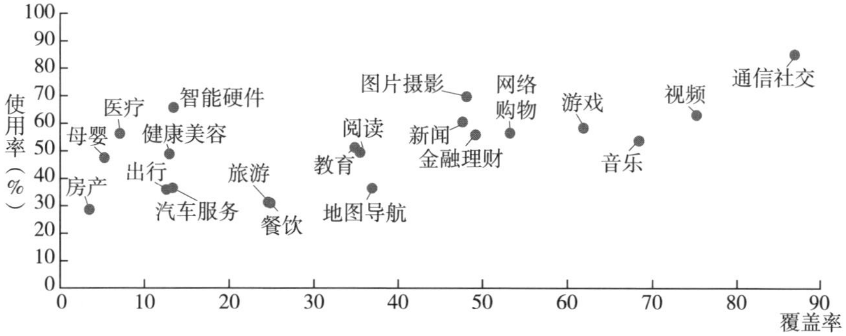


**图 6－10　2016 年移动互联网应用覆盖率及使用率分布图**

资料来源：TalkingData. 2016 年中国移动互联网行业发展报告［Z］2017－02。

目前，通信社交、视频、音乐等传统应用已相对成熟，高覆盖率应用类型增长乏力（如图 6－11 所示）。与此同时，新应用、新业态不断创造新的价值，移动互联网新产品应用新模式不断涌现，带来了蓬勃发展的生机与活力，引领新型经济模式，催生信息消费新业态。扫码支付、视频直播、网络约车等应用，为移动互联网提供了更为丰富的商业形态。同时，各项新应用领域又呈现出不同的发展状态，比如共享单车市场在 2017 年爆发大规模的淘汰战；网络直播市场中大规模流量的入口成为电商平台所争夺的对象，“网红＋电商”应运而生；移动阅读领域中，原创内容用户付费占比提高，原创内容占到数字阅读付费的 97.8% 等。

在市场成熟的早期阶段，随着设备安装量的增加，应用下载量增长速度变快，新设备用户开始积累各自的应用。但慢慢地，应用打开款数会全面下降（如图 6－12 所示），用户会越来越多地使用少数常用的应用，并逐渐养成固定的应用使用习惯，而在应用中花费的总时间会不断增加。用户对移动应用的新鲜感逐渐降低之后，便不再追求应用的数量而倾向于使用固定应用，用户流量最终集中于少数应用之中，“一屏之争”也因此变得更为激烈。

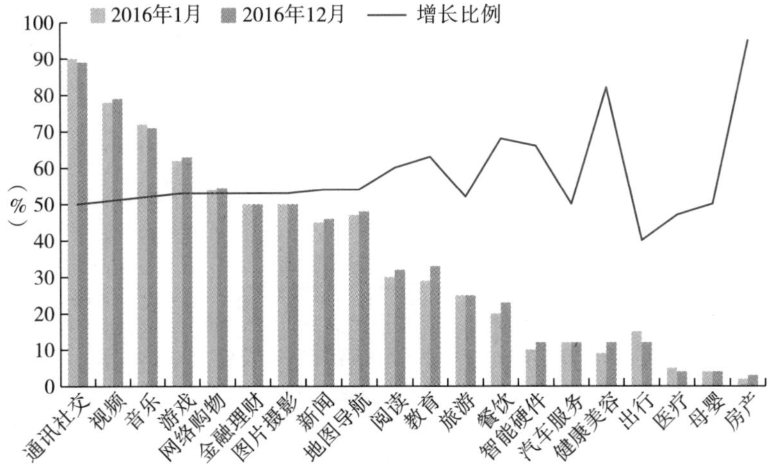


**图6－11　2016年各类应用覆盖率增长状况图**

资料来源：TalkingData. 2016年中国移动互联网行业发展报告［Z］2017－02。

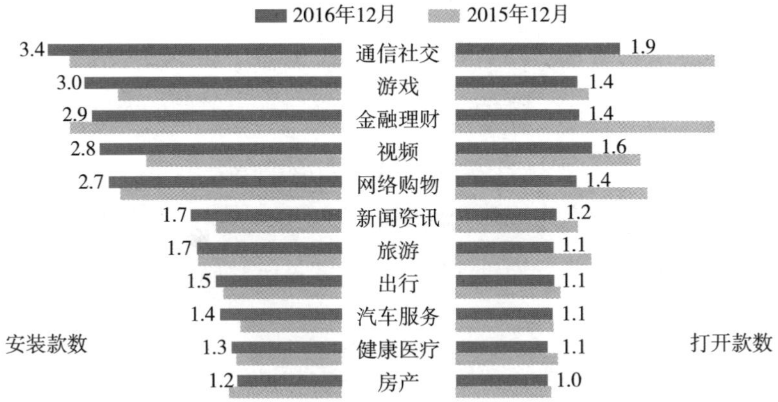


**图6－12　不同类型应用用户平均安装及打开款数图**

资料来源：TalkingData. 2016年中国移动互联网行业发展报告［Z］2017－02。

在众多应用中，BAT等巨头在移动互联网应用覆盖率中领先优势明显，覆盖率TOP10的10款应用占据了77.34%的智能终端。其中，2016年微信仍是覆盖率最多的行业第一应用，覆盖了68.04%的移动智能终端。在覆盖率TOP10的移动互联网应用中，有四款腾讯系、两款阿里系、两款百度系（如图 6－13 所示）；而在覆盖率 TOP20 的移动互联网应用中，有九款腾讯系，五款阿里系以及三款百度系。可以看出，移送互联网应用市场已呈现相对固化的趋势，BAT 巨头格局暂时难以撼动。

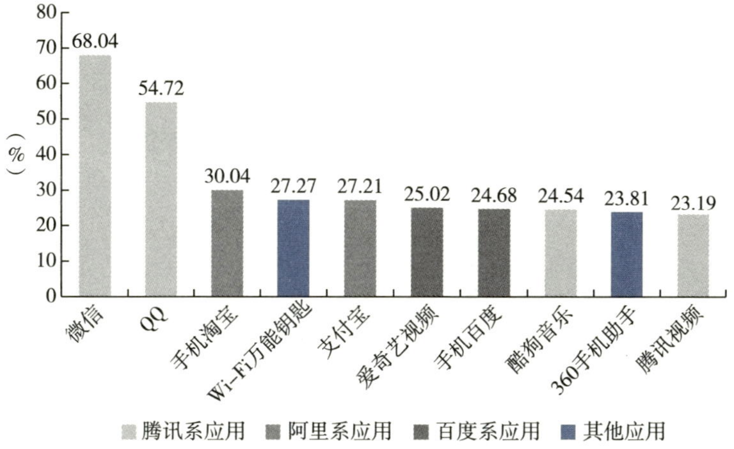


**图 6－13　2016 年移动互联网应用覆盖率 TOP10**

资料来源：TalkingData. 2016 年中国移动互联网行业发展报告［Z］2017－02。

## 四、移动互联网产业发展趋势图

### （一）总体规模不断提升

总体上，移动互联网仍将保持平稳发展趋势，总体规模不断提升。思科预测，在未来五年中，移动网络用户将增加 10 亿人，移动设备将超过 100 亿部，移动网络用户和移动设备将促使移动数据流量增长 10 倍。同时，网络数据可达 300 艾字节，网络连接速度将增加到 4Mbps。其中，全球移动网络数据流量增长最快的地区是中东和非洲，但亚太地区产生的网络数据流量在总流量中所占比重最高，2019 年将达到 39. 1%（如图 6－14 所示）。

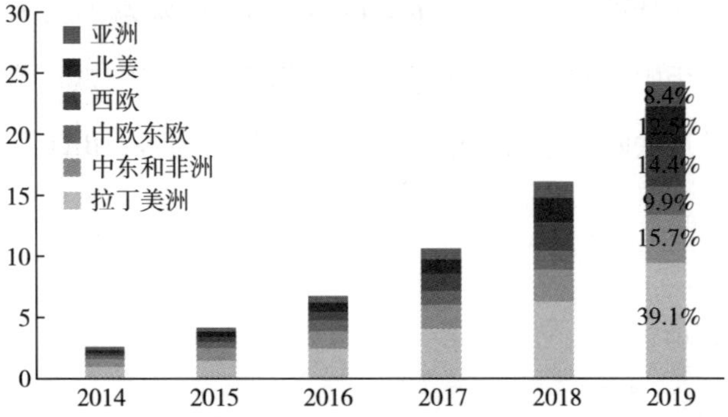


**图 6－14　全球移动网络数据流量增长预测图**

资料来源：思科. 2014—2019 年全球移动互联网发展趋势报告［Z］2014。

## （二）移动互联泛终端化

目前，大量移动互联网业务集中于手机上，并为适应平板电脑、智能手机及不同操作系统，开发了不同的 App，自适应较好地解决了体验问题，但是还远远未能实现轻便、轻质、人性化的目标，缺乏良好的用户体验。未来，移动互联网将不再拘泥于智能手机、平板电脑、电子阅读器（电纸书）等传统终端，电视机、车载设备，甚至冰箱、微波炉、抽油烟机、照相机，以及眼镜、手表等穿戴之物，都正在成为终端，移动互联网呈现出泛终端化的发展趋势。

## （三）应用领域多样化

移动互联网在发展的过程中，涉及领域日益多样，其与传统行业渐趋融合，催生新的应用模式。移动购物、移动搜索、移动支付、移动医疗、车网互联、产业互联网等领域的蓝海价值逐渐显现。新应用、新业态创造新价值的同时，行业深层调整回归理性，移动互联网投资有所降温，成长或成熟企业更受市场青睐（如图 6－15 所示）。同时，对数据的挖掘不断深入，针对用户个性化定制的应用服务和营销方式将成为发展趋势。

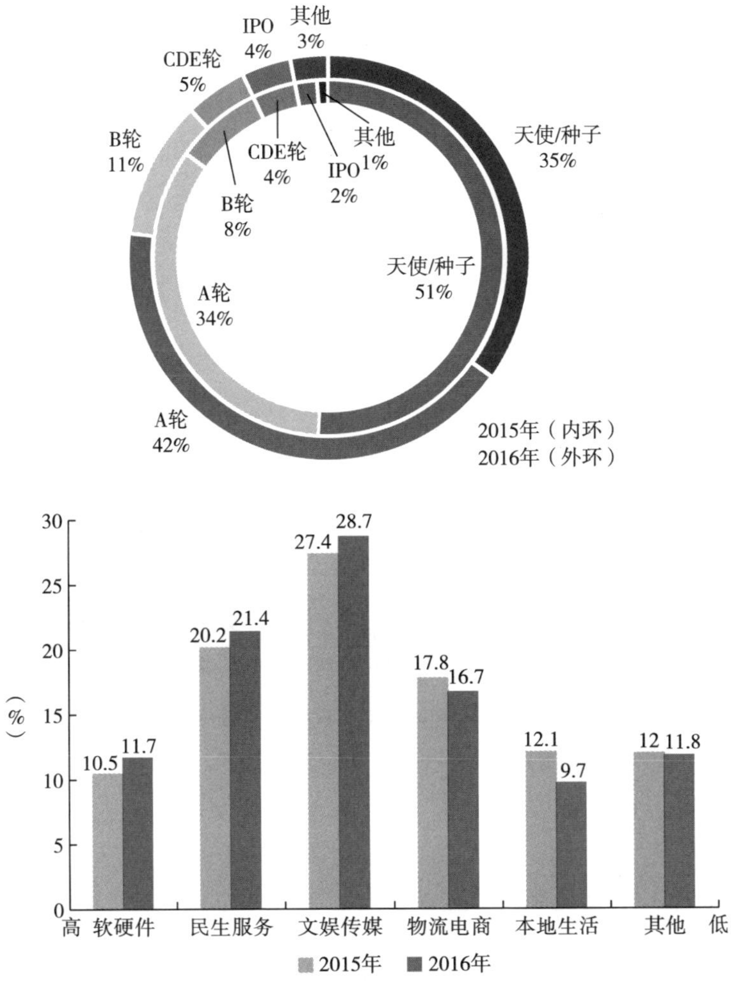


**图 6－15　国内移动互联网投融资状况图**

资料来源：TalkingData. 2016 年中国移动互联网行业发展报告［Z］2017－02。

## （四）安全问题日益突出

与此同时，安全问题成为移动互联网未来关注的重点话题之一。中国互联网协会、国家互联网应急中心联合发布的《中国移动互联网发展状况及其安全报告（2017）》显示，2005—2016年移动互联网恶意程序数量逐年上升，2016年CNCERT/CC捕获及通过厂商交换获得的移动互联网恶意程序样本更是达到2 053 501个（如图6－16所示）。由此可见，移动网络空间的安全防御能力建设的全面加强是未来移动互联网发展的又一重要趋势，而这也需要进一步促进全球协同治理，使强调网络主权与网络空间安全战略的主张受到国际社会的广泛认同。

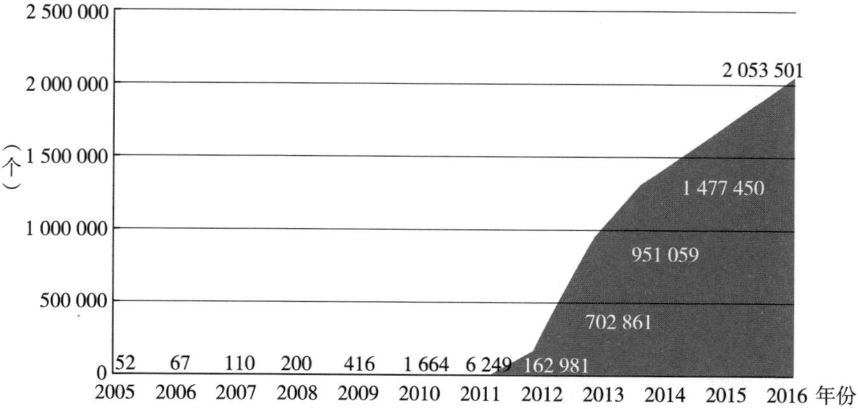


**图6－16　2005—2016年移动互联网恶意程序数量统计图**

资料来源：中国互联网协会．中国移动互联网发展状况及其安全报告（2017）［Z］2017－05。

## （五）完整生态逐渐形成

此外，目前主要的iOS、Android、WindowsPhone三大系统各自独立，相对封闭，应用服务开发者需要进行多个平台的适配开发，这种隔绝有违互联网互通互联的精神。目前，已形成集各应用与保障措施为一体的“沃商店”移动互联网绿色消费生态等局部生态圈（如图6－17所示），但用户更期盼实现跨平台互通互联，不同品牌的智能手机，甚至不同品牌、类型的移动终端都能互联互通，建立基于数据的移动互联网完整生态。

图 6－17　“沃商店”生态圈

资料来源：搜狐．沃商店共筑移动互联网绿色消费新生态［EB/OL］．http：//www.sohu.com/a/63824015_ 119700，2016－03－16。

## 第三节
## 移动互联网案例

### 一、Apple：App Store①

苹果公司（Apple）由史蒂夫·乔布斯、斯蒂夫·沃兹尼亚克和罗·韦恩等人于 1976 年 4 月 1 日创立，其提供的在线服务包括 iCloud、iTunes Store 和 App Store 等。2008 年 7 月，App Store 官

① 资料来源于搜狐网（http://www.sohu.com/a/159474485_ 114885）。本书在收编时对 App Store 的产业链、商业模式、销售平台、产品设计等方面进行资料整合与汇编。

方网站正式上线，上线之初共有500余款软件，下载量达6 000万次。iPhone 3G同时上市，正式确立了“终端+平台”的商业模式。2010年5月，App Store应用程序已经超过15万个，下载量突破40亿大关。2017年Apple WWDC开发者大会上，Apple Store的UI界面得到了重构。

---

App是英文Application（应用程序）的简称，由于iPhone等智能手机的流行，App现通常特指智能手机的第三方应用程序。一开始，App只是作为第三方应用的合作形式参与到互联网商业活动中去的，随着互联网越来越开放化，App作为一种盈利模式开始被更多的互联网商业大亨看重，比如淘宝开放平台、腾讯的微博开发平台、百度的百度应用平台，它们都是App思想的具体表现，一方面可以积聚各种不同类型的网络受众，另一方面可以借助App平台获取流量，包括大众流量和定向流量。App Store所承担的是App整合者和分发者的角色，方便公众选择与使用。

Apple App Store拥有完整的产业链，产业链构成简单明晰，共涉及Apple、开发者、用户三大主体。此外还包括第三方支付公司，但它只是作为收费渠道，不是产业链的主要参与者。Apple掌握App Store的开发与管理权，是平台的主要掌控者。它主要负责提供平台和开发工具包，负责应用的营销工作，负责收费并按月结算给开发者，以及通过公开部分数据分析资料，帮助开发者了解用户最近的需求点，并提供指导性意见，指导开发者进行应用程序定价、调价或免费等。开发者是应用软件的上传者，其主要职责包括应用程序的开发，及自主运营平台上的自有产品或应用，如自由定价或自主调整价格等。用户是应用程序的体验者，只需注册登录App Store并捆绑信用卡即可下载应用程序。App Store为用户提供了更多的实用程序、良好的用户体验及方便的购买流程。

App Store 是 Apple 战略转型的重要举措之一。iPhone + App Store 是增加 Apple 收益的关键路径之一。Apple 主导的“iPhone + App Store”模式取得了非凡的商业成功，甚至随着 Apple 模式示范效应的持续放大，手机终端厂商、电信运营商、信息服务提供商等诸多领先企业成为其模式的效仿者和实践者。事实上，Apple App Store 遵循的主要商业模式是基于“iPhone + App Store”的客户群基础，完成向通信终端市场的延伸，主要的目标用户仍然是追求时尚、流行、对互联网等娱乐应用有较强需求的客户群体。在 App Store 运营过程中，Apple 始终保持在开放的平台下进行封闭的运营。在 App Store 平台上，坚持控制终端、控制 SDK、控制应用认证、控制发布审核四个关键点，通过技术手段建立端到端的支撑控制框架。无论对于用户还是开发者来说，App Store 都整合了终端、服务、支付、网络通道等所有资源，将“终端 + 内容”的商业模式推向业界，是真正的产业整合者和发布者。

更为重要的是，Apple App Store 模式为第三方软件的提供者提供了方便而又高效的软件销售平台，使第三方软件的提供者参与其中的积极性空前高涨，适应了手机用户对个性化软件的需求，从而使得手机软件业开始进入一个高速、良性发展的轨道。Apple 把 App Store 这样一个商业行为升华到了一个让人效仿的经营模式，开创了手机软件业发展的新篇章。App Store 无疑将会成为手机软件业发展史上的一个重要里程碑，其意义已远远超越了“iPhone 的软件应用商店”本身。

截至 2017 年 6 月，App Store 周访问量为 5 亿人次，下载量为 1 800亿次，Apple 已累计为开发者支付约 700 亿美元。而在近年来硬件无法继续高速增长的情况下，软件的营收成为非常重要的一部分，App Store 对于 Apple 的重要性正在逐步增强。基于此，Apple 对 App

Store 进行重大改版也是势在必行。而其改版设计的目标，除了为用户体验考虑以外，商业目标不言而喻，比如通过内容外显、随处可见的召唤按钮等，从界面设计层面不断强化内容展示，以达到刺激访问量的效果。而在功能层面，Apple 从用户角度出发，提供更多人性化的设计。比如在升级的 Tab 标签中，App Store 将能够决定用户是否更新的新功能描述文字直接展示在 App 标题下方（如图 6 – 18 所示），删除了与帮助用户做出决策无关的 App 版本和 App 文件大小的信息、精心编排的文章以及与 App 相关的文字信息，为用户做出决策提供更多的信息。提供更强大的搜索，除了能够通过关键词搜索到相关应用以外，搜索结果会包括今天、Games 和 App 标签栏里的“编辑精选”、“提示技巧”和“精选榜单”的内容。通过搜索名称、类型、开发者和主题内容，用户能搜索到跟特定 App 和游戏相关的结果。应用详情页的全面优化，给予用户更优质的使用体验。

**图 6 – 18　App 标签页**

资料来源：搜狐．App Store 颠覆性改版，对用户和开发者的影响［EB/OL］．http：//www. sohu. com/a/159474485_ 114885，2017 – 07 – 24。

## 二、Twitter：社交网络平台①

Twitter（推特）是一家美国社交网络及微博客服务网站，全球互联网访问量最大的十个网站之一，微博客的典型应用。它可以让用户更新不超过140个字符的消息，这些消息也被称作“推文”（Tweet）。这个服务是由杰克·多西（Jack Dorsey）在2006年3月创办并在当年7月启动的，目前风靡全球，被形容为“互联网的短信服务”。

Twitter最初设计便是契合移动互联的，为方便在手机等移动端上使用，所有的Twitter消息都被限制在140个字符之内，因此每一条消息都可以作为一条SMS短消息发送，且完全免费。进入Twitter. com点击“Join for free”（免费加入）。最好是使用你的真实姓名或常用ID来注册，否则你的朋友无法容易地找到你，另外上传一个照片同样会对你有所帮助。需要注意的是，假如你选择“Protect my updates”（保护我的补充资料）选项，其他人就无法在没有取得你认证的情况下查看你的信息。当拥有一个Twitter账号后，你就可把用户名告诉你的朋友，或者发送你的Twitter个人页面链接给他们。当然，所有的用户都有自己的个人页面。

Twitter的业务逻辑简单，但拥有严谨的系统架构设计。Twitter的服务可以概括为两个核心：一是用户，二是短消息。而核心的业务逻辑，在于Following和Be followed。实现这个业务流程似乎非常容易，

① 资料来源于阿里云官网（https://www. aliyun. com/zixun/content/3_ 13_ 488020. html）和第一推（http://www. diyitui. com/content – 1486776867. 66781835. html）。本书在收编时对其业务、功能及市场进行归纳和整理。

首先为每一个注册用户订制一个 Be - followed 表，主要内容是每一个 follower 的 ID；同时订制一个 Following 表，主要内容是每一个 following 作者的 ID。当用户打开自己的个人空间时，Twitter 先查阅 Following 表，找到所有 following 的作者的 ID，然后去数据库读取每一位作者最近写的短信，汇总后按时间顺序显示在用户的个人主页上。当用户写了一则短信时，Twitter 先查阅 Be - followed 表，找到所有 followers 的 IDs，然后逐个更新那些 followers 的主页。如果有 follower 正在阅读他的 Twitter 个人主页，主页里暗含的 JavaScript 会自动每隔几十秒访问一下 Twitter 服务器，检查正在看的这个个人主页是否有更新。如果有更新，立刻下载新的主页内容，这样 follower 就能读到最新发表的短信了。从作者发表到读者获取，中间的延迟取决于 JavaScript 更新的间隔，以及 Twitter 服务器更新每个 follower 主页的时间。

Twitter 的出现给予每个人成为媒体的机会，且凭借道速度、信息源数量，以及其不断扩张的传播等优势，在诸多方面战胜了主流媒体。传统媒体在诸多方面存在天然劣势：第一，因为传统媒体发布需要经过审核、排版、印刷（对纸质而言）等过程，导致信息发布滞后；第二，传统媒体要获得信息往往需要分布在各地的媒体相关人员，又或者提供线索的热心群众，这造成了信息源单一；第三，对于门户网站，编辑们只能通过电脑发布新闻，发布方式十分单一。而与此相对应的 Twitter 拥有即时行、来源广、发布途径众多等优势，人人都可以成为媒体记者，即时发布自有信息，随即推动一个“自媒体”时代的诞生。

2017 年第一季度财报显示，Twitter 的基本发展状况好于市场预期。其中较为突出的是，1 季度 MAU（monthly active users，月度活跃用户）达到 3. 28 亿人，同比增长 6%，增速快于最近几年（如

图6－19所示）。更难得的是，DAU（daily active user，日活跃用户）的增速更快，较2016年同期上涨了14%，这也是Twitter连续第四个季度DAU出现上涨。Twitter增长复苏的主要原因在于对信息流的个性化改造，以更好地实现信息的发布、浏览、传播等一系列功能。比如过去用户只能在Twitter上按时间看到信息流，现在则根据个性化来推荐用户感兴趣的信息流；Twitter也对字数限制做了调整，不再计算@账号的数字，使用户表达的空间变大了。另外，Twitter也加强了个性化推荐的能力，可以加大对用户的召回能力。此外，直播内容布局也是一大创新，第一季度，Twitter上诞生了超过800个小时的直播视频，观看人数达到4.5亿，较上季度增长了31%。其中，55%的用户年龄在25岁以下。在直播的内容上，体育类占比51%，新闻和政治类占比35%，娱乐类占比14%。

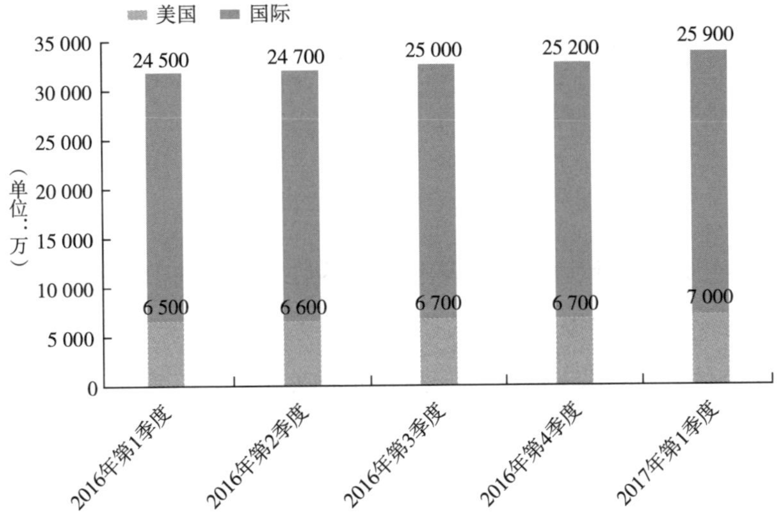


**图6－19　Twitter月度活跃用户图**

资料来源：第一推［EB/OL］．http：//www．diyitui．com/content－1486776867．66781835．html，2017－02－11。

## 三、国美在线：全渠道电商平台①

国美电器成立于 1987 年 1 月 1 日，总部位于香港，是中国大陆家电零售连锁企业。2012 年 12 月初，国美电器将国美在线与库巴网两家旗下电商公司进行后台重组，实现两大电商平台整合之后，国美电器网上商城正式更名为“国美在线”，开启传统电商在移动互联网时代的全渠道之路。

在移动互联全线冲击的背景下，电商、购物中心等成功夺走客流，并日益呈现超越传统百货的趋势，传统零售渠道不得不面临转型的局面。全零售时代渠道的服务模式将从产品、服务全面向数字化、移动互联化转移，展现多平台整合运营局面、粉丝经济和会员经济为核心 C2B 驱动，以及整个渠道扁平化的高效协同核心。谁能提前拥抱全零售时代，谁将是未来的主导者。在互联网电商平台耕耘多年的国美在线，已经领先于各大电商平台，成为业界屈指一数的线上线下“O2M 全零售”电商赢家。

### （一）整合细分各渠道的粉丝及会员人群

在互联网时代，渠道的界限日趋模糊，用户的重要性愈加凸显。国美在线一方面挖掘潜在用户，一方面维系现有用户。在与用户互动的过程中，了解用户需要，以此来决定相关品类的拓展。从国美电商用户群体的属性来看，大部分为家庭用户，具有较高的购买力。这也决定了国美电商在品类拓展过程中，需要把大家电的供应链优势复制

① 资料来源于虎嗅网（https://www.huxiu.com/article/27590/1.html）和中华网（http://tech.china.com/jiadian/news/11025684/20160224/21594240.html）。本书在收编时从三个方面展示了国美在线全渠道模式下的供应链整合与变革趋势。

到关联性更大的周围相关品类，如家居家纺、汽车用品、黄金等，形成一个次品类圈。从国美电商目前的品类结构来看，这些具有供应链优势的关联品类的销售占比显然要更高。

### （二）实现多渠道库存共享

全渠道的供应链运营体系中，任何一个渠道的信息都能够实现实时、可视的共享。也就是说，当线上有顾客有需求的时候，如果物流中心无库存，某个可调拨区域的末端门店存在库存，那么末端门店根据订单信息快速执行订单处理并安排物流配送。目前，国美拥有全球领先的 ATG 信息化系统，并完全打通线下全国 1 600 多家门店，实现商品信息协同、商品库存共享；同时还借助海尔、格力等上游产业链的支撑，在全国部分地区推出异地异价，即针对特定区域消费者推出特价定制机，只有在特定区域的消费者才可以享受特价优惠。

### （三）线上线下结合，打造全零售生态圈

渠道营销驱动着整个供应链，不管是线上营销还是线下营销。国美在线首先全面推动虚网与实网的双线协同营销工作，充分利用线下门店的优势，结合移动互联和 SNS 社区（如微博、微信）体验相融合，实现顾客的多维度体验服务。进而将线上线下 O2M“全渠道”升级为互融互通的“全零售体验”，实现消费者在实体店、电商、移动端、微店、联营渠道的自由穿行，打造拥有过亿级消费者的全零售生态圈，成就全零售行业典范。

国美在线作为国美集团的线上购物平台，背靠集团线下资源，在 2015 年上半年将全渠道战略升级为线上、线下、移动端等多渠道互融互通的全零售战略，建立包含 1.3 亿名会员 +1.2 万家供应商 +1 万

名商户+10万名员工及其粉丝的全零售生态圈，一跃成为“互联网+”下的行业典范企业。据悉，国美在线的O2M全零售生态圈分为后端与前端两部分，后端国美在线网购平台与线下共享优质高效的供应链、物流、大数据平台，通过千亿级采购规模以及OEM、ODM等灵活的合作模式，使得采购成本比对手低3%~5%；国美在线与线下门店完成会员大数据的全线打通，通过1亿多名会员近二十年的双线大数据把控，实现供应链反向定制以销定采等，实现线上线下互相引流，提升运营效率和用户复购率。

### （四）注重精准化营销建设

在前端，国美在线与线下门店充分互动，构建了一个包含实体门店、PC端电商、移动端微店、社会化渠道的全零售体系，实现多场景、多入口的独特体验，用户可以在不同的消费场景自由穿行。国美门店有免费Wi-Fi，有专设的比价区，用户看到中意的商品可以直接上网比价。用户在线上下单以后，既可以选择到附近的国美线下门店自提货物，也可以通过线下门店直接出货，提高配送安装效率。线下门店摆放移动端设备，向用户展示线下没有的食品百货等商品，扫描二维码就能线上下单。用户安装国美在线App，在门店选中产品直接加入购物车，选完之后回家仍然可以下单。移动端除了专享价外，还有微信客服以及10万微店导购，会员线下购物获得的积分在线上也能1：1兑换当钱花。多场景穿梭满足消费者的个性化多样化采购需求，创行业新标杆。

在中国零售业整体出现下滑趋势的情况下，国美在线凭借O2M全渠道零售商战略实现连续10个季度逆势增长，且连续10个季度保持盈利。如此好的成绩，决不可漠视O2M全零售战略模式的赫赫之功。据悉，国美在线与线下门店共同发力，在一些重大节点一再创造家电零售业纪录。在线下连锁时代，国美居行业领先地位，PC 电商时代的国美在线背靠集团 30 年的物流供应链优势，以移动电商为枢纽的全零售时代，国美在线已经占得先机，它依托众多的线下门店实现线上线下融合，发挥出了巨大的优势。有专家预测，在未来 10 年之内，线上线下的融合将会持续发展，这对于国美在线所走的拥抱互联网之路将会带来更大的发展前景，国美在线以其全渠道的线上线下相融合的零售模式站在了“互联网 +”的风口上，将会迎来更大的腾飞。

## 四、海尔：互联网工厂①

海尔集团创立于 1984 年，是全球大型家电第一品牌。作为传统制造业，面对互联网大潮，家电行业领导企业海尔率先探索出了一条从智能制造到互联工厂的发展新路。

近年来，海尔顺应全球新工业革命以及互联网时代的发展潮流，在《中国制造 2025》战略指引下，逐步探索出一条以互联工厂为核心的智能制造发展路线。从 2005 年开始，提出要把传统制造变成大规模定制。2008 年，对整个企业的产品制造体系进行模块化改造，同时在虚拟设计、实体制造方面进行了系统的建设。从模块化到自动化到黑灯工厂的建设，再到现在建成互联工厂，不断持续地探索试错，取得了显著的实践成果。

### （一）无人化操作

互联网工厂实现的是工厂的无人化，从一个工序的无人，到一个

① 资料来源于搜狐网（http://www.sohu.com/a/117700566_472880）。本书在收编时沿用了分析框架，对相关内容进行整合。

车间的无人，再到整个工厂的智能化、自动化。工厂用工绝对数少了，却增加了电工、机械、维修等专业人员，对保留员工的要求也越来越高。以前，传统工人以组装为主，普遍技校毕业；无人工厂的员工主要从事编程、操控，多是大学生甚至研究生。

### （二）个性化定制

互联网工厂的智能化程度并不仅仅停留在“无人”（自动化）、“智能”（信息化）阶段，还将发展模式率先提升到了“全面私人订制”的互联化。海尔互联工厂的探索实践将业务模式由大规模制造颠覆为大规模定制，打造 U + 智慧生活平台，对外企业从生产产品硬件到提供智慧解决方案转型；对内整合用户碎片化需求，通过互联工厂实现个性化定制。互联工厂能够实现用户全流程的实时互联，即全球用户可以随时随地都通过移动终端来定制所需要的个性化产品，参与设计、制造的全流程。实现用户的个性化订单，可以直接下达到海尔全球的供应链工厂，这样就可以减少生产和订单处理的中间环节，把中间这部分价值让渡给用户；而工厂的物料通过智能互联、柔性生产产出定制的产品，直接配送给用户。

### （三）透明化流程

互联网工厂体现在流程的透明化，即全流程实时互联、用户全流程可视。每一个订单都可以实时查看到的不只是物流配送过程，还有产品制造的每一个步骤，包括何时排产、何时上线、何时发货；甚至能追溯到目前产品在生产线上相对应的位置。除了这些生产信息，全球各地的用户通过 PC、手机等终端下单定制的时候，都可以看到核心模块的供应商信息，以及安全、噪音等方核心质量信息等。对用户而言，工厂不再是遥不可及的神秘盒子，而变成透明的、可视的订单进度。通过这种功能的转变，产品的购买者变成了产品的创造者。产品从设计到制造完成，用户是全流程参与的。实时体验产品的创造过程，这种把握感、掌控感是前所未有的。

### （四）智能化互联

互联网工厂通过以 iMES 为核心的五大系统集成，可以实现物联网、互联网和务联网三网融合，以及人人互联、人机互联、机物互联、机机互联。最终让工厂变成一个类似人类大脑一样的智能系统，自动响应用户个性化订单。经过互联系统，工厂的产品可以充分实现智能化，如冰箱、空调可自动感知需求，空调可自动感知温度，感知用户的使用习惯，实现自控制、自学习、自优化，以实现用户最佳体验。并且，整个工厂越来越智能，通过信息互联、数据积累及大数据分析可实现针对不同的订单类型和数量，其生产方式可以自动优化调整。

经过多年的探索和实践，海尔目前已经初步建立起互联工厂体系，实现了六个互联工厂的引领样板，四个整机工厂（沈阳冰箱、郑州空调、佛山滚筒、青岛热水器）和两个前工序工厂（青岛模具、电机工厂）初步实现了向互联工厂的转型，可实时、同步响应全球用户需求，并快速交付智慧化、个性化的方案，智能制造探索走在了世界的前列。同时，在各个智能制造示范子项目上，都取得了阶段性的成果。

## 五、滴滴出行：一站式移动出行平台①

---

滴滴出行是全球领先的一站式多元化移动出行平台，涵盖出租车、专车、快车、顺风车、代驾及大巴等多项业务，2015 年 9

---

① 资料来源于滴滴出行官网（http://www.xiaojukeji.com/index/index）。本书在收编时对其平台服务功能介绍进行整理汇编。

月9日由“滴滴打车”更名而来。公司致力以共享经济实践响应中国互联网创新战略，与不同社群及行业伙伴协作互补，运用大数据驱动的深度学习技术，解决中国的出行和环保挑战；提升用户体验，创造社会价值，建设高效、可持续的移动出行新生态。2015年，滴滴入选达沃斯全球成长型公司。

“滴滴出行”App改变了传统打车方式，建立了移动互联网时代下的用户现代化出行方式。与传统电话召车与路边扬招比较，滴滴打车的诞生改变了传统打车市场格局，颠覆了路边拦车的概念。它利用移动互联网的特点，将线上与线下相融合，从打车初始阶段到下车使用线上支付车费，画出一个乘客与司机紧密相连的O2O完美闭环，最大限度地优化乘客打车体验，改变传统出租车司机的等客方式，让司机师傅根据乘客目的地按意愿“接单”，节约司机与乘客的沟通成本，降低空驶率，最大化节省司乘双方资源与时间。

目前，滴滴出行包含乘客端、司机端两个端口。通过乘客端，乘客只需轻按按钮，输入目的地，即可体验移动互联网带来的一键叫车服务。滴滴系统会针对叫车要求，智能分配订单，实现百秒应答；乘客可通过实时定位系统，查询到司机的实时位置，灵活制定行程；并且支持微信、支付宝等多种支付方式，方便出行。通过司机端，司机可以24小时不间断接收订单推送，巨大的乘客基数使司机拥有更多选择；简单的操作、人性化的界面，以及智能抢单提示，实现第一时间轻松获取优质订单；而系统也会对订单进行智能筛选，降低空驶油耗；同时，系统可以提供订单定制服务，智能化制定符合偏好的订单。除了普通的出租车服务外，滴滴出行还提供滴滴专车、滴滴快车、滴滴顺风车、滴滴代驾、滴滴公交、滴滴租车、滴滴优享等服务。滴滴在便民出行领域，不断针对市场需求，开拓新服务。2017

年，为衔接共享单车，滴滴新增“ofo 单车”入口；为方便老年人使用 App 打车，滴滴出行推出了敬老出租功能。

## （一）滴滴专车

滴滴专车是滴滴出行 2014 年 8 月 19 日宣布推出的为高端商务出行人群提供优质服务的产品，也是针对传统出租车行业推出滴滴打车软件之后上线的第二款产品，主要面向中高端商务专车群体，提供打车、预约、车费预估等功能（如图 6－20 所示）。滴滴专车主打中高端商务用车服务市场，与传统的出租车有本质区别。在滴滴专车信息平台上，车辆和司机均来自合法有资质的汽车租赁公司和司机劳务公司，经过层层严格筛选，审核培训。这意味着对用车行业的覆盖将更加全面，也能够为用户提供更加多元化的出行。

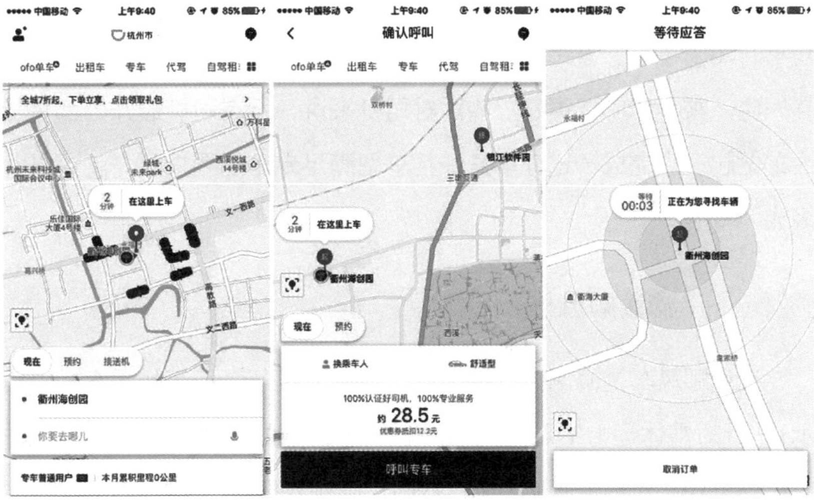


**图 6－20　滴滴专车服务**

资料来源：滴滴出行。

滴滴专车是基于移动互联网技术的高端商务出行服务信息提供和撮合交易平台，利用移动互联网和大数据技术，创新交通出行服务模式，整合市场资源，搭建起商务用车的信息服务平台，对满足和提升市民多元化出行需求服务，以及促进政府加强资源有效管理，促进城市出行领域交通智能化建设都将产生积极的影响。平台为租赁车企业和驾驶员劳务公司提供“实时”和“预约”的个性化、高端商务出行需求信息，并通过统一服务标准、服务规范和完善的服务保障体系保证交易的成功率与满意度。专车有经济、舒适、商务、豪华等车型可选，满足不同人群的出行需求。

### （二）滴滴快车

滴滴快车是2015年5月7日起正式登陆滴滴出行App，属于非营利性搭车服务，乘客的所有付费都归车主所有，软件平台不收取任何费用。乘客可以通过滴滴打车App内的“快车”入口直接呼叫滴滴快车。订单发送后，距离乘客最近的一辆车便会接单，叫车的整体流程与平时叫出租车、专车没有任何差别。对乘客来讲，专车的收费要更高一些，乘坐体验要更好一些。对司机来讲，所有司机最开始都是从快车做起，当完成一定订单量并且车型满足专车的要求时，就可以升级成为专车。

### （三）滴滴顺风车

滴滴顺风车是滴滴出行推出的一款拼车服务产品（如图6－21所示），针对整体运力不足的问题。顺风车瞄准的是此前已经比较成熟的拼车市场，目标是借助滴滴已有的“高频入口”向下实现市场侵占。对于拼车业务，滴滴打车有理由延续自己的出租车市场优势，并在打车应用内进行功能改造和优化，将“乘客—司机”的信息流通结构改造为“乘客—乘客”以及“乘客—司机”的多维度流通结构，让乘客间用车需求形成信息交互，合并同类需求，并进行出租车拼车。

图 6－21　滴滴顺风车服务

资料来源：滴滴出行。

## （四）滴滴代驾

滴滴代驾，是滴滴继滴滴打车、滴滴专车、滴滴顺风车、滴滴快车以及滴滴企业出行服务后，在移动出行领域推出的又一产品。2015 年 7 月 28 日，滴滴宣布正式上线滴滴代驾业务。滴滴代驾采取“起步价 + 公里费”的计费方式，不同时段的起步价均包含 10 公里，超出 10 公里后，收取固定的里程费。以北京为例，早上 6 点至晚上 22 点的起步价为 36 元，里程费为 20 元。在安全保障方面，滴滴代驾上的每一笔订单都拥有一份最高 300 万元的代驾平台责任险。

## （五）滴滴公交

滴滴公交是滴滴出行的一款实时公交查询产品，2016 年 6 月 1 日由滴滴巴士品牌升级而来。为用户提供公交线路换乘查询、到站时间和到站距离查询，还能以地图模式显示整条实时公交路线的通行状况和车辆位置，缓解用户候车焦虑，节省候车时间。它通过与各地公交集团或交通信息监管部门的官方合作或公交 Wi-Fi 服务商的 GPS 定位数据。截至2016年11月，已开通上线25个城市，覆盖过亿公共出行用户，累计服务用户数超1 000万。在已经开通服务的城市，用户可通过滴滴出行App里的“公交”入口或滴滴公交微信服务号里的“查公交”入口享受服务。

### （六）滴滴租车

滴滴租车，是滴滴出行在移动出行领域推出的又一出行方式，是滴滴的第九个出行业务，该项业务于2016年7月开始在上海测试。滴滴租车首创全程线上化服务，凭借大数据驱动的智能匹配调度体系以及全平台的规模优势，租车的预订、支付、订单修改、费用结算及评价反馈等环节均放到线上，用户无须花费额外费用，只要在服务时间内提前2小时下单即可享受免费上门送取服务。支付宝支付和全程线上信用卡支付，为行业创新免去了传统的线下多次刷卡，提供了较大的便利。它为每一个需要用车的时刻，提供随时随处简单便捷的租车出行，让每一个想要驾车出行的人，都体验到租车给生活带来的自由自在和无限可能。

### （七）滴滴优享

2017年2月28日，滴滴出行发布了滴滴优享，并率先在南京试运营。滴滴优享是介于专车和快车之间的服务形态，与快车、专车相比，旨在提供相对舒适度与经济化相平衡的标准化出行方案，从而在现有网约车用户市场中进行再度的精准细分，为乘客提供舒适度与经济化相平衡的标准化出行方案。“优享”服务被内置于滴滴出行乘客端的快车页面，用户在发单时可以自行选择普通快车或“优享”服务。与普通快车的差异在于，从事“优享”服务的车辆都是当地快车中相对较高的车型（以南京为例，车龄3年以内，裸车价12万元以上），从而在硬件上保证乘客的体验。

## （八）ofo 单车

2017 年 4 月 27 日，滴滴出行新增“ofo 单车”入口，并在全国逐步推广。即日起，滴滴出行用户陆续可通过 App 直接使用 ofo 小黄车，滴滴出行与 ofo 单车在用户注册、认证、押金缴纳、在线支付、客户服务等方面实现全线打通。“ofo 单车”入口开通后，ofo 用户可直接在滴滴出行 App 内获取车锁密码，支付用车费用，下次使用 ofo App 或滴滴出行 App 时，均可直接用车。用户在滴滴出行 App 内所缴纳的押金将即时转到 ofo 账上，交由银行托管。用户在滴滴出行 App 退押金时，押金会原路返回用户账户。同时，用户还可在滴滴出行 App 内直接联系 ofo 客服人员。

此外，滴滴公交还将与 ofo 进行更深入的合作。滴滴公交的实时查询产品将在算法模型中加入 ofo 的行驶路线，通过人工智能技术为用户规划骑行和公交的最佳接驳方案，以满足用户多样的短途出行需求。

## （九）敬老出租

为方便老年人使用 App 打车，滴滴出行推出了敬老出租功能。进入滴滴出行敬老出租界面，可以发现该界面与普通界面明显不同。界面不仅字体明显变大，且设计更加简明，共分为出发点、目的地、敬老专线三栏。滴滴出行会对出发点进行自动定位，老人只需输入目的地便可直接约车，到达目的地后会自动扣费。“敬老专线”服务更是使对智能手机不熟悉的老年人点击专线按钮，通过电话专线方式呼叫出租车。同时，在技术上滴滴将向司机端优先播报“敬老专线”订单，并进行特别标注，如果出现订单无人应答的状况，系统将自动启动加价补贴机制，按照订单质量通过大数据分析确定补贴金额给到出租车司机，以激励其接单，实现快速接单和成交。

到2016年，经过不到四年的发展，滴滴出行已在中国400余座城市，为近3亿用户提供出租车召车、专车、快车、顺风车、代驾、试驾、巴士和企业级的全方位出行服务。它占据中国网约专车市场88%以上的份额及99%以上的网约出租车市场份额，专快车日完成订单已突破1 000万单，平台日服务总订单超过1 300万单，这也是全世界范围内移动出行首次突破千万量级。滴滴出行致力以共享经济实践响应中国互联网创新战略，与不同社群及行业伙伴协作互补，运用大数据驱动的深度学习技术，解决中国的出行和环保挑战，提升用户体验，创造社会价值，建设高效、可持续的移动出行新生态。

## 六、动享网：智慧健康运动公社

杭州动享互联网技术有限公司（简称动享网）是国内专业的健康运动移动互联服务提供商，致力基于自有场馆资源打造全运动服务平台。公司以线下场馆为入口，动享网App为媒介，通过专业的场馆管理系统、赛事系统和社训系统，为用户创造全类别、全功能、全智慧的一站式运动社交体验平台，并与国家体育总局运动医学研究所合作，专注动享运动健康服务体系的搭建，为用户提供规范化、个性化、专业化的健康管理、指导与服务。

目前，动享集合了全国上千余家场馆资源，明星教练团队如奥运游泳冠军罗雪娟、羽毛球世界冠军王琳等，先行在杭州、南京、厦门、上海等一二线城市开展运动生活体验服务，并计划在全国范围内陆续展开，完成全面覆盖。

动享以场馆系统、赛事系统和社训系统为技术支撑，将动享网App作为核心展示枢纽，锻造三大服务体系。

## （一）动享网 App

动享网 App 是三大体系核心枢纽，是一款健康运动移动互联社交服务平台软件。其以运动社交为核心驱动力，依托智慧数据，提供专业的健康服务和运动服务，全面满足运动爱好者的需求。App 还能为运动关键之一的体育场馆提供专业的展示平台与管理支撑，并通过线上数据串联以规范化、条理化的管理方式为场馆服务体系的未来发展助力。

## （二）场馆服务体系

动享网致力打造动享运动中心场馆品牌联盟与推动智慧场馆建设。动享运动中心是动享打造的品牌场馆联盟平台，由动享自营馆、成员馆两种形式的场馆共同构成。动享运动中心场馆品牌联盟平台通过吸纳场馆资源，为旗下场馆植入标准化、科学化的管理模式，形成品牌连锁。动享运动中心以杭州动享总部为据点，重点开发华东地区为过渡阶段，辐射全国，形成动享运动中心全国联动网络。

动享智慧场馆的构建主要由软件服务、硬件配套和智能产品组成。动享通过信息化、智能化、数据化的智慧型改造方式，在旗下场馆植入十大全智慧运动体验系统，达到数据读取、数据共享、数据分析及营销目的，促使每个场馆自动形成一个独立、完整的“互联网+智慧+健康”的运动生态圈，让用户在智慧场景下享受一站式与自助式的运动体验。

移动客户端数据与场馆线下数据的融合，可以帮助场馆实现信息化管理与数据化运营的效果，并成为全民健身大数据采集的重要入口（如图6-22所示）。智慧场馆还可以帮助场馆主实现人力、财务、运营多方向的自助式运营，降低场馆运营成本，提高营业收入。

**图 6－22　动享网智慧场馆样板房**

资料来源：杭州动享互联网技术有限公司。

## （三）运动服务体系

运动服务体系主要由赛事活动与社训服务牵头，盘活动享运动圈。动享网以打造自主赛事品牌、社训品牌为主要立足点，主办或承办其他大型赛事或活动为辅，达到打响动享品牌知名度、聚集运动人群的目的，最终借助动享资源优势，拉动动享运动服务平台发展。

在社训方面，动享运动学院是由动享倾心打造的专业运动培训机构，目前已在杭州、厦门、舟山、淮阴、南京核心馆内开设羽毛球培训营，未来计划在北京、广州、合肥等城市陆续开展青少年羽毛球培训业务。

在赛事方面，动享拥有专业的团队，打造重要影响力的全国性民间大型羽毛球赛事。2016 动享琅琊榜杭州首发，50 万元总奖金，10 城联动，累计比赛场次超万场，累计参与人数 10 万余人，直播观看人数近 20 万人，赛事合作伙伴超 40 余个。赛事全面升级，2017 年打造自主赛事 IP——“动享·羽林争霸”，旨在打造羽毛球界最高水平的全民健身赛事，树立自主赛事品牌。本届比赛设置超百万元奖金，在全国 16 个城市开展，并获得 YONEX 全程冠名支持。

## （四）健康服务体系

动享网与国家体育总局运动医学研究所达成战略合作，就运动健康服务方面进行了深化分工并达成合作意向，结合运动健康移动互联的采集、分析与呈现，进行运动指导与运动处方服务提供的深化；并与平安财险签约，提供健康评测、数据分析、运动处方、运动保障一系列服务，满足消费者健康运动需求。同时推出智慧手环、智慧球拍、健康检测一体机等一系列智慧产品，构成动享健康服务体系完整生态。

未来，动享网将结合三大服务体系的业务发展，打造以线下场馆运营为核心的新型场馆服务生态系统，覆盖全国的运动人群信息采集系统，以精准营销、广告投放为方向的三大系统，为动享网在体育 + 互联网行业中锻造核心竞争力，为动享的可持续发展蓄力。

动享网成立两年以来，积极开拓市场。截至 2017 年 7 月，旗下集合了全国 5 000 多家场馆资源，其中包含自营场馆 20 家，合作场馆 500 余家，成员场馆千余家，系与动享进行深度合作。App 上线场馆 5 000 余家，主要业务由动享网引流，同时场馆本身在线下也开展业务。在线上，动享网 App 注册用户已有 100 000 余人，日均活跃用户在 8 000 人上下，月均占比 13.6% 以上。App 成交总订单数超过 5 万个，日均订单数超过 200 个。运动健康教练数千人，覆盖 50 多个城市，涵盖 31 个项目类型，在行业内具有较高的影响力。

## 七、智游宝：智慧旅游平台[①]

浙江智游宝信息科技有限公司（简称智游宝）是浙江深大智能科技有限公司的全资子公司。其运营的智慧旅游公众服务支撑平台智游宝作为国内最大的智慧景区第三方技术服务支撑平台，为景区提供可控制分销商的管理环境，安全、便捷、高效地实现了电子票的生产、发送、检票、退换票以及票款回收等技术环节；为分销商提供了便捷的采购和发货渠道；为景区提供了一系列数据分析报告，辅助景区决策。

智游宝是电子票务交易的一个核心环节，是在电子票务交易中负责验票码的生成、编码、发码、验码、管理，以及签发数字证书、确认用户身份等网上电子交易安全服务，是连接景区与分销商的公正、权威、可信的第三方服务平台。智游宝能为景区快速对接各大旅游电商平台，实现游客免排队换票，直接刷二维码或二代证入园，提升网站票务预订电子化水平，提高票务销售量。

智游宝坚持三不干涉的运作流程（如图 6－23 所示）：不干涉景区与分销商之间的价格政策，不干涉景区与分销商之间的资金流，不干涉分销商客户信息（除非景区要求并且分销商同意）。景区为分销商授权销售资格，并设置价格政策，分销商通过自身渠道进行宣传。游客下单，同步到智游宝。游客到分销商网站进行在线购买并支付，支付宝景区结算中心会通知智游宝款已到。智游宝同步到机房、数据库、检票设备，景区系统则立即请求智游宝发送相应电子票信息到最

① 资料来源于智游宝官网（http://www.zhiyoubao.com/index.htm）和其总公司浙江深大智能科技有限公司官网（http://www.sendinfo.com.cn/zyb.htm）。本书在收编时对其平台简介，特别是服务功能部分进行整理汇编。

终游客手机上。游客持手机（或二代身份证）到景区直接刷码（或刷二代身份证）入园，景区通过票务宝向分销商系统返回检票状态。

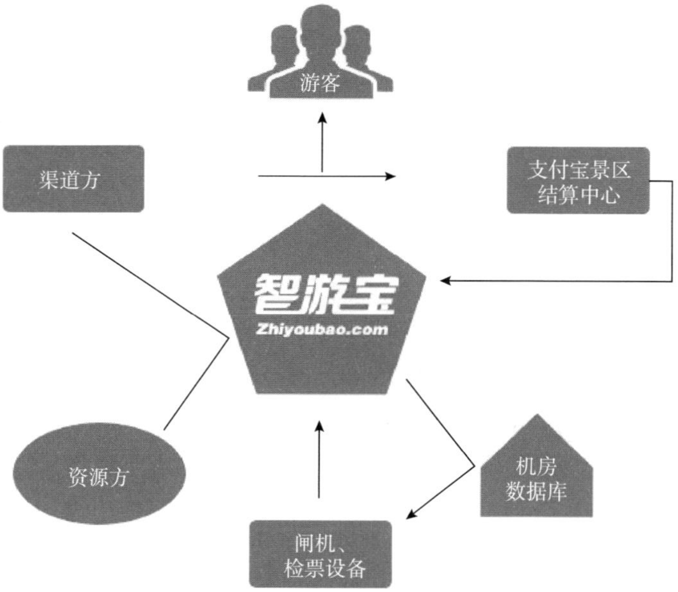


**图 6－23　智游宝运作流程**

资料来源：浙江智游宝信息科技有限公司［EB/OL］. http：//www. zhiyoubao. com/index. htm。

智游宝具有掌上检票机的功能（如图 6－24 所示），包含电子门票系统、线上的电子商务平台以及中央会员管理体系等模块。景区方面通过主控制器检票设备，实现二维码、二代证、指纹、头像抓拍等检票功能，同时预留未来银联非接触式闪付卡等接口；软件方面采用深大智能最新架构的线下电子门票管理系统，以及功能强大的线上电子商务平台，构成完整的智慧景区 O2O 一体化综合管理平台。游客预订电子票后，智游宝通过短信或彩信发送电子票给游客，游客通过二维码或者二代身份证通过闸机验票入园。通过智游宝对接到线下检票系统后，检票通过率为 100%。很多游客反映说，这种购票和入园方式非常方便，省去了现场排队买票的时间，而且低碳环保。

**图 6－24　智游宝智慧检票功能**

资料来源：浙江智游宝信息科技有限公司．［EB/OL］．http：//www. zhiyoubao. com/index. htm。

同时在网络营销方面，景区可以通过智游宝快速对接各类在线互联网分销渠道 OTA（携程、驴妈妈、途牛、一块去旅行、同程、美团、大众点评等）和直销渠道（去啊、去哪儿、直达号、微信等），共 140 多家。通过智游宝对接 MTA 等移动互联网的新兴门户，可以进一步完善提升景区的网络分销体系。并且，系统可自动对电商平台订单信息进行统计分析，统计景区每天的客流量、游客组成和客源地等相关信息，实现权限管理、系统设置、订单管理、财务管理、市场管理、售票管理、终端管理、报表管理、人流量预测监控管理等功能。系统可根据分销商订单信息统计各分销商的销售数据，实现景区与分销商自动对账，方便景区对分销商的管理，同时解决景区票款难收欠账、销售、财务对账、换票、游客排队、广告宣传、市场价格混乱以及电子票标准统一等问题。

此外，智游宝具有诸多优势。对景区营销部门来说，智能终端检票可以缓解旺季景区的窗口压力，快速找到分销商，进行渠道数据分析，为景区智慧营销提供辅助决策。对景区财务部门来说，各项报表清晰并能够对各分销渠道进行统一管控，大大减轻财务人员的工作压力，财务上更加清晰、精准。对旅游管理者（景区旅游局）来说，可以搭建智能旅游平台，构建行业大数据中心，加速行业规范，提升服务品质。对游客来说，在线支付、凭身份证或二维码直接刷码入园、线上和线下无缝对接，可以有效解决入园难问题。

截至 2016 年 12 月，智游宝已经签约 2 300 多家景区，15 000 多家旅行社，打造了黄果树智慧旅游、智慧华山、千岛湖智慧旅游、宋城丽江千古情等景点案例。

# 第七章

# 人工智能产业：人工大脑

放眼全球，新一轮科技革命和产业变革蓄势待发，人工智能作为新一轮产业革命的引擎，对促进技术创新、提升国家竞争力具有重要的作用。从人工智能企业数量、融资规模、投资机构数量看，美国的优势非常明显，但我国人工智能领域的发展速度也不容小觑。从2012年开始，我国在新增专利数上已经开始超越美国，而从人工智能企业融资规模来说也仅次于美国，位列全球第二。我国的人工智能产业重心主要是北京、长三角及珠三角地区，中西部的重庆和四川等地也有一定的发展。就具体城市的人工智能产业发展情况而言，北京、上海和深圳不仅在中国、东亚地区排名领先，在全球范围内也名列前茅。

2016年被称为人工智能元年，人工智能的发展迎来一波又一波高潮。各国政府高度重视推动人工智能技术和产业发展，纷纷将人工智能上升为国家战略，知名企业也将人工智能作为未来的重点发展领域。无论是苹果、谷歌、亚马逊、阿里巴巴、百度等科技大企业，还是众多来自发展中国家的企业，都试图在这一领域取得领先优势。

人工智能通过众多学科理论和技术，模拟出人的大脑机能，逐渐替代人的思维，甚至具备人的情感。有人称它是天使，也有人认为其是魔鬼，但都阻止不了它深入渗透社会的方方面面。

# 第一节
# 认识人工智能

## 一、了解人工智能的定义

所谓“人工智能”，是指用计算机模拟或实现的智能。作为一个学科，人工智能研究的是如何使机器具有智能的科学和技术，特别是人类智能如何在计算机上得到实现的科学和技术。因此，从科学角度讲，当前的人工智能是计算机科学的一个分支。人工智能虽然是计算机科学的一个分支，但其研究不仅涉及计算机科学，还涉及数学、脑科学、神经心理学、心理学、语言学、逻辑学、认知（思维）科学和行为科学等众多学科领域。因此，人工智能实际上是一门综合性的交叉学科。

人工智能是一个含义很广的词语，在其发展过程中，具有不同学科背景的学者对其有着不同的理解，并提出了一系列不同的观点，人们称这些观点为符号主义（synbolism）、连接主义（connectionism）和行为主义（actionism）等，或者叫逻辑学派（logicism）、仿生学派（bionicsism）和生理学派（physiologism）。此外还有计算机学派、心理学派和语言学派等。斯坦福大学人工智能研究中心的尼尔逊（N. J. Nilsson）教授从处理的对象出发，认为“人工智能是关于知识的科学，即怎样表示知识、怎样获取知识和怎样使用知识的科学”。麻省理工学院温斯顿（P. H. Winston）教授则认为“人工智能就是研究如何使计算机去做过去只有人才能做的赋有智能的工作”。斯坦福大学费亨鲍姆（E. A. Feigenbaum）教授从知识工程的角度出发，认为

“人工智能是一个知识信息处理系统”。

综合各种不同的人工智能观点，可以从“能力”和“学科”两个方面对人工智能进行定义。从能力的角度来看，人工智能是相对于人的自然智能而言的，是指用人工的方法在机器（计算机）上实现的智能；从学科的角度来看，人工智能是作为一个学科名称来使用的，它是一门研究如何构造智能机器或智能系统，使它能模拟、眼神和扩展人类智能的学科。本书认为，人工智能是没有实体形态的，它是一种算法，是一种计算机技术，是一门综合性的学科。随着人工智能技术与机器人技术的深度融合，机器人向智能机器人发展，人工智能技术为机器人提供了智力支持，为实体机器人提供了会思考的大脑。因此，人工智能是独立于机器人之外的一门学科，与机器人学的侧重点各有不同。总之，人工智能是一门综合性的边缘学科。它借助于计算机建造智能系统，完善诸如模式识别、自然语言理解、程序自动射击、自动定力证明、机器人、专家系统等智能活动。

## 二、人工智能技术发展掠影

1956 年，约翰·麦肯锡等 10 位来自不同学科的科研人员举办了为期两个月的暑期学术研讨会，会上提出了人工智能的概念，标志着人工智能学科的诞生。从最初不切实际的预测，到之后各种专家系统的出现，实现了人工智能走向实际应用的新局面。后来又因为专家系统无法解决复杂问题，人工智能一度处于低迷期。直到今天，人工智能又进入了新的蓬勃发展期。人工智能近 60 年的发展，尽管起起落落，道路曲曲折折，坎坎坷坷，但是发展到今天，无论是理论创新还是各种应用，应该说是精彩纷呈。

### （一）萌芽时期

自古以来，人类就力图根据自己的认识水平和当时的技术条件，用机器代替人的部分脑力劳动，以提高征服自然的能力。公元前 850 年的古希腊，就有制造机器人帮助人们劳动的传说；公元前 900 多年的我国，也有歌舞机器人的传说，这说明古代人就有人工智能的设想。到 12 世纪末至 13 世纪初，西班牙的神学家和逻辑学家罗门・卢乐（Romen Luee）试图制造能解决各种问题的通用逻辑机。17 世纪，法国物理学家和数学家帕斯卡（B. Pascal）制成世界上第一台会演算的机械加法器并获得实际应用。随后，德国数学家和哲学家莱布尼茨（G. W. Leibniz）在这台加法器的基础上发展并制成了进行全部四则运算的计算器，并提出了通过符号体系，对对象的特征进行推理的逻辑机设计，这种"万能符号"和"推理计算"的思想便是现代化"思考"机器的萌芽。接着，英国数学家、逻辑学家布尔（Boole）初步实现了莱布尼茨关于思维符号化和数学化的思想，提出一种崭新的代数系统，即日后在计算机领域广泛应用的布尔代数。19 世纪末，英国数学和力学家巴贝奇（C. Babbage）致力于差分机和分析机的研究，虽因条件限制未能完全实现，但其设计思想为当年人工智能的最高成就。

进入 20 世纪后，人工智能相继出现若干开创性的工作。1936 年，年仅 24 岁的英国数学家图灵（A. M. Turing）提出了著名的图灵机模型，1945 年进一步论述了电子数字计算机的设计思想，并在 1950 年提出机器能够思维的论述。1946 年美国科学家莫克利（J. W. Mauchly）等人制成了世界上第一台电子数字计算机 ENIAC。随后又有不少人为计算机的实用化不懈奋斗，电子计算机的研制成功是许多代人坚持不懈地努力的结果。这项划时代的成果为人工智能研究奠定了坚实的物质基础。同一时代，美国数学家维纳（N. Wiener）控制论的创立，美国数学家香农（C. E. Shannon）信息论的创立，英国生物学家阿什比（W. R. Ashby）所设计的脑等，这一切都为人工智能学科的诞生做出理论和实验工具的巨大贡献。

### （二）形成时期

1956 年夏季，在美国达特蒂斯学院举办的“侃谈会”上，第一次正式使用了人工智能这一术语，从而开创了人工智能的研究方向和学科。这段时期，人工智能研究的主要方向是机器翻译、定理证明、博弈等，代表性工作包括：1956 年，纽厄尔（Newell）和西蒙（Simon）等人在定理证明工作中首先取得突破，开启了以计算机程序来模拟人类思维的道路；1960 年，麦卡锡（Mc Carthy）建立了人工智能程序设计语言 LISP。一系列的成功使人工智能科学家们认为可以研究和总结人类思维的普遍规律并可实现对这一系列规律的计算机模拟，乐观地预计可以创造一个万能的逻辑推理体系。

### （三）发展时期

20 世纪 60 年代以来，人工智能的研究活动越来越受到重视。为了揭示智能的有关原理，研究者们相继对问题求解、博弈、定理证明、程序设计、机器视觉、自然语言理解等领域的课题进行了深入的研究。这个时期出现的代表性成果包括：DENDRAL 化学质谱分析系统、MYCIN 疾病诊断和治疗系统、PROSPECTIOR 探矿系统、Hearsay – II 语音理解系统等专家系统的研究和开发，将人工智能引向了实用化。并且，1969 年成立了国际人工智能联合会议（International Joint Conferences on Artificial Intelligence，IJCAI）。随着人工智能研究的发展，1974 年又成立了欧洲人工智能学会（European Con – ference On Artificial Intelligence，ECAI），并召开第一次会议，该会议也是相隔两年召开一次。此外，许多国家也都有本国的人工智能学术团体。在人工智能刊物方面，1970 年创办了《人工智能》（*Artificial Intelligence*）国际性期刊，爱丁堡大学还不定期出版《机器智能》（*Machine Intelligence*）杂志，还有 IJCAI 会议文集、ECAI 会议文集等。另外，许多国际知名刊物也刊载人工智能的论著。

### （四）繁荣时期

20 世纪 90 年代以来，由于网络技术特别是国际互联网技术的发展，人工智能开始由单个智能主体研究转向基于网络环境下的分布式人工智能研究。它不仅研究基于同一目标的分布式问题求解，而且研究多个智能主体的多目标问题求解，使人工智能更面向实用。另外，由于 Hopfield 多层神经网络模型的提出，人工神经网络研究与应用出现了欣欣向荣的景象。人工智能已经深入社会生活的各个领域。

### （五）高潮时期

2016 年人工智能迎来了发展高潮，该年被称为人工智能元年。2016 年 3 月 9 日至 15 日，Google Alpha Go 以 4∶1 的成绩击败世界围棋冠军李世石职业九段，意义重大。8 个月后，Alpha Go 的升级版——GoogleMaster 在 30 秒快棋网测中，以 60 胜 0 负 1 和的成绩，横扫柯洁、古力、聂卫平、朴廷桓、井山裕太等数十位中日韩世界冠军与顶级高手。在无人驾驶方面，2016 年 11 月 15 日，18 辆百度“云骁”亮相乌镇子夜路，在 3.16 公里的开放城区道路上自主行驶。2017 年 1 月 6 日，百度人工智能机器人“小度”利用其超强人类识别能力，以 3∶2 险胜人类最强大脑代表王峰。2017 年 7 月 10 日，人工智能落地杭州未来科技城。目前，发展人工智能已然成为普遍共识，得到了政府和企业的大力支持，相关研究和市场投资也如火如荼地开展。

## 三、详解人工智能的技术门类

人工智能是一个庞大的家族，包括众多的基础理论、技术的分支和不同的应用领域等。如果将人工智能家族看作一棵树来描述，智能机器应作为树的最终结点。人工智能技术总体上可以分为五个大类：问题求解，知识与推理，学习与发现，感知与理解，系统与建造。

### （一）问题求解技术

一般来说，一个智能体有多个未知评价的直接选项时，可以先检验各个不同的能导致已知评价状态的可能行动序列，然后选择最佳序列。寻找这样序列的这种过程被称为搜索。搜索是问题求解的核心技术，又可以分为针对无信息问题的搜索和有信息问题的搜索。对无信息的问题，常用的搜索策略包括：广度优先搜索，代价一致搜索，深度优先搜索，深度有限搜索，迭代深入搜索和双向搜索。对有信息的问题，可以采用启发式的策略进行搜索，常用的策略包括贪婪最佳优先搜索、A＊搜索、存储限制的启发式搜索。此外，对于大规模的问题，无法使用系统化的全局搜索方法，则需要采取局部搜索策略，常见的局部搜索方法包括爬山法、模拟退火法、局部剪枝法、遗传算法等智能算法。

基于智能计算方法的问题求解技术，经过几十年的发展和沉淀，已经延伸到了我们生活中的方方面面，可以说我们的衣、食、住、行，处处都有人工智能的求解技术在发挥作用。问题求解技术的发展动力主要来自求解问题规模的爆炸式增长，和对求解速度要求的不断提高，以求解铁路机车头的调度问题为例，英国利兹大学 Anthony Wren 团队自20 世纪60 年代起首次使用计算机解决该问题。历经几十年的发展，求解技术能够处理的问题规模已今非昔比。为了在求解效果和速度间取得平衡，今天的求解方法也变得更加复杂。

总体来说，如今的问题求解技术可以分为两大类：第一类将启发式方法和数学方法进行融合；第二类采用纯粹的启发式方法。第一类求解技术常见于生产制造领域，当变量和约束规模异常庞大时，普通的启发式方法求解的效果无法令人满意，便需要在启发式的求解框架内，使用数学规划方法，提高求解过程的收敛速度。当原始问题的模型结构较为复杂，难以构造为集合覆盖或切分的模型，或是约束的结构较为复杂，如带有非线性、条件概率等时，难以使用数学方法作为求解过程的辅助，则更多使用第二类纯启发式方法进行求解。

当今用来求解大规模复杂问题的启发式方法通常采用多种仿生、随机、记忆的策略，来保证快速、收敛和避免局部最优，这类方法通常被称为演化计算（evolutionary computing）。常见的演化计算方法有遗传算法、模拟退火算法、禁忌搜索、粒子群算法、蚁群算法等。

### （二）知识与推理技术

知识是智能的基础和来源，推理是人脑的基本功能。在涉及部分可观察的环境中，知识和推理同样扮演着至关重要的角色。基于知识和智能体能够将常识和当前的感知结合起来，从而在选择行动之前推导出当前状态的隐藏部分。常用的知识表示模型有谓词逻辑、产生式表示、语义网络、框架法等，推理方法包括自动推理和不确定推理等。

众所周知，科学家们每天都在面临着纷至沓来的新信息、新科学报告、临床试验结果和新的临床指南，而这种信息爆炸给研究者和临床医生带来了压倒性的挑战。但是通过阅读评估文献以及学习临床经验、认知方案可以解决这些问题，为治疗提供有据建议。例如，IBM

Watson 是认知计算系统的杰出代表，也是一个技术平台。认知计算代表一种全新的计算模式，它包含信息分析、自然语言处理和机器学习领域的大量技术创新，能够助力决策者从大量非结构化数据中揭示非凡的洞察。人工智能知识与推理技术的发展，实现了对大量知识和信息的高度融合与推理，在极短的时间内得到想要的结果，大大缩短了时间、人力、物力和财力。

### （三）学习与发现技术

机器学习是近年来较为热门的学习方法，是指机器通过对自身行为的修正或性能的改善，使计算机具有学习能力，自动获取新的事实及新的推理算法。机器学习的研究重点是学习过程的认知模型，包含机器学习的计算理论，新的学习算法，综合多种学习方法的学习系统，涉及的主要技术有符号学习、连接学习和统计学习等。

机器发现客观规律的过程称为知识发现，主要从大规模数据集或数据库发现知识或模式。知识发现方法主要包括统计方法、粗集和模糊集、机器学习、智能计算等。知识发现的任务分则为数据总结、概念描述、分类、聚类及相关性分析等。

Google AlphaGo 在人机围棋比赛中 4：1 战胜李世石，是透过深度学习掌握更抽象的概念，而这种学习与发现技术就是运用了类神经元网络。其实，类神经网络技术历史悠久，在 1943 年，沃伦・麦卡洛克（Warren McCulloch）和沃尔特・皮茨（Walter Pitts）首次提出神经元的数学模型；1958 年，心理学家罗森布拉特便（Rosenblatt）提出感知器（Perceptron）的概念，在前者神经元的结构中加入训练修正参数的机制，这时类神经网络的基本学理架构算是正式完成。

传统的类神经网络技术，透过随机指派权重，以及递归计算的方式，根据输入的训练数据，逐一修正权重，使整体的错误率降到最低。不过人类很快就遇到了计算能力不足的困难，20 世纪 80 年代后期，整个类神经网络的研究进入寒冬。这个寒冬一直持续到 2006 年，在 Hinton 以及 Lecun 小组提出了一篇关于深度学习的论文之后，终于有了复苏的希望。论文提出的方法是利用神经网络的非监督式学习来作为神经网络初始权重的指派，并提出了深度学习这个新的字眼。类神经网络技术的发展，推动了人工智能学习与发现技术的飞速提升。

### （四）感知与理解技术

机器感知涉及图像、声音、文字等信息的识别问题。模式识别的主要目标是用计算机模拟人的识别能力，运用知识表达和推理方法，从图形、图像和语音中抽取模式、表征或刻画被识别对象类属特有的信息模型。模式识别前，先提取样例模式，通过模式辨识或机器学习识别出分类知识，并对新的待识别模式进行类似判决。

目前，主要存在基于模式、判别函数、统计觉得、神经网络、自适应等模式识别的方法。而理解技术包括自然语言、图形和图像的理解，是智能系统进行交流的关键。自然语言理解需要大量的知识表示方法和推理技术，在机器翻译和语音理解程序方面取得了长足进步。机器视觉在图像处理基础上，需要模式识别、机器学习理解视觉对象，由低层视觉提取对象特征，通过机器学习理解视觉对象。

过去几年，深度学习在解决诸如视觉识别、语音识别和自然语言处理等很多问题方面都表现出色。在不同类型的神经网络当中，卷积神经网络是得到最深入研究的。早期由于缺乏训练数据和计算能力，要在不产生过拟合的情况下训练高性能卷积神经网络是很困难的。标记数据和近来 GPU 的发展，使得卷积神经网络研究涌现并取得一流结果。

### （五）系统与建造技术

自从 1965 年第一个专家系统 DENDRAL 问世后，出现了各种实用的系统。专家系统的发展依托大量知识表示技术和推理技术，是最先发展的智能系统。Agent 系统是典型的分布式智能系统，由多个智能个体协作或竞争体现智能，是比群智能高级的社会智能。Agent 系统采用了知识表示、推理、机器学习、模式识别等领域知识。智能机器人是一个具有感知机能、运动机能、思维机能、通信机能的 Agent 系统，需要 Agent 理论和多 Agent 协同系统的技术支持。机器人是人工智能标志性研究成果，是一个实用的 Agent 系统，是人工智能多个基础应用的综合，同时依据和融合了多种基础理论。

Agent 概念最早由麻省理工学院的明斯基（Minsky）教授在《思维社会》（*Society of Mind*）一书中被正式提出，他认为社会中的某些个体经过协商之后可求得问题的解，这些个体就是 Agent。随着计算机技术的日益发展，IT 界对 Agent 理论和技术的研究不断深入，其应用也在不断扩大，但对它却一直没有一个确切的定义，其中以伍尔德里奇（Wooldridge）和詹宁斯（Jennings）提出的定义最为流行。他们认为 Agent 有四个重要的特性，即自主性、交互性、反应性和主动性。

经过多年的发展，Agent 技术早已从人工智能中拓展开来，并与许多其他领域相互借鉴和整合，呈现出不俗的表现。它作为一门设计和开发软件系统的新方法，已经得到了学术界和企业界的广泛关注。因此，目前我们对 Agent 的研究大致可分为智能 Agent、多 Agent 系统和面向 Agent 的程序设计。这三个方面相互缠绕、相互关联。Agent 技术的每一次发展和飞跃都提高了人工智能系统和建造技术的能力，随着此技术与计算机其他技术越来越紧密的合作，其发展空间更大，应用领域更广。信息化技术将越来越多地覆盖我们的生活，针对 Agent 技术的研究和应用也会越来越广泛。

## 四、人工智能“天使论”与“魔鬼论”

“水能载舟，亦能覆舟。”人工智能应用得好、把握得好，“魔鬼”就不会出现。在可预见的未来，人工智能还难以超越人类智能，但是它对人类社无疑将会产生巨大的影响。

几乎从人类幻想出“人工智能”这一概念的时刻起，关于“人工智能是天使还是魔鬼”的争论便从未停止。人们期望人工智能将自己从劳动中解放出来，又恐惧人工智能一旦拥有智慧，将取代自己“万物之长”的地位。不过，人工智能的发展是不可阻挡的。自动驾驶汽车、智能安检员、机器人同事等可能性虽让人恐惧，但不可否认，也很美妙。

### （一）人工智能“天使论”

人工智能作为一门交叉性学科，在人类活动的各方面包括工作的性质、学习的方法、政府的结构、战争的手段、艺术的创作以及人类对自我的概念等方向产生深远影响。不仅对各门学科的融合发挥了巨大的作用，作为工具性的技术，它对人的能力也是一种强化和提升。

#### 1. 人工智能发展促进各学科融合

人工智能是多种学科和领域叠加作用的产物，同时它也导致了许多新兴学科的发展和融合。人工智能融合了认知科学、神经科学、信息科学、计算机科学、信息论、控制论等学科，还有专家将哲学的思维并入了智能体系中，认为人工智能不仅仅建立在科学机制上，而是哲学思维和科学机制的产物。

人工智能不是一项单一的技术，其生产和发展过程中需要各个相关学科的相互交融。文字理解、图形解读、科学计算、音效控制、信息获取、机械制造，各项能力和功能都需要各个学科的深度交互。因此，人工智能的发展促进了各学科的融合。

### 2. 人工智能发展强化了人的能力

人类的发展历史可以被看成是一部工具的制造史，从原始社会石器的使用，到工业革命中机器的制造，到现代社会以人工智能为代表的智能机器的普及，任何一个时期都伴随着各种工具的产生。可以说，正是使用工具的劳动将人与动物区分开来。

由于科学技术已经成为第一生产力，以信息产业为核心的高新技术产业成为现代工业的主导力量。人们把重心转移到用高科技手段制造智能型的工具，科学技术的发展使智能机器不断向人脑接近。由于人工智能的根本目的是用物化智能延伸和扩展人脑和机体的某些功能，人工智能在某些方面已经超越了人。人工智能不仅提升了人的认识能力，而且使人可以更简单地制造用于强化体力的工具。人工智能对人的能力的强化已经超过了以往的任何一个时代，真正实现了智力的优化和加强。

## （二）人工智能“魔鬼论”

随着人工智能的发展，人类社会原先的体系结构正在发生微妙的改变，智能机器在社会生产和生活中所占据的比重开始增大，过去只能由人完成的工作越来越多地交给机器去执行。人类享受从劳动中解脱的愉悦，同时又担心人工智能是否会变成“魔鬼”，取代自己的社会地位，毁灭地球家园。

### 1. 人工智能发展动摇人的主体性地位

人类的主体性是指人在实践过程中表现出来的能力、作用、地位，即人的自主、主动、能动、自由、有目的地活动的地位和特性。人类作为实践的主体、认识的主体，其思维意识的主观能动性对自然界的改造、对人类社会的发展有着极其重要的作用。

人工智能运用于机器人，足以使其实现以假乱真。它不仅在外表上与人具有极高的相似度，而且具备的智能程度，可以在选择正确场景时让人们在相对长的一段时间里觉得它就是一个活生生的人。我们可以相信，如果人们不断地将各种场景下机器人的适应能力进行综合，再建立起一套场景选择机制允许机器人自行选择场景，那它就是一个具有人类行为的机器人。我们生活中这样的机器人越来越多，可能会动摇人的主体性地位。

### 2. 人工智能发展对个人隐私的破坏

随着人工智能的发展，传统的由人控制机器的“人—机器”的社会结构，慢慢地被由智能机器充当中介代理的“人—智能机器—机器”的社会结构所取代。在个人生活中，人工智能机器的数量将会逐渐增加，智能机器接触个人隐私的机会越来越多，这样不可避免地会被机器捕捉到人的一些个人情况，隐私的保护便成了一项难题。现代生活中就已经出现了许多实际的例子，表明人工智能对隐私的泄漏。

### 3. 人工智能发展对公众安全的挑战

人工智能开始在社会中扮演十分重要的角色，它不仅代替了人的绝大部分体力劳动，也代替了人的某些脑力劳动，有时甚至行使着本应由人担任的社会职能。专家系统是一个具有大量的专门知识与经验的程序系统，它应用人工智能技术和计算机技术，根据某领域一个或多个专家提供的知识和经验，进行推理与判断，模拟人类专家的决策过程，以便解决那些需要人类专家处理的复杂问题。在现代社会，医疗和经济领域使用专家系统已经出现，而针对未来战争所研发的军事专家系统的开发和应用也成为趋势。

但是专家系统并不是完美的，某个领域的专业水平是随着不同的历史时期更迭而不断发展的。随着日新月异的专业理论的出现和专业技术的应用，在一个领域内的知识会发生巨大的变化，而专家系统受制于设计者的局限，其内部结构的更新总会出现一定的滞后性。同时，系统存在法律及道德风险，如果诊断专家系统出现失误，导致医疗事故，应怎样处理呢？因此，将人工智能广泛地应用于各类专家系统，风险是非常大的。一旦处理不当，或者系统无法及时更新，将会造成严重的决策和错误，这对社会公众来说也是极大的安全隐患。

### （三）对人工智能的理性思考

人工智能发展的问题日趋严峻，在人的隐私和社会安全保护方面缺陷明显。智能机器作为辅助性的工具，在强化人的能力的同时，也对人的权利造成了威胁，甚至会对整个社会的安全提出挑战，这样的人工智能发展是我们所不愿意看到的。像任何新兴科学技术的应用一样，在面对它带来负面效应之时，应该制定一套健全的解决策略来加以治理。从人工智能自身的技术发展到建立具体的监督体制，只有内外结合的引导方式才能使人工智能健康地成长。

#### 1. 强化人工智能自身技术的发展

人工智能所引起的问题，有其自身的原因，技术上的缺陷使智能机器不能很好地执行对人的权利的保护，而自主构建保护规则和选择保护方向成为解决问题的根本。人工智能从自身出发寻找问题的根源才是正确的解决途径。

### 2. 坚持“以人为本”的发展原则

一切技术的发展、社会的发展都是人的发展和为人的发展。“人类的最高目标不是发展和应用技术，而是人类的全面发展，技术只是为这个目标服务的手段。”离开人的自由而全面的发展，一切发展将变得毫无意义。坚持以人为本，是人工智能发展的最高原则和根本要求。

### 3. 建立健全对人工智能的监管制度

科学技术是中性的工具，它本身无所谓善恶，即它是中立的。每一门科学技术的发展在促进社会发展的同时，都会伴随大量弊端的出现，大到可能危害人类的生存安全，小到日常应用的网络，都如同一把双刃剑。科技进步在给人类带来巨大财富的同时，也带来了各种危害。科技所带来的后果的好坏依赖于使用科技的人。好人可用它为善，坏人则可用它为恶。只有建立完善的制度，才能约束人的行为，因此我们要研究科技发展带来的弊端，通过专门机构立法并监督实施来规范科技成果的应用，消除科技发展带来的负面作用，使科技发展更好地服务人类、造福人类。

# 第二节
# 图说人工智能产业

## 一、人工智能产业链图

人工智能产业链的三个核心环节为基础层、技术层和应用层，我们将主要从这三个方面对国内人工智能产业链进行梳理，并对其中的应用层进行重点解构（如图 7－1 所示）。

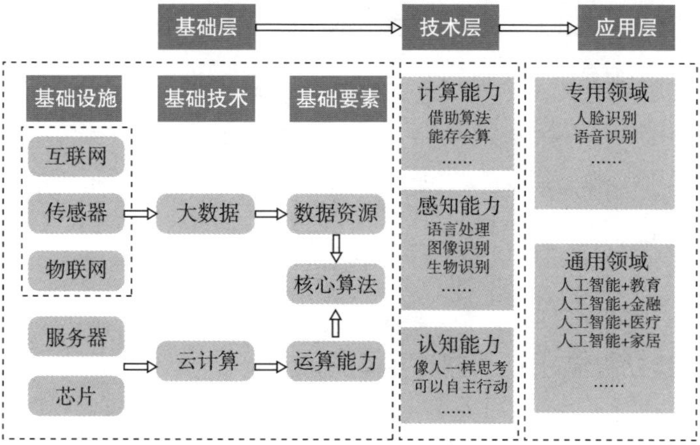


**图 7－1　人工智能产业链图**

## （一）基础层

基础层分为基础设施、基础技术和基础要素三部分。人工智能的基础技术主要是大数据管理和云计算，经过近几年的发展，国内大数据管理和云计算技术已从一个崭新的领域逐步转变为大众服务的基础平台。基础技术为人工智能技术的实现和应用的落地提供了基础的后台保障，它也是一切人工智能技术和应用实现的前提。而这两项基础技术所涉及的基础设施有所不同，大数据技术所需的基础设施为互联网、传感器和物联网等；云计算所需的基础设施为服务器和高性能的芯片等。

数据资源、运算能力、核心算法在客观上构成人工智能的三大基本要素，共同推动当下人工智能从计算智能向更高层的感知、认知智能发展。并通过衍生出的通用技术和解决方案，以推动具体人工智能大规模应用产品的落地。

数据资源是机器学习训练的基本素材，通过对数据的学习，机器不断积累经验和优化决策参数，逐渐变得像人类一般聪明。根据数据统计，全球数据资料存储量 2020 年将达到 40ZB，相比之前预估的数额高出 14%，2016—2020 年的复合年均增长率（CAGR）约为 40%。未来，随着万物互联时代的开启，数据量的产生与积累都将进一步提速，且数据维度也将更加丰富，从而为机器学习提供更多的学习材料，由此推动人工智能加速突破。

运算能力是一种由类人脑芯片、GPU 并行和云计算“三合一”形成的仿人脑能力。仿人脑计算其核心原理主要在于模拟人脑神经元多层深度传递解决复杂问题的过程。传统的计算机在模拟这种信息交互处理过程时，一方面由于其传统架构限制，使得计算能力无法有效地迅速提升；另一方面，芯片计算能力的跃升所需能耗极大。比如 Google Brain 所采用的就是利用 1 000 台各带 16 核处理器的计算机，尽管该架构已经展现出相当的能力，但是能耗巨大。

在基础设施具备条件下，深度学习加速突破。神经网络算法在机器学习中由来已久，但因深度学习模型的参数调优较难，导致训练速度慢，且在层级较少（≤3）的情况下效果并不比其他方法更优的原因一度遭到雪藏。直到 2006 年，杰弗里·希尔顿（Geoffrey Hinton）教授基于多层神经网络系统提出分两步走，使用 wake - sleep 算法进行调优才解决上述问题。2016 年，AlphaGo 的成功、人工智能的深度学习及核心运算技术的快速提升，均是深度学习加速突破的结果。

### （二）技术层

技术层主要包括计算能力、感知能力和认知能力三种。计算能力是指能够存储数据、计算与传递数据的能力。比如神经网络和遗传算法，能够帮助人类存储和处理海量数据，是感知和认知智能的基础。感知能力是指看懂和听懂、通过传感器感知环境并做出少许判断和行动。比如人脸识别摄像头、语音识别系统等，能够帮助人类更为高效地完成“看”和“听”等相关工作。认知能力是能够像人一样思考的能力，比如无人驾驶汽车、自主行动机器人等，可以全面替代人类的部分行动。

人工智能行业正处于从感知智能向认知智能进阶的阶段，前者的部分领域已趋于成熟，后者尚待突破。在基础层的计算资源和数据资源快速提升到一个新台阶的基础上，人工智能已完成了从低阶的计算智能向感知智能跃进的过程，并基于此逐步向认知智能推进。目前在感知层面，部分技术如声音、图像等，基本趋于成熟并具有大规模应用的基础。而认知智能层面，由于该阶段要求的是机器要像人一样去思考、主动行动，其分析判断必然要依赖于感知层的发展成熟度，就像机器模拟人类时，只有眼睛和耳朵仍无法称之为人类。因此，在目前感知层尚未多方位全面攻破的背景下，认知层较难有大幅突破，诸如无人驾驶、全自动智能机器人等仍处于开发中，与大规模应用仍有一定距离。

### （三）应用层

应用层涉及专用应用和通用应用两个方面，其中，专用领域的应用涵盖了目前国内人工智能应用的大多数应用，包括各领域的人脸和语音识别以及服务型机器人等方面；而通用型则侧重于金融、医疗、智能家居等领域的通用解决方案，目前国内人工智能应用正处于由专业应用向通用应用过度的发展阶段。

#### 1. 专用应用

人工智能的专用应用领域比如计算机视觉，动静态图像识别和人脸识别是主要研究方向。图像识别，是计算机对图像进行处理、分析和理解，以识别各种不同模式的目标和对象的技术。识别过程包括图像预处理、图像分割、特征提取和判断匹配。人脸识别，是基于人的脸部特征信息进行身份识别的一种生物识别技术。是用摄像机或摄像头采集含有人脸的图像或视频流，并自动在图像中检测和跟踪人脸，进而对检测到的人脸进行脸部识别的一系列相关技术，通常也叫作人像识别、面部识别。

目前，由于动态检测与识别的技术门槛限制，静态图像识别与人脸识别的研究暂时处于领先位置，其中既有腾讯、蚂蚁金服、百度和搜狗这样基于社交、社交、搜索大数据整合的互联网公司，也有三星中国技术研究院、微软亚洲研究院、Intel 中国研究院这类的传统硬件与技术服务商；同时，类似于 Face + + 和 FaceID 这类的新兴技术公司也在各自专业技术和识别准确率上取得了不错的突破。

### 2. 通用应用

人工智能的通用应用领域有人工智能 + 家居、人工智能 + 医疗、人工智能 + 金融等。其中，人工智能 + 家居简称为智能家居，与家庭机器人不同，智能家居和物联企业的主要着力点在于智能设备和智能中控两个方面。另外，智能医疗领域的研究主要集中于医疗机器人、医疗解决方案和生命科学领域。目前，国内医用机器人的研发水平和普及率相较于国际一线水平仍存在一定的差距，从事企业主要集中于手术机器人和康复机器人两大领域，以新松机器人、博实股份、妙手机器人、璟和技创等企业为代表。在医疗解决方案方面，以腾讯、阿里巴巴、百度和科大讯飞为代表的公司，通过和政府、医疗机构的合作，为脑科学、疾病防治与医疗信息数据等领域提供智能解决方案。而在生命科学领域，研究的着眼点在于以基因和细胞检测为代表的前沿研究领域，代表企业有华大基因、碳云智能和贝瑞和康等。

## 二、人工智能应用产业图

人工智能产业的应用领域十分广泛，重点应用领域有人工智能 +

金融、人工智能+电商零售、人工智能+教育、人工智能+安防、人工智能+个人助理、人工智能+医疗健康、人工智能+自动驾驶等多方面（如图7－2所示）。

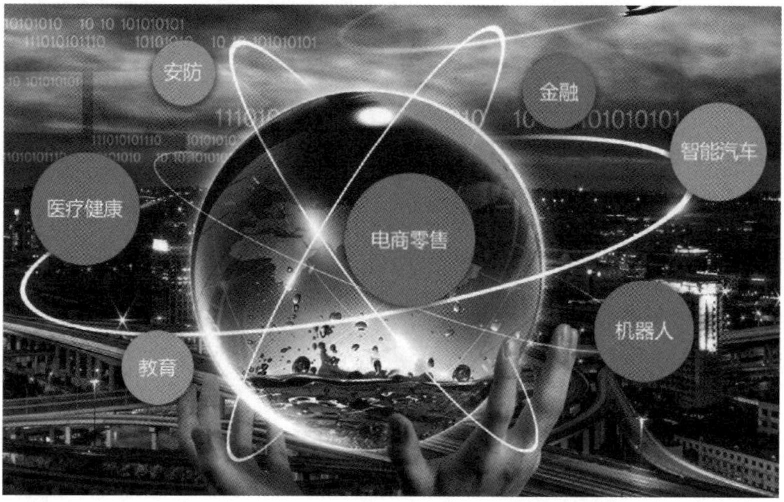


**图7－2　人工智能主要应用领域**

资料来源：北风网［EB/OL］. http：//www. ibeifeng. cn/page/job_ ai. html?。

## （一）人工智能+金融

人工智能在金融领域的应用，主要是通过机器学习、语音识别、视觉识别等方式来分析、预测、辨别交易数据、价格走势等信息，从而为客户提供投资理财、股权投资等服务，同时规避金融风险，提高金融监管力度。主要应用在智能投顾、智能客服、安防监控、金融监管等场景。目前较为领先的国内企业有蚂蚁金服、因果树、交通银行平安集团等，国外企业有 Welthfront、Kensol、以及被 IBM 收购的 Promontory。

## （二）人工智能+电商零售

人工智能在电商零售领域的应用，主要是利用大数据分析技术，智能管理仓储与物流、导购等方面，以节省仓储物流成本、提高购物效率、简化购物程序。主要应用在仓储物流、智能导购和客服等场景中。目前较领先的应用企业有亚马逊、京东、阿里巴巴、梅西百货等。

### （三）人工智能+安防

人工智能智能安防实际上是解决安防领域数据结构化、业务智能化以及应用大数据化的问题。长久以来，安防系统每天都产生大量的图像和视频信息，处理这些冗余信息所需的人力成本较高而且效率非常低。因此，人工智能在安防行业的应用主要依靠视频智能分析技术，通过对监控画面的智能分析采取安防行动。主要应用在智能监控和安保机器人方面。目前较为领先的应用企业有旷视科技、格林深瞳、360、尚云在线等。

### （四）人工智能+教育

人工智能进入教育领域最主要能实现对知识的归类，以及利用大数据的搜集，通过算法为学生计算学习曲线，为使用者匹配高效的教育模式。同时，针对儿童幼教的机器人能通过深度学习与儿童进行情感上的交流。人工智能+教育主要体现在智能评测、个性化辅导、儿童陪伴等场景。目前科大讯飞、云知声等公司在行业中较为领先。然而，在情感陪护机器人方面，尽管国内已有不少企业主打儿童陪伴机器人产品推出，但实质上机器人在情感陪护上仍然未达到令人满意的层次。

### （五）人工智能+医疗健康

人工智能在医疗健康领域的应用，主要是通过大数据分析，完成对部分病症的诊断，以减少误诊的发生。同时，在手术领域，手术机器人也得到了广泛的应用；在治疗领域，基于智能康复的仿生机械肢等也有一定应用。人工智能+医疗健康应用场景主要集中于医疗健康的监测诊断、智能医疗设备等。较知名的企业有华大基因、碳云智能、麻省理工学院的达·芬奇外科手术系统等。

### （六）人工智能+个人助理

人工智能系统在个人助理领域的应用最为成熟，即通过智能语音识别、自然语言处理和大数据搜索、深度学习神经网络，实现人机交互。个人助理系统在接受文本、语音信息之后，通过识别、搜索、分析进行回馈，返回用户所需要的信息。人工智能个人助理目前普遍用于智能手机上的语音助理、语音输入、家庭管家和陪护机器人上。较为知名的应用项目有微软小娜和小冰、苹果 Siri、Google Assistant、Facebook Messenger 的 M 虚拟助手、百度度秘、讯飞输入法、Amazon Echo、叮咚智能音箱、扫地机器人、软银 Pepper 机器人等。

### （七）人工智能+自动驾驶

人工智能在驾驶领域的应用最为深入。通过依靠人工智能、视觉计算、雷达、监控装置和全球定位系统协同合作，让电脑可以在无人类主动的操作下，自动安全进行操作。自动驾驶系统主要由环境感知、决策协同、控制执行组成。目前，自动驾驶在人工智能应用领域中的主要应用场景包括智能汽车、公共交通、快递用车、工业应用等。目前领先的企业主要有谷歌、特斯拉、百度、优步、奔驰、京东、亚马逊等。

## 三、人工智能产业市场规模图

2016 年人工智能被正式列入国家战略，国务院印发的《“十三五”国家科技创新规划》中，人工智能被作为新一代信息技术中的一项列入规划；2017 年全国两会，人工智能首次进入总理的政府工作报告，被列为需要加快培育壮大的新兴战略产业之一，成为行业的风口。

### （一）人工智能产业市场规模

据前瞻产业研究院发布的《2017—2022 年中国人工智能行业市场前瞻与投资战略规划分析报告》显示，2014 年，我国人工智能产业市场规模为 48. 6 亿元；截至 2016 年年底，人工智能产业市场规模已经增长至 95. 6 亿元，年均复合增长率高达 40. 25%。人工智能应用范围的扩大，将带动产业规模高速增长。预计到 2018 年，我国人工智能产业市场规模将达到 203. 3 亿元（如图 7 – 3 所示）。

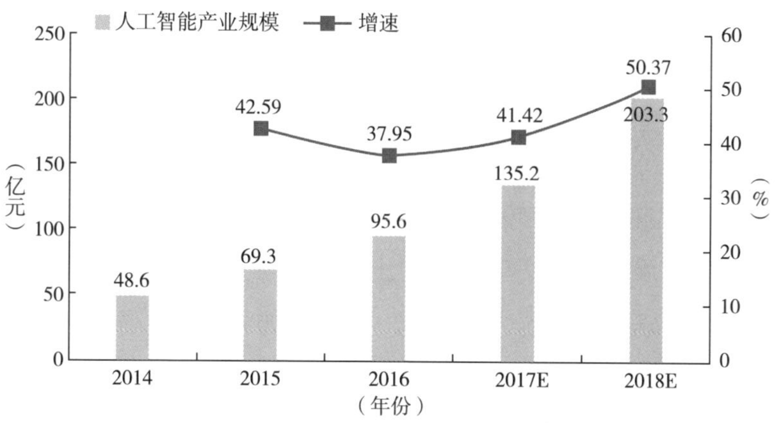


**图 7 – 3　中国人工智能市场规模**

资料来源：前瞻产业研究院．2017—2022 年中国人工智能行业市场前瞻与投资战略规划分析报告［Z］2016 – 12。

与此同时，随着存储、计算、虚拟现实、大数据、人工智能等技术交叉融合，未来数字经济将形成全新的产业生态。2017 年以来，随着我国软件与互联网技术向各行各业的持续深入以及云计算、大数据、物联网等相关产业的不断进步，人工智能产业市场规模将持续扩大，预计人工智能及其相关产业发展增速将超过 40%。从细分行业来看，语音服务相关技术和模型将趋于成熟，围绕智能语音的行业应用将不断加速，市场逐渐打开，成为人工智能产业发展的主要方向。图像处理等计算机视觉技术将随着训练数据的快速累积实现大的突破，而面向各个行业领域的专业化智能服务则将创造出新的市场空间，有望造就新的行业领军者。

### （二）人工智能企业分布

全球人工智能企业数量集中分布在美国、中国、英国等少数国家，三国企业数量占总数的 65. 73%。中国人工智能企业主要集中于北京、广东及长三角（上海、江苏、浙江）一带，约占中国人工智能企业总数的 84. 95%。四川虽然数量不及上述三地区，但明显高于其他省市。

### （三）人工智能产业融资规模

人工智能的发展在短时间内已经上升到了国家战略层面，拥有前所未有的发展空间。艾瑞报告指出，2015 年中国网络经济增长约 33%，规模超过千亿元，这为中国人工智能的发展提供了一定的资金支持。中国人工智能科研投入占 GDP 的 20%，仅次于美国，信息技术投入占“863 计划”15. 5%，是国家重点投入领域。据赛迪研究院预计，到 2018 年，全球人工智能市场规模将达到 2 697. 3 亿元，增长率达到 17%。除谷歌、微软、苹果、英特尔等国际巨头，包括 BAT

三巨头在内的国内科技公司也不断加快在人工智能领域的布局。

与人工智能企业分布相同，美、中、英三国的人工智能产业融资规模为全球最大，但三者之间的规模差距较大。其中，美国达到英国的21.9倍、中国的6.96倍。

全球人工智能领域的融资，自2005年以来，主要集中于种子轮。A、B、C等阶段占比整体呈现缩小趋势，意味着资本进入投资的高潮。2016年之后，A、B轮略有上涨，意味着有优秀企业进入新的发展阶段。具体的2000—2016年全球人工智能领域融资阶段分布如图7－4所示。

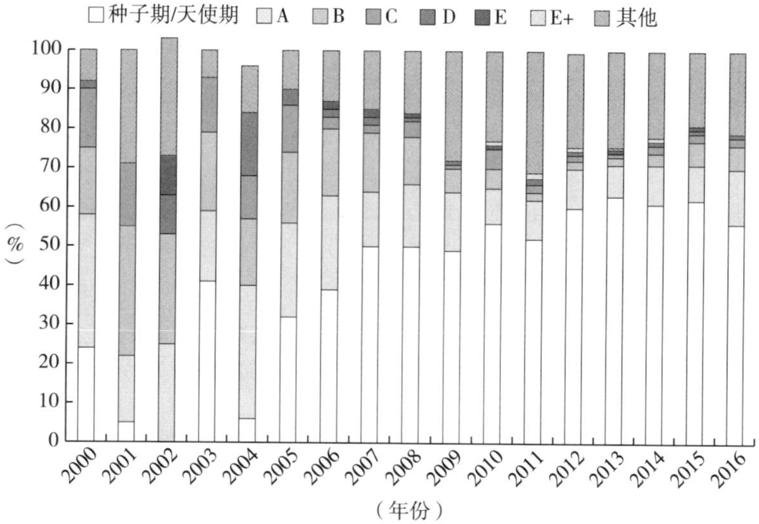


**图7－4　2000—2016全球人工智能领域融资阶段分布**

资料来源：乌镇智库．乌镇指数：全球人工智能发展报告（2016）［Z］2016－11。

## （四）人工智能专利

2016年的《乌镇指数：全球人工智能发展报告》中指出，美国人工智能专利申请数累计达到26 891项，位列全球第一；中国共计

15 745项，位列全球第二。但是自2012年开始，中国专利申请数及专利授权数就超越了美国。自2001年，中国每年新增人工智能专利数增幅激增，申请数、授权数增长了40倍左右；美国整体上保持稳定增长趋势，在2011年开始加速，这与资本开始涌入该领域的节奏相近（如图7－5所示）。

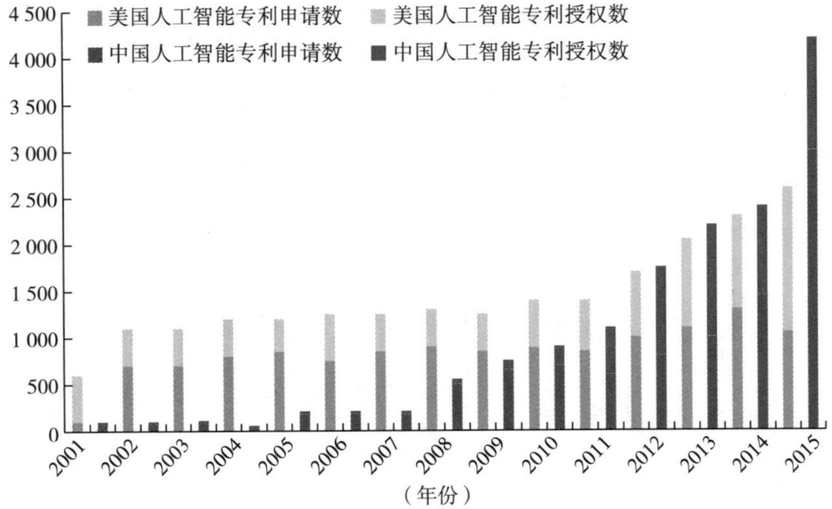


**图7－5　中美人工智能专利数**

资料来源：乌镇智库. 乌镇指数：全球人工智能发展报告（2016）［Z］2016－11。

## 四、人工智能产业发展趋势

随着我国人工智能技术能力的不断提升以及云计算、大数据、物联网等相关产业的协同发展，我国人工智能产业发展正进入突破期，大批的新型产品及服务不断涌现，行业应用持续深化，人工智能不仅成为我国经济创新发展的新动能，更成为助推我国各行各业转型升级的新引擎。从产业发展角度出发，未来我国人工智能产业将呈现出以下五个主要发展趋势。

## （一）政策体系加速完善

一直以来，我国高度重视人工智能技术创新和产业发展，当前随着全球人工智能产业的快速成长，一些主要发达国家纷纷出台人工智能相关战略文件，力争在新的科技浪潮中抢占制高、规避风险。美国、英国等相继出台了《国家人工智能研究和发展战略计划》等报告，不断完善人工智能顶层设计。我国也围绕《中国制造 2025》和“互联网 +”行动计划出台了一系列支持人工智能技术创新和产业发展的政策文件，如 2016 年 5 月由国家发改委、工信部等多部委联合发布的《“互联网 +”人工智能三年行动实施方案》等。在国务院发布的《“十三五”国家战略性新兴产业发展规划》中，也提到要培育人工智能产业生态，促进人工智能在经济社会重点领域推广应用。

2017 年 7 月，国务院发布了《新一代人工智能发展规划》，分析了人工智能的战略态势，提出进一步发展的具体要求，并对重点任务、资源配置和保障措施等进行部署，政策支撑力度进一步加强。一方面，借鉴美国、英国等国家的人工智能国家战略，预计我国也将发布聚焦于人工智能的国家战略文件，对未来人工智能技术和产业发展制定顶层设计；另一方面，科技部、国家发改委、工信部等相关部门也将有望发布人工智能相关的政策文件，从技术研发、产业培育等角度做出具体的部署，实施一批大型项目。此外，围绕标准、安全等特定议题，相关的政策研究与制定也将有望取得积极进展。

## （二）产业生态圈加速形成

人工智能产业和工业式的产业完全不同，是一种积木式创新。所有的人工智能企业可以进行分工协作、协同创新，共同推动人工智能产业发展。人工智能产业链主要由基础层、技术层和应用层构成。上游到下游、下游到上游、中间到两端这三种模式正从不同路径共建人工智能产业生态。上游到下游模式，有传统的芯片公司英特尔发展人工智能算法，科大讯飞发展人工智能产品。中间到两端模式，有谷歌公司开源的平台研制了 CPU 算法，又有一系列的重要应用。很多龙头企业正在从本端开始向其他端口进行拓展，这样的拓展有分工也有合作。2016 年 10 月，美国最重要的人工智能企业，包括谷歌、脸书等企业形成人工智能产业联盟，它们游说国家进行人工智能立法工作，使我们看到人工智能生态依托联盟协作正成为最重要的发展趋势。

中国也将形成全球最具吸引力的人工智能生态环境。传统科技巨头百度、阿里巴巴和腾讯目前在人工智能领域处于领先地位。在它们之后，国内还有上百家创业公司正在人工智能的各个方向探索新技术。目前，语音和计算机视觉是国内人工智能市场最热门的两个方向，分别占据 60% 和 12% 的市场。另外，传统行业的公司也在积极引入人工智能，以降低自己的运营成本。艾瑞咨询在一份调查报告中表示：中国的人工智能市场将在 2020 年达到 91 亿美元的规模，这意味着在未来几年内，每年的增长速度都将达到 50% 。在人工智能的影响下，新的细分领域将会出现（如无人机和智能机器人），传统行业（如家电、汽车和玩具）也将发生深刻的变革。

## （三）行业应用持续深入

当前，我国人工智能产业发展的基础条件已经具备，未来 10 年内都将是人工智能技术加速普及的爆发期。人工智能具有显著的溢出效应，将带动其他相关技术的持续进步，助推传统产业转型升级和战略性新兴产业整体性突破。

2017 年，人工智能技术有望在农业、工业、服务业等多个领域催生新的应用模式和产品。在农业领域，人工智能将为农作物的生产提供更加智能化的辅助手段，其作用将贯穿从种植、灌溉到收获等生产全流程。人工智能将有助于实现自动化、智能化的灌溉模式，提高灌溉效率，减少水资源浪费。在工业领域，人工智能将应用到生产、制造的多个环节中，改进现有的制造控制和管理体系。全自动生产线将大幅提高产品的制造效率和质量，减少人力投入，并易于实现个性化定制等新型制造模式。在服务业领域，人工智能技术的应用场景更加多样，涵盖教育、金融、交通、医疗、文体娱乐、公共管理等多个领域。如在医疗领域，智能临床决策支持系统将有助于提高临床诊断的准确度和效率，大幅提高医疗服务水平。

### （四）关键技术取得突破

当前，人工智能受到的关注度持续提升，大量的社会资本和智力、数据资源的汇集驱动人工智能技术研究不断向前推进。从发展层次来看，人工智能技术可分为计算智能、感知智能和认知智能三大部分。当前，计算智能和感知智能的关键技术已经取得较大突破，人工智能应用条件基本成熟。但是，认知智能的算法尚未突破，前景仍不明朗。

2017 年以来，随着智力资源的不断汇集，人工智能核心技术的研究重点逐步从深度学习转为认知计算，即推动弱人工智能向强人工智能不断迈进。一方面，在人工智能核心技术方面，在百度等大型科技公司和北京大学、清华大学等重点院校的共同推动下，以实现强人工智能为目标的类脑智能有望率先突破；另一方面，在人工智能支撑技术方面，量子计算、类脑芯片等核心技术正处在从科学实验向产业化应用的转变期，以数据资源汇集为主要方向的物联网技术将更加成熟，这些技术的突破都将有力推动人工智能核心技术的不断演进。

### （五）影响作用大幅加强

从产业发展的视角来看，互联网、基础软件、人工智能都具有相似性，其价值的体现不仅包含自身产业发展带来的经济增量，还包括对其他行业发展的支撑价值。随着人工智能产品和服务的不断涌现，人工智能所带来的经济社会价值也将持续释放。未来伴随着人脑仿生计算、虚拟助手、机器人、虚拟现实及增强现实技术的开发和应用，人工智能技术将嵌入到更多的机器人与终端设备中，改变人们的生产方式和生活方式，深刻影响经济社会发展。其中，服务机器人将越来越多地应用于人类生产生活中，在为人们生活提供便利的同时，将在儿童、老人、病人、残障人士的生活中扮演重要的角色。军用机器人将广泛应用于军事和国防科学技术研究与生产，以辅助军人进行情报收集、协调作战、战争防御等。智能家居将改变家庭娱乐、教育、消费的方式，为人们创造更为智能化的家庭生活。可穿戴设备的发展将推动虚拟世界与物理世界相互融合，全面提升人们的娱乐、教育、通信的体验水平。

## 第三节
## 人工智能案例

### 一、AlphaGo：最强大的围棋棋手[①]

---

AlphaGo 是由英国 Google DeepMind 公司开发的围棋人工智能程序，被业界称为有史以来最强大的围棋棋手。DeepMind 公司于 2010 年由杰米斯·哈萨比斯（Demis Hassabis）博士、沙恩·莱吉（Shane Legg）博士和穆斯塔法·苏雷曼（Mustafa Suleyman）共

---

① 资料来源于搜狐网（http://www.sohu.com/a/143340993_618721）。本书在收编时对 AlphaGo 的三大“武器”进行总结与汇编。

同创立。2014 年，DeepMind 被谷歌以 4 亿美元收购。同年，AlphaGo 项目诞生，开始一步步向围棋游戏的巅峰发起挑战。

---

2017 年 5 月 23 日，千年水乡乌镇迎来一场举世瞩目的围棋峰会。在为期一周的峰会中，世界第一围棋人工智能 AlphaGo 与中国围棋职业九段棋手柯洁对弈三场，并最终以 3∶0 的战绩大获全胜。在一局围棋中，平均每一步的下法大约有 200 种可能，棋盘上可能出现的局面总数到了远大于宇宙中原子总数的地步。因此，通过暴力穷举手段预测所有的可能情况并从中筛选中最优势走法的思路，并不适用于围棋人工智能。支撑 AlphaGo 提高棋力、打败人类选手的“秘诀”有三个：深度神经网络、监督强化学习、蒙特卡罗树搜索。

深度神经网络是包含超过一个认知层的计算机神经网络。对于人工智能而言，世界是被用数字的方式呈现的。人们将人工智能设计出不同的“层”，来解决不同层级的认知任务。这种具备许多“层”的神经网络，被称为深度神经网络。AlphaGo 包含两种深度神经网络：价值网络和策略网络。价值网络使得 AlphaGo 能够明晰局势的判断，左右全局“战略”，抛弃不合适的路线；策略网络使得 AlphaGo 能够优化每一步落子，左右局部“战术”，减少失误。两者结合在一起，使得 AlphaGo 不需要过于庞大的计算也能够走出精妙的棋局，就像人类一样。

监督学习和强化学习是机器学习方式的不同种类。监督学习是指机器通过人类输入的信息进行学习，而加强学习是指机器自身收集环境中的相关信息做出判断，并综合成自己的“经验”。在初始阶段，AlphaGo 收集研究者输入的大量棋局数据，学习人类棋手的下法，形成自己独特的判断方式。之后，在不计其数的自己与自己的模拟对弈，以及每一次与人类棋手的对弈中，AlphaGo 都能并根据结果来总结并生成新的范式，实现自我提高。

最后，蒙特卡洛树是一种搜索算法。人工智能在利用它进行决策判断时，会从根结点开始不断选择分支子结点，通过不断的决策使得游戏局势向人工智能预测的最优点移动，直到模拟游戏胜利。人工智能每一次的选择都会同时产生多个可能性，它会进行仿真运算，推断出可能的结果再做出决定。

依赖于上述三大“武器”，AlphaGo 成为目前人类制造出来的最为优秀的围棋人工智能。连败人类棋手的胜绩就是明证。但除了它之外，世界各国也开发过不同的游戏人工智能，向围棋这一智力上的“绝对领域”发起挑战。法国研发的狂石（Crazy Stone），日本研发的天顶（Zen）都曾是这一领域的翘楚。它们都曾经给人类造成过威胁，但从未像 AlphaGo 一样将顶级的人类棋手打得一败涂地。在 AlphaGo 一举走红之后，人工智能界对人工智能的研发热情空前高涨。

AlphaGo 是一个标志。它的诞生，意味着人们对人工智能的探索已经到达了一个新的阶段。造就 AlphaGo 的学习模式，将被推广到各种领域，譬如面孔识别、语音识别等。造就 AlphaGo 的核心技术，也许还能在其他领域同样地帮助我们。

## 二、WaveNet：全新语音合成系统①

WaveNet 是 Google DeepMind 团队研发的一款极具竞争力的全新语音合成系统，由深度神经人工智能做后盾，能够模仿人类的声音。

① 资料来源于机器之心网（https://www.jiqizhixin.com/articles/2016-09-12-2）。本书在收编时对 WaveNet 的技术、效果及应用进行归纳和总结。

你是否想过，有一天跟Siri对话时，它可以拥有你的朋友或家人一样的声音，而不再是冷冰冰的机器声音。这就是Google DeepMind团队研发的一款极具竞争力的产品WaveNet，一个由深度神经人工智能做后盾的全新语音合成系统。

2016年9月，Google的DeepMind团队公布了其在语音合成领域的最新成果WaveNet。它是一种原始音频波形深度生成模型，能够模仿人类的声音，生成的原始音频质量优于目前常用的参数化合成（Parameric TTS）与拼接式合成（Concatenative TTS）的语音合成方法。

参数化语音合成是最常用也是历史最悠久的方法，是指利用数学模型对已知的声音进行排列、组装成词语或句子来重新创造声音数据。当前机器人的发音主要就是采用这种方法，不过参数化合成的语音听起来总是不自然，真的就像机器发出的声音。另外一种就是拼接式语音合成，先录制单一说话者的大量语音片段，建立一个大型语料库，然后简单地从中进行选择并合成完整的大段音频、词语和句子。我们有时会听到机器模仿某些明星的声音，其背后技术就是这种方法。但是这种方法要求语料库非常大，而且处理不好就经常产生语音毛刺和语调的诡异变化，并且无法调整语音的抑扬顿挫。

WaveNet则引入了一种全新的思路，区别于上面两种方法，这是一种从零开始创造整个音频波形输出的技术。WaveNet利用真实的人类声音剪辑和相应的语言、语音特征来训练其卷积神经网络，让其能够辨别语音和语言的模式。WaveNet的效果是惊人的，其输出的音频明显更接近自然人声。concatenati和parametric是谷歌目前最好的文本转语音系统，在英语和普通话上，WaveNet超过了这两大系统，将机器水平与人类水平的差距减少超过50%（如图7－6所示）。

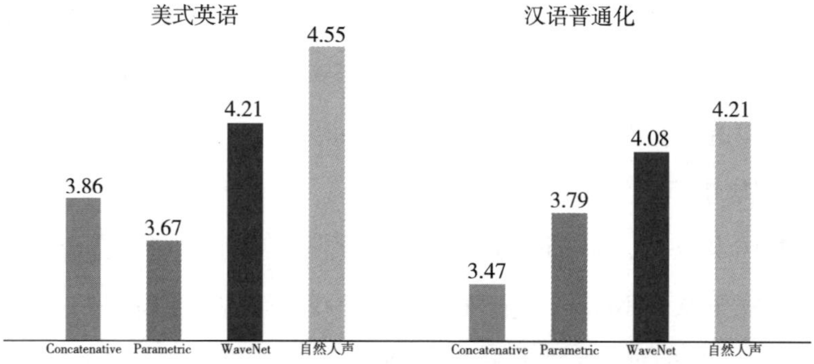


**图 7－6 Wavenet 中英文语音水平**

资料来源：机器之心．DeepMind WaveNet，将机器合成语音水平与人类差距缩小 50% ［EB/OL］．https：//www. jiqizhixin. com/articles/2016－09－12－2，2016－09－21。

WaveNet 通过实际产生的声波而非语言本身，将文本转换成声音。该系统通过神经网络来模拟人脑，直接用音频的原始波形建模。这背后来自每秒高达 16 000 个样本波形的强大数据库的支持。此外，每一个样本都需要基于之前的样本来建立对于声波样式的预测。WaveNet 技术最大的缺点就是计算量太大，但是从公开的论文来看，其中的细节还都存在很多优化方法。事实上，一旦新的思路和模型确定，计算优化只是工程问题，这在自然语音合成方面是一个重大的突破，也在业界引起了广泛的讨论。

在人工智能领域，尽管人们似乎一直以来对语音识别更有兴趣，而冷淡了计算机语音合成。但为各大科技公司都不放过的，是应用越来越普遍的人机交互技术。亚马逊、苹果、微软和谷歌的母公司 Alphabet 等公司都投入了个人数字化助手同客户进行互动，希望有朝一日能够实现人类和机器自然地对话。而 Wavenet 系统在重视人机交互的同时，希望能够通过分析一切声音模式，而不仅仅是说话，合成自己的声音。进而在没有输入的情况下也能自行合成语音。

Wavenet 是自然语音合成技术中的一个里程碑，它为多种语音工具提供了更广阔的发展空间，并为一切声音模式开辟了新天地。随着计算量问题的解决，这一系统将会被广泛地应用到各类工具之中，将为语音合成领域带来翻天覆地的变化。

## 三、沃森医疗：人工智能医生①

沃森医疗人工智能系统是日本东京大学医学研究院的科学家通过 IBM 公司研发的。 它曾仅用不到 10 分钟的时间就判断出一名 60 岁女性患有罕见的白血病，并向研究人员提出治疗方案，为这名女性的康复做出重要贡献。

在人工智能率先进入的应用领域中，医疗无疑是最先抢闸的领域之一。无论是医疗诊断、医疗手术，还是临床决策的辅助，都取得了一系列人工智能的初步应用成果。“沃森”是自 2007 年开始，由 IBM 公司的首席研究员大卫·费卢奇（David Ferrucci）所领导的 DeepQA 计划小组开发的人工智能系统，它是 20 多名 IBM 研究员四年心血的结晶，并以 IBM 创始人托马斯·J·沃森（Thomas. J. Watson）的姓命名。几十年的丰富研究经验和深度学习，使“沃森健康”成为家族中最为成熟的产品，2012 年“沃森健康”甚至通过了相当于美国执业医师资格评定标准的考试。

在已经形成的“沃森健康”产品线中，“沃森肿瘤”成为全球医疗领域人工智能最领先的产品，美国癌症协会也正在利用 Watson 技术挖掘相关数据，以期为肿瘤患者提供个性化的治疗。“沃森肿瘤”拥有极强的学习能力，目前已经储存并学习了 MSKCC（纪念斯隆凯

① 资料来源于搜狐网（http://www. sohu. com/a/130743054_ 114800）。本书在收编时对沃森的产品、功能及未来发展进行整理和汇编。

特琳肿瘤中心）及美国几十家医疗机构的大量肿瘤病例、超过 300 种医学专业期刊、超过 200 本肿瘤专著、超过 1 500 万的论文研究数据，以及基于 NCCN 的癌症治疗指南和 MSKCC 在美国 100 多年癌症临床治疗实践经验等。2015 年 7 月，沃森肿瘤医生进入商用以来，已覆盖肺癌、乳腺癌、直肠癌、结肠癌、胃癌和宫颈癌等多个治疗领域。

“沃森”是认知计算领域的杰出代表，在一定程度上它代表了一个新的技术革命时代的来临，它包含信息分析、自然语言处理和自我学习领域的大量技术创新，能通过云计算分析大量的数据，解读复杂的问题，并提出基于证据的决策建议和答案。“沃森”通过自然语言理解技术，具备卓越的处理结构化与非结构化数据的能力，以及强大的理解能力、极强的智能逻辑思考能力，可以进行推理、分析、对比、归纳、总结和论证，获取深入的洞察以及决策的证据。同时，以证据为基础的学习，使其能从大数据中快速提取关键信息，像人类一样拥有优秀的学习和认知能力，并从交互中学习经验优化模型，不断进步。

如今，人工智能在医疗领域在加速发展，它可以为患者识别风险、提供个性化的护理计划和自我管理机制、优化医疗流程等。疾病诊断是一个复杂的过程，需要综合患者个人行为、习惯、心理因素等等信息来做出判断，对于患者而言（尤其是癌症患者），早期发现病灶显得更为重要。人工智能还可以基于个人的基因信息产生更多的思考，通过对海量数据进行分析，提供更好的建议来改变个人的生活习惯，成为人类真正的健康管家。但是，也有一些人对人工智能在医疗方面的应用保留怀疑态度。在健保领域的大数据预示着，病人的病例和其他私人信息可能被用于训练人工智能进行诊断。在自我保护意识不断增强的今天，人们对私人数据的使用方式日益敏感，期望实行更严格的伦理、管理、隐私和安全标准。

## 四、Unanimous A. I.：集群人工智能①

Unanimous A. I. 是一家位于斯坦福的人工智能创业公司，主打技术是集群人工智能，主要产品有针对商业的 Swarm Insight 和针对大众的 UNU。利用这一技术，Unanimous A. I. 可以集合人们一起制定群体决策，比如对选举或者大赛的结果进行预测。

2017 年 5 月，基于群集智能的 AI 系统——Unanimous A. I. 的集群人工智能正确地预测了马克龙当选法国总统。集群人工智能这种技术最早产生于 1989 年，是通过人工智能算法将个人预测转变为群体预测的方法。它源于人们对蚂蚁、蜜蜂等为代表的社会性昆虫的群体性行为的研究，属于人工智能领域一种对群体行为的预测算法。

集群人工智能技术是以“协同”的思想为核心，其原理在于网络参与人员通过一个协同服务器以及多个计算设备，就某一问题发表自己的倾向性意见，随后该结果由各个计算设备发送到协同服务器进行处理和分析，并最终得出预测结论。该技术手段包含两方面内容：一是参与人员可实时修改自身的倾向性意见；二是协同服务器可重复接收各计算设备新发送来的意见并再次做出判断，从而得出新的预测结论。

然而，该技术虽然成功预测了本届法国总统人选，但其在预测特朗普和希拉里的美国总统大选“对决”时却出现错误。由此可见，集群智能技术是通过计算概率得出预计结果的，具有一定的随机性。由于每个国家的国情不同，集群智能测算的方式也有所不同。美国的预测

① 资料来源于 IT168 网（http://tech.it168.com/a2016/0301/2496/000002496421.shtml）。本书在收编时对集群人工智能的原理、技术及应用进行整合和归纳。

是以州为测算模块，根据每个模块的调查比例，通过概率叠加的方式得出预测结果，因此出现了误差。同时，美国大选还受到一些突发事件和新闻的诱导，影响了测算结果的准确性。而法国是以整个国家为测算模块，随机性事件较少，系统幅度波动较小，从而预测的准确性相对较高。此外，集群人工智能技术还与大数据的收集和算法紧密相关，目前全球在人工智能领域的技术还无法达到100%的准确率，其中一部分尖端技术尚未突破。另外，网络参与投票者的知识互补，以及心理变化等因素的共同影响及其时效性，也是造成预测结论误差的原因之一。

集群人工智能技术的应用领域较为广阔，从社会层面来看，它可广泛用于商业预见、群体消费、医疗、教育、交通等方面；从国国家层面看，由于集群人工智能技术融入了人类的价值观和感情，它有助于国家更全面地掌握人口发展情况，以及人们对社会的发展意愿、理念和方向等。相信随着我国对集群人工智能技术的全面应用，它将在医疗会诊、商业决策、技术研发等领域发挥积极的作用。

目前来看，集群智能还存在一定的缺陷，毕竟人的思想并不能简单地叠加，三个臭皮匠加起来也并不一定就能比得上诸葛亮，但是集群智能仍然给我们开启了一个新的方向。而且随着人工智能技术的进一步发展，以及更多的人参与到这个项目中，未来说不定能够更好地利用集体智慧，帮助公司或者政府做出更好的决策。

## 五、华为海思：全球首款人工智能芯片①

---

麒麟970芯片是华为海思推出的一款采用了台积电10nm工艺的新一代芯片，这也是全球首款内置独立神经网络单元的智能

---

① 资料来源于搜狐网(http://www.sohu.com/a/169147136_289340)。本书在收编时对麒麟970的产品及技术介绍等内容进行相应的归纳和整合。

手机人工智能计算平台。作为最新一代产品，麒麟 970 继承了此前的领先技术，CPU 能效提升了 20%，并且能效比提升了 50%，凸显了华为在人工智能领域的领先性。

---

2017 年 9 月 2 日，在德国柏林国际消费类电子产品展览会上，华为发布人工智能芯片麒麟 970。华为的新款芯片麒麟 970，为即将推出的旗舰机型 Mate 10 和其他高端手机提供更快的处理速度和更低的功耗。

芯片是手机的大脑。麒麟 970 芯片最大的特征，是设立了一个专门的人工智能硬件处理单元神经元网络，用来处理海量的人工智能数据。以往的手机芯片普遍是以中央处理器、图形处理器或数字信号处理为核心的传统计算架构，但这种架构难以支持人工智能海量数据计算。为此，麒麟 970 中单设了一个专门的人工智能硬件处理单元，为中央处理器、图形处理器等架构减负，目的是提高应用效率和降低能耗。

据华为官方介绍，华为麒麟 970 首次集成神经元网络采用了人工智能移动计算架构，其人工智能性能密度大幅优于中央处理器和图形处理器。相较于四个 Cortex－A73 核心，在处理同样的人工智能应用任务时，麒麟 970 新的异构计算架构拥有大约 50 倍能效和 25 倍性能优势。这意味着，麒麟 970 芯片可以用更高的能效比完成人工智能计算任务。例如，在图像识别速度上，可达到每分钟约 2 000 张，远高于业界同期水平。

麒麟 970 是华为消费者业务的人工智能战略之一。麒麟 970 发布后，华为终端营销会把人工智能作为突出卖点，并且围绕人工智能开始构建生态。在人工智能时代，理想的状况是智能终端将变成人的助手，真正实现“知你”“懂你”“帮你”。这就要求人工智能技术不断演进，不仅是被动响应用户的需求，更能够主动感知用户状态和周边环境，并形成提供精准服务的全新交互方式。

## 六、浙江大学：探索混合智能[①]

---

浙江大学的团队主要围绕脑机融合，研究该系统里的体系结构以及脑和机交互两个科学问题。混合智能是以生物智能和机器智能的深度融合为目标，通过相互连接通道，建立兼具生物智能体的环境感知、记忆、推理、学习能力和机器智能体的信息整合、搜索、计算能力的新型智能系统。

---

近年来，我们在国家“973”计划“脑机融合感知和认知的计算理论与方法”的支持下，聚焦于生物与机器感知、行为层的融合，借助脑机接口技术，通过研究其中感知－运动整合过程中大脑信息的输入输出表征与编解码、混合智能基本融合框架的设计与构建、感知与行为层的双向闭环脑机融合技术等，探索了混合智能的行为与感知增强。

以脑机接口为代表的神经技术突破使得脑与计算机之间的结合越来越紧密，脑机融合及其一体化已成为未来计算技术发展的一个重要趋势。研究生物脑与人工智能深度融合并协同工作的新型智能系统，是当前人工智能与脑认知科学交叉领域面临的重要课题，在神经康复、生物机器人等关系到国计民生和国家安全的领域具有重大的应用需求。

混合智能系统要构建一个双向闭环的既包含生物体，又有人工智能电子组件的有机系统。其中，生物体组织可以接受人工智能体的信息，人工智能体可以读取生物体组织的信息，两者的信息无缝交互。

---

① 资料来源于搜狐网（http://www.sohu.com/a/127377810_ 505819）。本书收编时根据吴朝晖在2016中国（杭州）人工智能产业发展论坛上的报告《混合智能：概念、模型及新进展》对混合智能技术、系统构成和应用进行整合。

同时，生物体组织对人工智能体的改变具有实时反馈，反之亦然。混合智能系统不再仅仅是生物与机械的融合体，而是同时融合生物、机械、电子、信息等多领域因素的有机整体，实现系统的行为、感知、认知等能力的增强。

浙江大学从混合智能的计算体系角度，围绕感知增强、认知增强及闭环交互三个角度展开研究与探索。具体而言，分别研制了视听觉增强的大鼠机器人、学习增强大鼠机器人，以及癫痫预测－抑制大鼠闭环系统，同时还研制了混合智能的软硬件支撑平台 Cyborgware。

随着信息技术、神经科学、材料科学等的快速发展，计算嵌入到生物体并与之无缝融合，将成为未来计算技术的一个重要发展趋势。混合智能即在此背景下探索生物智能与人工智能的深度协作与融合，其有望开拓形成一种非常重要的新型智能形态。作为一个新兴的研究方向，混合智能不管是在理论上还是技术上，都尚有很多方面亟待进一步研究与探索。

# 第八章
# 区块链产业：信任的机器

区块链是随着比特币等数字加密货币的日益普及而逐渐兴起的一种全新的去中心化基础架构与分布式计算范式。“区块链”作为伴随比特币产生的概念，其所承载的意义，远远超出了加密货币，引起政府部门、金融机构、科技企业和资本市场的高度重视与广泛关注。区块链最核心的能力是能够在互不信任、没有中立中央机构的情况下，做到互相协作。也就是说，区块链相当于一台创造信任的机器，极大地降低了交易等活动的成本。

## 第一节
## 认识区块链技术

### 一、从比特币看区块链

一般认为比特币是一位网名为中本聪（Satoshi Nakamoto）的人提出的。他认为，互联网上的贸易几乎都要借助金融机构作为可资信赖的第三方来处理电子支付信息，但这类系统仍然内生性地受制于“基于信用的模式”的弱点。因此，他希望能创建一套基于密码学原理而不是基于信用，使得任何达成一致性的双方能够直接进行支付，从而不需要第三方中介参与的电子支付系统。

2008 年 11 月 1 日，中本聪在一个隐秘的密码学讨论组内贴出一篇名为《比特币：一个点对点的电子现金系统》（*Bitcoin*：*A Peer - to - Peer Electronic Cash System*）的研究报告，阐述其对电子货币的新构想，并着手开发比特币的发行、交易和账户管理系统。2009 年 1 月 3 日，该系统开始运行，中本聪随即构造出第一个区块链“创世区块”，最初的 50 个比特币就此宣告问世。

比特币的诞生，意味着一种新型的、去中心化的、无固定发行方的数字货币诞生。比特币的诞生向世界引入了两种未经测试的革命性的新概念：第一种是一种去中心化点对点的网上货币概念，其能在没有任何资产担保、内在价值或者中心发行者的情况下维持价值；第二种是基于工作量证明的区块链概念，使得人们可以就交易顺序达成共识。

通过多年的比特币实践，区块链技术的成熟度与安全性得到长足进步，因此拥有更为广阔的应用与发展空间。从狭义来讲，区块链是一种按照时间顺序将数据区块依顺序相连的方式组合成的一种链式数据结构，并以密码学方式保证其不可篡改和不可伪造的分布式账本；从广义来讲，它是利用块链式数据结构来验证与存储数据、利用分布式节点共识算法来生成和更新数据、利用密码学方式保证数据传输和访问安全、利用由自动化脚本代码组成的智能合约来编程和操作数据的一种全新的分布式基础架构与计算范式。区块链技术被认为是互联网发明以来最具颠覆性的技术创新。

## 二、简说区块链发展史

区块链提供了一种去中心化的、无须信任积累的信用建立范式。

其本质上是一个对等网络（peer - to - peer）的分布式账本数据库，交易信息被存储为 flatfile，或存储在一个简单数据库中。区块链通常被视为一个垂直的栈，第一个区块作为栈底的首区块，随后每个区块都被放置在其他区块之上。我们可以使用一些术语，比如“高度”来标识区块与首区块之间的距离，以及用“顶部”或“顶端”来标识最新添加的区块。区块与区块之间通过对区块头进行 SHA256 加密哈希，生成一个哈希值进行连接。通过该哈希值，可以识别出区块链中的对应区块。每一个区块都可以通过其区块头的“父区块哈希值”字段引用前一个区块（父区块），也就是说，每一个区块都包含其父区块哈希值。把每个区块连接到各自父区块的哈希值序列，就创建了一条一直可以追溯到第一个区块（创世区块）的链条。

区块链起源于比特币，随着应用场景的不同而有不同架构。在《区块链：新经济蓝图及导读》一书中，作者梅兰妮·斯万（Melanie Swan）提出了一个按区块链应用范围和发展阶段来进行划分的概念，将区块链分为 1.0、2.0 和 3.0 三个发展阶段（如图 8 - 1 所示）。区块链 1.0 的典型应用是比特币，比特币是第一个解决“双花”问题（货币被重复使用和记录的问题）的去中心化虚拟货币系统。区块链 2.0 是为解决“区块链 1.0 架构主要围绕虚拟货币，应用虚拟货币以外的应用场景存在局限”问题提出的新型可编程的分布式信用基础架构。区块链 2.0 不仅仅把区块链作为一个去中心化的虚拟货币和支付平台，而是通过增加链上的扩展性功能，把区块链的技术范围扩展到支撑一个去中心化的市场，支持智能合约，应用场景包括房产的契约、知识产权、艺术品等。此外，梅兰妮·斯万把超越货币、金融范围的区块链应用归为区块链 3.0。从定义上可以看出，区块链 3.0 支持行业应用，具有企业级属性，安全性更为突出，且具备图灵完备的智能合约支持，以及对网络和共识算法的性能、每秒交易数（TPS）都有比较高的要求。

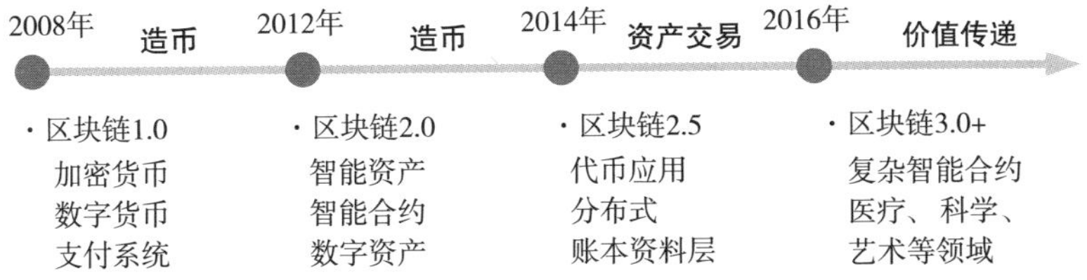


**图8－1　区块链发展阶段图**

资料来源：梅兰妮·斯万．区块链：新经济蓝图及导读［M］．新星出版社，2015。

## 三、剖析区块链信任机制

本质上，区块链是一种高度可信的数据库技术，提供了一种在不可信网络中进行信息与价值传递交换的信任机制。

传统意义上的“信任”的来源可以是多样的，包括熟人关系、权威、权力、口碑效应等。而互联网的出现在为信息传递搭建便利通道的同时，其所具有的平民化、陌生人化等特色大大削弱了传统信任的源泉要素，海量的信息与数据也使任何机构难以依靠一己之力构建一个让大众信任的安全平台，信任机制的缺失成为互联网社会存在的痛点之一。那么，区块链技术是如何实现“信任”，从而促进信息互联网到价值互联网转变的呢?

简单地说，区块链建立了一个由无数独立且自主管理的计算机构成的账本网络，每一笔交易的发生都得到认证和记录，可以被任何第三方查验，交易的历史记录不断累积在区块链体系中。分布账本的加密方式使得任何人要篡改数据需要更改几乎全网数据而无法承担这样的成本。区块链是一个互联的大账本，任何人都可以加入进行点对点交易，登记价值、储藏价值、交换价值和交易增值。具体的，区块链信任机制的实现需要以下几类技术的支持。

## （一）分布式账本技术

当前使用的商业账本往往存在效率低下、成本高、不透明且容易发生欺诈和滥用等问题。这些问题源于集中化的、基于信任的第三方系统，如金融机构、票据交换所以及现有制度安排下的其他中介。这些集中化的、基于信任的账本系统会给交易结算带来瓶颈和障碍：缺乏透明性，而且很容易发生腐败和欺诈，并导致争议；解决争议、逆转交易或提供交易保险的成本很高；每个网络参与者自己系统上的商业账本副本都是不同步的，会导致因为临时、错误的数据而制定错误的商业决策。因此，要重建一套可行的信任机制，去权威化或去中心化是需解决的首要问题。

分布式记账技术凸显了“去中心化”的特点，交易记账由网络中多个参与者集体进行校验和维护，由分布在不同地方的多个节点共同完成，而且每一个节点记录的都是完整的账目，因此它们都可以参与监督交易合法性，同时也可以共同为其作证。一方面，不同于传统的中心化记账方案，没有任何一个节点可以单独记录账目，从而避免了单一记账人被控制或者被贿赂而记假账的可能性；另一方面，由于记账节点足够多，理论上讲除非所有的节点被破坏，否则账目不会丢失，从而保证了账目数据的安全性。

去中心化对等区块链网络可阻止任何单个或一组参与者控制底层基础架构或破坏整个系统，让链条上的每个环节可以彼此独立，让以权力和权威为支撑的中心体系瓦解，从而为无中心合作提供了网络和制度设计。但与此同时，在去中心化以后，整个系统中没有了权威的中心化代理，信息的可信度和准确性便会面临问题。作为整个信息链条上的一环，我们无法确认信息来源是否可靠，也无法确认信息是否传递给可靠的人，而当信息链的规模越大时，信任的难度就越大。针对这一问题，区块链采取去信任化（Trustless）的方式，即参与整个系统中的每个节点之间进行数据交换是无须信任积累的，不要求每个使用者都是值得信任的，而是通过整个系统运作规则设定，保证节点之间无法实现欺骗其他节点。

### （二）加解密技术

区块链要想实现自身的去信任化，首先需采取加解密技术保证存储信息的安全、完整，需要采用密码学的方法来保证已有数据不可篡改。这一部分包含两个核心要点：密码学哈希函数和非对称加密技术。其中，密码学哈希函数能确保交易输入的任何改动都会计算出一个不同的哈希值；非对称加密技术则能确保交易源自发送方而不是冒名顶替者。

密码学哈希函数是一类诸如 $Y=H(X)$ 的数字函数，可以在有限合理的时间内，将任意长度的消息压缩为固定长度的二进制串，其输出值被称为“哈希值”或“散列值”，用于实现数据完整性和实体认证。哈希函数中，有 $X$ 可以很容易算出 $Y$，但有 $Y$ 不可能算出 $X$，不可能找到另一个 $X'$ 使得 $H(X')=Y$，即使 $X$ 和 $X'$ 相差很小，$H(X)$ 和 $H(X')$ 也完全不相关。如此，密码学哈希函数便确保了篡改过的数据完全不可能通过哈希校验。区块链中，交易数据被填写在区块里，除第一个随意填写的创世区块外，从第二个区块开始，每个区块的第一部分中都有前一区块的哈希值。此外，区块链中的每一笔交易数据都是不可被篡改的。

非对称加密作为一种密钥的保密方法，通常采用的是椭圆曲线算法，其特殊之处在于为每个用户分配一对密钥：公开密钥（Public Key）和私有密钥（Private Key）。两个秘钥成对存在：如果用公开密钥对数据进行加密，只有用对应的私有密钥才能解密；如果用私有密钥对数据进行加密，那么只有用对应的公开密钥才能解密。其基本工作原理可以用一个案例进行展示：A（发送方）向B（接收方）发送信息，则A和B都会产生一对密钥；A将自己的私钥保密，同时将公钥告诉B，B也按此操作；A向B发送信息时会将信息用B的公钥进行加密，同时用A的私钥签名；B收到A发送的密文后会用B的私钥解密，并用A的公钥验证签名。由于每个用户的私钥是唯一的，其他所有收到密文的人都无法成功解密。

加解密技术可以保障区块链中每一笔交易数据的真实性和可信度，然而数据库中的数据是会增加的，每次增加的数据形成一个区块，不同生成时间的区块需要以链的形式链接在一起。在区块链这一去中心化的系统中，如何使区块之间形成共识而维护区块链的统一，需要共识机制的建立。

### （三）共识机制

共识是指在不发生冲突的情况下，一个多样化团体做出决策的方法。在中心化的系统中，这一问题十分简单，各节点都必须服从中心的权威；而在区块链这样一个去中心化的系统中，则需要建立专门的共识机制，即为高效地在整个区块链网络中达成共识而形成的机制。

区块链共识机制的理论基础是拜占庭将军问题，或拜占庭容错（Byzantine Fault - Tolerant，简称BFT），它是莱斯利·兰伯特（Leslie Lamport）在研究分布式系统容错性的时候编出的一个故事。拜占庭将军问题是一个协议问题，拜占庭帝国军队的将军们必须全体一致决定是否攻击某一支敌军。问题是这些将军在地理上是分隔开来的，并且将军中存在叛徒。叛徒可以任意行动以达到以下目标：欺骗某些将军采取进攻行动；促成一个不是所有将军都同意的决定，比如当将军们不希望进攻时促成进攻行动；或者迷惑某些将军，使他们无法做出决定。如果叛徒达到了这些目的之一，则任何攻击行动的结果都是注定要失败的，因此只有完全达成一致的努力才能获得胜利。因此，拜占庭容错认为在存在消息丢失的不可靠信道上试图通过消息传递的方式达到一致性是不可能的，其研究的关键问题在于当存在某一允许做任意事情干扰系统正常运行的恶意节点情况下，如何保障系统的正常运转。

具体来说，区块链提出了 PoW、PoS、DPoS、Pool 四种不同的共识机制，适用于不同的应用场景，在效率和安全性之间取得平衡。

### 1. PoW

PoW（Proof - of - Work，工作量证明），即大家熟悉的挖矿，通俗来讲就是"通过工作以获得指定成果，用成果来证明曾经付出的努力"，核心要义为算力越大，挖到块的概率越大，维护区块链安全的权重越大。PoW 共识机制逻辑简单，在安全性和公平性上比较有优势，也依赖其先发优势已经形成成熟的挖矿产业链，但也因为其对能源的消耗而饱受诟病。

### 2. PoS

PoS（Proofof Stake，股权证明）认为，区块链应该由那些在其中具有经济利益的人进行保障，是根据用户持有货币的数量和时间派发利息的制度。PoS 的优点是在一定程度上缩短了共识达成的时间，且安全性更有保障，但缺点是还需要挖矿。

### 3. DPoS

相似地，DPoS（Delegated Proofof Stak，委任权益证明）则类似于董事会投票，需要持币者投出一定数量的节点，代理他们进行验证和记账。优点在于大幅缩小了参与验证和记账节点的数量，从而达到秒级的共识验证；缺点在于整个共识机制还是依赖于代币，而很多商业应用是不需要代币存在的，在安全性和公平性方面也比不上 PoW。

4. Pool

Pool（验证池）是一种基于传统的分布式一致性技术加数据验证机制，是目前行业区块链大范围使用的共识机制。其优点在于不需要代币也可以工作，在成熟的分布式一致性算法（Pasox、Raft）基础上，实现秒级共识验证，极大地提升了验证的速度，在速度有保障的前提下，安全性也更高，是适合多方参与的多中心商业模式；其缺点在于存在公平性、去中心化程度不足等问题。

由此可见，四种共识机制各有利弊，需要根据不同的应用场景择优选择。

## （四）智能合约

智能合约（smart contract）是基于可信的不可篡改的数据，可以自动化地执行一些预先定义好的规则和条款。从用户角度来讲，智能合约通常被认为是一个自动担保账户，例如，当特定的条件满足时，程序就会释放和转移资金。从技术角度来讲，智能合约被认为是网络服务器，只是这些服务器并不是使用 IP 地址架设在互联网上，而是架设在区块链上，从而可以在其上面运行特定的合约程序。“智能合约”术语的提出者尼克·萨博（Nick Szabo）认为：“一个智能合约是一套以数字形式定义的承诺（promises），包括合约参与方可以在上面执行这些承诺的协议。”由此可见，智能合约总体上包含以下组成要素：一是承诺，即合约定义了参与方同意的（经常是相互的）权利和义务；二是数字形式，即通过计算机可读的代码形式展现；三是协议，即合约承诺被实现，或者合约承诺实现均将被记录下来，选择哪个协议取决于许多因素，最重要的因素是在合约履行期间，被交易资产的本质。

现实世界是一个合约的世界，智能合约的应用使得区块链犹如一台“信任的机器”。现行法律本质上是一种合约，又是人和他们领导者之间的缔结，一种关于彼此该如何行动的共识。个体之间也存在着一些合约，这些合约可以理解为一种私法，相应地，这种私法仅对合约的参与者生效。例如，你和一个人订立合约，借给他一笔钱，但他最后毁约了，不打算还这笔钱。此时，你多半会将对方告上法庭。智能合约通过编程语言实现，满足触发条件即自动执行，因此，代码写成的合约既定义了合约的内容，也保证了合约内容的执行。本质上，这份合约是一份不会销毁的合约，这样确保了区块链上构建相互之间的信任机制。

## 四、简览全球区块链技术发展

各国央行加快对基于区块链的数字货币研究工作，使得各领域区块链行业联盟迅速兴起。截至2017年5月底，全球已有24个国家投资区块链技术，而在过去的三年里，区块链风险投资已超过24亿美元，发表相关专利2 500余项。

2016年1月，英国政府发布区块链专题研究报告，积极推行区块链在金融和政府事务中的应用；英国央行组建区块链技术团队探索发行数字货币的可能性，大力扶持科技金融企业，并向全球招募区块链技术人才。美国硅谷和华尔街大幅增加区块链投资力度，2015年12月30日，纳斯达克宣布通过其基于区块链的交易平台LINQ完成了首个证券交易；IBM于2015年12月开启超级账本项目，2016年2月宣布推出区块链服务平台，并相继推出改善借贷流程Shadowchain、身份认证系统、云端安全服务等区块链项目；微软于2015年11月推出区块链云技术平台后，相继将Ripple、Factom等公司添加进Azure平台合作伙伴中，推出Bletchley项目，并于2016年7月推出Azure应用市场首款可用的区块链解决方案——Emercoin区块链引擎。日本政府推动建立区块链合作联盟，2017年5月正式承认比特币为法定支付方式。新加坡资讯通讯发展局联合星展银行和渣打银行，合作开发金融区块链运用，打造“智能国家”。瑞典瑞银集团联合德意志银行、桑坦德银行、纽约梅隆银行，共同开发基于区块链的数字货币系统。

从区域分布来看，美国是区块链产业的领头羊，欧洲区块链产业分布密集，中美两国区块链发展存在一定的差距，但是差距正在逐渐缩小（如图8－2所示）。从新增区块链企业数量来看，2016年中国新增区块链企业数量超过美国，占全球新增企业数的28%；从区块链领域融资来看，中国无论是在融资次数和融资金额上都跟美国有很大的差距，但是2011年以来这种差距在逐步缩小。

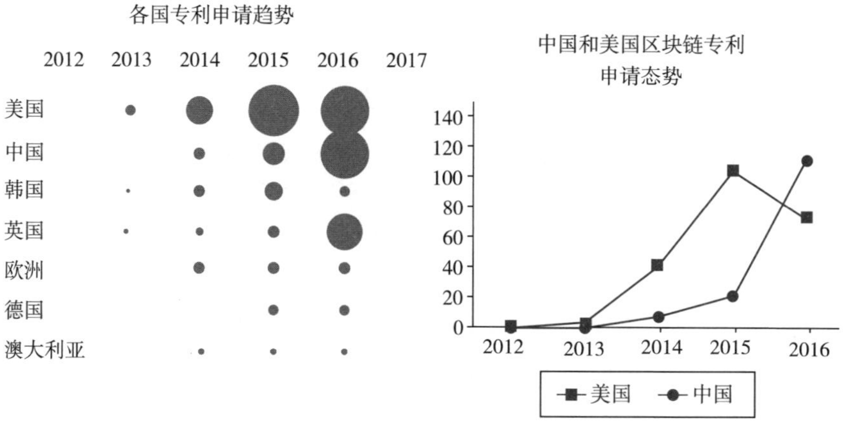


**图8－2　各国区块链专利申请对比图**

资料来源：中国信息通信研究院．全球区块链应用十大趋势［Z］2017－05。

从整体上看，全球区块链发展在其技术于世界各地的广泛应用中得到充分展现，焕发出强大的生命力。自2012年以来，全球区块链企业数量以超过65.2%的复合增长率快速增长。全球最大咨询巨头麦肯锡区块链发展报告称 2009—2016 年这一段时期被称为“黑暗时代”，在这一时期，所有解决方案都是基于比特币的。该公司认为，区块链的新时代将从 2016 年开始，使用这种技术更成熟的企业如今已经进入市场，同时超过 100 种区块链技术解决方案已经被探索。麦肯锡预计 20～30 个区块链技术概念验证用例将会在 2018 年被测试，而其中 10～20 个成功的企业案例将会幸存下来，并于 2020 年实现商业部署。

## 五、我国区块链技术发展路线

2015 年我国区块链市场规模几乎为零，但随着国内资本对于区块链技术的投资力度不断加大，区块链在国内的商业模式逐步成熟，可以预期，我国的区块链市场未来将进入高速发展阶段。在此背景下，各地涌现出一大批优秀的企业投入区块链产业中，各类企业投融资活动十分活跃，充分展示了区块链的产业活力。同时在众多企业和研究机构的努力下，中国区块链产业在技术研究和应用创新领域取得了一系列成果。区块链科研与技术积累，进一步推动了产业繁荣。

我国区块链的元年可以定位到 2016 年，这一年区块链技术如雨后春笋般涌现，区块链技术的价值开始逐渐被国内关注和挖掘。2016 年 1 月，我国首个区块链联盟——中国区块链研究联盟（CBRA）在北京成立，国内区块链产业落地试验拉开序幕；2016 年 2 月，北京中关村区块链联盟成立；2016 年 4 月，中国分布式总账基础协议联盟（Chinaledger）成立。区块链联盟的诞生促进了区块链产业创新系统的发展，助力行业间协调推进区块链技术的应用和发展，行业间借此可以根据相应的标准进行区块链技术的应用和行业间合作。2016 年 10 月，工信部发布《中国区块链技术和应用发展白皮书》，指明区块链的核心技术路径及其标准化方向和进程。2016 年年底，区块链被列入《“十三五”国家信息化规划》，被列为需要加强基础研发和前沿布局的重要发展方向和重点前沿技术，上升到国家科技战略层面。

除此之外，国内相继成立产学研联盟，推动区块链创新生态的发展。2016 年 10 月，同济大学联合国内 17 家行业龙头企业及领先创业团队共同发起成立“丰钛沙龙”，致力于连接学术科研、新兴金融科技技术与产业应用落地发展，成为对接实验室前沿技术与龙头企业、应用行业的桥梁。2017 年 1 月，同济大学、上海国际金融学院、中国外汇交易中心等 10 家单位发起的上海区块链创新沙箱成立，致力联合上海及长三角地区的优质区块链机构，突破单一主体自身的各种限制，在国家允许的政策法规内及风险可控的范围内，协同探索、研究及推进区块链技术与应用创新的发展和推广，为相关职能主管部门提供建议，助推上海成为全球金融科技创新基地。2017 年 5 月 16 日，首届中国区块链开发大赛成果发布会在杭州国际博览中心成功举办，首个区块链标准《区块链参考架构》也正式发布。2017 年 5 月 25 日，“2017 中国国际大数据产业博览会”在贵阳市举行，李克强总理致信祝贺并首次在公开讲话中提到区块链技术，体现政府对区块链技术发展的高度重视。

2016 年以来我国区块链市场发展速度逐步加快，并开始向多区域发展。截至 2016 年年底，已有 105 家区块链相关企业，呈现“东部集中，中西部多点开花”的分布态势。从区块链企业增长趋势来看，区块链企业数量仍在不断增长，其中 2014 年单年度新增区块链企业数量最多，北京、上海、深圳、杭州分别以 47 家、16 家、12 家和 10 家企业位列国内区块链企业数量最多的四座城市，四城企业数量占据全国区块链企业总数的 80%。从企业投融规模与频次来看，与全球区块链领域投资相比，中国区块链产业投融资起步稍晚，但 2016 年投融资活动明显加速，投融资额较 2015 年增长 293%，但投融资规模在全球所占比重仍十分有限，有较大的增长空间。从区块链企业知识产权来看，2012 年以来中国区块链技术发明与专利数量呈爆发式增长，2016 年区块链领域专利申请数量已达 205 件。

## 第二节
## 说说区块链产业

### 一、区块链产业发展生态

随着区块链技术的演进，越来越多的机构开始重视并参与到区块链技术的探索中来。从最初的比特币、以太坊等公有链项目开源社区，到各种类型的区块链创业公司、风险投资基金、金融机构、IT 企业及监管机构，区块链生态（如图 8－3 所示）逐渐得到丰富发展。

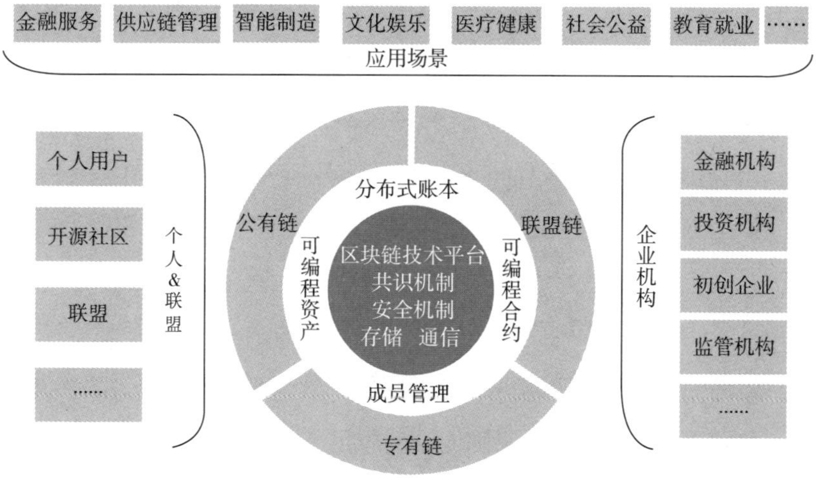


**图 8－3　区块链生态图解**

资料来源：智研咨询 . 2017—2022 年中国区块链行业深度调研及市场前景预测报告［Z］2016－12。

### （一）开源社区

不同于很多其他技术，区块链技术并非发源于科研院所或企业，而是发源于开源社区，并在社区中发展壮大，此后逐渐受到金融机构、IT 巨头等机构关注。目前，具有代表性的区块链开源社区项目有两类：一类是以比特币、以太坊为代表的源自技术社区的开源项目。这一类项目以公有链为主，大部分项目采用 PoW 作为共识机制，相应的社区组成包括了开发者、矿工、代币持有者及代币交易平台等。另一类则是由传统企业发起的区块链开源项目，最具代表性的便是 Linux 基金会于 2015 年发起的超级账本项目（Hyperledger Project）。

### （二）产业联盟

随着区块链技术的发展，其在各行业的应用潜力开始受到参与者的关注。为了协调推进区块链技术应用发展，国内外先后成立各种类型的区块链产业联盟。例如，美国银行、花旗银行、纽约梅隆银行、德意志银行、法国兴业银行、摩根士丹利等国际大型金融机构参加的 R3 区块链联盟，万向控股、乐视金融、上海矩真等发起成立的分布式总账基础协议联盟（Chinaledger），微众银行、平安银行、招银网络、恒生电子等共同发起成立的金融区块链合作联盟（金联盟）等。

### （三）骨干企业

目前，国内外互联网、IT 等领域的大量企业已开始涉足区块链行业，并着手研发或推出从基础设施到应用案例的一系列解决方案，初步形成了一批区块链骨干企业。例如，万向控股打造区块链领域的风险投资基金、万向创新聚能城，成立万向区块链实验室，开展区块链产业研究、开源项目赞助等活动，并建立国内首个区块链云平台——

万云（Wancloud）。此外，万达网络科技积极加入国际区块链开源联盟，专注推动国内开源区块链技术发展，研发安全可控的自主区块链平台，将区块链技术融入智慧生活多领域，整合海量实体商业应用场景，实现实体产业的数字化转型升级，并内部试运行区块链征信及区块链资产交易所等应用。而蚂蚁金服则在以公益为代表的普惠金融场景中利用区块链解决信任缺失的问题；微众银行倡议发起金融区块链合作联盟，推出基于腾讯云的联盟链云服务，发布基于联盟链技术的银行间联合贷款清算平台。以上这些举措，都是骨干企业参与区块链产业的良好实践。

### （四）初创公司

随着区块链技术的发展，区块链领域的初创公司如雨后春笋般涌现出来。这些初创公司将区块链技术应用到包括金融与非金融在内的多个领域中。其中，金融领域包含支付汇款、智能债券、资产发行与交易后清结算等；非金融领域包括数字存证、物联网、供应链、医疗、公益、文化娱乐等应用。此外，还出现了一些为区块链开发者提供开发平台的技术型公司，比如北京嘉楠耘提供超算芯片及数字区块链计算设备及区块链计算整体方案商；杭州趣链科技和北京信和云科技，开发拥有自主知识产权的基于公有区块链的智能合约平台等。

### （五）投资机构

资金是推动区块链技术发展不可或缺的力量之一，各类投资机构也是区块链生态的重要组成部分。随着区块链技术的快速发展，区块链领域的投资金额成倍增长。自 2009 年以来，全球已有数十亿美元的资金投入到区块链行业中。其中，绝大多数投资都集中在北美，其次是欧洲，最后是亚洲。而从投资领域上看，2015 年以前，投资主要集中在与比特币相关的企业中，比如矿机芯片、交易平台、支付汇款、钱包服务等相关企业；随着区块链技术的发展，越来越多的资金投入在区块链技术研发及行业应用上，包括交易后清结算、智能合约、供应链、物联网、医疗、身份认证、数据存证、数据分析等。从投资机构看，风险投资机构仍是区块链领域内的主要投资力量。

### （六）金融机构

应当注意的是，以高盛为代表的金融机构在区块链产业链中也占据重要地位。自2015年以来，全球主流金融机构纷纷开始布局区块链，以高盛、摩根大通、瑞银集团为代表的银行业巨头分别成立各自的区块链实验室，发布区块链研究报告或申请区块链专利，并参与投资区块链初创公司。同时，美国存管信托和结算公司DTCC、Visa、环球同业银行金融电讯协会SWIFT等金融巨头也相继宣布其区块链战略。其中，DTCC于2016年1月发布了名为《拥抱颠覆》的白皮书，呼吁全行业开展协作，利用区块链技术改造传统封闭复杂的金融业结构，使其变得现代化、组织化和简单化。除此之外，上海证券交易所、纳斯达克、纽约证券交易所、芝加哥商品交易所等各国证券交易所也对区块链技术进行了深入的探索。其中，纳斯达克2015年12月30日宣布，通过其基于区块链的交易平台Linq完成首个证券交易。

### （七）监管机构

区块链涉及了包括金融在内的多个行业，各国监管机构在区块链技术的发展与落地中势必会发挥重要作用。当前，各国政府对以比特币为代表的数字货币政策定义不一，但对于区块链技术，各国政府普遍采取积极支持的态度。英国、新加坡政府相继推出了沙盒计划，以促进区块链领域内的创新；中国互联网金融协会也成立了区块链研究工作组，深入研究区块链技术在金融领域的应用及影响。

## 二、国内外区块链重要组织

随着区块链技术的发展，其在各行业的应用潜力开始受到参与者的关注。为协调推进区块链技术和应用发展，国内外先后成立各种类型的区块链产业联盟。

### （一）R3区块链联盟

R3 区块链联盟于 2015 年 9 月成立，目前已有 40 多家国际银行组织加入，成员遍布全球，致力为银行提供探索区块链技术的渠道以及建立区块链概念性产品。R3 使用以太坊和微软 Azure 技术，将 11 家银行连接至分布式账本，而有一些银行不仅与 R3 合作探索区块链技术，还自己开展区块链技术的调查研究。2016 年起，R3 联盟开始寻求与非银行金融机构和团体合作，并表示允许银行加入的“初始窗口”已经关闭。2016 年 4 月，R3CEV 与微软正式建立合作关系，研究实验区块链应用。

### （二）超级账本

超级账本（Hyperledger）是 Linux 基金会于 2015 年发起的推进区块链数字技术和交易验证的开源项目，加入成员包括荷兰银行、埃森哲等十几个不同利益体，目标是成员合作共建开放平台，满足来自多个不同行业各种用户案例，并简化业务流程。由于点对点网络的特性，分布式账本技术是完全共享、透明和去中心化的，非常适合在金融以及其他如制造、银行、保险、物联网等行业的应用。通过创建分布式账本的公开标准，实现虚拟和数字形式的价值交换，比如资产合约、能源交易等，以实现安全和高效低成本的追踪和交易。

### （三）以太坊企业版联盟（EEA）

以太坊联盟由微软、英特尔等 30 家大企业组成，其创始董事会成员为埃森哲、桑坦德银行、BlockApps 等金融及科技业领导者。其致力推动以太坊，赋予其足以服务企业级需求的技术，针对隐私、保密、扩容性、整合与安全方面研究发展，并研究结合私有链与公有链以太坊网络的混合式架构。以太坊联盟希望集结众人之力，透过以太坊区块链协定的智能合约，打造企业级的规模软件，从而能够服务瞬息万变的商业事件，满足复杂高标准需求，制定清楚的发展路线。联盟拥有充沛的资源，健全的治理模型及责任与制度，以明确化授权与突破性科技解决产业案例。

### （四）俄罗斯区块链联盟

俄罗斯区块链联盟是一个私链联盟，正式成立于 2016 年 7 月 1 日，其成员包括支付公司 QIWI、B&N 银行、汉特 – 曼西斯克银行、盛宝银行、莫斯科商业世界银行以及埃森哲咨询公司。这个被称为“俄罗斯版 R3”的区块链联盟于第 25 届俄罗斯国际金融会议上正式宣告成立。这个区块链联盟的主要目标是发展区块链概念验证，进行合作研究和政策宣传，创建区块链技术的共同标准。同时，它们公开宣布将积极建立与国内监管部门和政府的合作。

### （五）中关村区块链产业联盟

2016 年 2 月 3 日，全球首家专注网络空间基础设施创新的中关村区块链产业联盟在京成立。中关村区块链产业联盟是在中关村管委会，公安部、工信部等国家部委的指导下，由清华大学、北京大学、中国信息通信研究院等 30 多家单位自愿联合发起成立的社团，是全球首家专注网络空间基础设施创新的区块链产业联盟。中关村区块链产业联盟在国家有关部门的支持和中关村管委会的指导下，由联盟成员共同搭建横跨大学、科研院所以及企业之间的合作交流平台，组织国内外区块链产、学、研开展合作，致力于解决会员单位在发展中遇到的技术攻关、知识产权保护、产业化等问题，打造完整的区块链产业链。

### （六）中国分布式总账基础协议联盟

中国分布式总账基础协议联盟（Chinaledger）是 2016 年 4 月 19 日由中证机构间报价系统股份有限公司等 11 家机构共同发起的区块链联盟，联盟首批成员包括中证机构间报价系统股份有限公司、中钞信用卡产业发展有限公司北京智能卡技术研究院等 11 家国企和民企。联盟致力开发研究分布式总账系统及其衍生技术，其基础代码将用于开源共享。联盟主要有四个目标：聚焦区块链资产端应用，兼顾资金端探索；构建满足共性需求的基础分布式账本；精选落地场景，开发针对性解决方案；基础代码开源，解决方案在成员间共享。

### （七）金融区块链联盟（金链盟）

金融区块链联盟于 2016 年 5 月 31 日在深圳成立，集结了安信证券、京东金融、博时基金等 31 家企业，其中发起单位 25 家，而华安财险、华为、前海股转、前海人寿、腾讯、山东城商行合作联盟这 6 家机构作为成员单位加入。联盟以技术标准为纽带，由积极推动区块链技术发展的金融机构，以及向金融机构提供科技服务的企业自愿组成合作组织，旨在整合及协调金融区块链技术研究资源，形成金融区块链技术和应用研究的合力与协调机制，提高成员在区块链技术领域的研发能力，探索、研发、实现适用于金融机构的金融联盟区块链，以及在此基础之上的应用场景。

### （八）中国区块链研究联盟

2016 年 1 月 5 日，全球共享金融 100 人论坛在北京宣布成立“中国区块链研究联盟”。联盟是论坛内部设立和管理的区块链学术研究平台，研究成员由国内外学界、实业界具有较强学术功底和社会影响力的专家担任，立足于打造区块链技术的研究与交流平台；打造政策沟通平台，理清区块链技术在现有监管模式与货币政策操作中的定位，打造区块链技术的市场应用平台，推动具体应用规则的规范化、标准化，进行项目落地与路演，形成区块链研究领域具有高端学术品味和较强国际影响力的中国特色新型智库。

### （九）区块链微金融产业联盟（微链盟）

2016 年 7 月 20 日成立，定位于区块链和微金融相结合的产业联盟——区块链微金融产业联盟（简称“微链盟”）在北京宣告正式成立。微链盟是一个以区块链微金融为平台和纽带的整合创新联盟，由中望金服、国嘉资本、布比等 20 家金融服务机构和科技企业发起成立。联盟聚集了业内多位理论研究者、互联网技术开发者以及金融从业者，希望通过区块链技术帮助微金融客户做好征信，在微金融领域做好支付。联盟成立后，计划运用智能合约云在链或离链运行，实现结算、交易、资产登记、数据共享等合约执行。

### （十）前海国际区块链联盟

前海国际区块链生态圈联盟在深圳市前海联合发展控股有限公司的主导下，由来自美国的知名区块链应用研发及产业投资企业 iBlockchain 负责顶层设计、目标定位、章程起草等工作。联盟有着许多与众不同的显著特点：一是国际化，是国内迄今为止唯一有外国企业机构参与发起的区块链联盟；二是生态圈，致力打造集约高效的区块链生态圈，为区块链技术研发及应用推广创造良好环境；三是应用型，坚持应用导向的创新发展路线，不唯区块链而区块链。联盟旨在依托政府产业政策，充分发挥会员优势，整合国内外区块链人才、技术、资本等各方资源，建立区块链技术及其应用推广的集约高效生态环境，加快区块链技术成果产业化进程，促进区块链技术在我国社会经济建设各个领域的推广应用。

### （十一）陆家嘴区块链金融发展联盟

2016 年 10 月 9 日，在中国银监会上海监管局、上海市经济与信息化委员会、上海陆家嘴金融城发展局的指导下，上海市互联网金融行业协会、上海金融业联合会、中国金融信息中心等 13 家机构共同发起成立“陆家嘴区块链金融发展联盟”。联盟将汇聚多方力量于上海陆家嘴金融核心区，与北京的中关村区块链联盟、深圳的“金链盟”遥相呼应，形成区块链区域性发展的“北、上、广”三足鼎立新格局。依托上海陆家嘴在金融行业的中心地位，该联盟将聚焦区块链技术在银行、证券、保险、互联网金融等金融服务领域的应用延伸。陆家嘴区块链金融发展联盟最大的不同在于它有众多金融行业的行业协会参与，代表性广，囊括了上海几乎所有主流金融机构。

### （十二）金融科技创新联盟

为凝聚金融机构、科技企业、科研院所等多方资源，推动“产、学、研”跨界合作、协同创新，加快我国金融科技创新发展，更好地为金融业的创新与发展服务，2017 年 1 月 13 日，包括中国工商银行、中国农业银行、中国银行等 18 家商业银行在内的 20 余家机构共同发起成立了金融科技创新联盟。联盟旨在共建协同创新机制，倡导互利共赢，共建良好生态。坚持开放共享，切实加强合作与交流，广泛开展国际国内交流，推动金融科技信息共享，在自律规范下促进金融科技试点，示范应用，加强行业自律，促进可持续发展。采用技术驱动金融创新，通过金融业务与信息技术的深度融合，降低金融交易成本、提升服务效率。

### （十三）杭州区块链技术与应用联合会

2017 年 4 月 28 日，2017 全球区块链金融（杭州）峰会将在杭州国际博览中心举办，其间宣布杭州区块链技术与应用联合会挂牌成立。杭州区块链技术与应用联合会由恒生电子、趣链科技、数秦科技、微贷网、密猿科技等单位联合发起，目前已由杭州市民政局批准成立，由杭州市金融办主管。联合会成立之后将努力推动杭州区块链技术和应用创新，积极对接国内外同业组织和产学研用资源，促进行业交流与合作，同时还将搭建各成员之间共享信息、培训、交流与合作的平台，积极推动杭州市区块链行业健康有序地发展。

## 三、区块链典型应用场景

目前，区块链的应用已从单一的数字货币应用（如比特币），延伸到经济社会的各个领域（如图 8－4 所示）。考虑到各个行业应用的可行性、成熟度和重要性，本书列举了金融服务、供应链管理、文化娱乐、智能制造、社会公益、教育就业等 8 个行业的应用场景作为代表，而除金融服务行业的应用相对成熟外，其他行业的应用还处于探索起步阶段。

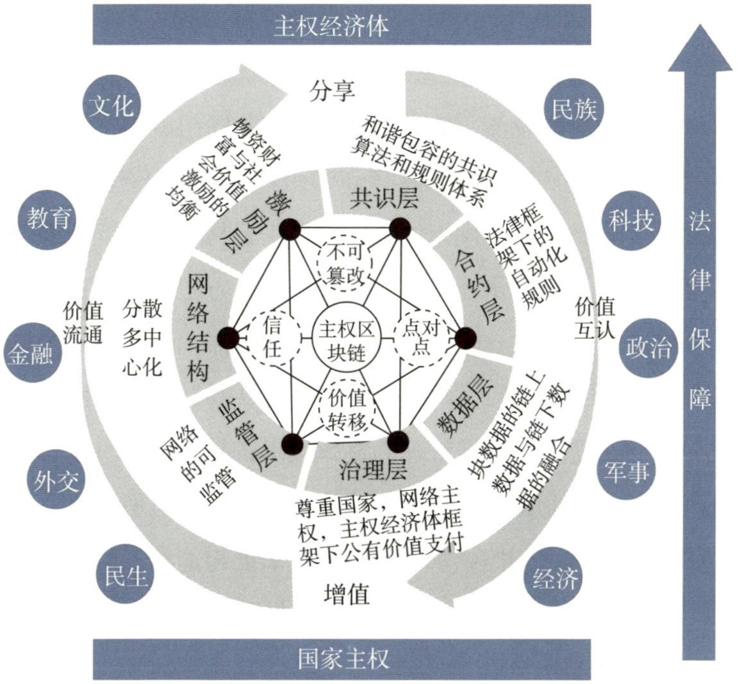


**图 8-4　区块链应用领域图**

资料来源：贵阳市人民政府新闻办公室．贵阳区块链发展和应用［Z］2016-12。

## （一）区块链与金融服务

金融服务是区块链技术的第一个应用领域，由于区块链技术拥有高可靠性、简化流程、交易可追踪、节约成本、减少错误以及改善数据质量等特质，其具备重构金融业基础架构的潜力。而数据不可篡改和可追溯特性，可以用来构建监管部门所需要的、包含众多手段的监管工具箱，以利于实施精准、及时和更多维度的监管。同时，基于区块链技术能实现点对点的价值转移，通过资产数字化和重构金融基础设施架构，可达成大幅度提升金融资产交易后清、结算流程效率和降低成本的目标，并可在很大程度上解决支付所面临的现存问题。

### （二）区块链与供应链管理

供应链是一个由物流、信息流、资金流共同组成的，并将行业内的供应商、制造商、分销商、零售商、用户串联在一起的复杂结构。而区块链技术作为一种大规模的协作工具，天然地适合运用于供应链管理。首先，区块链技术能使得数据在交易各方之间公开透明，从而在整个供应链条上形成一个完整且流畅的信息流，这可确保参与各方及时发现供应链系统运行过程中存在的问题，并针对性地找到解决问题的方法，进而提升供应链管理的整体效率；其次，区块链所具有的数据不可篡改和时间戳的存在性证明特质能很好地运用于解决供应链体系内各参与主体之间的纠纷，轻松实现举证与追责；最后，数据不可篡改与交易可追溯两大特性相结合，可根除供应链内产品流转过程中的假冒伪劣问题。

### （三）区块链与文化娱乐

文化娱乐是文化产业的重要组成部分，包括数字音乐、数字图书、数字视频、数字游戏等，产品涉及生产、复制、流通和传播等主要环节。文化娱乐的起点是创意，核心是内容，利用区块链技术首先可以对作品进行确权，证明一段文字、视频、音频等存在性、真实性和唯一性。而这种数字化证明可以与已有的应用无缝整合，为文娱产品加盖唯一的时间戳身份证明，交叉配合生物识别技术，从根本上保障了数据的完整性、一致性，为司法取证提供了一种强大的技术保障和结论性证据。一旦在区块链上被确权，作品的后续交易都会被实时记录，文化娱乐业的全生命周期可追溯、可追踪，从而将文化娱乐价值链的各个环节进行有效整合、加速流通，缩短价值创造周期。基于区块链的政策监管、行业自律和民间个人等多层次的信任共识与激励机制，同时通过安全验证节点、平行传播节点、交易市场节点、消费终端制造等基础设施建设，可以不断提升文化娱乐行业的存储与计算能力，有助于文化娱乐业跨入全社会的数字化生产传播时代。

### （四）区块链与智能制造

加快推进智能制造，是实施《中国制造 2025》的主攻方向，是落实工业化和信息化深度融合、打造制造强国的战略举措，更是我国制造业紧跟世界发展趋势、实现转型升级的关键所在。当前，我国正在加快实施智能制造工程，积极推动制造企业利用新一代信息技术提升研发设计、生产制造、经营管理等环节的数字化、网络化水平，实现智能化转型，以重塑制造业竞争新优势。利用区块链技术，可以有效采集和分析在原本孤立的系统中存在的所有传感器和其他部件所产生的信息，并借助大数据分析，评估其实际价值，并对后期制造进行预期分析，能够帮助企业快速有效地建立更为安全的运营机制、更为高效的工作流程和更为优秀的服务。数据透明化使研发审计、生产制造和流通更为有效，同时有助于制造企业降低运营成本、提升良品率和降低制造成本，使企业具有更高的竞争优势。智能制造的价值之一就是重塑价值链，而区块链有助于提高价值链的透明度、灵活性，并能够更敏捷地应对生产、物流、仓储、营销、销售、售后等环节存在的问题。

### （五）区块链与社会公益

运用区块链技术存储数据可靠性高且不可篡改的特点，这便与社会公益场景高度契合。公益流程中的相关信息，如捐赠项目、募集明细、资金流向、受助人反馈等，均可以存放于区块链上，在满足项目参与者隐私保护及其他相关法律法规要求的前提下，有条件地进行公开公示。为一步提升公益透明度，公益组织、支付机构、审计机构等均可加入进来作为区块链系统中的节点，以联盟的形式运转，方便公众和社会监督，让区块链真正成为“信任的机器”，助力社会公益的快速健康发展。同时，区块链中智能合约技术在社会公益场景也可以发挥作用。在对于一些更加复杂的公益场景，如定向捐赠、分批捐赠、有条件捐赠等，可以运用智能合约进行管理，使得公益行为完全遵从预先设定的条件更加客观、透明、可信。

### （六）区块链与教育就业

教育就业作为社会文化传授、传播的窗口，需要实现学生、教育机构以及用人就业单位之间的无缝衔接，以提高教育就业机构的运行效率和透明度。区块链系统的透明化、数据不可篡改等特征，完全适用于学生征信管理、升学就业、学术、资质证明、产学合作等方面。利用区块链技术能有效简化流程，提高运营效率，并及时规避信息不透明和容易被篡改的问题，方便追踪学生在校园时期所有正面以及负面的行为记录，帮助有良好记录的学生获得更多的激励，并构建起一个良性的信用生态。利用区块链技术，可为学术成果提供不可篡改的数字化证明，为学术纠纷提供了权威的举证凭据，降低纠纷事件消耗的人力与时间成本。

### （七）区块链与民生应用

针对国家扶贫政策，扶贫工作中心致力于全面提高城乡低收入困难群体的收入和生活保障水平。而目前存在低收入对象识别不准，扶贫对象不了解政策，缺乏监管手段，扶贫过程中存在套取、侵占和挪用资金等现象。针对上述问题，结合区块链技术，形成专项扶贫链，可以有效加强扶贫工作的全生命周期管理和建立扶贫诚信积分系统。利用智能合约技术，匹配帮扶项目和资金，保障资金用在正确的对象中，实现全程跟踪。

### （八）区块链与政务应用

推进政府数据共享开放，能够提高政府透明度，增强政府公信力，提升行政效率和服务水平。通过利用区块链技术，根据数据载体、数据消费者、数据所有者三方的敏感程度，构建政府各职能部门的联盟链、面向公众的公有链以及涉及保密的私有链，形成政府数据共享开放的区块链服务平台，打造可信的政府数据共享开放平台，保障部门之间数据共享开放的同时，解决大数据关联风险。

## 四、展望区块链产业发展

区块链作为去中心化信任关系的分布式网络应用协议，具有开放、协同、共享、防篡改、可追溯等基本特征，是全球公认的具有重要影响力的网络应用发展方向，具有共建信用、重构价值、重构网络生态的颠覆力量。未来，区块链产业仍将不断发展，并呈现以下趋势。

### （一）应用领域多元扩展

区块链技术作为一种通用性技术，从数字货币加速渗透至其他领域，与各行各业创新融合。目前区块链应用已不限于1.0阶段、2.0阶段，在3.0阶段也出现了部分应用。区块链2.0加入了“智能合约”的概念，可用于股权、债权和产权的登记、转让，证券和金融合约的交易、执行，甚至是博彩和防伪等。区块链3.0则扩展到社会治理领域，包括政府治理、身份认证、公证、仲裁、审计、域名、物流、医疗、邮件、签证、投票等领域，应用范围扩大到整个社会。现今启用区块链技术的大多是金融领域单位，其他行业甚少布局区块链，但这种状况在近几年正在逐步改变（如图 8－5 所示）。可以预测，未来整个社会各行各业将全面进入区块链时代，区块链技术极有可能成为“万物互联”的一种最底层的协议。

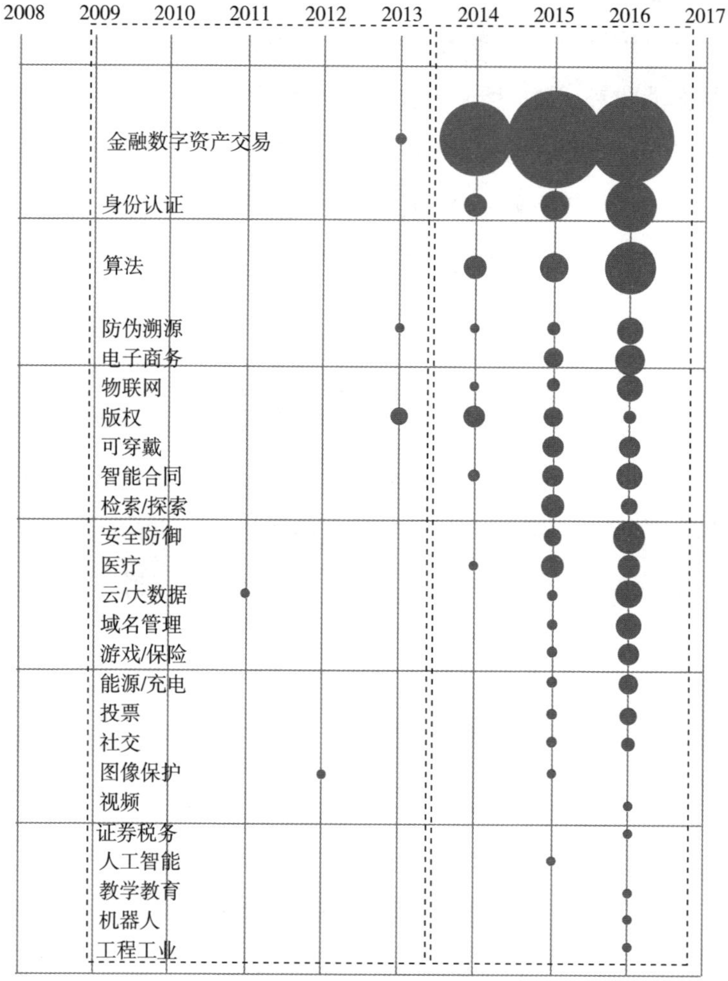


**图 8－5　2008—2016 年区块链专利行业分布图**

资料来源：中国信息通信研究院．全球区块链应用十大趋势［Z］2017－05。

## （二）联盟链或将成为主流

经典意义上的区块链坚持“去中心化、去信任、匿名、透明、不可篡改”的方向，在引发人们极大参与热情的同时，依托互联网精神形成越来越多的法外之地。这一发展方向适用于想尽可能多保持隐私的个人，但与整个金融行业格格不入。对于金融机构来说，跟紧各联盟发展动态是极有必要的，至少在跨境支付等方面区块链的应用探索都是积极正面的。按照传统金融机构甚至各国央行的思维方式进行改进，未来将形成具备“一超多强”特性的联盟区块链，即在一个联盟链生态体系内存在一个超级管理员负责权限控制，并由多个参与者负责账务记载，同时由线下的规则约束参与者的行为，构成一定程度上去中心、分布式的金融区块链体系。在这一体系中，企业实际应用会成为区块链的主战场，会更加关注区块链的管控、监管合规、性能、安全等因素，利用区块链降低成本、提升协作效率、激发经济增长。

## （三）技术融合与革新

第一，区块链技术还远未定型，在未来一段时间内还将持续演进，共识算法、服务分片、处理方式、组织形式等技术环节上都有提升效率的空间。第二，区块链与云计算等技术融合，或带来新的发展机遇。比如区块链与云的结合，可在云服务商直接把区块链作为服务提供给用户，形成 BaaS 模式，有效降低企业应用区块链的部署成本，降低创新创业的初始门槛。第三，区块链与现有的新兴技术交叉融合演进，将协同驱动形成未来智能社会的一个基础架构。比如区块链的可追溯性可以将数据采集、交易、流通、计算、分析的每一步都记录在链上，这对于提高数据分析的科学性和改善数据挖掘的效果都十分重要。

### （四）跨链互通重要性凸显

随着区块链应用深化，支付结算、物流追溯、医疗病历、身份验证等领域的企业或行业都将建立各自区块链系统，多个区块链的互联互通可以加速信息的横向流动，促进多方数字资产自由流通，因而未来众多区块链系统间的跨链协作与互通是一个必然趋势（如图 8－6 所示）。未来，跨链技术将成为区块链实现价值互联网的关键，角色分工与链链之间构成的网络将成为跨链技术的重点，侧链技术的成熟与交易延迟的收敛等也将成为越来越重要的议题。

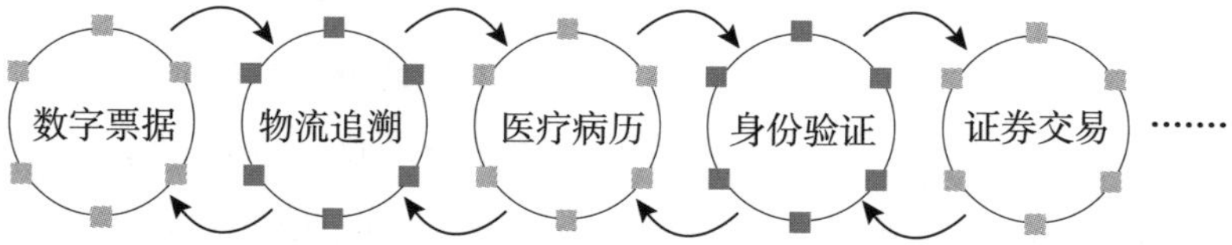


**图 8－6　跨链协作图**

资料来源：中国信息通信研究院．全球区块链应用十大趋势［Z］2017－05。

### （五）监管逐渐矛盾调和

区块链去中心化、去中介和匿名性等特性与传统的企业管理和政府监管体系不协调。未来，区块链会积极迎合监管需求，在技术方案和模式设计上主动内置监管要求，不仅要做到合规运作，还能大幅度节约监管合规的成本。同时，区块链会不断完善自身的增信机制，用算法和软件来构建信任基础，从智能合约、共识机制、私钥安全、权限管理等维度规范区块链的技术和治理，增强区块链的可信程度，使监管部门主动拥抱区块链这项新科技，将其转变为监管科技的重要工具，提升政府的监管效能。

## 五、区块链产业的机遇与挑战

区块链技术作为一个近几年新兴的技术，已经初露锋芒。《经济学人》把区块链喻为“信任的机器”，其依照去中心化、去信任化、交易不可逆、数据不可篡改的特点，可以在很多领域大显身手，应用研究已拓展至金融、能源、物流、教育、文化和社会服务等领域。随着区块链应用的不断深入，区块链技术将推动不同经济体内交易的广度和深度迈上一个新的台阶，全方位推进信息技术升级换代，实现信息产业的跨越式发展。

2016 年，见证了区块链从概念传播到行业热捧的发展过程。区块链系统从数学原理上讲，是近乎完美的，具有公开透明、难以篡改、可靠加密、防 DDoS 攻击等优点。但是，从工程上来看，它的安全性仍然受到基础设施、系统设计、操作管理、隐私保护和技术更新迭代等多方面的制约。

一方面，我们要清醒地认识到区块链技术不是万能的。例如，基于密码学的原理，区块链技术需要大量的计算，每次记录都会花费一定量的时间；基于共识机制，区块链技术需要大量的节点，以保证网络不会被破坏。所以，一些场景目前是不适合采用区块链技术的。整个行业从业人员应该从狂热追捧转变成冷静思考，从浮躁到沉淀。

另一方面，区块链正处于开始跨越 Moore 创新裂谷（Innovation Chasm）阶段，是否会有足够多的应用真正落地，促进社会和产业效率的提高，真正激发更多被行业和消费者广泛使用的创新型应用尚未可知。为了实现跨越区块链创新裂谷的目的，需要行业从业机构和人士开放式的协同创新，快速与持续地完善区块链技术本身；需要从技术和管理上全局考虑，加强基础研究和整体防护，持续创造出被社会和行业认可的区块链应用，从而被主流市场所接受，进而成功跨越区块链创新裂谷（如图8－7所示）。

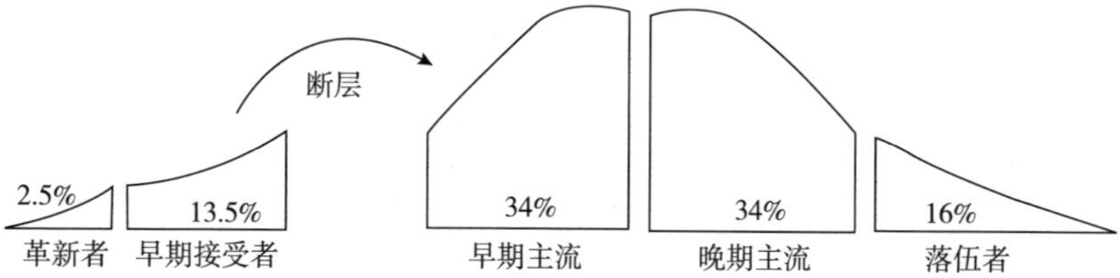


**图8－7　区块链跨越Moore创新裂谷图**

资料来源：巴比特．跨越区块链技术的鸿沟－新技术的诞生［EB/OL］．http：//www.8btc.com/decent－blockchain－tech，2016－08－23。

# 第三节 区块链案例

## 一、OpenBazaar：去中心化电商平台①

OpenBazaar是一家利用比特币进行交易的电商平台，公司不设服务器，该平台直接将用户与他人连接开展交易，而且整个平台开源，用户可以自行对平台进行贡献。总体来说，该平台是一个功能齐全、面对全球用户免费使用的点对点市场平台，目标是建立一个去中心化的电子商务基础设施系统，为交易双方提供不依赖于可疑中心服务机构的自由交易。

OpenBazaar成立于美国，是一家利用比特币进行交易的去中心化

① 资料来源于巴比特系列报导（http://www.8btc.com/what－is－openbazaar、http://www.8btc.com/openbazaar－andreessen－horowitz、http://www.8btc.com/openbazaar－16－3－1）。本书在收编时重点对OpenBazaar的平台定位、功能服务、未来发展等内容进行整理。

电商平台。不同于相当于第三方的阿里巴巴，OpenBazaar 可以直接使交易双方在信任的基础上促成交易合作，而不需要借助中心化的平台。由于去中心化、无组织管理，这意味着当用户在 OpenBazaar 进行交易时，不需要支付额外的费用，不会泄露档案，进行的任何交易也不会被审查。这对于目前的电商平台模式构成了极大的威胁，OpenBazaar 无疑扮演了一个行业颠覆者的角色。

运用 OpenBazaar 购物操作十分简单，发布商品、浏览购买、支付比特币、收货、评价体系一应俱全（如图 8－8 所示）。作为一个去中心化的市场，OpenBazaar 具有以下优势：第一，去中心化的市场是牢固的，任何中心化的管控都不能干扰其正常运转，无论是外部人员或者内部人员。第二，资金不被管控，用户能够直接控制他们的资金并且可以使用多重签名进行交易。而多重签名也保证了资金不被管控情况下交易纠纷不易产生，比如较为常用的，设立三方公证人控制第三把私钥，多重签名需要集齐三把私钥中的两把才能够从多重签名地址中取走货款，保证在买卖双方达成和解或者第三方认为卖家或者买家是正确的以前，多重签名地址中的比特币资金不被移动。同时，OpenBazaar 设有信誉评分系统，允许所有的用户对其他用户进行反馈评分，保证在用户信息不被公开的情况下，依然可以凭借信誉评分系统判断是否信任别人。并且，信誉是动态变化的，用户们不会被强迫去信任任何一方，系统信誉不受任何控制。由此可见，在 OpenBazaar 上进行无其他费用、保证隐私、安全、快捷、无品类限制、无国界的交易可谓是非常方便的。

目前，平台已覆盖包括泰国、斯洛伐克、美国、巴西、印度、意大利等在内的 30 余个国家，用户数量不断攀升。但与此同时，平台所面临的最主要的问题是用户的非法交易，由于用户使用强加密软件 Bitmessage、PGP 以及数字货币，平台无法探听用户的交易，也无法

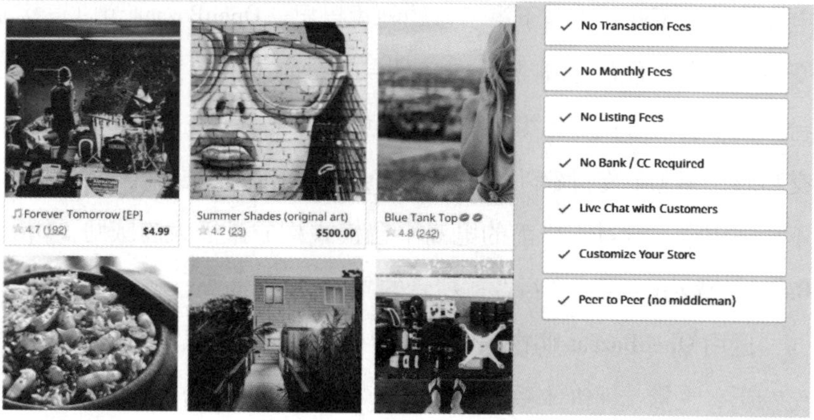


**图 8-8 OpenBazaar 的界面**

资料来源：OpenBazaar. [EB/OL] http://www.8btc.com/openbazaar。

收集发布在平台上的活动数据。同时，在平台上交易也离不开第三方中介机构，但第三方中介机构在交易当中发挥的作用完全不同于中心化的电子商务系统。

## 二、银链科技：区块链公共技术开发平台①

---

深圳银链科技有限公司（简称银链科技）成立于 2012 年，是中国首批研究区块链的公司之一，金融区块链合作联盟（深圳）主席团成员。银链科技致力于可快速开发区块链应用的区块链中间件产品“银链中间件”，为金融机构和企事业单位实施“区块链+”战略提供区块链应用开发解决方案。

---

银链科技从 2016 年起陆续开发了商业银行抵押区块链、积分区

---

① 资料来源于搜狐网相关报导（http://www.sohu.com/a/124697340_115035、http://www.sohu.com/a/130074457_539411）。本书在收编时对其平台构成、服务应用部分的内容进行整理汇编。

块链、质押融资区块链。2017 年 4 月 25 日正式发布了核心产品——银链中间件 BMWare，以云平台的方式运行于公网，即银链科技的银链开发平台。

平台为众多中小企事业单位的区块链应用提供 API 服务，统一的 API 接口使 JAVA 开发人员即可轻松上手开发，降低了对区块链应用的开发人员的要求。极速开发，封装多种区块链，节省学习、熟悉、部署时间（从 5 ~6 个月降低到 1 ~2 个月），大大降低实施“区块链 +”的时间。基于银链中间件上的区块链应用，就像完美变身一样，可运行于多种主流的异构区块链之上，“一次开发，到处运行”。且能支持众多区块链应用场景，完全满足不同种类的区块链应用开发需求。可通过 API 接口指定要访问的区块链，同时访问多条区块链。切换区块链容易，数据自动迁移，用户数据不丢失。系统架构设计，能快速、安全地引入新的区块链底层技术平台，区块链应用即刻支持新链。同时支持私有化部署，方便大中型企事业单位保证数据安全。

从平台结构组成的角度看，平台分组件由开发者管理平台、区块链管理平台、API 网关、各种区块链底层技术平台四大部分组成。其中，开发者管理平台为开发者提供一个注册、获得应用接入许可、查询 API 日志、发行资产查询、费用支付的管理平台，方便开发者开发区块链应用。区块链管理平台主要针对管理员，对开发者账号进行审核、暂停、封号等操作，并且可以查询开发者的 API 统计信息、查询各种发行的资产、核算开发者支付的费用、对各种区块链底层技术平台进行配置和管理等。API 网关为开发者的区块链应用一个特定的 API 接入点，API 网关接受各个开发者的 API 请求，封装成区块链交易发送到各种区块链上，或者根据 API 请求返回对各个区块链的信息获取结果。此外，银链科技还提供了开发 SDK 和一些区块链应用 DEMO，以供开发者快速开发。对于其中的 DEMO 程序开源，开发者可随意使用，不必担心版权问题。

在应用方面，银链区块链平台为抵押借贷、数字积分、贸易金融等诸多场景提供区块链解决方案。比如在抵押借贷方面，用户在线下向银行提交抵押贷款申请后，银行在区块链上记录或查询该抵押品信息，并根据用户还款记录对该抵押品信息进行实时修改。抵押品区块链上也会自动统计该网站上所记录的银行数量、抵押品数量、抵押品总值、正常资产、已抵押资产、已查封资产、企业用户数、个人用户数等信息，以方便使用者查询（如图8－9所示）。

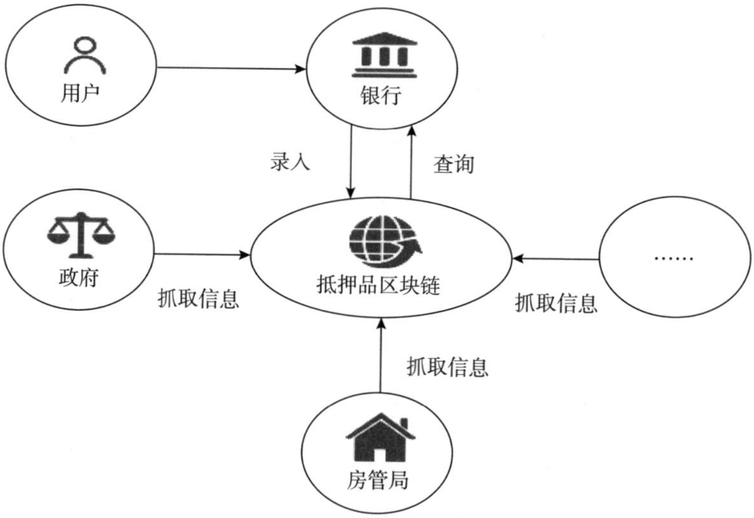


**图8－9　银链区块链平台抵押借贷解决方案**

资料来源：搜狐网. 银链科技CEO申屠青春：区块链并非互联网的颠覆.［EB/OL］. http：//www.sohu.com/a/124697340_ 115035. 2017－01－19。

区块链可以防止贷款人在不同银行、小贷公司之间重复抵押。网站将自动抓取法院、政府官方网站发布的信息，随时更新网站上所记录抵押品信息，比如是否查封等；各方机构在审核时不用再去现场，可以直接在网站上查询该抵押品有无抵押，方便快捷，从而优化银行对抵押品核对的流程，减少不必要的人工成本支出，降低放贷风险，缩短贷款流程。利用区块链一旦记录就不可篡改的特征，将每个人的每一步操作都记录在区块链上面，不能对历史操作记录进行修改，删除等，大家可以随时查询。利用区块链去中心化的特点，使该项目不再受单独或者几方的制约，增强各方之间的信任度，从而促使各方共同维护该项目的正常运行；每个银行和小贷公司可以成为一个节点，当其中一个用户机房出现故障或者受到攻击时，该系统仍然可以正常运行。保障数据的安全性，解决了数据脱敏后上链泄漏的后顾之忧。协助政府部门实现政务透明化，将抵押品状态公开至区块链，更有利于大数据建设。提高放贷方和政府方的效率，可以缩短贷款人的贷款周期，同时基于区块链的特征，能够加强贷款人信息不被泄露的安全性。

## 三、趣链科技：供应链金融平台[①]

杭州趣链科技有限公司（简称趣链科技）成立于2016年，以自主可控的国产联盟链平台为核心，服务于数字票据、数据交易、股权债权、供应链金融、物流管理等众多领域，致力于具有颠覆性意义的区块链技术，创造具有非常领先意义的技术及应用价值。

面对传统供应链金融平台不同参与主体间通信协作成本高，信息流缺乏透明度，信息不对称，业务数据难以监控和追踪，重复质押、

① 资料来源于趣链科技官网（http://www.hyperchain.cn/）、搜狐网（http://www.sohu.com/a/141524542_473276）、巴比特（http://www.8btc.com/hyperchain-1750）。本书在收编时将供应链金融与趣链科技产品介绍相结合，重点介绍趣链科技实现供应链金融依赖的核心技术。

伪造交易难以防范，中心化系统难以实现同业间的扩展和推广等诸多痛点，趣链科技利用区块链技术对供应链金融提供基础支持和改造。

供应链金融并不是一个新生事物，但由于交易双方之间很难产生信任关系，进而导致了巨大的“信用成本”，很难做到实时的交易交割。供应链金融的显著特点之一是在供应链中寻找一个核心企业，以其信用为基础为供应链提供金融支持。金融机构在一定程度上淡化了对融资企业本身的信用评价，转而强调企业单笔贸易真实背景和供应链核心企业的实力与信用水平，即评估的是整个供应链的信用状况。区块链技术凭借去中心化、加密安全、不可篡改的技术特点，在供应链金融领域应用具有天然优势，通过组建区块链网络，供应链上所有交易被记录在链条上的公共区块中，各方都可以确认交易的真实性，避免了中心机构的垄断（如图 8 – 10 所示）。目前，区块链技术在供应链金融领域的应用已经受到业界的广泛关注。

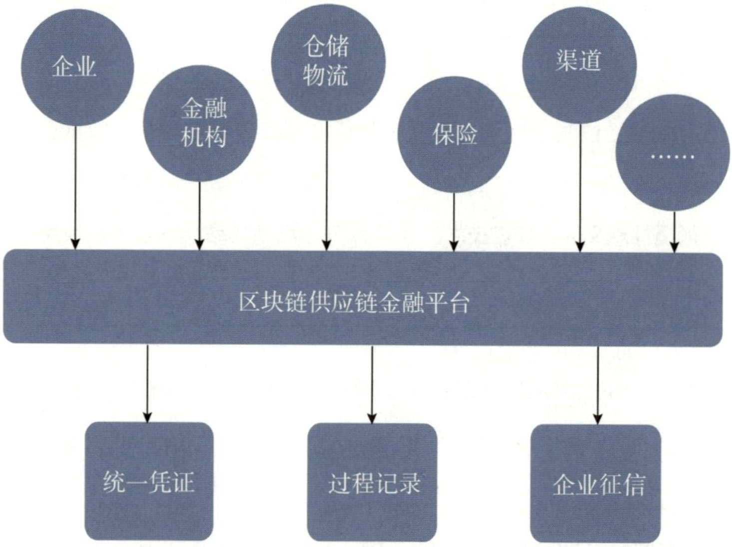


**图 8 – 10　区块链供应链金融平台**

资料来源：杭州趣链科技有限公司．［EB/OL］http：//www.hyperchain.cn/。

趣链科技供应链金融平台提供了订单管理、运单管理、仓单管理、融资授信等供应链全流程业务处理功能，利用区块链的共识机制和分布式账本存储技术，将供应链上企业之间的贸易信息、授信融资信息以及贸易过程中的仓储、物流信息均登记在区块链上，保证了信息的不可篡改，打破了信息孤岛，实现了信息流、物流、资金流的一体化追踪和管理，加强了企业的信用协作；同时利用智能合约控制供应链流程，减少人为交互，提升产业效率。此外，平台通过提供多种接入方式，实现了参与者的动态扩展和快速接入。

平台通过链接企业、银行、仓储公司和物流公司四类参与者，使得各方参与者均部署区块链节点。作为数据存储以及职能合约的执行平台，各方参与者在节点之上对接不同的业务系统。通过基于区块链的供应链金融平台，可以解决供应链中小企业融资难的困境，优化企业现金流，提升资金周转效率，在为供应链上下游中小企业提供金融支持的同时，增加银行营收渠道，拓展银行利润来源，降低银行信贷风险，降低金融机构信贷风险，通过将区块链技术与物联网设备相结合，有效提升业务确认效率和业务安全性。通过优化供应链上下游企业融资生态，避免了传统供应链金融平台各参与方之间记账不一致的问题，提升供应链内部资金效率，形成整个供应链的良性循环，促进整个产业链的健康协同。

核心技术是第一竞争力。趣链的产品特点明确，云平台、核心技术、管理平台组成了趣链提供的完整产品（如图 8 - 11 所示）。通过一整套的技术提升，趣链形成了以成熟的云计算技术、轻量级容器技术和分布式管理技术为基石，以使用 SVP 的记账节点准入机制、基于 RBFT 的共识机制、基于 AHRE 交易数据分级加密和智能合约执行引擎 HyperEVM 为核心，以企业级管控平台为入口的一个功能完善、性能高效的联盟链基础技术平台。趣链的核心技术分为以下四部分。

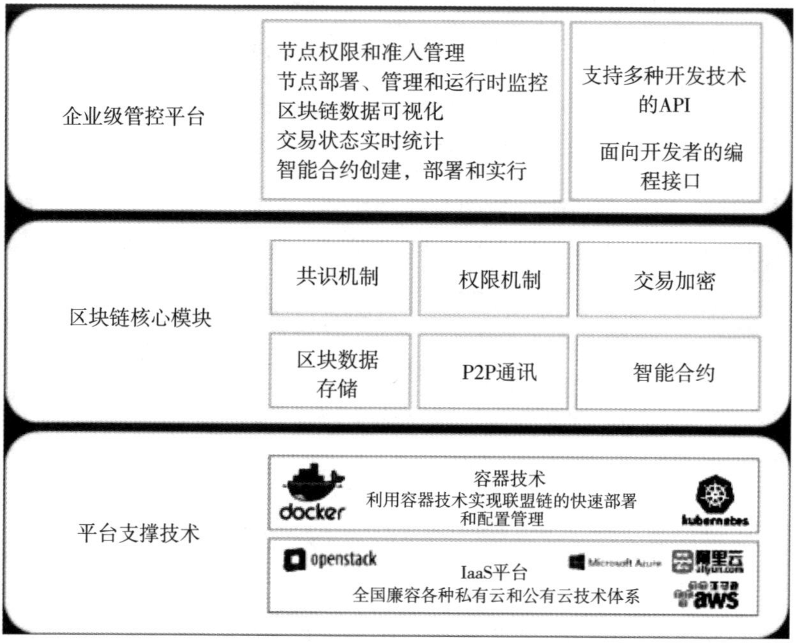


**图 8－11　趣链科技 Hyperchain 技术架构**

资料来源：杭州趣链科技有限公司．［EB/OL］http：//www. hyperchain. cn/。

## （一）共识算法

趣链采取的 RBFP 共识算法是现在 PBFT 共识算法的变形。PBFT 是目前联盟链普遍采用的共识算法，但真正严密的实现相对较少。趣链团队的做法是，把从 20 世纪 90 年代初到 2015 年的几十篇论文全部下载下来，进行系统的学习研究和细节分析。他们发现，即使是超级账本项目也只是实现了 2002 年关于 PBFT 共识算法的论文，时隔多年，其中依然有改进的空间。因此，趣链首先实现经典的 PBFT 共识算法，并在这个基础上做进一步改进，使 RBFT 共识算法在可靠性和性能上都得到进一步提升。

### （二）权限控制

趣链采取了基于 SVP 的准入机制。引入选举权概念，每个节点除了记账权之外，可能还有选举权。有选举权的节点就构成一个议会，任何一个新节点的加入要通过有选举权的节点来达成接受或拒绝的一个过程，使得整个进入机制是可控的。并且这个进入不是中心化的，而是去中心或者多中心的方式，来保证它既是民主的又是可控的。

### （三）交易数据分级加密技术

趣链团队在与银行和其他机构的交流中发现，机构对于保密性有迫切的需求，而现在不管是比特币、以太坊还是 hyperledger，都没有很好地解决保密的问题。因此，趣链采取了基于 AHRE 交易数据分级加密技术，从而保证在交易过程中，只有交易相关方才能看见交易细节，而其他交易相关方最多只能看见这笔交易发生了，但是不清楚具体的交易细节。

### （四）虚拟机

目前更多区块链技术公司的关注点更多地集中于共识算法机制，还没有到虚拟机这层，因为目前虚拟机并不是性能瓶颈。但趣链团队通过对以太坊代码的阅读发现，虚拟机的性能实际上可以有很大的提升，以太坊的虚拟机是基于 stack 实现的，只需对它进行重写或者改进，在理论上，性能就可以提升一到两个数量级。趣链团队认为，共识算法得到大幅度改进的时候，虚拟机有可能成为下一步的性能瓶颈。因此，提前改进虚拟机性能也是非常核心的技术点。

## 四、浙金网：投融资理财平台[①]

浙金网是浙江数牛金服信息服务有限公司（简称数牛金服）的新型城镇化投融资理财平台，于2014年12月正式上线。该平台是基于区块链技术构建的互联网信息中介撮合平台，是国内第一个以区块链思想与技术架构的“新型城镇化投融资理财平台”。该平台于2016年11月上线北京银行存管系统，也是国内最早的上线银行存管理财平台之一。

浙金网着力于服务实体经济，是国内区块链技术先行者之一。平台由“政信理财、内部转让市场、体验中心”三位一体构建。政信理财为合规的政信资产、金融机构资产、优质上市公司资产的投资，转让提供互联网资产管理、承销等信息中介服务。内部转让市场为持有平台内资产的投资者（机构/个人）提供一个转让交易的平台。体验中心通过建设体验中心，为客户咨询、解答在线上交易中碰到的技术问题，并通过风险教育、风险揭示提升客户的风险管理能力，同时配合总部做好当地项目的尽调与投后管理。更为重要的是，浙金网应用区块链保全技术存证解决方案（如图8－12所示）。客户在浙金网购买产品后，根据协议或合同，会由浙金网平台实时生成资产凭证。客户在浙金网转让所持有的资产，同时根据协议或合同实时产生新的资产凭证，交易纪录将由独立的专属阿里云保存五年。投资者可以在管理中心查询交易记录以及相应的资产凭证，所有保存的凭证具有不可篡改及唯一性，从而在根本上保障浙金网投资者的合法权益。

---

① 资料来源于浙金网官网（https://www.zjmax.com/）和保全网区块链数据保全白皮书。本书在收编时聚焦区块链于数据安全上的运作，进行整理汇编。

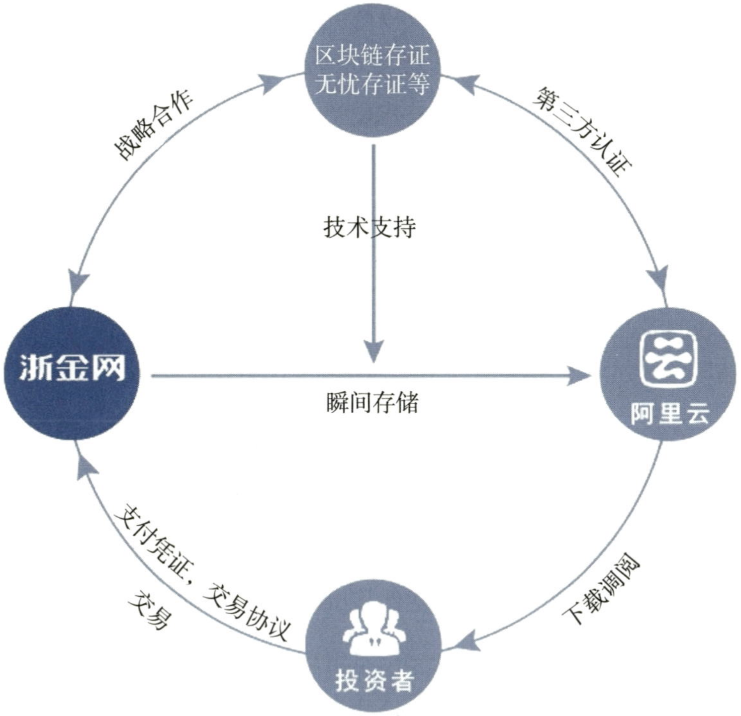


**图 8-12　浙金网应用区块链保全技术存证解决方案**

资料来源：浙江数牛金服信息服务有限公司. [EB/OL] https://www.zjmax.com/。

浙金网制定了严谨的资产上线风险审核标准，每个项目由独立的第三方律师事务所出具法律意见书，所有交易数据都由独立的第三方电子数据保全平台“保全网”保全存证。保全网将区块链技术用于存证服务，是国内首家采用区块链进行存证服务的公司。保全网中每个用户的数据 Hash 都存放在自己的用户链上，每 1 分钟系统会将用户链上的 Hash 数据构造成一棵 Merkle 树，并计算该 Merkle 树的根 Hash，并将根 Hash 存放到锚定链区块中。每 10 分钟再次计算锚定链区块的 Merkle 树根 Hash，将其保存到比特币区块链（我们把这个过程称之为锚定）。用户链和锚定链中的数据都存放在保全网节点里面，保全网节点间组成类似于比特币的点对点网络。对于有条件部署保全网节点的用户，保全网鼓励其自行部署，因为保全网节点越多，整个网络的数据安全性就越高。而对于没有条件部署保全网节点的用户，他们一方面可以信任保全网自身不会篡改节点中的数据，另一方面只要有其他的用户部署了保全网节点，保全网自身篡改数据的可能性就极低，因为保全网节点越多，保全网自身就越难以篡改数据。分层数据存储体系的好处在于用户部署保全网节点时可以不必关心其他用户链上的数据，这样大大减轻了网络的数据传输负荷和用户的存储压力。

区块链是去中心化的公共账本，因此保全网也没有能力去修改已在区块链上存证的数据。保全网在阿里金融云部署了区块链与保全业务节点，业务节点用于处理业务数据，如实名认证、模板处理、文件合并等各种业务功能。存证的文件将同步生成数据指纹，数据指纹被存入区块链，并同步锚定到全球数万个比特币区块链节点，存入区块链的数据也因此将无法被篡改。除此之外，通过对接司法鉴定中心与公证处，在保全网存证的数据可以快速地出具司法鉴定报告、公证书，从而也确保了在保全网存证的电子数据都具有法律效力。保全网通过区块链技术的应用以及自身的技术优势，可以应用包括互联网金融、互助保险、智慧医疗、知识产权、电子政务等领域。

作为杭州市区块链产业的一家典型企业，数牛金服运用区块链技术而成功构建的智慧生活理财平台浙金网成果丰硕，截至 2017 年 6 月 30 日，已成功运营 939 天，累计成交额达到 43.89 亿元，累计注册人数 129 432 人，累计为投资者创造财富增值 3.92 亿元。据 2017 年半年度运营报告显示，浙金网实现了零逾期零坏账，资产的平均年化收益率达到 7.72%，最高单日成交额为 1 798.2 万元，单笔最高成交记录为 1 000 万元，最快满标时间为 5.06 小时。目前，浙金网的服务人群已覆盖全国 134 个县市，以区块链技术与思想构建的智慧生活理财平台浙金网已成为国内互联网金融行业“干净、透明”交易平台的一个典范，在服务开拓新型城镇化领域，也已成为以区块链技术驱动金融创新的一个成功典范。而随着杭州信息经济的快速发展，作为杭城10余家区块链创业企业中的一员，数牛金服将乘势而上，以浙金网为依托不断完善和丰富数牛财富管理的生态，更好地服务于地方新型城镇化建设，提供PPP项目建设等专业投融资解决方案。

## 五、华夏微电影：区块链版权服务平台①

华夏微电影微视频区块链版权（交易）服务平台于2017年1月18日正式上线，由中国版权保护中心、华夏微影文化传媒中心发起设立，央视微电影频道、北京航空航天大学、银江集团、北京博图纵横科技有限责任公司、华夏三网集群（北京）传媒股份有限公司等多家单位共同筹备、研发，是中国首个基于区块链的影视版权交易平台。

2017年1月18日，由中国版权保护中心、国家新闻出版广电总局发展研究中心、中国文联电影艺术中心、中国搜索、华夏微影文化传媒中心等单位共同举办的“中国微电影微视频版权大会”在京举行。会上发布了由中国版权保护中心、华夏微影文化传媒中心等共同打造的微电影微视频区块链版权（交易）服务平台，该平台将纳入中国版权保护中心DCI体系，作为微电影领域的又一创新应用。DCI体系未来将以当今世界最令人瞩目的互联网升级技术——区块链为支撑，搭建微电影微视频版权交易平台，让目前产量巨大、交易模式尚

① 资料来源于人民网“中国微电影微视频版权大会：区块链推动微电影微视频的版权价值保护”（http://tv.people.com.cn/GB/n1/2017/0122/c160622-29041657.html）本书在收编时结合华夏微电影（区块链）版权服务平台功能说明，进行汇编。

未形成良性格局的微电影微视频作品实现实名上传、审查确权优先、自行定价分销、自动结算分配等多项功能，形成视频拍摄生产、交易传播、自动结算等一条龙流程。

数字时代，原创作品的复制和传播方式发生了变化，也使得传统媒体环境下的版权授权方式、版税结算方式等随之产生变化。由于微电影、微视频产生于“微时代”，具有篇幅小、数量多、创作主体多元，及渠道分散、投资规模小、生命周期短等特点，微电影、微视频产业更加需要对版权保护模式进行创新。现阶段 IP 确权困难，盗版泛滥，严重危害创作者权益。同时，各大视频网站作为平台方，拥有对数据的最终解释权，这让依靠点击率生活的内容生产者权益无法得到保障。而区块链本质是一个可共享的、可信的、每个人都可以检查的公开账本，但是没有任何一个单一的用户可以控制它，必须由整个区块链系统的参与者一起不断更新。通过上述平台，版权所有人可以自行决定作品价格和分销奖励，消费者通过付费点击收看，平台依据智能合约自动将费用结算给版权所有人、作品分享者；所有作品的上传、点播、转发、支付等过程都由智能合约自动执行，由区块链对全过程进行存储记录，保证行为一旦发生则不可修改，不可抵赖，并且可追溯。

### （一）平台模块

在这样的背景下，中国版权保护中心联合华夏微影文化传媒中心以及北京航空航天大学、国家信息中心中经网基金、银江集团、华夏三网集群（北京）传媒股份有限公司、北京博图纵横科技有限责任公司共同建设的微电影（微视频）版权中心平台于 2017 年年初全面上线。华夏微影（区块链）版权服务平台依托区块链信息技术，在保障数据的安全可靠运行的基础上，力求在微电影、微视频产业中打造一个集版权登记、数据监测、安全存储、全网搜索、收益结算等服务为一体的产业化平台，解决当前微电影、微视频产业存在的确权困难、结算不透明、监管手段缺失等问题，实现包括内容展示、内容搜索、版权登记、作品管理、内容管理、统计分析、交易管理、对账查询、运行监测、用户管理和系统管理等功能。主要涵盖用户注册、分销收益、版权登记、充值提现、付费观看等几大模块（如图 8－13 所示）。

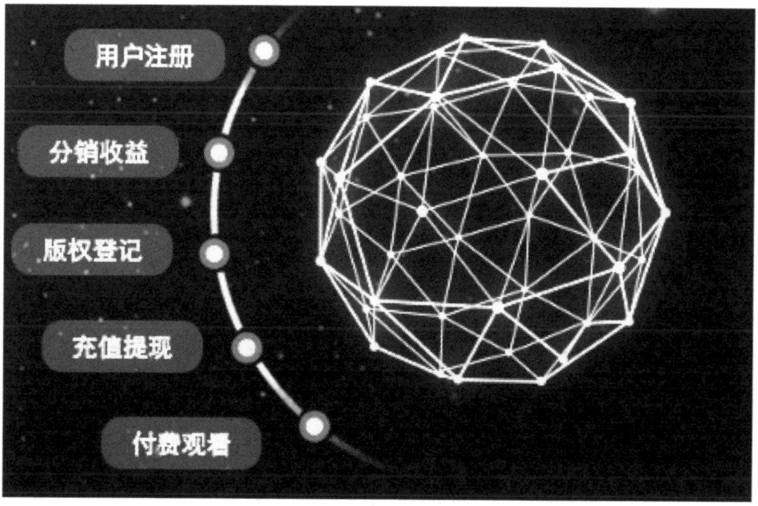


**图 8－13　华夏微电影区块链版权服务平台五大模块**

资料来源：华夏微电影．［EB/OL］http：//www. cctvwdy. com/。

### 1. 用户注册

用户通过登录平台门户网站或下载 App 可方便完成用户注册、实名认证，并可拍摄上传视频内容。平台严格遵守“入口强化监管原则”，用户和视频需要分别通过实名认证和审核后才能上架销售。

### 2. 分销收益

上传视频时可以自行设定价格和分销规则，鼓励分销方拓展渠道，分销方将按照设定的规则获取收益。同时，用户可以将自己或他人的作品分享到社交平台，从而成为独立的分销渠道，获取分销收益。

3. 版权登记

若上传视频已拥有具备法律效应的“作品登记证书”，可直接上传提交；或登录平台网站版权中心登记系统，提交版权登记申请。

4. 充值提现

用户可以在钱包中查看收益明细，或进行提现操作。提现时将自动扣除5%的平台费、1%的运营管理费及相关税费。同时，处于合约执行期内的收益暂时不可提取。

## （二）平台系统组成

在基于区块链技术的版权交易平台中，用户注册、版权登记、付费观看、分销收益、充值提现等数据被写入区块链中，保证版权一旦登记便终生可追溯，交易无法伪造篡改，安全可信。同时，分销奖励费、平台费、运营管理费、税费的收费规则以智能合约方式写在区块链中，一旦满足合约设定，费用自动结算。整个系统由区块链支撑平台、交易管理子系统、结算清算子系统、运维监控子系统、门户网站和移动端App几部分组成。

1. 区块链支撑平台

借鉴多个开源项目，形成独特的区块链支撑平台，实现对确权、交易、分账的整个生命周期的记录，利用Golang语言实现智能合约，达到具体的业务实现，如上架、付费观看、下架，同时，利用智能合约，完成自动分账、版权转移。

2. 交易管理子系统

通过调用区块链支撑平台的接口，实现微电影微视频版权登记审核、投诉审核、数字资产管理、大数据统计分析、内容搜索、用户搜索、角色管理、用户管理和信用管理。

### 3. 结算清算子系统

与银联、支付宝、微信支付等对接，实现微电影微视频交易和支付，并利用区块链支撑平台的接口，实现交易记录。

### 4. 运维监控子系统

该平台能够及时发现可能导致系统故障的隐患，正确和及时地了解系统的运行状态，发现影响整体系统运行的瓶颈，帮助系统人员进行必要的系统优化和配置变更，强有力的监控和诊断工具还可以帮助运行维护人员快速地分析应用故障原因，为系统的升级和改进提供依据。

### 5. 门户网站和移动端 App

作为整个微电影微视频交易平台的门户，提供桌面版和移动版两种方式，用户通过该门户实现登录，然后进行微电影微视频浏览和基本操作。

# 第九章
# 虚拟现实产业：让梦想照进现实

2016 年，虚拟现实资本市场持续火热，相关产品逐步进入大众消费视野，其应用领域不断扩大，这一年是公认的虚拟现实元年。2017 年，虚拟现实的热度仍在不断上升，产业政策加速出台落地，硬件、软件和内容应用等产业链关键环节快速发展，投资和变现模式逐步清晰，产业规模也相应保持快速扩张态势。虚拟现实，正逐步让梦想照进现实。

## 第一节
## 认识虚拟现实技术

### 一、再造一个更丰富的世界

虚拟现实技术（Virtual Reality，VR）是利用计算机模拟产生一个三维空间的虚拟世界，提供一种多源信息融合的交互式三维动态视景和实体行为的系统仿真，使用户沉浸在该环境中的技术。

虚拟现实是仿真技术的一个重要方向，可以简单地拆解为“虚拟 + 现实”进行理解。其核心在于创造一个隔绝于现实的虚拟世界，以仿真的方式为用户再造一个实时反映实体对象变化与相互作用的更丰富的三维虚拟世界，使用户可以通过必要的输入输出设备，与虚拟环境中的物体进行交互，直接参与并探索仿真对象在所处环境中的作用与变化，进而获得身临其境的感受与体验。虚拟现实中的视觉、听觉、嗅觉、触觉、味觉等知觉会被追踪、重构、渲染，带来一种浸入感，进而欺骗大脑达到“虚拟即现实”的效果。

虚拟现实并不是一个新事物，其概念最早可追溯到 1932 年阿道司·赫胥黎（Aldous Huxley）推出的长篇小说《美丽新世界》（*Brave New World*）。这篇小说以 26 世纪为背景，描写了当时的人们对于机械文明未来社会生活场景的想象：“头戴式设备可以为观众提供图像、气味、声音等一系列的感官体验，以便让观众能够更好地沉浸在电影的世界中。”20 世纪 60 年代虚拟现实设备开始被研发设计出来，如 1962 年一部名为 Sensorama 的虚拟现实原形机被莫顿·海力格（Morton Heilig）研发出来，后被应用于空军模拟飞行训练。随后从 1970 年到 1994 年的二十多年间，虚拟现实领域有许多科学家相继投入研究，但整体上还局限于相关技术研究，并没有生产出能交付到使用者手上的产品。直到 1994 开始，日本游戏公司 Sega 和任天堂分别推出针对游戏产业的 SegaVR－1 和 VirtualBoy，于业界形成轰动。1994 年之后，虚拟现实进入产品迭代期，虚拟现实技术新产品不断涌现，但由于设备成本过高等原因，并没有获得普及。直到 2014 年，随着 Facebook 收购 Oculus 以及技术的不断完善，虚拟现实技术迎来发展元年，相关产品逐步进入大众消费市场，其应用领域不断扩大。

从虚拟现实技术漫长的发展历程中可以看出，近百年来人们一直没有放弃通过“人造窗口”看到一个物理上不存在，却与客观世界十分相似的“虚拟世界”的努力。虚拟现实技术让人们产生一种距离一个更丰富的“美丽新世界”仅有一步之遥的幻觉，在这个再造的新世界中，人类变成了制定规则的上帝，所有伴随人类进化历程中的经验与认知将遭受颠覆性的挑战，促使人们重新认知自我、认识世界、定义真实。当然，以目前的技术发展水平，我们距离“黑客帝国”式的终极虚拟现实还是具有相当距离的，但不妨碍我们去想象这项技术即将或已经在各个领域带来的革命性变化，并对这一技术不断进行发展完善。

## 二、了解虚拟现实技术特点

较有共识的是，虚拟现实技术具有交互性（Interactivity）、沉浸性（Immersion）和构想性（Imagination）的“3I”基本特征。“3I”特征表述是由美国科学家布尔代亚（Burdea）和菲力浦·夸费（Philippe Coiffet）于1993年世界电子年会上发表的《虚拟现实系统及其应用》（*Virtual Reality Systems and Applications*）一文中提出的，又被称为“虚拟现实技术的三角形”（如图9－1所示），交互性、沉浸性、构想性这三种特性如同三角形的三个角一样，缺一不可。

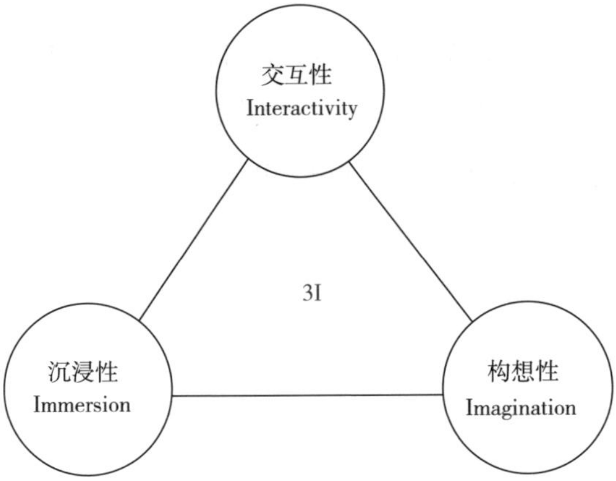


**图9－1　虚拟现实技术的三角形**

虚拟现实技术具有的交互性、沉浸性、构想性特征，使用户在虚拟环境中沉浸其中、超越其上、进退自如、自由交互。这一技术强调人在虚拟系统中的主导作用，即人的感受在整个系统中最重要。因此，“交互性”和“沉浸性”这两个特征，是虚拟现实与其他相关技术（如三维动画、科学可视化以及传统的多媒体图形图像技术等）最本质的区别所在。

### （一）交互性

传统的人机交互是指通过鼠标和键盘与计算机进行交互，进而得到反馈。虚拟现实技术中的交互性指的是参与者与虚拟环境之间以自然的方式进行交互。这种交互是一种近乎自然的交互，使用者不仅可以利用键盘、鼠标，还可以借助专用的三维交互设备（如立体眼镜、数据手套、头盔显示器、力反馈装置、三维空间交互球、位置跟踪器等传感设备）进行交互，使用户通过自身的语言、身体运动或动作等自然技能，对虚拟环境中的任何对象进行观察或操作，产生同在真实世界中一样的感觉。

### （二）沉浸性

沉浸性又称临场感，即用户感受到被虚拟世界所包围，好像完全置身于虚拟世界之中一样。虚拟现实技术最主要的技术特征是让用户觉得自己是计算机系统所创建的虚拟世界中的一部分，使用户由观察者变成参与者，沉浸其中并参与虚拟世界的活动。因此，沉浸性的程度指用户感受到作为主角存在于虚拟环境中的真实程度，被认为是虚拟现实系统的性能尺度。

沉浸性的产生一方面源于对虚拟世界的多感知性（multi－sensory），即除一般计算机所具有的视觉感知外，还具有听觉感知、力觉感知、触觉感知、运动感知，甚至味觉感知、嗅觉感知。理想状态下的虚拟现实应该具有人所具有的多种感知功能，但鉴于目前技术局限，在虚拟现实系统的研究与应用中，较为成熟的主要是视觉沉浸、听觉沉浸以及触觉沉浸技术。另一方面源于自主性（autonomy），即虚拟物体在独立活动、相互作用或与用户交互作用中，其动态都要有一定的表现，这些表现应服从于自然规律或设计者的规定。于是，虚拟环境中的物体依据物理定律做出动作的程度也成为判断沉浸性程度的重要指标。此外，影响沉浸性的因素还有图像深度信息（是否与用户的生活经验一致），画面视野（是否足够大），实现跟踪时间或空间响应（是否滞后或不准确），以及交互设备的约束程度（能否为用户所适应）等。

### （三）构想性

构想性是指虚拟的环境是人想象出来的，在虚拟环境中，用户可以根据所获取的多种信息和自身在系统中的行为，通过联想、推理和逻辑判断等思维过程，随着系统的运行状态变化对系统运动的未来进展进行想象，以获取更多的知识，认识复杂系统深层次的运动机理和规律性。同时，这种想象体现出设计者的思想，因而可以运用这种技术实现一定的目标，可以为解决工程、医学、军事等方面的问题而由开发者设计出相应的应用软件。

虚拟现实技术出现以前，人们只能从定量计算的结果中得到启发而加深对事物的认识。虚拟现实技术，则为人类认识世界提供了一种全新的方法和手段，使人类可以跨越时间与空间，去经历和体验世界上早已发生或尚未发生的事件；突破生理上或其他诸多条件的限制，进入宏观或微观世界进行研究和探索，体验难以实现的事情。同时，人们可以从定性和定量集成的虚拟环境中得到感性与理性认识，进而深化概念，产生新意和构想，主动寻求、探索信息，而这也体现了虚拟现实的创意和构想性。

## 三、详解虚拟现实关键技术

实物虚化、虚物实化和高性能计算处理技术是虚拟现实关键技术的三个主要方面（如图9－2所示）。实物虚化将现实世界的多维信息映射到计算机的数字空间，生成相应的虚拟世界，为高性能的计算处理提供必要的信息数据。虚物实化通过各种计算和仿真技术，使计算机生成的虚拟世界中的事物所产生的各种刺激以尽可能自然的方式反馈给用户。高性能计算处理技术具有高计算速度、强处理能力、大存储容量和强联网性等特征，是直接影响虚拟现实系统性能的关键所在。

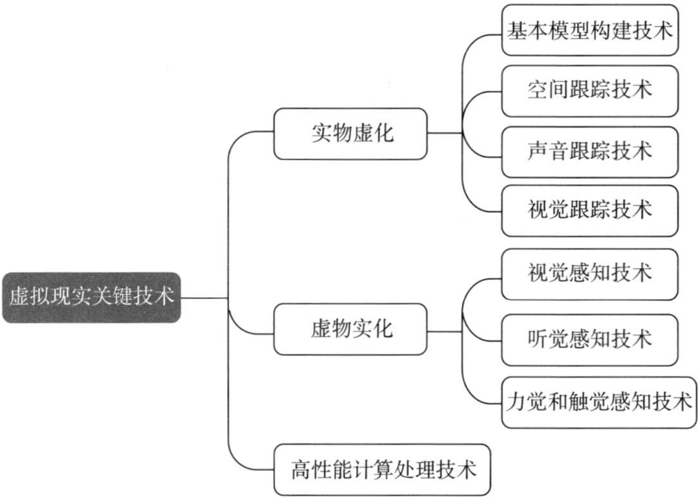


**图9－2 虚拟现实关键技术**

### （一）实物虚化技术

实物虚化是现实世界空间向多维信息化空间的一种映射，主要包括基本模型构建、空间跟踪、声音定位、视觉跟踪、视点感应等关键技术，这些技术使真实感虚拟世界的生成、虚拟环境对用户操作的检测和操作数据的获取成为可能。

### 1. 基本模型构建技术

基本模型的构建是应用计算机技术生成虚拟世界的基础，是虚拟现实技术的核心内容，其目的在于获取实际三维环境的三维数据，并根据应用的需要利用获取的三维数据建立相应的虚拟环境模型，将真实世界的对象物体在相应的三维虚拟世界中重构，且根据系统需求保存部分物理属性。

基本模型的构建，首先，需要建立对象物体的几何模型，确定其空间位置和几何元素属性，例如，通过CADC/AM或二维图纸构建产品及建筑的三维几何模型，通过GIS数据、卫星、遥感、航拍照片构造大型虚拟战场等。其次，需要为了增强虚拟环境的真实感、物理特性和行为规则，表现出对象物体的质量、动量、材料等物理特性，并在虚拟环境中遵循一定的运动和动力学规律。而当几何模型和物理模型很难准确地刻画出真实世界中存在的某些特别对象或现象时，可根据具体的需要采用一些特别的模型构建方法，例如，车辆在柏油地、草地、沙地和泥地上行驶时情况会有所不同，或对气象数据进行建模生成虚拟环境的气象情况（阴天、晴天、雨、雾）等。

### 2. 空间跟踪技术

空间跟踪技术主要通过头盔显示器、数据手套、数据衣等常用交互设备上的空间传感器，确定用户的头、手、躯体或其他操作物在3D虚拟环境中的位置和方向。跟踪系统一般由发射器、接收器和电子部件等部分组成，跟踪信息包括电磁、机械、光学、超声等。

### 3. 声音跟踪技术

声音跟踪技术是指利用不同声源的声音到达某一特定地点的时间

差、相位差、声压差等进行虚拟环境的声音跟踪，一般包含若干个发射器、接收器和控制单元，可以与头盔显示器、数据衣、数据手套等设备相连。声波飞行时间测量法和相位相干测量法是两种最基本的声音位置跟踪算法。其中，声波飞行时间法能在小操作范围内表现出较好的精确度和适应性；相位相干法本质上不易受到噪声干扰，并允许过滤冗余数据存在且不会引起滞留。

#### 4. 视觉跟踪技术

视觉跟踪技术使用从视频摄像机到 *XY* 平面阵列、周围光或跟踪光在图像投影平面不同时刻和不同位置上的投影，计算被跟踪对象的位置和方向。视觉跟踪的实现必须考虑精度和操作范围间的折中选择，必须与显示技术相结合，采用多种定位方法（眼罩定位、头盔显示、遥视技术、基于眼肌的感应技术等）确定用户在某一时刻的视线。例如，将视点检测和感应技术集成到头盔显示系统中，飞行员在某些非常时期可仅靠“注视”操纵虚拟开关或进行飞行控制。

### （二）虚物实化技术

虚物实化技术针对的是如何根据虚拟环境生成人可直接感受到的真实信号（声、光、电），是一个显示（输出）问题，也是确保用户从虚拟环境中获取同真实环境中一样或相似的视觉、听觉、力觉和触觉等感官认知的关键技术。

#### 1. 视觉感知技术

虚拟环境中大部分具有一定形状的物体或现象，可通过多种途径使用户产生真实感很强的视觉感知。增强虚拟环境真实感的立体显示技术，可以使用户的左、右眼看到有视差的两副平面图像，并在大脑中将它们合成并产生立体视觉感知。CRT 显示器、大屏幕投影、多方位电子墙、立体眼镜、头盔显示器等都是虚拟现实系统中常见的显示设备。不同的显示设备往往采用不同的显示技术，例如根据光学图像被提供的方式，头盔显示设备可分为投影式和直视式两种。此外，基于激光全息计算的立体显示技术、用激光束直接在视网膜上成像的显示技术等新的视觉感知技术正在研究之中。

### 2. 听觉感知技术

听觉是仅次于视觉的感知途径，虚拟环境的声音效果可以弥补视觉效果的不足，用户所感受的三维立体声音，有助于用户在操作中对声音定位，增强环境的逼真度。如今，如何消除声音的方向与用户头部运动的相关性已成虚拟现实技术中研究的热点。传统声音模型是根据声源到达听者两耳的时间差 ITD 和声源对左、右两耳的压力差 IID 来定位的，但它无法解释单耳定位；现代声音模型则侧重于用头部相关传递函数 HRTF 描述声音从声源到外耳道的传播过程，并可以支持单耳定位，并可根据 HRTF 与脉冲结果，产生虚拟环境的位置感。

### 3. 力觉和触觉感知

能否让参与者产生沉浸感的关键因素除了视觉和听觉感知外，还有用户能否在操纵虚拟物体的同时，感受到虚拟物体的反作用力，从而产生触觉和力觉感知。力觉感知主要由计算机通过力反馈手套、力反馈操纵杆对手指产生运动阻尼从而使用户感受到作用力的方向和大小。触觉反馈主要是基于视觉、气压感、振动触感、电子触感和神经、肌肉模拟等方法来实现的，防止用户接触到虚拟世界的物体时产生手穿过物体的感觉。

## （三）高性能计算处理技术

虚拟现实技术对设备的计算、网络、存储能力提出了较高的要求，普通的 CPU、GPU 运算处理能力不足以完全支撑“拟真”的运算量，因此需要高性能计算处理技术。高性能计算处理技术主要包括：数据转换和数据预处理技术，实时、逼真图形图像生成与显示技术，多种声音的合成与声音空间化技术，多维信息数据的融合、数据压缩以及数据库的生成，包括命令识别、语音识别，以及手势和人的面部表情信息的检测等在内的模式识别，分布式与并行计算，以及高速、大规模的远程网络技术等多项技术。目前，随着高性能计算需求的不断提升，云计算逐渐成为虚拟现实发展的推动力。基于云计算模式建立虚拟现实，由云端进行图形处理，能够降低对虚拟现实设备的性能配置需求，实现在三维环境下沉浸式数据展示和多人远程交互共享，大幅降低使用成本，提升用户体验。同时，在性质、功能、用户界面和软件等方面的需求发生变化时，采用基于云端的交互设备进行迁移和改造也更为方便。

## 四、说说虚拟现实技术标准

虚拟现实产业快速健康发展需要标准和规范引导，由于标准的严重缺乏，各类虚拟现实设备之间无法实现互联互通，这已成为制约虚拟现实大规模产业应用的关键因素。目前，标准问题已经引起了国际各方的关注，国际上已经积极开展相关标准化活动。

国际上，ISO/IECJTC1/SC24（国际标准化组织/国际电工委员会第 1 联合技术委员会第 24 分委会：计算机图形、图像处理和环境数据表示）以及 ISO/IECJTC1/SC29（国际标准化组织/国际电工委员会第 1 联合技术委员会第 29 分委会：音频、图像、多媒体和超媒体信息），SC24 和 SC29 建立了联合工作机制，共同推动增强现实连续统一体概念及参考模型（ARC）的相关标准。此外，一些非官方组织也在考虑虚拟现实的标准化问题，比如英国数字媒体技术革新合作中心

（Digital TV Group，简称 DTG）的 CEO 日前表示将考虑推进虚拟现实的标准化，DTG 早先已发布了一份有关虚拟现实的白皮书，计划在 2016 年开展进一步的研究。而各个主要企业都在力推自身的设备接口和操作平台，抢占行业事实标准制高点，2017 年虚拟现实行业的事实标准已成为市场竞争的焦点之一。例如，在系统平台方面，Google 推出 Daydream 平台，力图延续 Android 的推广策略，打造全新的 VR 生态系统；微软则借助 Windows 的市场优势，推出 Windows Holographic 系统平台，欲将其打造成类似 PC 行业中的 Windows 一样的地位。

国内方面，第 30 届 ISO/IECJTC1/SC24 全会及工作组会议于 2016 年 8 月 22 至 26 日在北京成功举行，中国代表在此次会上提交了《虚拟人体交互》（*Virtual Human Interaction*）和《虚拟现实自动化测试框架》（*Test Automation Framework For VR*）两项标准提案，并提交了《虚拟现实头戴式显示器技术进展》（*Progress on Head Worn Display Technology for Augmented Reality*）和《虚拟现实视频格式》（*Virtual Reality Video Format*）两份大会报告，预示着在虚拟现实领域中国正式登上国际标准化舞台，带领和推动中国先进技术和理念走出国门，积极推进将其转换为国际标准，增强中国技术优势，推广标准应用范围，进一步扩大我国在虚拟现实国际标准化领域内的影响力和号召力。

此外，数字音视频编解码技术标准工作组（简称 AVS 工作组）已启动虚拟现实音视频编解码技术研发，有望推出我国自主知识产权的 AVS 虚拟现实标准。基于虚拟现实技术发展现状及业界需求，AVS 标准工作组启动虚拟现实技术标准的制定，并吸引了北京大学、清华大学、中国科学技术大学等科研院校及华为、腾讯、爱奇艺、暴风等知名企业共同参与。AVS 工作组将牵头组织各成员单位共同就虚拟现实内容表示、虚拟现实内容生成与制作、虚拟现实内容编码、虚拟现实交互、虚拟现实内容存储、虚拟现实内容分发和虚拟现实显示等关键技术进行探讨，以期为业界制定出先进、高效的 AVS 虚拟现实内容编码技术标准。

## 五、展望虚拟现实技术发展

展望虚拟现实技术发展，其前景可以说是喜忧参半。一方面，随着虚拟现实行业相关联技术的提升，资本驱动着行业爆发点正在逼近，整体上看，虚拟现实技术在未来仍将保持稳定向好发展的态势；另一方面，虚拟现实技术虽然在许多领域的实际应用已相当成熟，但总体来说它仍然处于初级阶段，尚存在不少有待解决的问题，因而对其前景不能盲目乐观。

### （一）虚拟现实技术发展前景广阔

目前，虚拟现实本身所需要的一系列支撑技术现在已经逐步成熟，所创造的用户体验也开始逐步到达一个被大众和消费者所接受的水平，资本市场持续火热，产品逐步进入大众消费市场，应用领域不断扩张。而随着各国和地区的产业政策不断出台落地，各大科技巨头在硬件、软件和内容应用等环节的进一步发力，资本市场投资的进一步加大，以及变现模式的逐步清晰，虚拟现实产业规模将保持快速增长态势，逐步成为数字市场的主要力量。

虚拟现实作为科技前沿领域，受到了全球各国以及地方政府的高度重视。美国、韩国等科技发达国家均从政府层面支持虚拟现实产业发展。我国在《“十三五”国家科技创新规划》《“十三五”国家信息化规划》《“互联网 +”人工智能三年行动实施方案》《智能硬件产业创新发展专项行动（2016—2018 年）》等国家政策中也明确提出鼓励和支持虚拟现实产业发展，同时在福建、贵州、重庆、南昌、长沙等多个省、市纷纷出台推动虚拟现实产业发展的专项政策。可以预期的是，未来随着虚拟现实产业进一步发展，国家层面的顶层规划以及后发区域的相关政策有望陆续出台，为虚拟现实技术创新和产业化提供政策支撑。

虚拟现实产业政策加速出台落地的同时，硬件、软件和内容应用等产业链关键环节将快速发展，投资和变现模式将逐步清晰，产业规模仍将保持快速增长。目前，虚拟现实作为拥有完整产业链结构、产业边界明显的新兴信息技术产业，已成为推动区域经济增长的重要支撑力量。并形成覆盖硬件、系统、平台、开发工具、应用以及消费内容等多个环节的产业链，各个环节相互促进、相互协作、相互制约，有效推动虚拟现实产业的进步。

### （二）未来发展尚存诸多风险

回顾虚拟现实技术的发展史可以看出，从2014年脸书以20亿美元收购OculusRift开始，每一年都有人鼓吹当年将成为虚拟现实的“元年”，虚拟现实市场乱象丛生，出现很多概念炒作大过产品本身、资本热捧胜过技术的攻关的现象，产业化应用尚未成型。我们应当明确的是，目前虚拟现实产业化进程仍处在萌芽阶段，尚存在不少有待解决的问题。

从软硬件技术的角度上来说，相关设备仍普遍存在使用不方便、效果不佳等情况，难以达到虚拟现实系统的要求，且存在硬件设备品种有待进一步扩展、设备价格昂贵、专业性强、通用性差等问题。从应用领域上来说，虚拟现实技术现阶段仍主要应用于军事、高校科研等领域，民用方向发展不足。从使用效果上看，虚拟现实技术在自然交互、听触觉感知等方面效果也不尽如人意，仍存在巨大的成长空间。因此，我们在看到虚拟现实技术近年来取得的一系列积极发展成果的同时，不能对其未来前景盲目乐观。想要运用虚拟现实技术帮助我们体验现实中的“黑客帝国”，依旧任重而道远。

## 第二节
## 图说虚拟现实产业

### 一、虚拟现实产业链图解

虚拟现实产业覆盖了硬件、系统、平台、开发工具、应用及消费内容等诸多方面，总体上产业链较长，涉及主体众多。对虚拟现实产业进行梳理，可以将其划分为配件层、工具层、应用层、渠道层、服务层几个层次（如图9－3所示），主要包括基础元器件提供方、工具/设备提供方、内容提供方、行业应用方、平台提供方、第三方服务提供方几大主体。上游主要是互联网巨头、硬件厂商，它们凭借着先发优势着力布局硬件、系统，产业发展较为成熟；中游以提供行业应用的内容提供方为主，这部分几乎属于初创公司的天下，主要在娱乐和消费等行业拓展；下游是渠道/营销分发平台，由传统的线上线下渠道商加上应用商店等包揽。

#### （一）基础元器件提供方

基础元器件包含传感器、芯片、定位器、AMOLED、微投影等，为虚拟现实工具设备的制造提供关键零部件支持。从目前的市场状况来看，主要的传感器提供方包括有微软KINECT、苹果Prime Sense、索尼Play Station、以及国内的华为、中颖电子等；主要的芯片提供方包括Intel、AMD、NVIDIA等；定位器提供方有HTC、诺亦腾等，

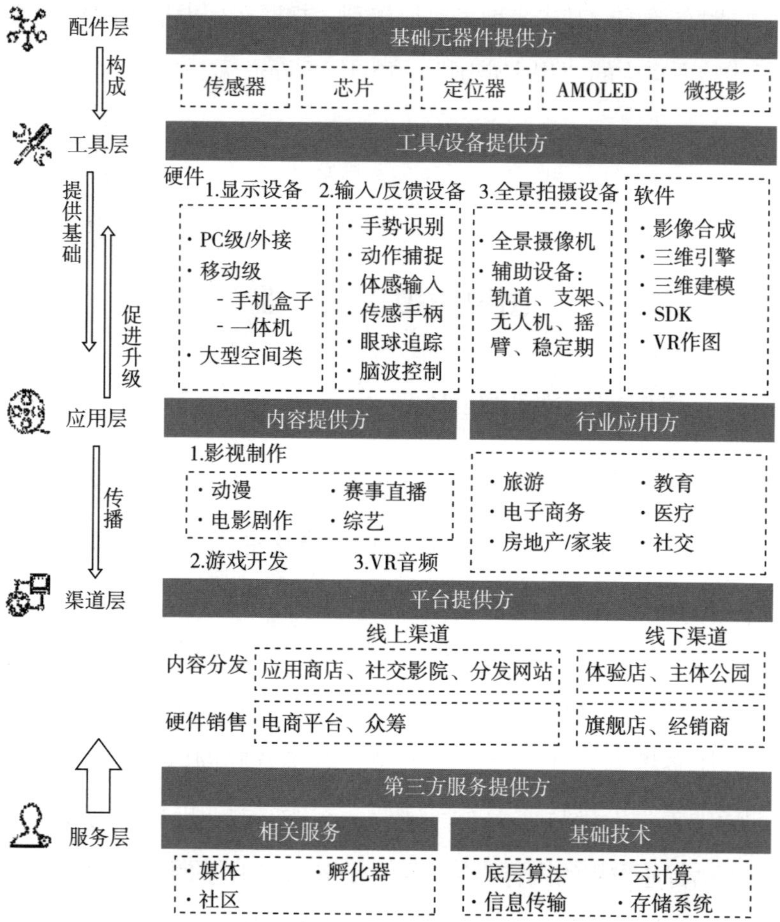


**图9－3　虚拟现实产业链图解**

资料来源：36Kr. 2016年虚拟现实行业研究报告［Z］2016－04。

AMOLED（全称有源矩阵有机发光二极体或主动矩阵有机发光二极体，被称为下一代显示技术）提供方有三星、索尼、和辉光电等；微投影提供方包括德州仪器（Texas Instruments）、长江通信等。

## （二）工具设备提供方

工具设备提供方为虚拟现实技术应用提供基础设备，一般包括输出/显示设备、输入/反馈设备、拍摄设备、以及影像合成、VR 作图等相关软件。输出/显示设备主要包括头戴式显示器、手机盒子、PC、一体机等，其中头戴式显示器（HMD）最具代表性，其原理主要通过一组光学系统（主要是精密光学透镜）放大超微显示屏上的图像，将影像投射于视网膜上，进而呈现于观看者眼中大屏幕图像，包括有线设备 Oculus VR、Play Station VR、HTC Vive 等和无线设备三星 Gear VR、Google Card board 等。输入/反馈设备一般与用户感官对应，如用以识别用户身体动作和姿势，其通过与使用者进行包括视觉、声音、触觉、运动姿势等全感官的信息交互，实现虚拟现实环境下的交互性指令的输入。其包含范围较广，主要包括 Tactical Haptics（力触觉）、Feel Three（手势模拟）、Control VR（可穿戴）、Trinity VR（控制器）、Eyefluence（眼跟踪）、Gestigon（头跟踪）、Cyberith（全向跑步机）等。

### （三）内容提供方

内容提供方主要负责提供影视、动漫、游戏、音频等具体产品内容，包含产品的拍摄、制作、运营等具体过程。在这一环节中，需要运用到开发工具和现实捕捉技术：在开发工具方面，以 Autodesk Stingray、WorldViz、Dysonics 等企业为主；而在现实捕捉方面，Jaunt、Video Stitch、Occipital 等公司则表现突出。在国内，基于游戏和影视行业的火热，虚拟现实在这两个行业的应用也受到了广泛的关注。目前，国内知名的 VR 游戏厂商网易、盛大、奥飞动漫等均有开发 VR 游戏产品；影视方面有兰亭数字、热波科技等专注 VR 的企业，华策影视、光线传媒等上市公司也布局其中。另外，直播和社交也是如今虚拟现实的热点内容之一。当下流行的“网红经济”与互联网社交均表明在这两个行业中有很深的潜力可以挖掘，虚拟现实技术可以为直播与社交行业带来新的机遇和发展。

## （四）行业应用方

行业应用方即用户，这也是产业链中的一大重要主体，主要分为B端企业级用户和C端消费级用户两类。B端用户相对于C端关注人群数量较少，但针对性强，相比于C端内容更容易实现营收，且受硬软件限制较低，能够承受较高的开发和使用成本。因此，尽管C端应用预期市场规模巨大，但目前B端很多产品已经投入使用，例如在建筑、商务等领域已经成功实现较好的盈利。而目前，C端应用主要集中在娱乐、教育、医疗等方面，且随着虚拟现实设备的逐渐成熟，以游戏和视频为代表消费级用户的内容持续增长。

## （五）平台提供方

平台提供方通过搭建内容平台，给予产品内容直接面向用户的机会，主要通过线上、线下两种渠道实现。其中，87870虚拟现实网就是一个典型的网络分发平台，集虚拟现实咨询和内容下载为一体的网络平台；乐客VR、暴风魔镜均在各大城市设立线下体验馆，让年轻的消费者能够通过体验对产品有足够的了解；应用商店则是专门用来下载虚拟现实应用的App类产品。由于虚拟现实产业尚处于发展初期，专用播放器、专用游戏等应用分发主要以硬件厂家自身为主，如Oculus VR、Google Card board、Play Station VR等，目前专门做VR内容分发平台的公司较少，而随着硬件的普及，未来虚拟现实应用开发和内容分发有望出现大规模爆发，出现类似智能手机的分发平台。

### （六）其他

此外，第三方服务提供方主要负责提供媒体、社区、孵化器等服务内容。而由于虚拟现实产业涉及从基础硬件生产、软件开发、核心部件制造、实体以及网络分发平台、营销与服务等众多领域，需要在国家统一协调和管理下进行，因此需要技术标准体系、产学研同盟、安全体系等保障体系，保障产业链健康顺利运行。

## 二、虚拟现实产业解剖图

随着虚拟现实产业链的逐渐成熟，半导体厂商、软件开发商、互联网企业等都正在积极从零部件（传感器、芯片）、硬件设备、软件应用、内容和服务等环节开展投资布局与跨界合作，通过合作与收购整合产业链上下游资源，积极构建虚拟现实产业链闭环生态体系，抢占市场制高点。部分巨头尝试通过产业联盟等形式，集合硬件、内容、渠道、资本等多重力量，建立自己的虚拟现实生态圈。

例如，2016 年 6 月 HTC 联合红杉、经纬等 28 家风投企业成立 VR 风投联盟（如图 9 – 4 所示），规模达到 100 亿美元。2016 年 10 月，在工业和信息化部电子信息司的指导下，HTC 与众多虚拟现实领域的主要企业和研究机构，携手共同成立虚拟现实产业联盟（Industry of Virtual Reality Alliance，IVRA），进一步促进虚拟现实领产业生态圈的构建。目前，已有超过 170 家企业和机构确认加入虚拟现实产业联盟，包括阿里巴巴、华为、三星、AMD 等国内外主要虚拟现实企业，北京大学、浙江大学、斯坦福大学等国内外著名高校和研究机构旗下实验室、研究中心，以及青岛崂山区、中国（南昌）虚拟现实产业基地、上海金桥经济技术开发区、VR Venture、创客全球等地方产业园区和投资机构等。

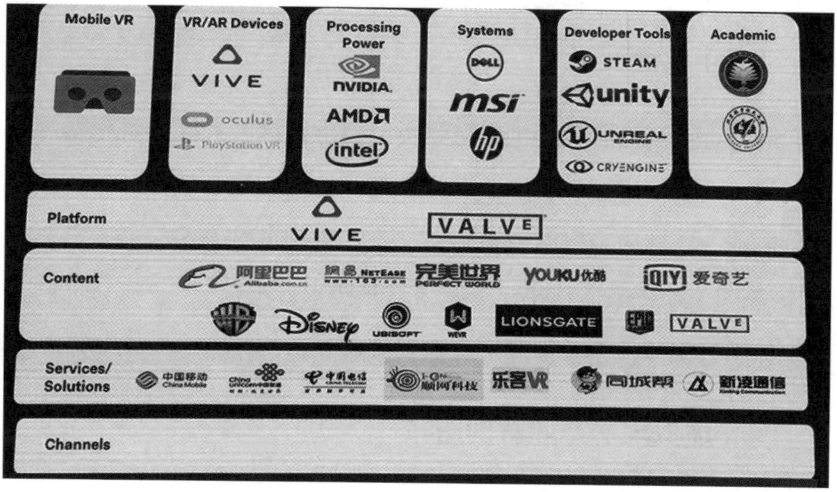


**图9-4 HTC的VR生态解剖图**

资料来源：系统之家．联合28家顶级风投HTC成立VR风投联盟［EB/OL］．http：//www.xitongzhijia.net/news/20160630/76326.html，2016-06-30。

另外，众多虚拟现实企业的涌现活跃了产业市场，同时丰富了现有的虚拟现实生态。例如，根据The Venture Reality Fund和法国的Lucid Wed日前发布的第一份欧洲虚拟现实行业面貌显示，正蓬勃发展的欧洲虚拟现实生态系统中现已包括近300家公司。此次欧洲VR产业面貌（VR Landscape Europe）基于广泛的调查，以及在与欧洲地区VR大使进行会面和通话所收集的信息，共确认并审查了近300家公司，其中116家公司被收录进首次发布的欧洲VR产业面貌（如图9-5所示）。调查表明，VR产业发展势头强劲，硬件、软件、渠道、应用等多领域公司数量繁多，且具有相当的竞争力，各类公司构成的完整生态日渐成熟。

与我们日常生活联系更为密切的是，随着虚拟现实技术的不断融合创新，其在各行业及消费群体的应用更为广泛。目前，虚拟现实技术已广泛运用于军事、医疗、教育、娱乐等多个领域（如图9-6所示），充分实现综合性产业发展。

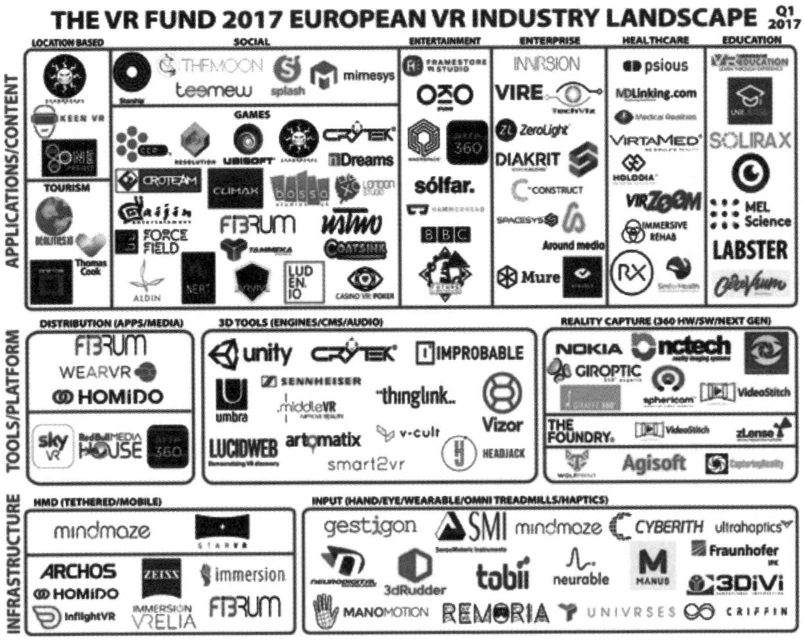


**图 9－5　2017 欧洲 VR 产业面貌解剖图**

资料来源：一窥欧洲 300 家 VR 公司生态图［EB/OL］. https：//yivian. com/news/26802. html，2017－02－07。

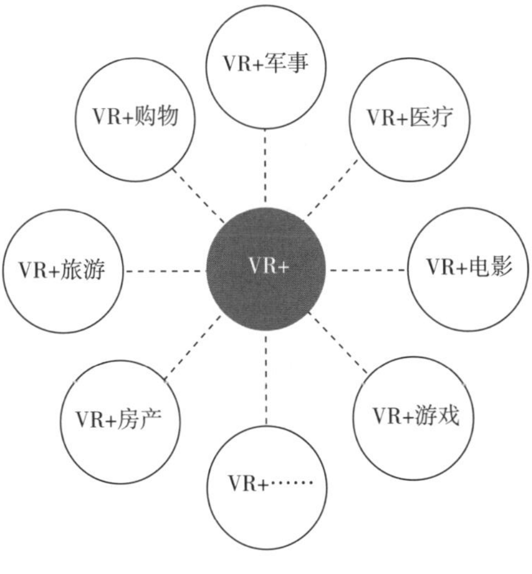


**图 9－6　虚拟现实产业应用解剖图**

## 三、虚拟现实产业市场规模图

据市场研究分析机构 SuperData 联合开发平台 Unity 发布的一份关于 2016 年虚拟现实市场的报告显示，全球虚拟现实市场在 2016 年总产值高达 18 亿美元，而 VR 头显设备的总销量达到 630 万台，市场规模巨大。其中，游戏类应用在营收中表现抢眼，占据了 44% 的市场份额。此外，亚洲市场表现突出，如尚处于培育期的年中国虚拟现实市场 2016 年总规模达到 68. 2 亿元（如图 9 –7 所示），且市场增长速度十分惊人，艾瑞咨询公司甚至预计，到 2021 年中国就将成为全球最大的 VR 市场。

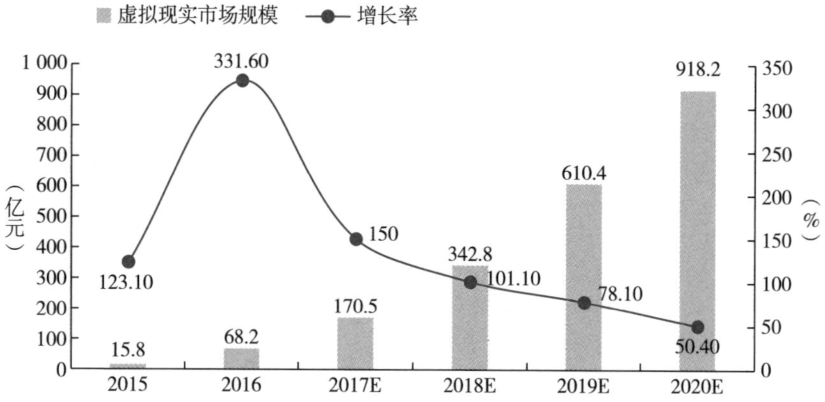


图 9 –7　中国虚拟现实市场规模图

资料来源：工信部电子信息司. 2017 中国 VR 产业投融资白皮书［Z］2017 –03。

从地域的角度看，目前全球虚拟现实产业的发展状况仍十分不平衡，在亚洲、北美洲和欧洲覆盖的用户人群比例相对较高，其中亚洲最高达到 47%，欧洲占比达 23%，北美占比达 15%。与此同时，虚拟现实人才占比则显示出更大的不均衡性，全球 VR 人才的三大梯队中，具有代表性的美国、英国、中国的 VR 人才占比分别为 40%、9% 和 2%（如图 9 –8 所示）。

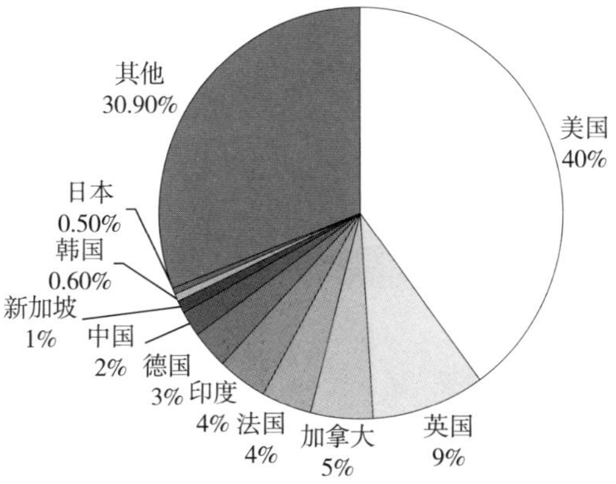


**图 9－8　全球 VR 人才比**

资料来源：全球 VR 人才供需报告［R］. LinkedIn. ，2016。

从投融资状况的角度看，近年来国内外对虚拟现实的投融资非常火热，2015 年全球 VR 领域共获得 6. 9 亿美元投资，2016 年投资规模增长至 23. 2 亿美元，增长率达 236. 2%，高于其他领域的投资增幅。在投融资类型上，硬件设备作为虚拟现实技术的基础支撑环节，依旧高居投融资事件细分领域榜首（如图 9－9 所示）。但与此同时，流向应用和内容制作端的资本有较大提高，单纯做硬件融资难度加大，能拿到融资的硬件商基本都是做“硬件＋内容＋平台＋服务”的全生态型企业。

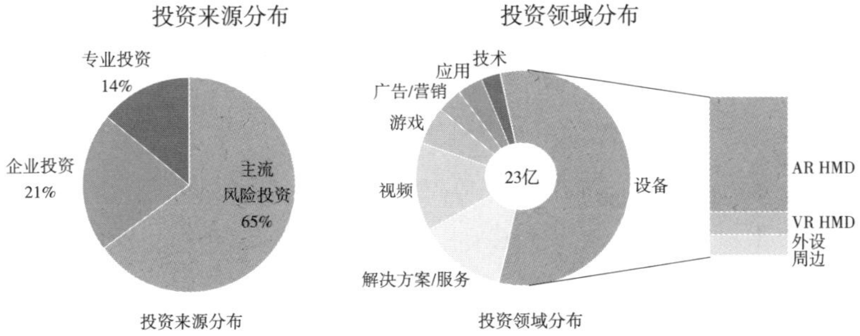


**图 9－9　全球虚拟现实产业投资状况图**

资料来源：TalkingData. 2016 年 VR 和 AR 行业热点分析［Z］2016－12。

从产业发展的成熟度来看，目前虚拟现实产业中，硬件制造等基础层产业相对较发达；内容、服务等相比硬件更具多元化，但成熟度相对较低（如图9－10所示）。

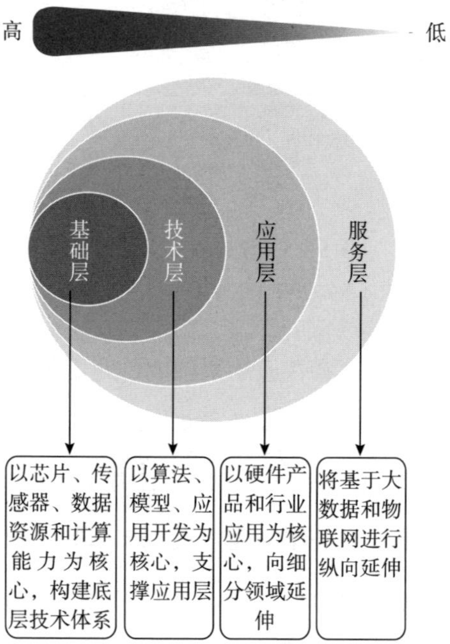


**图9－10　虚拟现实产业各层次成熟度**

资料来源：中国虚拟现实产业联盟.2016中国虚拟现实产业白皮书［Z］2016－12。

从市场份额的角度看，各大巨头仍在虚拟现实产业中占据绝对优势。2016年产业市场中，索尼是当之无愧的领头羊，市场份额达到30%；紧随其后的是脸书和谷歌，不过由于前者产品太贵，后者则专注于入门用户，占有率与索尼均不在一个数量级；而三星凭借Gear VR占据了第四名，HTC则以6%的占有率差距排名第五。市场研究公司01咨询（01consulting）对2017年VR市场的调查显示，索尼、脸书、谷歌和三星虚拟现实市场四巨头的市场占有率总和达到56%。

## 四、虚拟现实产业发展趋势图

### （一）产业发展逐步进入成熟期

虚拟现实技术于 2014 年迎来发展元年之后，整体保持向好趋势，2014—2016 年，处于市场培育期；2017—2019 年，进入快速发展期，行业对标准、相互兼容的应用、配件需求出现快速增长，虚拟现实消费级市场认知加深，企业级市场逐步启动发展；预计到 2020 年左右，虚拟现实市场将进入相对成熟期，硬件解决方案趋合、平台系统开源化、大部分技术难题将有效得以解决、内容支撑全面、应用场景改进，产业链逐渐完善（如图 9－11 所示）。

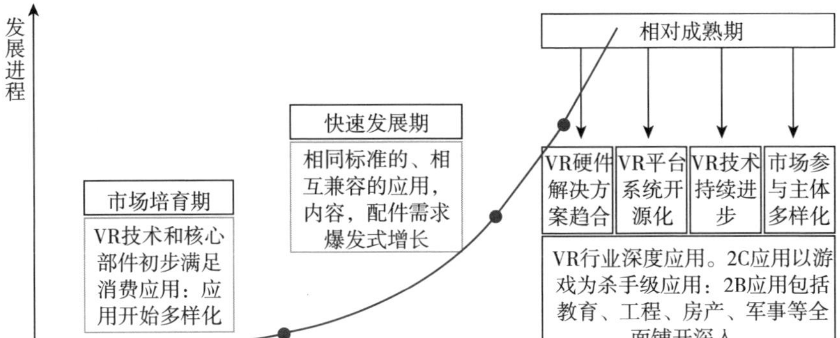


**图 9－11　虚拟现实产业发展趋势图**

资料来源：工信部电子信息司. 2017 中国 VR 产业投融资白皮书［Z］2017－03。

总体上，权威机构普遍看好虚拟现实产业的发展前景，认为产业所具有的巨大市场前景会吸引各路资本加速布局。如高盛研究报告显示，到 2025 年，全球 VR 市场的年营收规模将达到 1 100 亿美元，相关软件销售额将达 720 亿美元，届时 VR 领域总市场规模将达到 1 820 亿美元，虚拟现实产业将在十年内成长为一个万亿级别的新市场。

Digi－Capital 预测，到 2020 年，虚拟现实硬件和软件市场规模将达到 1 500 亿美元。艾媒资讯数据也显示，目前全球有超过 75% 的受访者对 VR 产品有过了解，超过 40% 的受访者会在 2～3 年内购买 VR 产品。这证明，虚拟现实产业未来面对的是一个巨大而有潜力的市场。但与此同时，目前虚拟现实产业仍不成熟，需要 5～10 年，乃至更长时间的积累（如图 9－12 所示）。

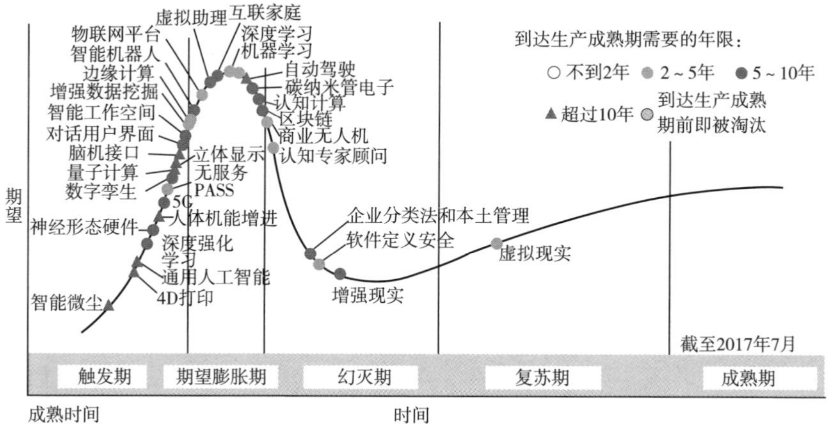


**图 9－12　2017 年 Gartner 新兴技术成熟度曲线**

资料来源：搜狐．Gartner2017 年度新兴技术成熟度曲线．［EB/OL］．http：//www.sohu.com/a/169425730_505812.2017－09－04。

## （二）相关应用迎来爆发期

业界普遍预测虚拟现实产业在未来 5 年中将迎来首轮机遇期，部分产业在 2～3 年内将迎来爆发期。目前产业主要向两个细分方向发展：一是先发型的硬件产品与技术类企业，致力推动硬件消费的高性能和平民化；二是后发型内容、应用、平台类企业，致力使内容生产精准化、多元化。不久的将来，虚拟现实产业更多地将率先从发展状况较好的游戏、视频等应用爆发，并进一步扩展到教育、医疗等多种领域（如图9－13所示）。

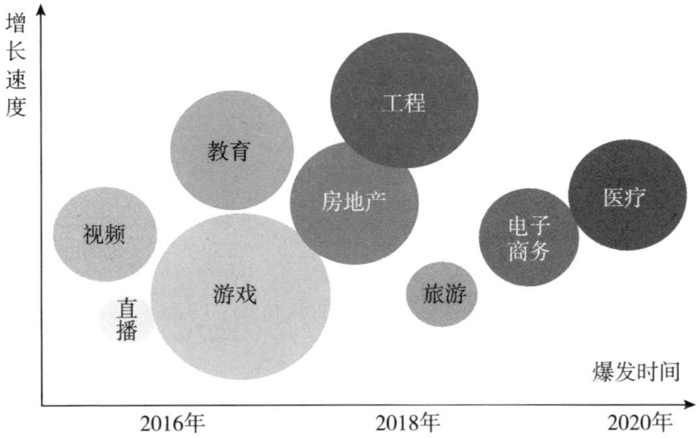


**图9－13 虚拟现实产业应用发展趋势图**

资料来源：工信部电子信息司.2017中国VR产业投融资白皮书［Z］2017－03。

## （三）产业生态逐步成型

而广泛的产品应用将引导虚拟现实于2017—2019年进入快速发展期。目前，继Oculus被收购后，全球科技巨头纷纷聚焦VR。微软、谷歌、苹果等跨国巨头都收购了VR相关企业，索尼开启Morpheus计划，谷歌推出Cardboard，三星与Oculus合作推出GearVR，HTC与Valve合作研发针对Steam游戏平台的HTCVive。虚拟现实产业的相关企业相继出现，快速覆盖几乎所有的产业链环节（如图9－14所示）。由此可以预见，未来几年VR产业化进程将持续加快，开始出现对统一标准、相互兼容的应用、内容、配件的需求，VR内容开始配套，消费级应用和企业级应用均逐渐完善，VR不再是孤立式发展，将迎来产业和市场的快速发展期，涵盖硬件、渠道、应用、服务等多个层次的虚拟现实生态将逐步成型。

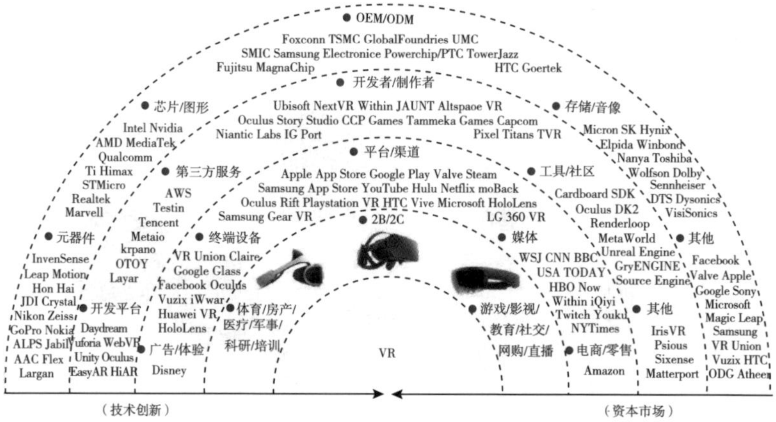


**图 9-14　虚拟现实产业链主要参与企业图**

资料来源：TalkingData. 2016 年 VR 和 AR 行业热点分析［Z］2016-12。

## （四）政策关注度不断提升

近年来，国家高度重视虚拟现实技术的发展，出台了一系列具有指导意义的政策，为我国虚拟现实产业的发展保驾护航。2016 年 8 月，国务院正式印发《“十三五”国家科技创新规划》，对人工智能、虚拟现实等诸多前沿科技都做出了明确的规划。强调要突破虚实融合渲染、真三维呈现、实时定位注册等一批关键技术，在工业、医疗、文化、娱乐等行业实现专业化和大众化的示范应用，培育虚拟现实与增强现实产业。2016 年 12 月，国务院又印发了《“十三五”国家信息化规划》，强调超前布局虚拟现实、人工智能等前沿技术，以构筑新赛场先发主导优势。除此之外，《“互联网+”人工智能三年行动实施方案》和《智能硬件产业创新发展专项行动（2016—2018 年）》等扶持政策也陆续出台，均明确提出鼓励和支持 VR 产业的发展。此外，2016 年 5 月证监会叫停上市公司跨界定增，涉及 VR、游戏、影视等四个行业，重点核查影视、VR 等热门虚拟经济并购重组案，通过证监会限制等方式，进一步规范 VR 投融资行为。

### （五）用户规模逐渐扩大

从用户层面来看，我国存在庞大的虚拟现实潜在用户群体。据中国 VR 产业发展研究报告课题组调查显示，我国听说过 VR 并对其感兴趣的用户（潜在用户）达到 2.86 亿人，其中通过各种方式体验过虚拟现实的用户（浅度用户）达 1 700 万人，过去一年中购买过 VR 设备的用户（重度用户）达到 96 万人（如图 9 – 15 所示）。

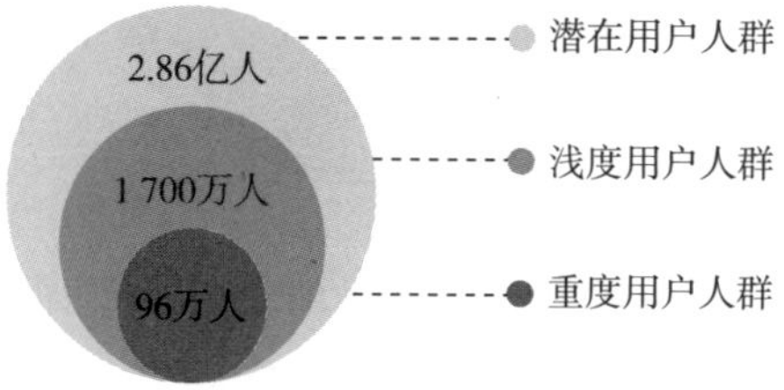


**图 9 – 15　我国虚拟现实潜在用户规模图**

资料来源：中国虚拟现实产业联盟 . 2016 中国虚拟现实产业白皮书［Z］2016 – 12。

### （六）应用和内容制作方向转型日趋明显

从投融资状况的角度看，由于上游的积淀相对薄弱，未来我国硬件设备投融资市场规模仍将占据相当比重，但中下游发展机会较多，因此投融资重点会由硬件向内容逐步演进，甚至应用层投融资会实现超越硬件设备投资，占据相当市场份额（如图 9 – 16 所示）。事实上，2015 年国内融资最多的领域是硬件环节，包括硬件输出，比如 VR 眼镜、头盔、手柄、耳机等，以及输入端硬件，如动作捕捉和识别技术。而 2016 年投融资结构便发生了显著的变化，流向硬件端的资本明显减少，由 2015 年的 50% 下降到 2016 年的 26%；而流向应用和内容制作端的资本有较大的提高，由 2015 年的 28% 上升到 2016 年的

46%，包括游戏、视频、教育、直播等，VR 硬件投资的早期机会已很小，很多 VR 硬件公司已经开始转型做内容分发平台、内容原创生产、内容投资合作。在可以预测的未来，这一转变趋势仍将继续保持。

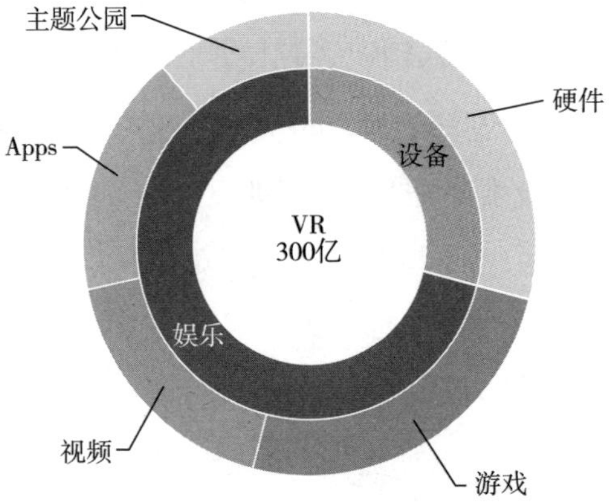


**图 9－16　2020 年产业细分市场份额图**

资料来源：TalkingData. 2016 年 VR 和 AR 行业热点分析［Z］2016－12。

# 第三节
# 虚拟现实案例

## 一、谷歌：Earth VR ①

谷歌是一家位于美国的跨国科技企业，其业务包括互联网搜索、云计算、广告技术等，同时开发并提供大量基于互联网的产

① 资料来源于 VR 网（https://www.hiavr.com/news/product/38499.html）、搜狐网（http://www.sohu.com/a/119462800_114822、http://www.sohu.com/a/119228929_223764）、艾媒网（http://www.iimedia.cn/46287.html）、腾讯网（http://digi.tech.qq.com/a/20161119/002389.htm），以及各大网站的相关报道。本书在收编时对其基本功能及应用技术进行汇编。

品与服务。Google Earth 是一款谷歌公司开发的虚拟地球软件，它将卫星照片、航空照相和 GIS 布置在一个地球的三维模型上。Google Earth 于 2005 年向全球推出，被《PC 世界杂志》评为 2005 年全球 100 种最佳新产品之一。

---

Google Earth 早已成为很多地理爱好者“探索”地球的好帮手。而现在，虚拟现实技术将赋予 Google Earth 的体验者更加震撼的体验，使其足不出户便有机会游览全世界，获得从任何角度观看地球任何位置的风景体验。Google Earth VR 的项目经理 Mike Podwal 说过：“世界上 94% 的人口、54% 的地球陆地面积都覆盖到这个体验里。大约有 175 个城市有着完整的 3D 数据和超过 600 个城市核心地带。”

体验 Google Earth VR 的感觉有点像变身巨人在大地上行走，与其说以一个真人的角度去游览那些风景，更像是在俯瞰，这与在全世界的大多数地方可以看到 2D 平面高清卫星图片或航拍照片大不相同。为方便新用户使用，Google Earth VR 融入了经典推荐的功能，预加载的推荐坐标显示在一个简单的菜单界面中，而推荐地点都是一些很壮观的景点（如图 9 – 17 所示）。列表中有很多像大本钟、优胜美地国家公园这样的知名景点；也有一些奇怪的坐标，比如沙漠中燃烧的人；甚至还有一些外太空的位置，让你可以体验漂浮在空中欣赏日全食。2017 年 4 月的更新中更是新增了包括南非的桌山（Table Mountain）、阿根廷莫雷诺冰河、德国新天鹅城堡、加利福尼亚拉森火山、西西里首府巴勒莫等地区在内的 27 处景点。用户可以在界面选择“旅游”标签，系统将自动以舒适的方式带着用户游览地球上各类主题的旅游景点，可以在 3 ~ 5 分钟内展示世界著名景点。

初版的 Google Earth VR 最糟糕的体验在于在界面中无法输入城市、地标或其他自定义坐标的名称。如果你想去童年时代的家里看

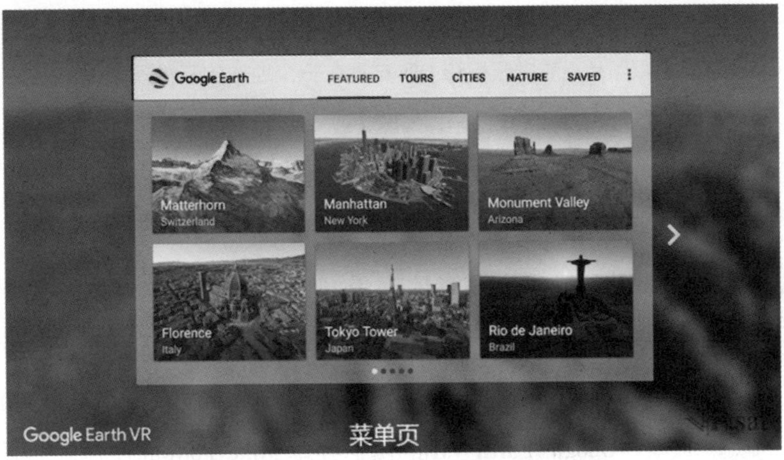


**图 9－17　Google Earth VR 菜单页**

资料来源：搜狐．在世界自由飞翔，《谷歌地球 VR》今天发售［EB/OL］．http：//www.sohu.com/a/119228929_223764，2016－11－17。

看，你将不得不抓住这个星球，并选择通过道路、地标和地形自己找到需要的位置。经过一段时间的努力，虽然走了一些弯路，但终于找到了自己童年的住所。Google Earth VR 可以显示城市名称和地标名称，但道路和较小的细节没有标记。所以，一旦你找到了一个地方，最好把它加入书签，以便下次快速抵达。而在 2017 年 4 月的更新中，Google Earth VR 开始允许用户手工通过应用快速搜索相关地点（如图 9－18 所示），这确实是一个值得关注的改进点。

在技术方面，谷歌花费了将近 10 年的时间收集和编辑来自地球的可视化数据，运用摄影几何重建技术将高分辨率卫星图片、航拍照片进行无缝链接，而这些数据库内的图像并非以高空卫星拍摄的照片形态呈现，而是将所有数据转化为可完全探索、可伸缩的 3D 身临其境的世界。目前，Google Earth VR 首先针对 HTCVive 用户免费下载使用，且于 2017 年 4 月起，开始支持 OculusRift 头显，并适配 Oculus-Touch 手柄。借助 HTCVive 头显设备，用户可以实现抓取地球，放大

**图 9－18 GoogleEarthVR 搜索页**

资料来源：VR 网．Google Earth VR 获更新：支持 Oculus Rift 新增搜索功能［EB/OL］. https：//www. hiavr. com/news/product/38499. html，2017－04－19。

和缩小任何地方，从而看到更精细的地图实景。戴上 HTCVive 头显之后，你首先会看到一个漂浮在黑暗虚空中的地球。用手中的 Vive 控制器可以让视角一直靠近地球，直至你看到大量标记国家、省份和城市的标签，再靠近一些甚至还有小镇。当你足够靠近时，让视角翻转 90°，就可以开始自己的世界环游之旅了。此外，Google Earth VR 还使用了先进的智能算法技术，让用户在旋转和扭曲的环境中感受舒适的体验。通过使用 Vive 手柄作为指点器和抓取器来转换你在程序中的比例或位置，并且视野可以收缩到一个很小的潜望镜试图，缩小视野让你在飞行模式中减少晕动眩晕的感觉。系统允许用户快速地抓取和移动地图，并通过飞行的视角将运动的场景展现在你面前。

Google Earth VR 可以视为虚拟现实技术运用于旅行的一次拓展，将虚拟旅行与地图地理知识相结合，既满足了人们足不出户畅游天下的美好愿景，也发挥了知识普及、文化传播的作用，实现趣味性与教育性相结合。类似的，还有将健身与 VR 旅行相结合的 VR 自行车

Virzoom 等，均是虚拟现实技术在这一方面的良好实践。

## 二、Rendever：VR 医疗系统[①]

---

Rendever 创立于 2015 年，初创团队由 MIT 的学生组成，为个人用户和养老机构提供了一种基于订阅的服务，可以用 VR 头显给老年人提供沉浸式的、具有临场感的体验。在 MIT 斯隆研究奖的卫生保健创新奖评选中，Rendever 将虚拟现实技术用于老年人的卫生保健的项目获得了 25 000 美元的大奖。该项目可以帮助居住在养老院的老人们虚拟地探索世界。

---

Rendever 系统包括多个 VR 头显、定制软件和一台平板电脑。通过软件可以同步头显的数据，不同的用户可以在虚拟世界中聚集到一起，比如观看儿时的家、欣赏异国情调或体育比赛，或者是亲属的婚礼等。这些头显可以由看护人员通过平板电脑来同步控制，所有的内容是由 Rendever 基于从互联网发掘的 2 000GB 内容定制。

Rendever 系统的虚拟现实项目主要包括以下三个内容方面。一是景观类的内容。Rendever 用算法转换 360°全景照片聚集海量的精彩的内容，比如海滩的景色。对于那些无法旅行或参与家庭活动的老年人来说，真实世界会是很小并且很沉闷的。虚拟现实技术在某种程度上可以帮助他们逃离这种孤立感，不会感到孤独，不会变得抑郁，并且可以保持快乐和健康的情绪。二是教育性质的内容，比如历史上的重要时刻，或者知名建筑景观的展览。三是熟悉的场景。通过老人过去的经历和照片以及老人熟悉的东西和音乐来使老年人脑细胞恢复活

① 资料来源于 VR 网（https://www.hiavr.com/news/industry/38016.html、https://www.hiavr.com/news/industry/37848.html）。本书在收编时对其基本功能进行汇编，并结合 VR 在医疗方面的一般性应用进行内容拓展。

力，根据“记忆”来对老年认知障碍患者进行辅助治疗。该解决方案可以让老人以有趣的方式来重新体验这个世界，成为探索者，也能把这些新体验带给丧失了探索能力的人。根据测试研究，Rendever 的系统将马萨诸塞州布鲁克戴尔老年社区全体居民的快乐指数提升了40%。

一些研究证明，将病人沉浸在虚拟现实中可以刺激病患的大脑，通过去除其他的分散注意力的事物，可以重新激活一些神经回路；或者可以作为分散对混乱和痛苦的注意力的工具，帮助患者处理极端的痛苦。因此，与 Rendever 相似的虚拟现实技术可被应用于医疗领域，如在心理治疗领域应用的虚拟现实毒瘾评估和矫正系统。通过播放评估毒瘾、厌恶治疗和回归治疗的 VR 短片，让吸毒者对毒品的依赖转化为对毒品的厌恶和恐惧，并达到良好效果。

Rendever 计划开发一个数据驱动的老年痴呆症诊断方案。用户需要经过一系列的真实生活场景的模拟，比如做饭、完成一系列的任务等。Rendever 的软件每分钟会收集上千的数据点，包含运动、反应时间以及执行功能，非常精确地跟踪用户在空间中的移动以及他们做的事情。这些都可以帮助及早诊断痴呆症病情，并且帮助测量治疗的效果。相应的机器学习模型目前正在被训练以分辨有痴呆症早期症状的人的表现和正常人的表现。

## 三、上海曼恒：VR 模拟飞行系统[①]

---

上海曼恒数字技术股份有限公司（简称上海曼恒）是以 3D 虚拟现实和 3D 打印作为两大核心业务的民营高科技企业。 它创

---

① 资料来源于曼恒数字官网(http://www.gdi.com.cn/?page_ id=2286)和搜狐网报导(http://www.sohu.com/a/147492322_ 698174)。本书在收编时聚焦虚拟现实技术在模拟飞行系统中的应用,结合曼恒实例进行归纳总结。

始于2007年，总部位于上海，在北京、成都等地设立了办事处。上海曼恒数字始终坚持自主产品的研发与技术创新，研发出DVS3D虚拟现实软件引擎、虚拟现实沉浸式交互系统、G－Motion交互追踪系统及全身动作捕捉系统等多款首创性虚拟现实产品，为高端制造、高等教育、国防军队等领域提供产品及技术服务。

---

2017年5月5日，我国自主研制的C919大型客机在上海成功首飞。这是我国航空工业发展史上的重大里程碑，也是历经几代航空人的不懈追求、艰辛探索取得的重大突破。其中，上海曼恒为商飞试飞中心提供虚拟现实的模拟飞行系统，对实际飞机飞行中的参数进行监控分析，确保飞机在预飞和实际飞行中相关参数的准确和正常，为C919成功首飞提供坚实的数据保障。此外，上海曼恒还为试飞中心提供“三维视景”“三维电子地图”先进技术解决方案，模拟飞机在三维场景中飞行，保证实际飞行中仪表数据与三防仿真视景一致性，确保C919更加高效、安全的飞行。三维电子地图仿真了从上海浦东集成到试飞目的地相关的三维地图的参数距离，更直观地展现了C919大飞机在祖国大好河山的实际里程。

VR模拟飞行系统与高端装备制造密切相关，即借助虚拟现实技术，在航空航天、船舶制造、汽车仿真、工业机械等高端制造业领域实现虚拟产品设计、虚拟产品制造、虚拟生产过程、数字化工厂、产品展示等产品全生命周期的管理。而虚拟现实技术在推动高端制造业企业完成正确决策、优化产品性能、提高产品质量、降低生产成本、提升品牌影响力和赢得市场先机方面也具有重要的应用价值。VR模拟飞行系统属于高端装备中的航空航天，用于工业机械、汽车仿真、船舶制造等领域。

### （一）航空航天

航空航天是一项耗资巨大、变量参数多、系统复杂的工程，保证其设备的安全、可靠是必须要考虑的因素。虚拟现实技术的出现，为航空航天领域提供了广阔的应用前景。在飞机设计过程中，应用 VR 技术提前开展性能仿真演示、人机工效分析、总体布置、装配与维修性评估，能够及早发现、弥补设计缺陷，实现“设计—分析—改进”的闭环迭代，达到缩短开发周期、提高设计质量和降低成本的目的。在飞机设计与制造过程中，可以将 CAE 及有限元分析软件的计算结果（结构、流体动力、电磁场、声场、压电、力学等）以图表、曲线形式显示或输出，并在此基础上进行分析，实现数据分析的三维可视化。

此外，虚拟现实可用于飞行驾驶虚拟实训，可根据实际场景建立逼真的虚拟场景三维模型，实现对虚拟场景的实时驱动，进行飞机飞行员的驾驶实训，增强飞行员的操作技能，加大飞行安全砝码，为航空业飞行安全提供有力保障。

### （二）工业机械

虚拟现实技术已成为数字化工业制造技术和生产流水线的重要应用环节，针对工业产品利用该技术可优化产品设计，通过虚拟装配避免或减少物理模型的制作，缩短开发周期，降低成本；同时通过建设数字工厂，直观地展示工厂、生产线、产品虚拟样品以及整个生产过程，为员工培训、实际生产制造和方案评估带来便捷。使企业内各负责部门之间的交流变得更加容易，不仅大大缩短了企业产品开发的时间，而且也为其产品的宣传、销售赢得了先机。

### （三）汽车仿真

汽车虚拟开发工程即在汽车开发的整个过程中，全面采用计算机辅助技术，在轿车开发的造型、设计、计算、试验直至制模、冲压、焊接、总装等各个环节中的计算机模拟技术联为一体的综合技术，使汽车的开发、制造都置于计算机技术所构造的严格的数据环境中，虚拟现实技术的应用，大大缩短了设计周期，提高了市场反应能力。

### （四）船舶制造

通过虚拟现实技术不仅能提前发现和解决实船建造中的问题，还为管理提供了充分的信息，从而真正实现船体建造、舾装、涂装一体化和设计、制造、管理一体化。在船舶设计领域，虚拟设计涵盖了建造、维护、设备使用、客户需求等传统设计方法无法实现的领域，真正做到产品的全寿期服务。因此，通过对面向船舶整个生命周期的船舶虚拟设计系统的开发，可大大提高船舶设计的质量，减少船舶建造费用，缩短船舶建造周期。

与上海曼恒 VR 模拟飞行系统对飞行数据模拟相似的，虚拟现实技术可通过相应的三维战场环境图形图像库，包括作战背景、战地场景、各种武器装备和作战人员等，模拟一种险象环生、几近真实的立体战场环境，运用于军事领域，而军事应用也是虚拟现实技术最早的应用领域之一。无论飞行模拟还是军事模拟，虚拟现实技术均可以使用户通过必要的设备可与虚拟环境中的对象进行交互作用、相互影响，从而产生“沉浸”于等同真实环境的感受和体验，以较低的成本实现最真实的虚拟体验。

## 四、国泰安教育：VR 实训室①

深圳国泰安教育技术股份有限公司（简称国泰安教育）是智慧教育综合服务、高端金融信息服务和综合数据服务三大领域的领军企业，以推动教育改革创新、促进教育回归人性本质为宗旨，致力为高等教育、职业教育、基础教育、幼儿教育等各大教育领域提供集顶层设计、教育信息化、教学实训仿真模拟软件、现代教育装备、教学资源、创新增值服务于一体的智慧教育综合解决方案，以及向社会提供以职业技能培训为核心的 O2O 互联网教育服务。

传统职业教育实训课程存在几大局限：一是教学内容过于复杂，不易理解；二是实训设备过于昂贵，不易建设；三是实训内容不可回逆，不能反复；四是实训操作过于危险，不够安全等问题。从实践教学需求出发，国泰安教育率先将 VR 虚拟现实技术引进课堂，以系列 VR 软件为核心，以多款 VR 设备为载体，依托教学实训管理平台，搭载优质教学资源，打造专业级 VR 实训室/院校级 VR 开发与实训应用中心建设综合解决方案。研发系列实训教学软件，开发实训室及体验中心建设综合解决方案，涵盖基础教育、中高职和本科院校需求，促进实训实验教学的变革与发展，有效辅助教学与实训，让实训室真正成为第一课堂。

根据实训教学需求，VR 实训室分为四大功能区域，即全景教学区、桌面实训区、沉浸体验区、体感交互区。通过配套软硬件设施，

① 资料来源于国泰安官网（http://www.gtafe.com/WebShow/Index/3）和 VR 资源网（http://www.vrzy.com/vr/61184.html）。本书在收编时聚焦虚拟现实在教育方面的应用，对国泰安教育 VR 实训室案例进行归纳总结。

打造沉浸式体验的虚拟空间，使四大功能区域实现展示、教学、科研等教学实训功能，既可单独构成一个 VR 智慧实训室，也可多种功能组合搭配充分满足学员的学习需求。

### （一）全景教学区

在全景教学区，参与者可以通过虚拟现实环幕投影显示系统，结合虚拟现实硬件设备，配合环绕立体声系统来充分体验一种身临其境的三维立体视听感受，获得一个具有高度沉浸感的虚拟仿真可视环境，该区域适用于教学、科研和展示。

### （二）桌面实训区

在桌面实训区，实训学员通过手持红外笔，结合桌面式全息操作系统可以捕捉到用户的手部在空间中的位置信息，用户通过该操控笔在空气中对眼前的全息图像进行交互，就像将一个真实的物品握在手中操作一样自然、简单。

### （三）沉浸体验区

在沉浸体验区，参与者通过佩戴虚拟体验设备，可以实现真正的沉浸式体验，感受在虚拟的场景中通过脚步移动和手部交互设备操作，获得身临其境的游戏和视听体验。

### （四）体感交互区

体感交互区利用 Kinect 的体感交互功能，彻底颠覆了枯燥乏味的单一操作，让人机互动的理念更加彻底的展现出来，同时导入了即时动态捕捉、影像辨识、麦克风输入、语音辨识、社群互动等多种功能。

国泰安教育 VR 实训室搭载教学实训平台系统，主要包含桌面式、头盔式等 VR 硬件，VR 实训软件，教材、课件、视频、习题等多种形式的教育资源，以及各项配套增值服务（如图 9 – 19 所示）。目前，国泰安教育已研发医学护理类、经济管理类、农林牧渔类、K12 领域、汽车、机器人等专业学科 VR 实训软件，汽车制动器拆装、人体解剖、体感 VR 旅游、数字头盔 VR 秘书、VR 自然科学认知等 VR 教学产品，以及 VR 实训项目开发、实训教材编写、实训资源汇集、实训教学团队建设、实训指导外包、实训师资配备、培训与考核等课程资源体系开发。此外，国泰安教育还可提供 VR 体验中心空间建设、设备研发、内容开发三位一体服务，为学校、社区、公共实训中心等打造极富视觉冲击力、动静结合和充满品牌内涵的高端、前沿、实用的 VR 实训室及体验中心。

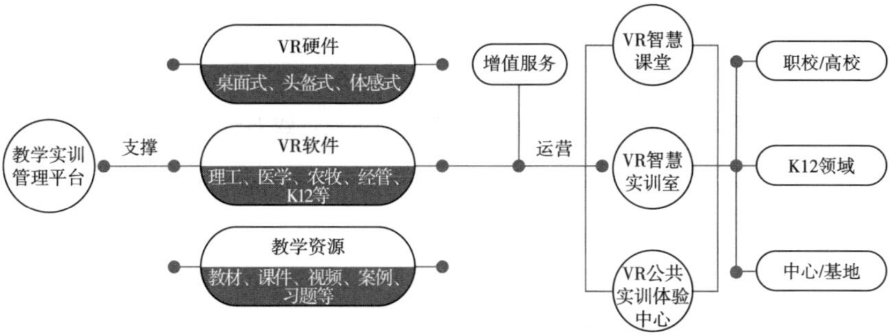


**图 9 – 19　VR 实训室搭载系统**

资料来源：深圳国泰安教育技术股份有限公司．［EB/OL］http：//www.gtafe.com/WebShow/ShowColumn？previewColumnId = 203。

国泰安教育创建教学与实训相结合的 VR 智慧实训室，探索将实训室打造成职业教育的第一课堂，在国内 VR + 职教领域迈出了重要的一步。立足于过去 15 年，以教学实训（仿真模拟）软件等为载体、以服务全球 3 000 多家院校为积淀，经过大量的实证研究与案例分析，国泰安教育精准挖掘教育产业需求，将 VR 技术应用于各专业领域的教学实训内容开发。在现有成熟的 3D 仿真模拟技术的基础上，进一步融合虚拟现实技术，自主研发具有实训教学功能的 VR 教学软件。国泰安教育 VR 教学产品体系改变了传统实训模式，突破实训软硬件的限制，在虚拟仿真之中，完成实训项目。

事实上，国泰安教育 VR 实训室是“VR + 教育培训”类的代表之一。目前，教育培训已然成为虚拟现实技术的主要应用领域之一。虚拟现实技术可以将理论性较强的知识以生动的形式表现出来；将学生以更低风险、更低成本置于无法实现的环境中，以创造学习机会并模拟特定的领域；并凭借良好的浸入式特征，在儿童兴趣开发、职业教育、特殊群体教育等方面发挥独特的作用。

## 五、映墨科技：儿童 VR 益智平台

---

杭州映墨科技有限公司（简称映墨科技）成立于 2014 年，是国内首家深耕儿童 VR 垂直领域的双创企业，致力于打造寓学于乐的最佳创新虚拟现实解决方案。映墨科技拥有以浙江大学博士为主的核心技术团队，管理团队来自微软、华为、阿里、中国移动、UT 斯达康等企业。

---

目前，映墨科技已完成了星云 NebulaVR 眼镜、星云虚拟骑行系统、星云 9D 游乐系统、INBOXVR 眼镜、ImVR 内容聚合播放器、未来战士空间等多款虚拟现实产品，以及阿里云千岛湖数据中心虚拟之旅、亿淘汇跨境电商“VR + 购物”线下体验项目等虚拟现实定制项目的研发。其中，“龙星人”是国内首款儿童 VR 产品，也是国内最大的儿童 VR 内容线下分发平台。

儿童 VR 是映墨科技“VR +”系列应用即系统化解决方案的成功

案例之一，已有多项专利获授权，更有十余项专利受理中。其中，“龙星人”是映墨科技推出的第一款儿童 VR 设备，也是目前市面上最成熟的儿童 VR 产品。“龙星人”是针对 5 ~ 8 岁的儿童研发的一款全新概念的儿童益智娱乐一体化设备，采用时下最具想象力与沉浸感的 VR（虚拟现实）技术，结合先进的教育娱乐理念，为儿童提供一个快乐成长的沉浸式虚拟世界，带给儿童一个超乎想象的奇幻之旅。其所具有的新奇性和娱乐性的特点，既符合运动、健康、快乐的流行理念，又结合了酷炫的高科技 VR 技术，可开拓儿童的想象力，激发儿童的创造力，使体验过的儿童都爱不释手。

“龙星人”产品串联了一条集硬件、软件、内容平台、场景交互等为一体的 VR 技术链，整套设备包含一台手持式儿童 VR 眼镜、丰富有趣的益智游戏库、运行稳定的商户平台、系统运行无压力的电脑主机和显示器等部分。

### （一）手持式儿童 VR 眼镜

“龙星人”所搭配的 VR 眼镜是全国第一款专门针对儿童研发的 VR 眼镜，根据中国 5 ~ 8 岁儿童的发育特点设计了 VR 眼镜的瞳距，符合该年龄段儿童脸部特征，使用了防蓝光镀膜的镜片，从硬件上降低了对儿童视力的不良影响。同时，该 VR 眼镜也是全球第一款手持式 VR 眼镜，手持的方式可最大程度降低儿童的负重压力，将交互按键做入左右两个手柄中，使用上更便捷。

手持式儿童 VR 眼镜可以给体验者一个 360°全景视角，营造一个身临其境的环境，佩戴 VR 眼镜的体验者转动头部，场景也会随之相应移动；左右手柄上各有一个按键，用于辅助体验者完成主界面的运行和益智游戏场景中的交互，如选择游戏、进入游戏、切换游戏、射击、射箭、撒网、投篮等等。

### （二）丰富有趣的益智游戏库

游戏库内含扮演类、音乐类、竞技类、休闲类等丰富的第一视角益智 VR 精品游戏，可锻炼儿童的运筹策略的能力、预判能力、辨别能力、探索能力、空间想象能力以及手眼动作的协调能力等。且可以实现内容在线更新，通过打通在线更新内容的通道，淘汰线下手动更新的方式（现在 B 端的产品一般采用线下人工更新的方式），通过商户平台推送最新的精品游戏内容，商户可直接通过平台操作来实现内容的在线更新。

此外，“龙星人”搭载了针对 5～8 岁儿童的眼球发育情况研发的“护眼模式”，运行游戏时默认开启，场景环境会自适应调整到适龄儿童相应的色温、对比度、亮度等。且每款游戏时长控制在 3～5 分钟，设计时在颜色、对比度、亮度、场景内物体的移动速度等方面都考虑到了儿童身心发育的特点。

### （三）高性能硬件

“龙星人”产品需要一系列高性能硬件设备的支持，包括运行系统无压力的电脑主机和显示器等。其中，性能强的主机保证了儿童 VR 系统运行和游戏运行的流畅，显示器的外形设计则切合儿童的审美。

### （四）运行稳定的商户平台

商户平台可查看每款游戏的定价情况、运行次数、运营收益、收益来源等，便于商户实现根据实际情况调整每款游戏的定价，查看运营日报月报等运营数据等功能。支付方式分为两种，其一是投币，其二是微信扫码支付，支付后才可启动游戏。可以通过商户平台推送映墨自有 CP 团队和合作 CP 团队开发的儿童益智游戏内容，游戏每运行一次，映墨科技将收取相应费用，获得的内容收益将与合作的内容制作团队进行分成。

“龙星人”是一款战略级的 B2B2C 产品，产品推向 B 端商户，终端体验者则是 C 端儿童用户。自 2016 年 8 月 8 日正式发布以来，截至 2017 年 5 月 26 日，已上线益智游戏 42 款，其中 18 款系映墨科技自主研发，24 款来自电魂网络、哈视奇、基因互动、火石镇等第三方 VR 游戏 CP。目前，已有 500 余个渠道商和 50 余个内容制作团队与映墨科技达成了合作意向，而映墨科技也已与 100 余家城市运营代理商签约，正在通过城市运营商将龙星人推向全国包括大型 shoppingmall、儿童游乐园、超市甚至是小卖部等在内的各个适用场所。

## 六、瑞立视：VR 多人互动游戏系统[①]

---

深圳市瑞立视多媒体科技有限公司（简称瑞立视）是一家专注于 VR 领域的创新型企业，专业从事 VR 影视、游戏等数字娱乐内容的研发及制作。独创自主研发的 VR 全身光学定位动作捕捉设备（国际专利已申请），结合惯性捕捉系统的混合动作采样方式成功突破 VR 技术瓶颈，掌握当今世界 VR 顶尖技术。精确同步人物动作，并开创性地研发了多人互联网对战射击类游戏，实现多人对战模式（简称 PvP 模式），制定全球首家低延迟毫米级高精度空间 PVP 游戏方案。

---

据《中国 VR 体验店现状白皮书》调查显示，2016 年全国 3 000

① 资料来源于 VR 网（https://www.hiavr.com/news/industry/39624.html）和瑞立视官网（http://www.realis-e.com/）产品介绍。本书在收编时对产品功能、应用技术及推广效果进行归纳。

家 VR 体验店中，实现盈利的不足三成。“缺少体验黏度，回头客稀少”是大多数 VR 线下体验店从业者的共识。真正的虚拟现实应该是双向的，即在体验者能够看到虚拟现实世界的同时，VR 也要能看懂体验者的行为与动作，才能完美地将体验者投射入虚拟现实世界之中。目前主流 VR 设备，大部分还停留在满足用户“视听”方面的交互，用户至多只能在一个小空间范围内与虚拟世界进行互动，完全无法实现自由自在的“身临其境”。如果要实现用户在大空间范围内的自由行走，就需要定位精准、响应迅速的大空间定位捕捉方案，而瑞立视推出的 RTS 系列产品正好能够满足这个 VR 行业发展的痛点。

VR 多人互动游戏的实现需要依靠国际领先水平 RTS 光学动捕系统（如图 9－20 所示），该系统由瑞立视自主知识产权独立研发，拥有 16 项自主知识产权，通过高速相机捕捉光学标记点，精准识别跟踪物体的运动轨迹，从光学、镜头、驱动程序、产品外观及结构设计等方面，实现实时流畅的动作捕捉，提供稳定精准的目标追踪，为多人即时互动、互战、互助游戏提供圆满解决方案。同时提供上百个反光球图像解析追踪目标，以简单、快速、直观的操作方法，为用户解决全身动作与虚拟场景进行交互的问题，从而实现直观的三维大空间人机交互体验。目前，这一技术的精确性和稳定性已得到印证，并获得国际多项发明专利，技术参数已达到最低延迟 5.5ms 以下、亚毫米级误差的国际最顶尖的水平，产品质量超过美国、日本同类顶级捕捉设备。

瑞立视在成功突破 VR 顶尖技术瓶颈的同时，意识到对于 VR 大空间自由行走方案而言，优秀的内容同样非常重要。瑞立视 3A 级游戏团队独立制作的 VR－RPG 游戏《勇者地下城》实现了 200 平方米以上面积、10 人互动自由行走的 PVP 和 RPG 游戏体验，多变的组合攻击，畅快的攻击反馈，让玩家真正体验用真实的身体战斗，沉浸

**图9－20　RTS光学动捕系统**

资料来源：深圳市瑞立视多媒体科技有限公司．［EB/OL］http：//www. realis－e. com/。

感、交互感十足，因而备受业界瞩目。此外，瑞立视还打造了《达尔文计划》《和平之翼——对决》等优质游戏。

目前，瑞立视已与日本《最终幻想》《生化危机》的设计团队，以共同开发的原创AAA级游戏内容为基础，首创多人互动VR体验乐园项目。将首先打造深圳地区规模最大、最具影响力、体验效果最流畅、沉浸交互感最强的VR乐园，并将以两年左右的时间完成北京、上海、广州，日本东京、大阪等一线城市连锁乐园体验店的布局建设。第一家旗舰店“超现实VR乐园”也于2016年8月在深圳南山区海岸城开幕。

瑞立视VR多人互动游戏是虚拟现实技术于娱乐领域（尤其是游戏领域）的代表应用。就游戏本身的发展来说，从最早的文字MUD游戏到2D游戏，再到3D游戏，随着画面和技术的进步，游戏的拟真度和代入感越来越强。而虚拟现实技术凭借其交互性、沉浸性和构想性特征，能给予用户更真实深刻的娱乐体验。

# 第十章
# 机器人产业：替身

简单来说，机器人 = 机器人身体 + 人工智能系统。机器人的外观可以是整个人形，可以是人的某一个器官，也可以是其他动植物模样。但究其根本是作为一个替身，在实际生产生活中代替人完成部分体力甚至脑力劳动，推动产业转型升级，进一步释放人的自由。

## 第一节
## 了解机器人技术

### 一、解剖机器人的技术构成

机器人这个词的诞生最早可以追溯到20世纪初。1920年，捷克斯洛伐克作家卡雷尔·恰佩克在他的科幻小说《罗萨姆的机器人万能公司》中，根据Robota（捷克文，原意为“劳役、苦工”）和Robotnik（波兰文，原意为“工人”），创造出“Robota”这个词，后来演变成为英文中通行的“Robot”。更科学的定义是1967年由日本科学家森政弘与合田周平提出的，他们认为“机器人是一种具有移动性、个体性、智能性、通用性、半机械半人性、自动性、奴隶性七个特征的柔性机器。”

随着传感器、人工智能等技术进步，机器人概念也随之发生变化。机器人开始不再拘泥于具备传感器、智能控制系统、驱动系统三个要素的机械，而仅通过智能控制系统就能够应用于社会的各个场景之中。如此一来，下一代机器人的概念将会更加广泛，以往未定义成机器人的物体也将机器人化，例如无人驾驶汽车、智能家电、智能手机、智能住宅等。从工厂到日常生活，机器人的应用也会相应变得更加广泛。

一般来说，机器人主要包括两大组成部分：身体和某种形式的人工智能系统。而独立的身体部分也可以被叫作机器人，如用于焊接和上漆的关节手臂，运送零件的起重机和传送带等。我们认为，区别于人工智能的虚拟，机器人是一种实体形态，可以是机械臂，可以是一辆车，也可以是类人的机器。随着物联网、云计算、人工智能等新一代信息通信技术与制造业加速融合，数字化、网络化、智能化的发展给机器人产业带来了新的春天。机器人已成为快速成长的新兴产业，提振实体经济的重要突破口，各主要国家战略布局的焦点。机器人与人工智能的深度结合仍在持续推进，人工智能为机器人提供智力支持，装上大脑的机器人变得更加智能。

机器人技术涉及机械设计、计算机、传感器、自动控制、人机交互、仿生学等多个领域，因此需要研究的问题众多。一般的，机器人由三大部分、六个子系统组成。三大部分包括机械部分、传感部分和控制部分；六大子系统包括驱动系统、机械结构系统、感知系统、机器人－环境交互系统、人－机交互系统以及控制系统（如图 10－1所示）。

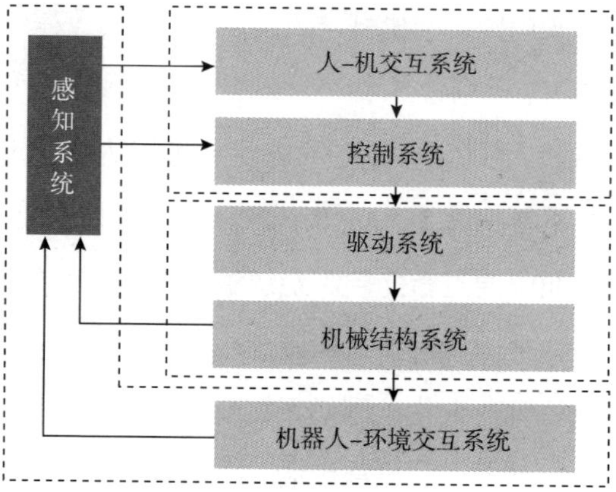


**图 10－1　机器人结构图**

资料来源：机器人网．机器人关键技术概论及市场解析［EB/OL］．http：//robot.ofweek.com/2015－08/ART－8321200－8420－28998198.html，2015－08－28。

## （一）机械部分

机器人机械部分主要包括机械结构系统和驱动系统两大部分，是机器人的实体部分，使机器人得以从根本上区别于人工智能。机械结构系统由机身、手臂、末端执行器三大件组成，它和人的手臂相似，是由一系列刚性连杆通过柔性关节交替连接而成的开环运动学链系。机身部分决定了机器人是否具备行走功能，若机身具备行走机构便构成行走机器人，不具备行走及腰转机构则构成单机器人臂。而手臂一般由上臂、下臂和手腕组成，末端执行器是为机器人完成任务专门设计并安装在机械接口处的设置。驱动系统即使各种机械部件自由运动的设施，可以是液压、气动或电动的，也可以是把它们结合起来应用的综合系统，还可以是直接驱动或者通过同步带、链条、轮系、谐波齿轮等机械传动机构进行间接驱动的设施。

## （二）传感部分

机器人传感部分主要包括感知系统和机器人－环境交互系统两大

部分。感知是智能化实现的第一步，负责获取机器人内部和外部环境信息，并把这些信息反馈给控制系统。内部状态传感器用于检测各个关节的位置、速度等变量，为闭环伺服控制系统提供反馈信息。外部传感器用于检测机器人与周围环境之间的一些状态变量，如距离、接近程度和接触情况等，用于引导机器人，便于其识别物体并做出相应处理。机器人－环境交互系统在感知的基础上，运用自然语言处理、深度学习等技术，实现认知交互，将感知到的信息进一步升华，实现机器人与外部环境中设备的相互联系和协调。

传感部分是机器人与人工智能结合最为紧密的部分，计算智能使机器可以有超强的记忆力和计算能力，这种基础的人工智能在大多数机器人中均有广泛应用，即使一些基础的机械运动机器人也往往具有简单的信息存储及计算能力，而高级的智能运算会刺激机器人自我学习、信息检索、逻辑判断和决策的产生。感知智能会将外界输入的信息向概念逻辑信息转译，将动态静态图像、声音、语音、文字、触觉、味觉等信息转化为形式化（大脑中的信息存储形式）的概念逻辑信息，使机器人具备基础的语音、文字、图像识别能力，更好理解人类的各个方面。更高层次的，人工智能会使机器人具备认知智能，实现个性化的自我学习。

### （三）控制部分

机器人控制部分主要包括控制系统和人－机交互系统两大部分。控制系统是机器人的关键和核心部分，其任务是根据机器人的作业指令从传感器获取反馈信号，使其完成规定的运动和功能。机器人功能的强弱以及性能的优劣，主要取决于控制系统。人－机交互系统是人与机器人进行联系和参与机器人控制的装置。例如，计算机的标准终端、指令控制台、信息显示板、危险信号报警器等。

控制部分是机器人与人工智能结合较为紧密的部分，如多数机器人采用决策级、策略级和执行级三种控制方式：决策级指识别环境、建立模型，将作业任务分解为基本动作序列；策略级将基本动作变为关节坐标协调变化的规律，分配给各关节的伺服系统；执行级给出各关节伺服系统执行给定的指令。更高级的，神经元网络更是可以模拟人类的思维方式，进行运动学的正解和逆解。

## 二、说说机器人的三大关键技术

各个国家对机器人技术非常重视，而对智能化要求的提高也促进了机器人技术的发展。具体的，智能机器人主要包括以下三大关键技术。

### （一）多传感器信息融合技术

多传感器信息融合技术是近年来十分热门的研究课题，它与控制理论、信号处理、人工智能、概率和统计相结合，为机器人在各种复杂、动态、不确定和未知的环境中执行任务提供了一种技术解决途径。传感器如同机器人的“五官”，机器人通过传感器获取外界信息，以满足探测和数据采集的需要。系统通过综合、互补、修正、分析所得信息，从而完成决策，快速做出反应。多传感器融合技术的成熟与否，将直接体现在机器人的差异化功能上。目前，主流机器人主要配有红外传感器、超声波传感器、触觉传感器、视觉传感器等。未来的机器人想要做得更像人，多传感器融合技术至关重要。信息融合技术的关键在于模型设计和融合算法，融合模型主要包括功能模型、结构模型和数学模型。

#### 1. 信息融合的功能模型

目前已有很多学者从不同角度提出了信息融合系统的一般功能模

型，最有权威性的是 DFS［美国三军政府组织—实验室理事联席会（JDL）下面的 C3I 技术委员会（TPC3）数据融合专家组］提出的功能模型。该模型把数据融合分为 3 级。第 1 级是单源或多源处理，主要是数字处理、跟踪相关和关联；第 2 级是评估目标估计的集合，及它们彼此和背景的关系来评估整个情况；第 3 级用一个系统的先验目标集合来检验评估的情况。

### 2. 信息融合的结构模型

数据融合的结构模型有多种不同的分类方法，其中一种分类标准是根据传感器数据在送入融合处理中心之前已经处理的程度来进行分类。在这种分类标准下，融合结构被分为传感器级数据融合，中央级数据融合及混合式融合，还可以根据数据处理过程的分辨率来对融合结构进行分类。在这种情况下，融合结构分为像素级、特征级和决策级融合。

### 3. 多传感器信息融合实现的数学模型

信息融合的方法涉及多方面的理论和技术，如信号处理、估计理论、不确定性理论、模式识别、最优化技术、模糊数学和神经网络等，这方面国外已经做了大量的研究。

## （二）导航与定位技术

在机器人系统中，导航与定位技术是一项核心技术，是机器人研究领域的重点和难点问题。自主移动机器人常用的导航定位方法有以下四种。

### 1. 视觉导航定位

在视觉导航定位系统中，目前国内外应用较多的是基于局部视觉在机器人中安装车载摄像机的导航方式。在这种导航方式中，控制设备和传感装置装载在机器人车体上，图像识别、路径规划等高层决策都由车载控制计算机完成。

### 2. 光反射导航定位

典型的光反射导航定位方法主要是利用激光或红外传感器来测距。激光全局定位系统一般由激光器旋转机构、反射镜、光电接收装置和数据采集与传输装置等部分组成。工作时，激光经过旋转镜面机构向外发射，当扫描到由后向反射器构成的合作路标时，反射光经光电接收器件处理作为检测信号，启动数据采集程序读取旋转机构的码盘数据（目标的测量角度值），然后通过通信传递到上位机进行数据处理，根据已知路标的位置和检测到的信息，就可以计算出传感器当前在路标坐标系下的位置和方向，从而达到进一步导航定位的目的。

红外传感技术经常被用在多关节机器人避障系统中，用来构成大面积机器人“敏感皮肤”，覆盖在机器人手臂表面，检测机器人手臂运行过程中遇到的各种物体。红外传感定位同样具有灵敏度高、结构简单、成本低等优点，但因为它们角度分辨率高，而距离分辨率低，因此在移动机器人中，常用作接近觉传感器，探测临近或突发运动障碍，便于机器人紧急停障。

### 3. GPS 全球定位系统

如今，在智能机器人的导航定位技术应用中，一般采用伪距差分动态定位法，用基准接收机和动态接收机共同观测四颗 GPS 卫星，按照一定的算法即可求出某时某刻机器人的三维位置坐标。差分动态定位消除了星钟误差，对于在距离基准站 1 000 公里的用户，可消除星钟误差和对流层引起的误差，因而显著提高动态定位精度。

### 4. 超声波导航定位

在移动机器人的导航定位中，因为超声波传感器自身的缺陷，如镜面反射、有限的波束角等，给充分获得周边环境信息造成了困难，因此，通常采用多传感器组成的超声波传感系统，建立相应的环境模型，通过串行通信把传感器采集到的信息传递给移动机器人的控制系统，控制系统再根据采集的信号和建立的数学模型采取一定的算法进行对应数据处理便可以得到机器人的位置环境信息。

由于超声波传感器具有成本低廉、采集信息速率快、距离分辨率高等优点，长期以来被广泛地应用到移动机器人的导航定位中。而且它采集环境信息时不需要复杂的图像配备技术，因此测距速度快、实时性好。同时，超声波传感器也不易受到如天气条件、环境光照及障碍物阴影、表面粗糙度等外界环境条件的影响。超声波进行导航定位已经被广泛应用到各种移动机器人的感知系统中。

## （三）路径规划

路径规划技术是机器人研究领域的一个重要分支。最优路径规划就是依据某个或某些优化准则，在机器人工作空间中找到一条从起始状态到目标状态、可以避开障碍物的最优路径。机器人路径规划技术大概分为四类：模版匹配路径规划技术、人工势场路径规划技术、地图构建路径规划技术和人工智能路径规划技术。

### 1. 模版匹配路径规划技术

模版匹配方法是将机器人当前状态与过去经历相比较，找到最接近的状态，修改这一状态下的路径，便可得到一条新的路径，即首先利用路径规划所用到的或已产生的信息建立一个模板库，库中的任一模版包含每一次规划的环境信息和路径信息，这些模版可通过特定的索引取得；随后将当前规划任务和环境信息与模板库中的模版进行匹配，以寻找出一个最优匹配模版；然后对该模板进行修正，并以此作为最后的结果，模版匹配技术在环境确定情况下，有较好的应用效果，如 Vasudevan 等提出的基于案例的自治水下机器人（AUV）路径规划方法，Liu 等提出的清洁机器人的模板匹配路径规划方法，为了提高模版匹配路径规划技术对环境变化的适应性，部分学者提出了将模版匹配与神经网络学习相结合的方法，如 Ram 等将基于事例的在线匹配和增强式学习相结合，提高了模版匹配规划方法中机器人的自适应性能，使机器人能部分地适应环境的变化，以及 Arleo 等将环境模板与神经网络学习相结合的路径规划方法等。

### 2. 人工势场路径规划技术

人工势场路径规划技术的基本思想是将机器人在环境中的运动视为一种机器人在虚拟的人工受力场中的运动。障碍物对机器人产生斥力，目标点对机器人产生引力，引力和斥力的合力作为机器人的控制力，从而控制机器人避开障碍物而到达目标位置。

早期人工势场路径规划研究是一种静态环境的人工势场，即将障碍物和目标物均看成是静态不变的，机器人仅根据静态环境中障碍物和目标物的具体位置规划运动路径，不考虑它们的移动速度。然而，现实世界中的环境往往是动态的，障碍物和目标物都可能是移动的，为了解决动态环境中机器人的路径规划问题，Fujimura 等提出一种相对动态的人工势场方法，将时间看成规划模型的一维参量，而移动的障碍物在扩展的模型中仍被看成是静态的，这样动态路径规划仍可运用静态路径规划方法加以实现。

### 3. 地图构建路径规划技术

地图构建路径规划技术，是按照机器人自身传感器搜索的障碍物信息，将机器人周围区域划分为不同的网格空间（如自由空间和限制空间等），计算网格空间的障碍物占有情况，再依据一定规则确定最优路径，地图构建又分为路标法和栅格法，也称单元分解法。前者是构造一幅由标志点和连接边线组成的机器人可行路径图，如可视线方法、切线图方法、Voronoi 图方法和概率图展开法等。

目前，地图构建技术已引起机器人研究领域的广泛关注，成为移动机器人路径规划的研究热点之一，但机器人传感器信息资源有限，使得网格地图障碍物信息很难计算与处理，同时由于机器人要动态快速地更新地图数据，在网格数较多、分辨率较高时难以保证路径规划的实时性，因此，地图构建方法必须在地图网格分辨率与路径规划实时性上寻求平衡。

**4. 人工智能路径规划技术**

人工智能路径规划技术是将现代人工智能技术应用于移动机器人的路径规划中，如人工神经网络、进化计算、模糊逻辑与信息融合等。其中，蚁群算法是最早应用于组合优化问题的智能优化算法之一，该算法及其派生算法在机器人路径规划研究领域已得到应用，在蚁群算法较好解决旅行商问题（TSP）的基础上，许多学者进一步将蚁群优化算法引入到水下机器人（UV）的路径规划研究中。

人工智能技术应用于移动机器人路径规划，增强了机器人的“智能”特性，克服了许多传统规划方法的不足。但该方法也有不足之处，有关遗传优化与蚁群算法路径规划技术主要针对路径规划中的部分问题，利用进化计算进行优化处理，并与其他路径规划方法结合在一起使用，单独完成路径规划任务的情况较少。信息融合技术主要应用于机器人传感器信号处理方面，而非直接的路径规划策略，对神经网络路径规划而言，大多数神经网络路径规划均存在规划知识的学习过程，不仅存在学习样本难以获取，而且存在学习滞后问题，从而影响神经网络路径规划的实时性。而生物启发神经网络路径规划虽然实时性较好，但其输入激励与抑制的设定也存在人为不确定因素。

## 三、漫谈机器人的“进”与人的“退”

人类文化对机器人的感情比较复杂。比如影片《终结者》中，人类文明几乎被机器人毁灭了，却同样需要机器人来帮忙扳回局面。对于机器人，不论我们怎么猜测、怀疑和期待，事实都不能否认：它们已离我们越来越近。

谈到机器人，公众首先想到的往往是类似变形金刚那样的人形机器，但实际上，绝大多数机器人都不是人形的。凡是工作流程可以被概括为“感知—决策—执行”三个步骤的机器设备，都可以被归为机器人的范畴。比如空调，空调可以感受当前的温度，如果当前温度低于设定的温度，那就停止制冷；反之，如果当前温度高于设定温度，那就开始制冷。不过我们在这里想要讲的机器人能做的事情可比空调多的多。

机器人的发展，取决于三方面的技术。第一，机器人的感知功能依靠传感器，传感器是把外界各类信息转换成电信号的一类部件。有了温度传感器，空调才能感知当前的温度；有了数字摄像头，自动驾驶汽车才能看到前方的路况。传感器技术越发达，机器可以感知的环境信息就越丰富、越准确。第二，机器人的决策功能，建立于人工智能技术之上。近年来人工智能的发展比较缓慢，人们仍然对智能和思维的本质知之甚少。但是对于工业用途的机器人来说，目前已经有相当成熟的人工智能技术，可以满足一定复杂度的决策需要，这一点我们会在后面的例子中看到。第三，机器人执行动作，依靠自控技术，这一点经过多年不懈的发展，也已经有了足够的技术积累。数控车床就是一个很明显的例子，机器的运动精度完全可以在大多数应用中达到我们的需要。

相比人类，机器人具有一些人难以比及的优势。机器人具有成本低、生产效率高的优势，适用于高速分拣、点焊、喷涂、砌筑、码垛、穿孔等动作相对简单的工业作业。例如，机器人可以把很多根线穿过很多个几乎看不见的小孔，这件工作如果由人类完成则非常吃力，但是机器不但能轻而易举地完成，而且可以达到惊人的速度（甚至需要加装安全护栏，避免人员被飞速移动的机械臂误伤）。而另外一个巨大的优势，就是能够在高危生产和作业过程中控制风险成本。举一个最明显的例子，矿难是一个非常严重的社会问题，甚至已经上升为政治问题，一次严重的矿难甚至可以使一个小型煤矿企业破产。而矿下的工作，却几乎是机械式的，以目前机器人技术的发展情况来看，完全有可能由机器人来担任矿工。机器人矿工可以 24 小时无休止工作，而且一旦发生意外，损失的也只是机器，而不是人的生命。这是一个非常值得注意的问题，也是机器人技术的发展初衷之一。

但机器人作业方式的全面普及，在掀起新的工业革命的同时，必将带来一系列新的问题。第一个问题，是经济结构转型。例如，机器人、三维打印、数控机床等技术，正在让美国的制造业逐渐搬回美国本土。由此可见，机器人技术的普及会使廉价的人工劳动力失去价值，经济结构必然面临一次巨大的转变。我们应当做好准备，在改变发生之前未雨绸缪，抢先完成结构转型。第二个问题，是政治结构的改变。当机器人全面普及后，整个人类社会的生产关系将会发生改变，而生产关系的改变，则意味着政治结构的改变。当生产力变得足够强大，甚至不需要人类参与生产时，分配方式就有可能发生改变。第三个问题，是一个更加遥远的问题，就是机器人的伦理问题。当机器人的智能达到一定程度，会不会产生自我意识？会不会因为自身的损坏而感到痛苦？故意损害机器人是不是构成虐待劳工？这些现在看起来很荒谬的问题，也许在将来会成为现实。到了那时，机器人社会学、机器人伦理学可能会走进大学课堂，而机器人劳动法可能会成为新闻热点，那将是一个有趣的时代。但不管怎么说，这场变革已经在我们身边悄然发生。

# 第二节 图说机器人产业

## 一、机器人产业链图

机器人产业在20世纪60年代出现并兴起，随后迅速发展起来。这其中，计算机技术的广泛应用等科学技术起到了重大作用。因社会需要的剧增，机器人的使用使生产模式从人—机生产系统变成了人—机器人—机器系统，人从直接面对机器生产中解脱出来。

近年来，机器人产业发展迅速且渐趋成熟。纵观当今世界各主要国家发展科技与产业的战略走向，无论是美国“机器人技术路线图”欧洲“火花计划”、德国“工业4.0”战略、新工业法国战略，还是日本“机器人新战略”“中国制造2025”等，均将机器人列为重点发展领域。而更为重要的是，面对市场机遇及政策导向，机器人产业链备受关注。较具共识的，机器人已初步形成较为完整的上中下游产业链（如图10－2所示）。

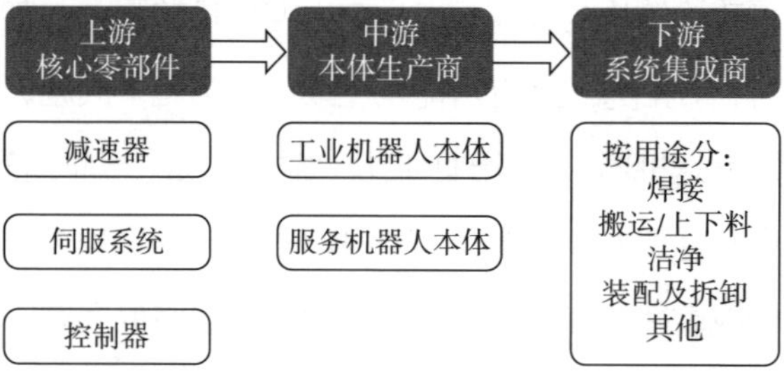


**图10－2 机器人产业链图**

资料来源：我国工业机器人自动化行业产业链发展现状分析［EB/OL］. http：//info. secu. hc360. com/2016/07/221009863572. shtml，2016－07－22。

### （一）上游：核心零部件提供商

机器人产业上游主要为核心零部件提供商，负责提供减速机和控制系统等核心零部件，相当于机器人的“大脑”。机器人的核心零部件包括电机、伺服系统、驱动系统以及减速机，零部件所涉及的技术含量高。其中，减速机是最核心的部分，负责将速度减成机器人适用的速度。目前，包括减速机、控制器、电机伺服系统等关键零部件的核心技术，主要掌握在 ABB、KUKA 等几家国际巨头手中，国内机器人使用的减速机、伺服电机及驱动还是以国外供应为主，其中日本为最大的减速机出口国。而国内的研制减速机的上市公司以及拟上市公司有秦川发展和华恒焊接，另有汇川技术、英威腾、科远股份、华中数控等公司研制驱动器。在非上市公司中，广州数控和南京埃斯顿除了没有批量生产减速机，对机器人的各个环节都有涉足。

### （二）中游：本体生产商

中游是机器人本体，是机器人的“身体”，其产业价值受制于上游核心零部件。目前，沈阳新松、广州数控和安徽埃夫特等企业具有较强的机器人本体生产实力，但国产机器人本体由于关键零部件成本较高，整机的成本很难降下来。因此，中游整机成本下降的关键，在于上游核心零部件尤其是减速机能率先实现国产化。国内机器人企业的成功之道在于打通上下游产业链，研制出经济机器人本体，或者可以自由编程的自动化设备。

### （三）下游：系统集成商

下游是系统集成商，国内 95% 的企业都集中在这个环节上。系统集成是指将批量的机器人、网络系统以及其他辅助设备组成一个生产车间。对比上游的高技术含量，下游的技术含量不是很高，但是由于集成商可以收取方案设计费、服务费，利润较高，因此国内95%的企业都集中在下游系统集成这一环节。国内市场能够提供自动化系统集成的供应商主要有四大国际机器人供应商及新松、博实、软控集团和长荣股份等。从国内机器人自动化技术及覆盖领域来看，目前沈阳新松机器人以及博实股份的机器人系统集成业务已经初具规模。

## 二、机器人产业解剖图

机器人是自动执行工作的机器装置，既可以接受人类指挥，又可以运行预先编排的程序，也可以根据以人工智能技术制定的原则纲领行动，其任务是协助或取代人类工作。但事实上，自机器人诞生起，人们就不断尝试说明到底什么是机器人。随着科技的发展，机器人所涵盖的内容越来越丰富，定义也不断充实和创新。目前，机器人可以划分为三大领域：工业机器人、服务机器人和特种机器人（如图10－3所示）。

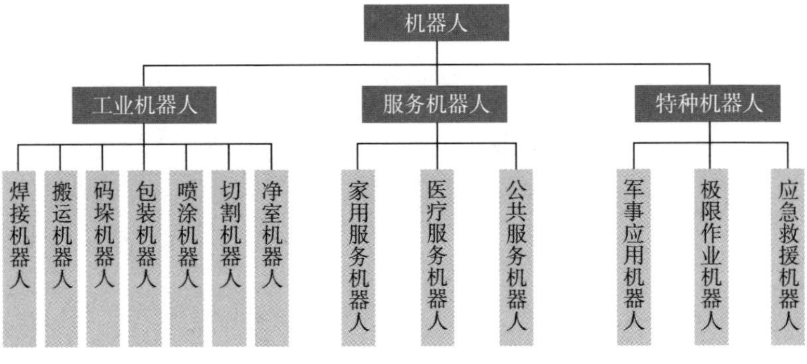


**图10－3　机器人分类图**

资料来源：中国电子学会．中国机器人产业发展报告（2017年）［Z］2017－08。

## （一）工业机器人

工业机器人是面向工业领域的多关节机械手或多自由度的机器装置，能够自动执行工作，是靠自身动力和控制能力来实现各种功能的一种机器。它可以接受人类指挥，也可以按照预先编排的程序运行，现代的工业机器人还可以根据人工智能技术制定的原则纲领行动。工业机器人根据用途不同可以细分为焊接机器人、搬运机器人、码垛机器人、包装机器人、喷涂机器人、切割机器人、净室机器人等。

工业机器人的典型应用包括焊接、刷漆、组装、采集和放置（如包装、码垛和 SMT）、产品检测和测试等，所有工作的完成都具有高效性、持久性、高速性和准确性。比如在美洲地区，工业机器人的应用非常广泛，汽车与汽车零部件制造业为最主要的应用领域，2012 年美洲地区该行业工业机器人的需求占总份额的 61%。而在亚洲方面，工业机器人大规模应用的时机已经成熟，汽车行业的需求量持续快速增长，食品行业的需求也有所增加，工业机器人行业正成为受亚洲政府财政扶持的战略新兴产业之一。

## （二）服务型机器人

服务机器人是机器人家族中的一个年轻成员，可以分为家用服务机器人、医疗服务机器人和公共服务机器人。服务机器人的应用范围很广，主要从事维护保养、修理、运输、清洗、保安、救援、监护等工作。

近年来，全球服务机器人市场保持较快的增长速度，根据国际机器人联合会（IFR）的数据，2010 年全球专业领域服务机器人销量达 13 741 台，同比增长 4%，销售额为 320 亿美元，同比增长 15%；个人/家庭服务机器人销量为 220 万台，同比增长 35%，销售额为 5. 38

亿美元，同比增长39%。另外，面对全球人口的老龄化带来的老龄人口看护、医疗等问题，及由此产生的巨额财政负担，服务机器人可凭借其所具有的特点，显著降低财政负担，并由此被大量地应用。

### （三）特种机器人

特种机器人是除工业机器人之外的、用于非制造业并服务于人类的各种机器人的总称。特种机器人按用途不同，可以分为军事应用机器人、极限作业机器人和应急救援机器人。

特种机器人在机器人家族发展最早，且体系庞大。由于其能进入到人类无法到达的领域帮人类完成各种复杂工作而备受各国政府的重视。未来战场注定是无人系统的世界，世界各国都将军事机器人列入21世纪军事安全重点战略。预计未来10年，全球无人机研发投入和采购需求将达到940亿美元。

## 三、机器人产业市场规模图

目前，机器人产业正呈现出爆发式增长态势，世界各地纷纷掀起使用机器人热潮。机器人产业市场规模呈现以下状态。

### （一）工业机器人和服务机器人的市场规模持续扩大

根据国际机器人联合会的统计，过去十多年，全球工业机器人景气度较高。2015年，全球工业机器人总销售量达到248 000台，同比增长15%；2002—2008年，全球工业机器人年复合增长率为8.6%；2009—2015年全球工业机器人年复合增长率为23.5%，是过去六年的2.7倍，近几年全球工业机器人增速明显加快（如图10－4所示）。中国、美国、韩国、日本、德国、以色列等国是近年工业机器人技术、标准及市场发展较活跃的地区，其中，中国、韩国、日本、美国和德国的工业机器人总销量，占据全球的3/4。

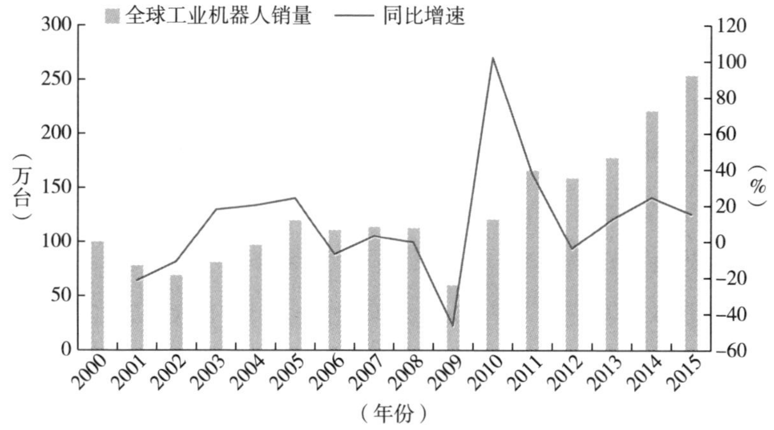


**图10－4　全球工业机器人销量及同比增速**

资料来源：机器人网．国内外机器人行业发展情况分析［EB/OL］．http：//robot.ofweek.com/2016－10/ART－8321202－8420－30046722.html，2016－10－09。

## （二）主要国家机器人发展各具优势

机器人技术优势比较方面，日本在工业机器人、家用机器人方面优势明显；欧洲在工业机器人和医疗机器人领域居于领先地位，其中瑞典的ABB代表欧洲技术，工艺非常精湛，拥有完整的产业链；美国主要优势在系统集成领域、医疗机器人和国防军工机器人，主导高端机器人，如勘探、防爆灯功能机器人等；韩国则非常重视服务类型（如教育、娱乐）机器人，主导这类型机器人标准的制定。

### 1. 日本

从生产地和消费地看，日本是唯一的机器人净出口国，拥有全球最大的机器人产能，占据全球机器人产量的66%。机器人消费地最大的区域是除了日本以外的亚洲地区，占比约34%，而且是以中国市场为主。

日本工业机器人发展主要经历四个历史阶段。第一阶段为摇篮期（1967—1970年），川崎重工业公司从美国Unimation公司引进先进的机器人技术，建立生产车间，并且于1968年制造出第一台川崎机器人。第二阶段为实用期（1970—1980年），工业机器人10年间的增长率达到30.8%。第三阶段为普及提高期（1980—1990年），日本政府开始在各个领域广泛推广使用机器人，1982年日本的机器人产量约2.5万台，高级机器人数量占全球总量的56%，到1990年其生产总值超过6 000亿日元。第四阶段为平稳成长期（1990—2013年），受到金融危机和日元贬值的影响，日本机器人产业在20世纪90年代中后期进入低迷期，2005—2009年，日本工业机器人市场规模呈下降态势，2009年生产总值不到3 000亿日元，但是2011年生产总值开始回升。截至2014年，日本工业机器人保有量占全球机器人保有量的30%。

日本机器人产品以工业机器人为主。根据国际机器人联合会统计，2014年日本工业机器人全球市场份额排名第一，工业机器人生产和安装总量为12.7万台，销售量约2.8万台，销售额超过500亿日元。日本的工业机器人产品按应用领域划分为四类，分别是喷涂机器人、原材料运输机器人、装配机器人、清洁机器人。按照工业分支应用的比例为：自动化零部件工业占35.1%；电机械制造工业占27.3%；塑料制品工业占9.7%。此外，工业机器人在汽车和电子领域的应用比例高达62.4%，这两类产业是推动日本国内机器人产业增速的引擎。在出口方面，2005—2014年10年间，日本工业机器人出口量显著高于内销。2014年出口的工业机器人产品数量超过9.8万台，出口的工业机器人占总销量的77.2%，出口额约3 100亿日元，比2013年的3 013.4亿日元增长了2.8%。日本工业机器人出口国多集中在亚洲国家，尤其是中国、韩国和菲律宾。

目前，日本机器人产业面临的重大挑战是如何拓展应用领域。一方面，日本近年工业机器人在食品、药品、化妆品“三品产业”领域有较快发展，与汽车和电子产业不同，“三品产业”的卫生标准更高，解决卫生标准需要更先进的技术支持。另一方面，日本服务型机器人开发领域虽然取得重要进展，但是产品量产的服务型机器人还很少。例如，医疗介护和灾害救援的机器人已经研发出来，但是推广普及仍然缺乏技术和制度的支持。

2. 美国

美国工业机器人发展主要经历四个历史阶段。第一阶段是20世纪60年代至70年代，其工业机器人产业处于研究阶段，仅有少量企业与大学合作进行初步的研发工作。第二阶段是20世纪70年代后期至80年代，美国政府开始制定机器人重点技术路线，产业发展集中于航空、核工程、海洋等特殊领域的高级机器人的开发，主要服务于政府和军方。第三阶段是20世纪80年代中后期至90年代初期，美国政府真正开始重视工业机器人的研发和推广，开始商讨并且建立美国机器人国家标准，并重视开发具备视觉、触觉、力感等功能的二代机器人。第四阶段是20世纪90年代后期，美国在机器人软件领域处于领先地位，在语音识别技术上，美国科技公司苹果、谷歌和微软都在加紧布局；在图像识别领域，脸书等公司的人像识别、图像分析技术初露端倪。

目前，美国是全球工业机器人第三大市场。从产业布局上看，机器人本体制造商较少，更多企业注重于技术方面的研发。截至2015年，美国共申请1.6万余件相关专利。在机器人技术分类方面，除机械手、控制单元、焊接、机床零件等基础技术除外，美国的高智能、高难度的国防机器人、太空机器人已经开始投入实际应用。为满足美国制造厂商的现代化生产线需求，美国本土加速机器人的安装工作，2010—2013

年，美国机器人销售额的年均复合增长率达 18%。2014 年 1 月，美国工业机器人保有量为 22 万台，制造业的工业机器人密度达到 152 台/万人，部分自动化工业领域工业机器人密度甚至达到1 111台/万人。

### 3. 韩国

韩国机器人产业起步晚、发展速度快。韩国在 20 世纪 90 年代初期建立了工业机器人产业体系，政府的推动作用对于韩国机器人产业发展起到了重要作用。2004 年韩国政府启动“无所不在的机器人伙伴”项目后机器人产业步入快速发展期。2008 年，《智能机器人促进法》将机器人列为国家级战略性产业，对于人才培育、质量把控和平台搭建方面进行了顶层设计。2012 年，韩国知识经济部发布了为期 10 年的《机器人未来战略 2022》，计划投资 3 500 亿韩元使机器人产业规模拓展 10 倍。2013 年，又基于该战略制定了《第二次智能机器人行动计划(2014—2018 年)》，提出 2018 年韩国机器人国内生产总值要达到 20 万亿韩元，出口达到 70 亿美元，占据全球 20% 市场份额的目标。

目前，韩国是全球工业机器人第四大市场。2014 年，韩国机器人市场规模达到历史第二高的 2. 47 万台，较 2013 年增长 16%，仅低于 2011 年的 2. 55 万台。韩国工业机器人生产企业占全球 5% 的市场份额，机器人产品主要集中在汽车零部件，特别是电子零部件领域。

### 4. 德国

德国工业机器人发展极为迅速。德国政府在工业机器人发展初期起到重要引领作用，20 世纪 70 年代中后期，德国政府强制规定“改善劳动条件计划”，在某些有毒、有害的岗位施行机器换人的计划。近几年，德国联邦教研部与联邦经济能源部联手推行“工业 4. 0”战略，将物联网和信息技术引入制造业，打造智能化生产模式。

目前，德国是欧洲最大的机器人市场，也是世界第五大机器人市场。2014 年，其工业机器人市场规模超过 2 万台，较 2013 年增加 10%。2010—2014 年，德国工业机器人年均增长率约为 9%，主要推动力是汽车产业。2014 年，德国工业机器人密度为 282 台，是法国的两倍、英国的 4 倍。

## （三）亚洲是全球工业机器人未来的主要市场

亚洲是目前全球工业机器人使用量最大的地区，占世界范围内机器人使用的 50%，其次是美洲（包括北美、南美）和欧洲。2012—2015 年亚洲机器人销量年均增长 15%，远高于美洲和非洲 6% 的增长速度。2015 年，亚太地区工业机器人销售超过 14 万台。2014 年，中国、日本、韩国和泰国的工业机器人新装机量占亚洲地区总量的 75%，分别在全球排名第一、第二、第四和第八位，四个国家工业机器人的市场规模占全球工业机器人销量的 52.4%，2015 年，中国、韩国、日本亚洲三国工业机器人年供货量占据世界前三，总量超过全球总量的 50%，(如图 10－5 所示)。

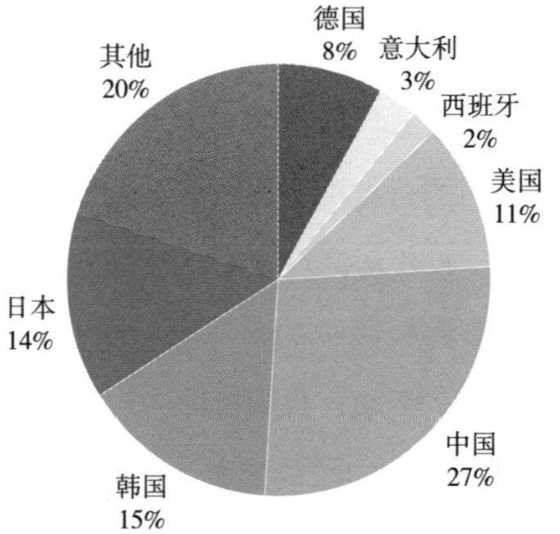


**图 10－5　2015 年工业机器人各国年供货量比重**

资料来源：机器人网．国内外机器人行业发展情况分析［EB/OL］．http：//robot. ofweek. com/2016－10/ART－8321202－8420－30046722. html，2016－10－09。

从市场结构来看，亚洲地区的销售规模占据主导地区，2015 年销售量为 15.6 万台，是欧洲、美洲和非洲销售量之和的 1.8 倍。且预计到 2018 年，将达到 2.4 倍（如图 10－6 所示）。

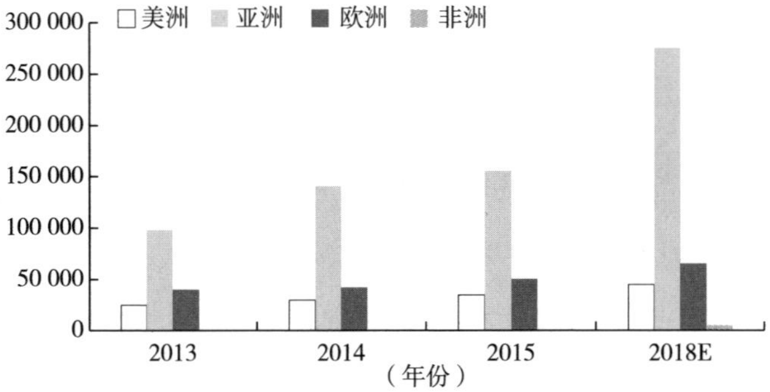


**图 10－6　2013—2018 年主要地区销售规模（台）**

资料来源：机器人网．国内外机器人行业发展情况分析［EB/OL］．http：//robot.ofweek.com/2016－10/ART－8321202－8420－30046722.html，2016－10－09。

## （四）我国机器人行业区域分布情况

在国内机器人应用领域方面，制造业尤其是装配、点胶、搬运、焊接等工业领域，机器人应用已经成为热点和大趋势。一些知名企业已经开始大量应用机器人，包括华为、中兴、比亚迪等。新战略机器人产业研究所最新公布的分省机器人企业数据显示，机器人行业目前仍处于高速发展阶段。从优势区域来看，长三角板块中的江浙沪与安徽共计 1 393 家，环渤海板块中的京津冀、山东与辽宁共计 784 家，珠三角板块广东省共计 747 家；我国机器人产业依然呈现长三角雄霸天下，珠三角和环渤海势均力敌的态势。在前 24 名的省份中，陕西增速为 24.14%，辽宁为 19.42%，处于领先地位；其他省份大都在 10%～18%区间；增速较低（低于 10%）的有黑龙江、吉林、山西、江西四省。

## （五）机器人产业集聚分布特点

近年来，在需求快速扩张及国家自主创新政策作用下，国内一大批企业或自主研制或与科研院所合作，进入机器人研制和生产行列，我国工业机器人和服务机器人分别进入了初步产业化和产业孕育阶段。其中，工业机器人发展已形成环渤海、长三角、珠三角和中西部四大产业集聚区（如表 10－1 所示）。

**表 10－1　我国工业机器人区域分布情况**

| 区域 | 产业聚集 | 研究机构 | 特点 |
|---|---|---|---|
| 中西部 | 重庆两江机器人产业园、芜湖机器人产业园 | 重庆中科院 | 科技资源不足 |
| 珠三角 | 广州机器人产业园 | 中科院深圳先进技术研究院、广州机械科学研究院、广东省智能机器人研究院 | 市场应用及空间大，控制系统占优势 |
| 环渤海 | 哈尔滨开发区机器人产业园、沈阳新城机器人产业基地、青岛国际机器人产业园、天津滨海机器人产业园等 | 中科院沈阳自动化研究所、机械科学研究总院、国家机械局北京自动化所 | 科研实力强，产品以 AGV、焊接机器人等为主 |
| 长三角 | 上海机器人产业园、昆山机器人产业基地、常州武进高新区机器人及智能装备产业 | 上海交大、上海大学、上海电气中央研究院 | 外资、合资企业多，系统集成商发达，市场优势明显 |

资料来源：机器人网．国内外机器人行业发展情况分析［EB/OL］．http：//robot. ofweek. com/2016－10/ART－8321202－8420－30046722. html，2016－10－09。

## 四、机器人产业发展趋势图

2015 年，全球工业机器人销量达到 24 万台，同比增长 8%。其中，我国工业机器人市场销量超过 6.6 万台，继续保持全球第一大工业机器人市场的地位。但是，按机器人密度来看，即每万名员工对应的机器人保有量，我国不足 30 台，远低于全球约为 50 多台的平均水平。目前，我国多数机器人制造厂商只能生产拥有 3～5 轴的低端机器人，而从国外进口的机器人多是 6 轴的高端产品。虽然工业机器人在我国制造业领域渗透率较高，但服务机器人和特种机器人的实际投放率相对较低。未来，随着产业巨头纷纷布局机器人领域，机器人产业将向智能化、网络化和人机互动的高端新产品转型升级。我们不妨展望一下，未来全球机器人产业的发展趋势。

### （一）强大的语言交流能力

智能机器人既然已经被赋予“人”的特殊称义，当然需要有具备一定的语言功能，能与人类进行交流。语言交流功能的实现主要依赖于其内部存储器内预先储存大量的语音语句和文字词汇语句，其语言的能力取决于数据库内储存语句量的大小，以及储存的语言范围。未来智能机器人的语言交流功能会越来越完美化，这是一个必然趋势。在人类的完美设计程序下，它们能轻松地掌握多个国家的语言，具备远高于人类的学习能力。另外，机器人还能进行自我的语言词汇重组能，即当人类与之交流时，若遇到语言包程序中没有的语句或词汇时，它可以自动用相关或相近意思的词组，按句子的结构重组成一句新句子来回答，这也相当于人类的学习能力和逻辑能力，是一种意识化的表现。

### （二）拟人化的动作

机器人的动作是相对于模仿人类动作来说的，我们知道人类能做的动作是极其多样化的，招手、握手、走、跑、跳、等各种手势都是人类的惯用动作。不过现代智能机器人虽也能模仿人的部分动作，但相对有点僵化的感觉，或者动作是比较缓慢的。未来机器人将拥有更灵活的类似人类的关节和仿真人造肌肉，动作会更像人类，可以模仿人的所有动作，甚至做得更有型。还有可能做出一些普通人很难做出的动作，如平地翻跟斗、倒立等。

### （三）高仿真外形

科学家研制越来越高级的智能机器人，是主要以人类自身形体为参照对象的。于是，需有一个很仿真的人型外表便成为首要前提，在这一方面日本应该是相对领先的，国内也非常优秀。对于未来机器人，仿真程度很有可能达到即使你近在咫尺细看它的外在，也只会把它当成人类，很难分辩是机器人，这种状况就如美国科幻大片《终结者》中的机器人物造型具有极致完美的人类外表。

### （四）自行复原功能

凡是人类都会有生老病死，而对于机器人来说，虽无此生物的常规死亡现象，但也有一系列的故障发生时刻，如内部原件故障、线路故障、机械故障、干扰性故障等。这些故障相当于人类的病理现象。未来智能机器人将具备越来越强大的自行复原功能，对于自身内部零件等运行情况，机器人会随时自行检索一切状况，并做到及时排除。它的检索功能就像我们人类感觉身体哪里不舒服一样是智能意识的表现。

### （五）理想的能量储存能力

智能机器人的一切活动都需要体内持续的能量支持，机器人动力源多数使用电能，供应电能就需要大容量的蓄电池，对于机器人的电能消耗应该说是较大的。现代蓄电池蓄电量较为有限，无法满足机器人的长久动力需求。针对能量储存供应问题，未来应该会有多种解决方式，最理想的能源就是可控核聚变能，微不足道的质量就能持续释放非常巨大的能量，机器人若以聚变能为动力，永久性运行将得以实现。另外，未来还很可能制造出一种超级能量储量器，有别于蓄电池在多次充电放电后蓄电能力会逐步下降的缺点，能量储存器基本可永久保持储能效率。且充电快速而高效，单位体积储存能量相当于传统大容量蓄电池的百倍以上，也许这将成为智能机器人的理想动力供应源。

### （六）独立的逻辑分析能力

人类的大部分行为能力需要借助于逻辑分析，例如思考问题需要非常明确的逻辑推理分析能力，而相对平常化的走路、说话等行为也需要简单的逻辑。智能机器人为了完美模仿人类，科学家未来会不断地赋予它逻辑分析程序功能。比如相应词汇自行重组成新的句子，是逻辑能力的完美表现形式；自身能量不足可以自行充电，而不需要主人帮助，是一种意识表现。总之，逻辑分析有助于机器人自身完成许多工作，在不需要人类帮助的同时，还可以尽量地帮助人类完成一些任务，甚至是比较复杂化的任务。

### （七）功能趋于多样化

人类制造机器人的目的是为人类服务，所以会尽可能地使它多功能化。例如，在家庭中，机器人可以成为保姆，可以搬一些重物，提一些东西，甚至成为私人保镖。甚至，未来高级智能机器人还可能具备多样化的变形功能，比如从人形状态变成一辆豪华的汽车，这似乎是真正意义上的变形金刚了。而我们目前还不能预料未来机器人的新用途，因为在未来世界上很多机器人的形式与想象中可能大不相同了。

### （八）价格更亲民

未来，机器人的价格会越来越便宜。目前，有精确灵敏度的机器人价格大概在 10 万美元左右。预计到 2025 年，价格可以降到 5 万多美元，每年价格将下降 10% 。而这个速度可能会比预想的更快，因为整个芯片产业的发展迅速，随着机器人生产规模的扩大，相信价格肯定会更加亲民。

## 第三节
## 机器人案例

### 一、ABB：工业机器人[①]

Asea BrownBover Ltd. （简称 ABB）是全球领先的工业机器人技术提供商和世界领先的机器人制造厂商。 ABB 机器人在全球 50 多个国家拥有 4 600 名员工，在中国、瑞典和挪威设有机器人

① 资料来源于 ABB 网(http://new.abb.com/cn/news－center)。本书在收编时对其公司简介及 ABB 机器人的相关应用进行整合。

研发、制造和销售基地。ABB 于 1969 年售出世界首台喷涂机器人，1974 年发明全球首台投入商用的电动机器人，现拥有近 30 种型号的机器人，全球累计装机量已达到 20 余万台，可广泛满足各行各业的生产需求，并具备强大的系统集成能力。

ABB 机器人早在 1994 年就进入了中国市场。它提供各类机器人技术及应用，例如调试和总装、工艺自动化、焊接、搬运、机加工、包装和堆垛等。同时还提供机器人软件、外部设备、模块化制造单元及各类应用。机器人业务部在上海设有大型研发中心，进行机器人产品及应用软件的开发。

随着全球工业行业的迅猛发展，工业 4.0、中国制造 2025 等国家战略的提出，工业机器人的需求也日益增加，ABB 不断开发出适合全球市场需求的新的机器人解决方案，以此来满足广大客户的特殊需求，帮助其提高生产效率。ABB 在机器人生产线总体布局、机器人任务虚拟世界和模拟方针技术、提高机器人运动学与动力学性能三个方向进行了战略部署和技术储备。与此同时，ABB 机器人参与的中国工业机器人项目众多，比如武汉敏实 ips 改造、天津 RINX 汽配保险杠流水线、台州沃尔沃保险杠车间、1410 焊接机器人、柔性化全自动汽车生产系统、雷柏鼠标等。

### （一）长安福特汽车——ABB 柔性化全自动汽车生产系统

长安福特重庆工厂，目前正在最新的汽车生产线上采用具超高柔性的 ABB 机器人，进行生产作业。车身装配线采用了 ABB 的 Flex Lean 和 Gate Framer 技术。Gate Framer 是重庆白车身生产线的核心，灵活地集合了整个系统。生产厂家于采用柔性生产方式，在同一生产线上生产多款汽车。

Gate Framer 通过 ABB 强大先进的机器人控制器（IRC5）对系统内的所有运动进行控制。通过更换不同的侧围夹具，可在同一生产线上生产最多六种不同的车型。当机器人对当前车身进行焊接的时候，IRC5 可在后台更换侧围夹具，为下一个车型做准备。任意侧围夹具的更换时间都只需要 18s 这意味着生产计划员可随时根据需求调整车型排序。

Gate Framer 的独特设计使每个侧围夹具后面最多可安装四个可方便进行焊接的机器人，高架台上最多可安装六个独立机器人，这样每个工作站内总共可容纳最多 14 个机器人。在总拼工位内可完成 77 次结构焊接，确保卓越的汽车结构完整性。独特的侧围夹具对接功能将侧围夹具对接到总拼位置的固定立柱，而不依赖滑动装置的精度，确保侧围夹具定位的高重复精度。该解决方案使重复精度高达 ±0. 1mm。Gate Framer 的模块化设计能够实现根据需要扩展系统。可从单个车型的基础布局开始进行逐步投资。这意味着可根据需要调整资本支出，添加新侧围夹具即可生产新车型。

### （二）雷柏鼠标——ABB 机器人自动装配线

在雷柏科技深圳厂区的生产线上，整齐地摆放着 70 台 ABB 最小的机器人 IRB120，用于组装 USB 插头、移印、组装接插件、组装鼠标垫片等工序，把 300 名工人从繁重枯燥的机械化操作中解放出来，帮助雷柏一举攻克了目前生产中所面临的两大难题：一是用工难的社会化问题；二是利用机器人的柔性特点，降低工程设计难度。

作为 ABB 目前最小的机器人，IRB120 在紧凑空间内凝聚了 ABB 产品系列的全部功能与技术。其重量减至仅 25 千克，结构设计紧凑，几乎可安装在任何地方，比如工作站内部、机械设备上方，或生产线上其他机器人的近旁，广泛适用于电子、食品饮料、机械、太阳能、制药、医疗、研究等领域。

2014年9月，ABB集团就发布2015—2020年“新阶段”战略及财务目标，进一步推动机器人、制造成套装备、IT技术、控制技术、信息技术等核心产业的变革。同时，ABB集团积极布局工业4.0，借助新的工业体系生产制造出来的产品冲击世界原有生产体系中的产品，巩固了ABB在机器人业务上的优势地位。ABB通过贯彻“扩大现有市场覆盖，推动全面业务创新，拓展新的市场领域”的战略举措，继续加强研发投入，以应对工业产业链的变革。

## 二、AethonTug：医疗机器人①

Aethon是一家专注于开发移动机器人的非上市公司，位于美国宾夕法尼亚州匹兹堡，是全球自主移动运输机器人供应商中的佼佼者。Aethon成立于2004年，以其AethonTug自动移动输送机器人而闻名。该机器人能够携带多达453公斤的由药物、实验室标本或其他敏感材料组成的机架、推车或垃圾箱，可以通过触摸屏界面发送请求，完成任务后并在执行下一个任务前会返回充电座回充一小时的能量。AethonTug在国外诸多医院已经有较为普遍的应用。在美国，140多家医院每周共计要应用其完成输送任务50 000次以上。

Aethon公司的内部物流平台（Intralogistics）能够帮助医院提高生产率和员工满意度，同时节约时间和金钱。Aethon自主开发的一套名为MedEx的软件系统，能实时追踪机器人在运送药物途中的状态。该

① 资料来源于医疗科技网（http://medical.ofweek.com/2016-05/ART-11101-8610-29095446_3.html）。本书在收编时对Tug的外型及应用的相关内容进行整合。

系统能帮助医院重新分配和调整人员，有效改善员工的效率和满意度，提高资源利用率，减少药物丢失，从而让病人得到更好的照顾和体验，在整体上改善医院的投资回报率。目前，Aethon 的解决方案在全世界 140 多家医院得到应用，其中包括一些蜚声国际享誉盛名的医院。

AethonTug 机器人约 4 英寸高，外观为白色，酷似矩形的机器，能够 7 ×24 小时连续工作（一直满电的时候），可包揽各种后勤工作，比如传送物质、收集医疗废弃物等，让医护人员免除杂务，腾出更多的时间关心病人的情绪心理。虽然，AethonTug 机器人的外形看起来像一个方形拖车，但是，它通过内置的医院地图能够自动识别路线；通过内置的激光雷达、红外传感器、超声波传感器等，能够感知医院走廊上的障碍物以及行人。AethonTug 机器人每工作 10 个小时需要充一次电，它通过 Wi-Fi 连接，需要在控制面板上输入一系列命令以它完成一定的任务。另外，AethonTug 机器人还支持流媒体播放，可以让医护人员与病人实现远程聊天。AethonTug 机器人不仅能让医护人员从琐碎劳动力中解放出来，并避免因此而产生的工伤，可以增加机器人在医疗界的声誉，兑现科技造福人类的承诺。

目前，有两种型号的 AethonTug 机器人在加州大学旧金山分校医学中心服务。其中一款像是一款小型载货卡车，前端扁平，工作人员能将柜子放在上面，这样不仅能运送食物，还能达成将衣服运送至洗衣房等任务。而另外一款更像是厢式货车，有内置的橱柜，专门用于运送药物。药剂师会将药物装好，将二维码扫描至屏幕，并为每个机器人选好目的地。AethonTug 机器人不仅能为医院的病人运送药物和食物，为病人提供干净的床单，还能清理医疗垃圾。医院的病人可以通过床边的平板电脑进行订餐，厨师收到指令后会在厨房对食物进行加热，加热完毕后，厨师将食物放进机器人的橱柜里，然后在 AethonTug 机器人的触摸屏上轻轻一按，AethonTug 机器人就能将食物送到指定的目的地。装上食物后，AethonTug 机器人一般会等 10 分钟左右出发，一次最多能装 12 份食物。医院内没有任何信号去指引 AethonTug 机器人，而是通过医院的 Wi-Fi 与机器人系统进行通信，AethonTug 机器人内置了地图能够方便导航。当然，为避免碰撞，AethonTug 机器人还配备了激光、红外线和超声波等多种传感器。甚至，AethonTug 机器人可以实现与电梯保持适当距离并通过无线电波将电梯门打开，不过它只会在电梯没有人的时候才会进到电梯内。

未来机器人会变得更加智能，越来越多的像 AethonTug 这样的机器人开始取代人们的工作，它们没有任何情感的束缚，做事情也不会犯任何错误，或许这就是为什么智能机器人会让我们感到不安。而关于机器人能否完全取代人类的工作，恐怕还需些时日加以验证。

## 三、百度：无人驾驶汽车[①]

百度是全球最大的中文搜索引擎、最大的中文网站。百度公司作为一家以技术为信仰的高科技公司，将技术创新作为立身之本，着力于互联网核心技术突破与人才培养，在搜索、人工智能、云计算、大数据等技术领域处于全球领先水平。百度无人驾驶车项目于 2013 年起步，由百度研究院主导研发，其技术核心是“百度汽车大脑”，包括高精度地图、定位、感知、智能决策与控制四大模块。

无人驾驶汽车也被称为自动驾驶汽车、轮式移动机器人，是一种

① 资料来源于搜狐网（http://www.sohu.com/a/47945246_117058、http://www.sohu.com/a/203388614_465591）。本书在收编时对两篇资料的技术、应用和趋势进行整合与汇编。

通过电脑系统实现无人驾驶的智能汽车。无人驾驶汽车依靠人工智能、视觉计算、激光雷达、监控装置和全球定位系统协同合作，让电脑可以在没有任何人类主动的操作下，自动安全地操作机动车辆。曾被称为是最“看似近在咫尺，实则遥不可及”的无人驾驶汽车，在百度的努力下正变为现实。

2015 年 12 月 12 日，百度无人驾驶汽车首次在北京五环进行测试，自动驾驶的最高时速达 100 公里/小时，完成了国内无人驾驶汽车首次于城市、环路及高速道路混合路况下的全自动驾驶，自动完成了跟车减速、转向、超车、上下高速公路匝道等一系列复杂动作。2016 年 9 月初举办的百度世界大会上，北汽新能源与百度合作的最新研发成果——北汽百度无人驾驶汽车首次亮相。这部无人驾驶汽车首次达到了无人驾驶分级中“L4 级”，做到了完全“无人驾驶”。

目前无人驾驶技术可细分为中央处理系统、激光雷达、地图构建三类。三者形成无人驾驶闭环系统，让无人驾驶汽车在行驶的过程中不断学习驾驶技术，从而变得更加智能。中央处理系统是无人驾驶汽车的核心，承担着实时处理道路数据信息的重任。它必须能够像人脑一样持续地集中精力分析信息并做出判断，比如什么时候加速，什么时候刹车，什么时候超车，还要在城市交通系统中实时注意道路的路标、指示灯、附近的车辆和行人等。激光雷达是无人驾驶汽车的眼睛，实时注视着道路上的“一举一动”。无人驾驶汽车在复杂的道路环境中行驶时，激光雷达与传感器会不断地探测汽车周围的环境，并把这些模拟的图像信息传给中央处理系统，然后由中央处理系统对无人车的位置和环境做出判断。地图构建形成了一个自动驾驶知识储备数据库，让无人驾驶汽车轻松应对未知的道路环境。对于普通人来说，到达一个新的地方，必须要了解此地的各种交通状况，这样才知道如何行驶。那么，就需要人事先把这些地图数据收集起来，并“告诉”计算机。而随着深度学习算法的不断突破，无人驾驶汽车从以往的驾驶数据中学到“经验”，不需要人为告知就知道如何在陌生的道路上自主驾驶。

无人驾驶技术是当前人工智能的热点研究领域，也是有望近期成熟并实现产业化的人工智能应用，将给人类带来巨大的经济和社会价值。2016 年奥巴马指出，无人驾驶汽车蕴含着改变人类生活方式的巨大潜力，可以每年拯救数万人的生命，是更安全、可以被更多人利用的驾驶工具，能够减少道路拥堵和环境污染，并认为无人驾驶技术的领先展示了国家的实力。而百度作为一家中国企业，正积极参与这场以技术为主导的国际竞争，近年来也取得了技术上的突破，已经跻身无人驾驶领域全球领先企业行列，这也是我们国家实力的体现。

在未来，自动驾将成为一种趋势，但自动驾驶作为一个新产品、新科技，仍然面临着很多问题和困难。一方面，无人车合规路漫漫，所以法规和标准需要跟上。截至目前，“路测合法化”问题在我国仍处于灰色地带，无人驾驶测试车辆在路权和监管层面目前均存在漏洞与缺位。如何完善监管自动驾驶技术，一方面，立法其实是最重要的，自动驾驶发展必须有法可依。另一方面，技术上需跟进。在我国，自动驾驶技术仍处在“人工驾驶为主，自动驾驶为辅”的阶段。自动驾驶技术研发门槛高，实现从自动辅助驾驶到全自动无人驾驶的技术路径，需要长期大量的资本和人力投入。

## 四、仁盈科技：商用服务机器人

杭州仁盈科技股份有限公司（简称仁盈科技）成立于 2011 年 5 月，是一家专注于智慧服务产品研发生产销售的企业。仁盈科技立足于智能终端以及通信产业软件研发，并于 2014 年年底将业务延伸到服务机器人领域，成为全国首家专注于产业用户的服务机器人企业。截至2017年年底，仁盈科技智能终端应用投放已覆盖全国15个省，各类终端数超过2万台，业务办理量超过1 200万笔。

---

仁盈科技的机器人产品隶属于商用服务，与应用服务供应商一起，根据产业用户工作岗位特点，为其提供“全定制化外观、全定制化功能”的极具针对性的专业化机器人产品服务。仁盈科技的机器人产品已深入政府办事大厅、电信运营商、酒店、会展、旅游服务区、社区等多个产业，实现了商用服务机器人的完美定制。

目前，仁盈科技已开发出自助终端机器人“小海狮”、服务机器人“盈盈”和台席机器人等产品，其中，“盈盈”是最具代表性的商用服务机器人。“盈盈”拥有高科技感的仿人型外观，简洁大方，可通过灵活的头部运动和丰富的眼睛表情屏来表达机器人丰富多彩的表情和辅助服务，实现机器人的情感交互，并可根据不同产业特点进行外观定制。同时，利用“环境语言交互模型”技术，具备自主思考、语言交流、人脸识别、自主避障、地图构建、定位导航、路径规划、语音识别、超声感应等功能（如图10－7所示），可以实现迎宾、咨询互动、引导分流、营销服务、娱乐游戏、自动讲解等服务。在特定场景下，完成与服务人员同样的工作。

仁盈科技的台席机器人作为营业员（如图10－8所示），广泛适用于三大运营商的多个省市级营业厅。台席机器人的智慧摄像头会对用户进行人脸识别对比，确认是否为VIP用户，读取和校验客户的身份信息。机器人可以通过感应用户的到来，向用户主动打招呼，进行人机语音交互，并通过眼睛屏展示拟人化的表情。在咨询互动方面，机器人可以通过音频、视频、特效音效、图片等组合形式，解答用户

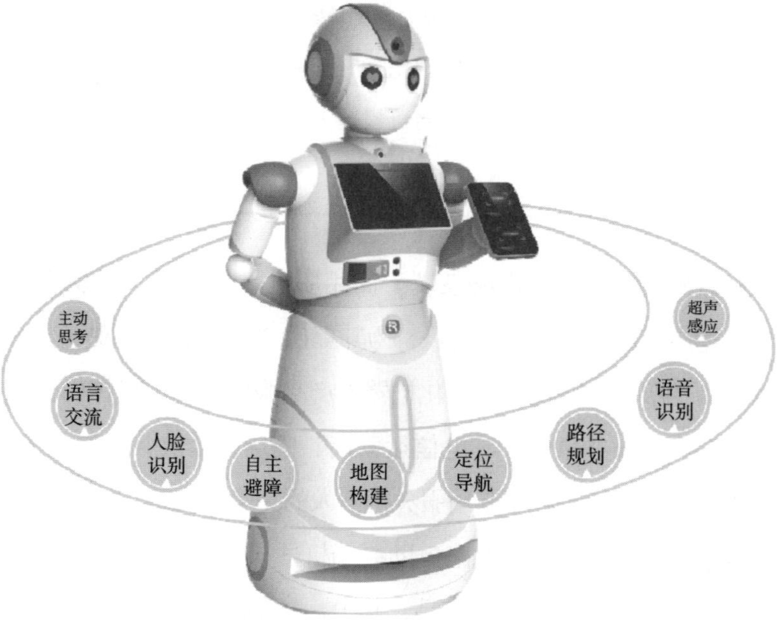


**图 10－7　盈盈机器人**

资料来源：杭州仁盈科技股份有限公司。

的问询，对营业网点的业务进行全过程自动讲解，是会营销的实体机器人。台席机器人实现了无需人工，一分钟全程自助办理业务，目前已承载了账单、补换卡、话费、流量、套餐余量、已订业务、国漫资费和营销活动等查询业务以及流量包订购、电子发票订阅、国漫功能开通三个办理业务，有效地解决了服务、业务、营销过程中存在的一系列问题，极大地提高了营业网点的效率。

仁盈科技的机器人产品强调核心技术与产业相结合，着力打造个性化机器人，目前已广泛应用于多个产业领域，并凭借可爱的外观及较强的实用性广受欢迎。同时，一台机器人可以替代 3～5 名工作人员的工作量，有效降低了试用产业人力成本，提升工作效率。在酒店，仁盈机器人已作为前台服务员，部署于杭州多家四星级以上酒店。在银行，仁盈机器人已作为柜台营业员，应用于浙江省内多家银

图 10－8　台席机器人

资料来源：杭州仁盈科技股份有限公司。

行。在电信营业厅，仁盈机器人已作为营业员，广泛适用于三大运营商的多个省市级营业厅。在政府办事大厅，仁盈机器人已作为业务引导员、咨询员，于广东、浙江等省区开始使用。在景区，仁盈机器人已作为讲解员、活动组织者，于山东等省份开始使用。而在社区，仁盈机器人已作为健康使者，为物业人员、业主提供健康服务，使社区用户在家门口实现轻松体检。

未来，仁盈科技将更加专注于 8 小时以内的产业用户应用，坚持推行“仁盈服务机器人＋”战略，以用户为中心，根据用户需求私人订制一个方便、快捷、科学、高效、人性化的全开放、傻瓜式开发平台，实现快捷、高效的超值服务；并设立能力开放平台，将服务机器人的能力以拟人的方式进行封装，使用类人事件、类人动作、外设能力驱动机器人，将常见的功能组合封装成技能包供应用层直接调用。能力开放平台依托服务机器人的本体，为服务机器人的应用开发提供机器人能力的接口封装和调用，致力于建立服务机器人生态链，为产业应用开发者提供全流程服务，让产业应用开发者专注于产业业务需求和业务逻辑本身。

## 五、艾米机器人：生活服务机器人

杭州艾米机器人有限公司（简称艾米机器人）成立于2015年6月，是一家具有社会责任感，专注于智能服务机器人研发、制造及销售的高科技创新企业。艾米总部位于中国杭州，同时还设立了美国、德国研发中心，英国、日本分公司等海外事业部。目前，艾米的销售区域已遍及全国一二线城市，以及美、欧、非、亚等多个大洲。

艾米机器人汇聚了大量海内外机器人领域的专家和爱好者，致力于用前沿技术和革命性智能解决方案打造世界级家用与商用服务机器人，且提供专业的开放式机器人平台服务，为金融、医疗、商场、地产等不同行业定制专业化、个性化机器人解决方案。

目前，艾米机器人主要分为M1和A1两类（如图10－9所示），其中M1型商用机器人已成功运用到银行、商场、地产物业等行业，A1型家用机器人也已成功融入用户家庭生活。在外观造型上，M1采用白色哑光机身，流线型设计，从视觉上给人以温和的、圆润、具备十足亲和感，A1则是纤瘦简约造型，更轻便、小巧、实用，适应绝大部分的家庭需求。A1型家用机器人可以进行视频通话和控制机器人，能像替身一样与人沟通。它是智能家庭助手，可以查菜谱、查天气、订机票、读新闻、听广播、看视频，贴心提醒样样精通。同时，它也是智能家居控制中心、老人生活助理、孩子玩伴，以及家庭管家。AMY－M1型商用服务机器人提供领先的智能服务解决方案，接受行业定制。不久的将来，艾米机器人将成为IOT时代的集成器，实现人、机、物全智能化连接。目前，艾米已有12家合作经销商，而苏宁电商平台、银泰体验店和红星美凯龙实体店也都即将上市。

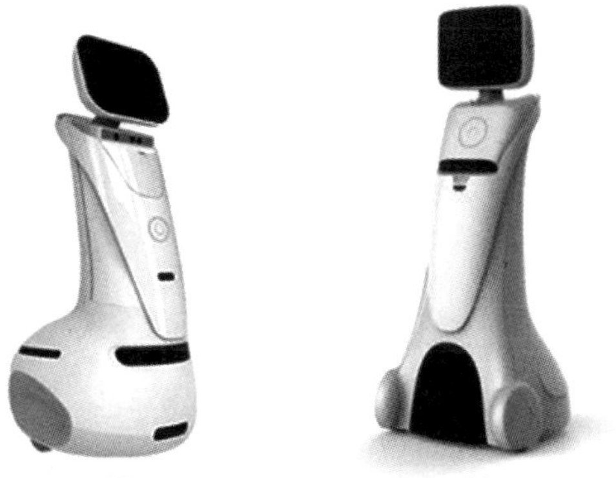


**图10－9　艾米机器人**

资料来源：杭州艾米机器人有限公司。

无须手动操作，通过语音唤醒，即可与艾米机器人进行交流，并下达任何指令。它会自建室内地图，躲避障碍，移动到你想让它去的地方。不用担心它没有电，它可以自动回冲，并且还可以通过摄像头进行面部识别，在必要的时候成为Party中的摄影师，或者视频通话的窗口等。通过手机上的App连接机器人，进行视频通话和控制机器人，能像替身一样跟人沟通，最大程度地消除地域上的距离感。一个智能机器人就能取代$N$个App的功能，即时通信应用也能成为你的智能管家。

2017年6月，艾米机器人告别了充电线，发布了充电新科技。目前，机器人行业充电方式主要有两种：传统电源线连接和触电式充电。两者都存在不同形式的烦琐与安全隐患。前者类似常用的笔记本电脑充电线，插拔不便且过长的引线容易绊倒人和机器。触点式充电需要机器人与充电位触点完全贴合，对充电位置的选择有一定的局限。在长期的操作过程中接触式充电容易致使电源线或触点损伤，可能导致漏电并产生火花，甚至可能引发安全事故。艾米机器人研发并使用了一款通过磁感应无线充电技术，其工作原理是将传统变压器的感应耦合磁路分开，实现电源和负载之间不需要机械连接（比如电源线）进行能量传递，传递效率在90%以上。无线充电的实现将给机器人的日常使用带来一次跨越式发展，为机器人走入家庭和企业铺开一条坦途。

艾米机器人正在积极吸引进海内外的优秀人才补充技术骨干，与海外高校机器人专业也签署了人才引进战略协议。同时，也将根据市场需求在日本、英国、德国等地设立海外研究员及分公司。2018 年还将陆续推出适用于金融、医疗等行业的专业服务机器人。

## 六、特奥特劳尼克：弹钢琴机器人①

特奥特劳尼克是意大利人马特奥·苏兹花四年时间制作出的世界上首个能边弹钢琴边唱歌的机器人。特奥特劳尼克有 53 根手指，不会错弹任何一个音符，表现出过人的“音乐才华”。

在 2017 年举办的世界机器人大会中，特奥特劳尼克身穿燕尾服，头戴黑礼帽，有一对圆圆的眼睛、弯弯的眉毛，准确而快速地弹出高难度的钢琴曲。特奥特劳尼克曾与西西里交响乐团一起在罗伯托·詹诺拉的指挥下演奏《莫扎特钢琴协奏曲》，为现场观众演绎了一场古典乐与科技交织的奇妙乐章。如非亲眼所见，你可能很难想象，舞台

① 资料来源于机器人大会官网（http://www.worldrobotconference.com/plus/view.php?aid=2103）。本书在收编时对弹钢琴机器人的外型、应用等内容进行删选和汇编。

上那位穿着燕尾服，用一首肖邦的《夜曲》打动人心的钢琴演奏家，实则是一款类人机器人。他拥有一双异于常人的双手，这双手拥有足足 53 根手指，手指上的大量的动态与关节控制能够让他极为准确灵活地在钢琴上移动弹奏，速度非常快，即使是世界顶尖的音乐大师，恐怕也很难与之匹敌。

如果说特奥特劳尼克演奏的诀窍是一双人类难以做到的双手，其演奏的秘密武器则是他浪漫的“记忆”。因为特奥特劳尼克实际是一个机械乐器数字界面（MIDI）播放器，它能够准确地复制出超过 1 000首含有复杂旋律的钢琴曲，并调用 MIDI 文件进行极其精准的演奏。不论是拉赫玛尼诺夫、霍夫曼还是德彪西，人类都无法记住的大量音符，但一经录制，特奥特劳尼克就能够分毫无差地为你演绎。除此之外，它还能实现“镜像演奏”，在这种模式下，特奥特劳尼克能够连接由真人演奏的数字钢琴，同步为独奏音乐会、室内乐团或歌手进行伴奏，甚至可以在数英里以外远程控制。

特奥特劳尼克是一个新颖、有效的音乐教育和欣赏工具。它漫画一般夸张有趣的形象，能够引起大量年轻观众的注意，因此，它能够用即时、生动、有趣的方式，将音乐语言的基本元素介绍给各个年级的学生。你一定会好奇，这样机械工作的机器人如何为人“授课”。事实上，特奥特劳尼克可以通过面部表情与人实现交互沟通，它的眼睛里装有摄像头，身上也带有近距离传感器，能够感知到走近的人，并充分“观察”他们的表情，然后，再通过活动头、嘴、眼睛、眉毛等做出面部反应，并运用复制书面文字、给予或接受实时配音等进行语音表达，不论这语音是来自何种语言，它的嘴部运动都能与其同步。由此一来，特奥特劳尼克不仅可以重现迷人古老的自动钢琴卷轴乐曲，在音乐会的舞台上大放异彩，成为一名合格的钢琴教师，可谓潜力非凡。

# 第十一章
# 信息安全产业：智慧产业守护神

信息安全是国家安全的重要组成部分，已经上升到与政治安全、经济安全、领土安全等并驾齐驱的战略高度。信息安全产业是支撑和保障国家信息安全的重要基础，肩负着为国家信息化基础设施和信息系统安全保障提供安全产品及服务的战略任务。随着互联网和信息技术的高速发展，全面渗透到经济和社会的各个领域，信息安全问题也日益突显，安全事件频频发生，全球信息安全市场需求十分旺盛。信息安全产业作为智慧产业的守护神，成为每个国家和城市关注的基础产业，而完善信息安全保障体系和整合信息安全产业链对经济发展显得尤为重要。

## 第一节
## 回顾几则骇人听闻的事件

### 一、希拉里邮件门事件[①]

---

美国前国务卿希拉里·克林顿任职国务卿期间，使用私人电

---

① 资料来源于搜狐网(http://www.sohu.com/a/124045606_116034)和期刊文献[黄萍，周正容. 从希拉里“邮件门”风波谈领导干部的档案信息素养[J]. 领导参考，2017 (05)]。本书在收编时对相关内容进行重新整理与汇编。

子邮件处理政府事务，使用私人服务器收发大量涉密的邮件。服务器被黑客组织入侵，大量邮件被公开披露，暴露了联邦政府信息安全管理存在很多问题。

---

2015年年初，邮件门事件首次被曝光，希拉里在2009—2013年担任美国国务卿期间，违规使用私人电子邮箱和位于家中的私人服务器收发大量涉密的邮件，涉嫌违反美国《联邦档案法》，面临调查时又匆匆将邮件删除。2016年夏季，美国民主党全国委员会、筹款委员会、竞选团队被黑客组织入侵，近2万封邮件被维基解密披露。邮件显示，希拉里涉嫌抹黑竞争对手，以及可能涉嫌洗钱等财务问题。2016年10月28日，黑客KimDotcom翻出了被希拉里删除的邮件，导致FBI重新开始调查希拉里邮件门事件，频繁传出的负面消息甚至导致曾人气领先的希拉里于竞选中惜败。

在移动互联网时代，电子邮件系统因其具备的异地办公便利性，现已被广泛应用于各级政府机关和企事业单位网上公务流转活动、行政事务处理和管理决策的信息沟通。存在于网络上的电子邮件信息的安全与保密问题日益突出，其中网络安全风险和人为管理风险最值得人们关注。一般的数字档案信息安全包括原始真实性、完整保密性和长期有效性。而电子邮件的真实性包含以下两层意思：一是真实反映业务活动；二是保存中不被篡改。电子邮件归档的意义在于，通过对公务邮件的有效管理，把零散的信息转变为真实可靠、系统有序的档案信息，实现公务邮件的保存和长期有效。

信息安全素养是领导干部素质的重要构成部分，是信息管理时代与时俱进的治理政务智慧和能力体现。加强信息安全管理，可以更好地记录组织机构的行政业务活动及领导干部决策过程，是提升工作效能及政务透明度的基础，是追责机制的依据。希拉里“邮件门”风波之所以引发轩然大波，据《纽约时报》报道，“硬伤”主要有两点：一是希拉里在任职期间使用私人电子邮箱处理政府事务；二是其助手未及时将应归档邮件发送到国务院的服务器上保存。希拉里强调其私邮公用是出于方便工作的目的，但其身份是政府官员而非普通民众，私邮公用危及政府信息安全，使高度涉密信息置于险境。

抛开政治因素和立场动机，仅从法律法规、信息安全意识和文件归档层面上讲，希拉里邮件门反映了以下几个问题。

### （一）法律法规意识不强

纵观希拉里“邮件门”，根源就出在“无视法规”上。美国《联邦档案法》规定，除了一些极为敏感的机密文件外，所有政府官员传递文档都必须记录在案，以便第三方查阅。2014 年通过的《联邦档案责任法》，明令禁止公务人员使用非公务电子邮箱形成和发送档案。《信息自由法》定义的档案及其他与信息相关的概念，涵盖了政府机构以任何格式保存的信息，包括电子邮件信息。可见，遵循此三项法规，希拉里任国务卿期间的公务邮件毫无争议地属于政府档案。

### （二）信息安全意识不够

联邦政府指定的电子邮件地址是国土安全部采用国家安全机构的数据，并用漏洞检测技术来加以保护的电子邮件服务器，是一个单独的、封闭的信息系统。与之相比，私人邮箱服务器安全等级达不到这么高的要求，容易受到欺骗、拦截，容易受到病毒邮件、恶意邮件和垃圾邮件等的攻击。希拉里表面上是公私界限模糊，实质上是信息安全意识淡薄。

### （三）文件归档处理不细

联邦政府的文件归档制度在《联邦档案法》《联邦档案责任法》《信息自由法》中都有规定：政府文件包括公务邮件必须及时归档。但希拉里并未遵照执行，甚至还擅自删除了邮箱中近一半的私人邮件。一项调查显示，1/3 的联邦政府雇员使用私人邮箱处理往来公务，这反映出联邦政府文件归档制度缺乏执行、监督和追责机制，进而可以说，联邦政府文件档案管理制度存在漏洞。

因此，信息安全工作应着眼提高信息安全意识，完善相关法律法规、形成全面可靠的信息安全保障体系。

## 二、特斯拉汽车系统攻击案例[①]

---

2016 年 5 月 7 日，特斯拉发生了第一起自动驾驶死亡案例，这之后大批研究员试图寻找特斯拉自动驾驶功能的缺陷。最终专家们成功地扰乱了特斯拉自动驾驶系统的传感器，实现了对特斯拉自动驾驶系统的攻击，并在 2016DEFCON 黑客大会上公布了相关测试细节。

---

随着汽车产业不断地发展，消费者希望增加更多的便利和个性化的驾驶体验，这可以推动汽车制造商对车辆和个人设备之间进行更多的整合。以前，汽车是孤立的、物理隔离的，因此黑客很难远程入侵汽车的内部控制器，除非进行物理入侵，而这需要很高的犯罪成本。

---

① 资料来源于360天行者团队2016智能网联汽车信息安全年度报告，物联网（http://iot. ofweek. com/2015 -05/ART -132209 -8120 -28956164_ 2. html）和 ZAKER 新闻（http://www. myzaker. com/article/590a9cdd1bc8e0992f00000f/）。本书在收编时对相关内容进行归纳整理。

随着互联网的进化，当TSP这样的车联网产品通过T-Box与汽车内部网络联网之后，汽车受到远程网络攻击就不再是猜想了。可以预见，一旦车联网产品普及，关于汽车被攻击的现实案例就会出现，并越来越多。

虽然截至目前，并没有出现过现实的汽车被控制而自动攻击的案例，但是从2010年起，就出现了多项汽车攻击的成功实验。例如2010年，南卡罗来纳大学实现对汽车TMPS的攻击；2013年，DEF-CON大会上OBD-II控制福特翼虎、丰田普锐斯的方向盘、刹车、油门等；2016年，科恩实验室实现了对特斯拉汽车的远程控制。因此，汽车系统攻击不再是《变形金刚》电影中的场景，而是真实可存在的。

2016年的CSS安全领袖峰会“国际安全技术峰会”上，腾讯安全科恩实验室的安全研究人员介绍了远程破解特斯拉的技术。目前车联网和自动驾驶还在初级阶段，绝大部分汽车行车电脑不接入车联网和互联网，这种在信息上落后的汽车行业反而保护了大多数汽车安全。而特斯拉不同，特斯拉的核心系统是接入互联网的，尽管核心控制部门是实时操作系统，与车机的Linux是两个系统，但是两者之间是有传输通道的，而利用这个通道就可以控制汽车的核心权限。研究人员利用漏洞直接攻入特斯拉汽车模块并拿到CAN总线的权限，从而向汽车发送伪造的指令，实现远程攻击。

特斯拉汽车系统攻击的方式主要是对传感器的干扰。比如通过对传感器的干扰和欺骗，使错误的数据进入系统则会使自动驾驶系统产生错误的决策，从而实现对特斯拉自动驾驶功能的攻击。还可以利用超声波发射仪播放更大强度的同样频率的超声波，这样就使得超声波感应器无法回收自己发出的信号，从而无法检测出汽车周围的物体。除了以上提到的两种攻击手段以外，研究员还进行了“隐身攻击”。超声波可以被超声波吸附材料吸收，导致没有超声波被返回。在实际实验中，笼罩了超声波吸附材料的障碍物无法被检测出来。

总之，研究人员尝试了各种方式实现汽车的系统攻击，以此促进汽车生产商更加注重汽车的安全性能。在享受信息技术带给我们的种种便利的同时，我们也面临着更多信息化带来的安全隐患，信息安全将越来越受到关注和重视。

## 三、WannaCry 勒索软件[①]

勒索软件已经成为当今网络安全的主流威胁之一。如果说前几年我们对勒索软件这一名词还略感陌生，那么现在则不得不重新对其进行认识与审视。

2017 年 5 月 12 日，一款名位 WannaCry 的蠕虫式勒索软件在互联网上广为流传。该勒索程序以 Windows 用户为目标，成功感染后即对用户计算机中各类文件和数据进行加密，并借由 WindowsSMB 漏洞（CVE－2017－0143，MS17－010），以疯狂的速度蔓延至全球 100 多个国家，数以万计的企业及用户受到影响，范围覆盖金融、教育、医疗、通信、交通等各个行业领域。

勒索软件已经成为当今网络安全的主流威胁之一。其本质上是一种恶意木马，感染用户计算机或者移动设备后，通常会锁定用户系统或者加密用户数据，使用户数据资产或者系统资源无法正常使用，并以此为条件要挟用户支付赎金。加密的用户数据类型多种多样，包括文档、邮箱、数据库、源代码、图片、压缩文件等；锁定的系统资源有屏幕、硬盘。最后勒索软件都会通过弹窗或文本文件等方式告知用

① 资料来源于搜狐网(http://www.sohu.com/a/142623528_354899)。本书在收编时参考其中的一般性内容,并将其与勒索软件基本概念等内容进行重新汇编。

户支付赎金。

2017年4月，黑客组织Shadow Brokers（影子经纪人）披露NSA（美国国家安全局）旗下方程式组织开发的漏洞利用工具（Fuzzbunch），其中包括针对Windows系统SMB服务漏洞利用工具“永恒之蓝”（ETERNALBLUE）。WannaCry蠕虫式勒索软件的大规模扩散正是以此工具为基础的。虽然微软早在2017年3月已经针对受支持的Windows系统发布了安全更新，修复了MS17－010漏洞，但仍有大量企业组织和个人在使用旧版本的Windows系统。感染WannaCry蠕虫式勒索软件的Windows设备会对系统内的文件进行高强度加密（文件类型包括图片、文档、压缩包、视频、音频等），并向受害者勒索一定金额的比特币换取解密密钥。且安全专家提示，即便真的向勒索软件作者支付赎金，也未必能实现数据解锁。

针对受支持的Windows系统（包括Windows 10 /Vista/7/ Server2008 R2/8. 1/Server2012 /Server 2012 R2/Server2016），微软已经在2017年3月的安全更新中发布了MS17－010补丁，用以修复WannaCry蠕虫式勒索软件可利用的Windows SMB漏洞。微软另外也在近期面向部分不再受支持的系统，如Windows XP，针对该漏洞推出了安全更新。绝大部分Windows用户都应当及时安装微软官方的安全补丁，杜绝WannaCry蠕虫式勒索软件的进一步传播。

此次病毒蔓延事件就像多年前知名的“熊猫烧香”一样，受到了各界人士的关注和重视。目前，各行业已经从诸多渠道充分了解了WannaCry蠕虫式勒索软件的危害，也开始着手大规模进行系统升级。据专家推测，在未来一段时间内，勒索软件攻击事件将会持续增长，勒索软件会进一步复合化，与目前的黑产合流，走向更多的系统平台，攻击范围会越来越大。针对勒索软件的防御将会成为安全产品面临的巨大挑战。

无论现今勒索软件采用何种攻击手段，其最终都需要在终端上才能完成攻击行为，因此加强终端的反病毒能力才是防勒索的核心。同时，杀毒产品的检测手段不能只依赖于传统的病毒特征，而应提供更有效、更准确的检测方式。网络信息安全是个恒久的话题，不断关注信息安全事业、重视自身网络信息安全建设才能打造更完善的安全生态圈。安全也不该因为一两次突发事件仅得到临时关注，而是需要持之以恒的事业。

## 第二节
## 了解信息安全保障体系

### 一、总览信息安全保障体系

随着大数据、物联网、云计算、移动互联网等新型信息技术的发展应用，我国的信息安全保障工作面临新挑战和新任务。通过网络和关键基础设施系统的连接，信息安全威胁攻击日益复杂，已经严重影响到了国家、企业和公众的安全。为了更好地控制和防范这些风险，加强信息安全保障体系建设显得尤为重要。

2014 年 12 月，美国标准与技术研究所提出了《网络安全框架》。该框架吸纳了全球现有的安全标准以及做法，以帮助有关机构了解、交流以及处理网络信息安全风险；同时该框架还针对隐私与公民自由问题提出了指导方针。总体来看，通过该框架美国私营企业和政府部门可以加强联合，提升对关键基础设施安全防护能力和适应性。同年，欧盟网络和信息安全局参考了 18 个欧盟成员国和 8 个非欧盟成员国的国家网络安全战略最佳实践，发布了《国家网络安全战略评估框架》，为政策专家和政府官员评估国家网络信息安全提供指导框架，有助于欧盟成员提升其国家安全战略的制定水平。我国也高度关注日益复杂的网络信息安全形势，在各层次、多方面的国家相关报告中反复提及信息安全与网络安全。但是，目前我国仍然没有统一的信息安全保障体系。

美国的《网络安全框架》提供了一套识别和优先降低安全风险的行动指南，不同类型的实体可以使用框架，针对不同目的提出相应的安全框架。该框架包括风险识别、信息保护、事件检测、行动相应和安全恢复五大核心功能，为组织提供管理风险的适当程序。但我们要建立的信息安全保障体系不只对信息安全风险的识别和应对过程的规范，而是防范风险于未然，自上而下，建立安全策略体系、安全组织体系、安全技术体系和安全运营体系，为信息安全建设保驾护航（如图 11 －1 所示）。

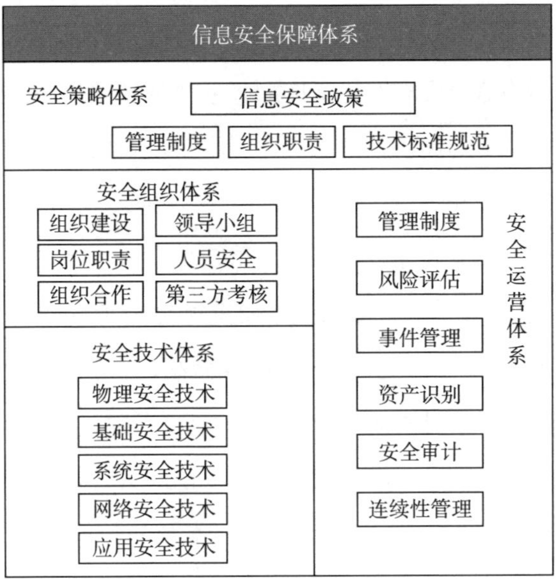


**图 11 －1　信息安全保障体系**

这个体系采用“策略、组织、技术、运营”的框架模式，能够从整体上反映体系结构的系统性、完整性，特别是突出了策略体系和组织体系的地位和作用，并和技术相互渗透、相辅相成。信息系统安全是一个动态发展的过程，过去依靠技术就可以解决的大部分安全问题，现在仅仅依赖于安全产品的堆积来应对迅速发展变化的各种攻击手段是不能持续有效的。信息安全建设是一项复杂的系统工程，要从观念上进行转变，要在安全产品的支持下建设全方位的安全策略，使之成为一个可持续的动态发展的有安全保障的渐进过程。

信息安全保障体系的建设目标，可以用“一个目标、三种手段、四个体系”进行概括。

### （一）一个目标

信息安全的建设目标是：基于安全基础设施，以安全策略为指导，提供全面的安全服务内容，覆盖从物理、网络、系统直至数据和应用平台各个层面，以及保护、检测、响应、恢复等各个环节，构建全面、完整、高效的信息安全体系，从而提高组织信息系统的整体安全等级，为组织的业务发展提供坚实的信息安全保障。

### （二）三种手段

信息安全建设应该包括安全管理、安全技术和安全运营三种手段。其中，安全管理手段是安全保障的基础，安全技术手段是安全运营的前提，而安全运营是真正发挥效益的关键。管理措施的正确实施同时需要有技术和运营手段来监管和验证，三者缺一不可。

### （三）四个体系

信息安全建设最终形成四大主要体系，具体包括安全策略体系、安全组织体系、安全技术体系、安全运营体系，四个体系共同组成信息安全保障体系。

## 二、细说信息安全技术体系

信息安全技术是一门综合的学科，它涉及信息论、计算机科学和密码学等多方面知识。它的主要任务是研究计算机系统和通信网络内信息的保护方法以实现系统内信息的安全、保密、真实和完整。一个完整的信息安全技术体系结构由物理安全技术、基础安全技术、系统安全技术、网络安全技术以及应用安全技术组成（如图 11 - 2 所示）。

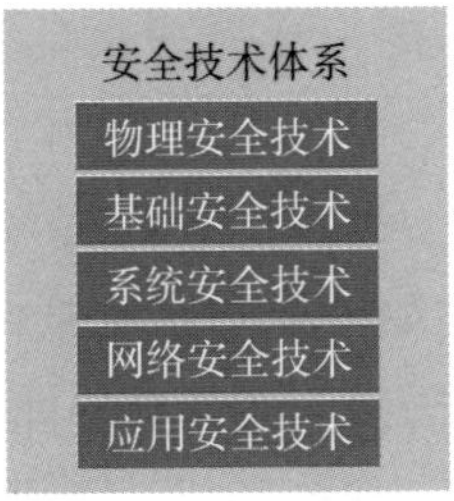


**图 11 - 2　信息安全技术体系**

### （一）物理安全技术

物理安全在整个计算机网络信息系统安全体系中占有重要的地位。计算机信息系统物理安全的内涵是保护计算机信息系统设备、设施以及其他媒体免遭地震、水灾、火灾等环境事故以及人为操作失误或错误及各种计算机犯罪行为导致的破坏。包含的主要内容为环境安全、设备安全、电源系统安全和通信线路安全。

#### 1. 环境安全

计算机网络通信系统的运行环境应按照国家有关标准设计实施，应具备消防报警、安全照明、不间断供电、温湿度控制系统和防盗报警，以保护系统免受水、火、有害气体、地震、静电的危害。

#### 2. 设备安全

要保证硬件设备随时处于良好的工作状态，建立健全使用管理规章制度，建立设备运行日志。同时要注意保护存储介质的安全性，包括存储介质自身和数据的安全。存储介质本身的安全主要是安全保管、防盗、防毁和防霉；数据安全是指防止数据被非法复制和非法销毁。

#### 3. 电源系统安全

电源是所有电子设备正常工作的能量源，在信息系统中占有重要地位。电源安全主要包括电力能源供应、输电线路安全、保持电源的稳定性等。

#### 4. 通信线路安全

通信设备和通信线路的装置安装要稳固牢靠，具有一定对抗自然因素和人为因素破坏的能力，包括防止电磁信息的泄露、线路截获以及抗电磁干扰。

### （二）基础安全技术

基础安全技术主要是指密码学，随着计算机网络不断渗透到各个领域，密码学的应用也随之扩大。数字签名、身份鉴别等都是由密码学派生出来的新技术和应用。基础安全技术是保障信息安全的核心技术。密码技术在古代就已经得到应用，但仅限于外交和军事等重要领域。随着现代计算机技术的飞速发展，密码技术正在不断向更多其他领域渗透。它是结合数学、计算机科学、电子与通信等诸多学科于一身的交叉学科，不仅具有保证信息机密性的信息加密功能，而且具有数字签名、身份验证、秘密分存、系统安全等功能。所以，使用密码技术不仅可以保证信息的机密性，而且可以保证信息的完整性和确定性，防止信息被篡改、伪造和假冒。

密码学包括密码编码学和密码分析学，密码体制的设计是密码编码学的主要内容，密码体制的破译是密码分析学的主要内容，密码编码技术和密码分析技术是相互依存，互相支持，密不可分的两个方面。从密码体制方面而言，密码体制有对称密钥密码技术和非对称密钥密码技术：对称密钥密码技术要求加密解密双方拥有相同的密钥，非对称密钥密码技术是加密解密双方拥有不相同的密钥。密码学不仅包含编码与破译，而且包括安全管理、安全协议设计、散列函数等内容。不仅如此，随着密码学的进一步发展，涌现了大量的新技术和新概念，如零知识证明技术、盲签名、比特承诺、遗忘传递、数字化现金、量子密码技术、混沌密码等。

我国明确规定严格禁止直接使用国外的密码算法和安全产品，这主要有两个原因：一是国外禁止出口密码算法和产品，所谓出口的安全密码算法国外都有破译手段；二是担心国外的算法和产品中存在“后门”，关键时刻会危害我国安全。当前，我国的信息安全系统由国家密码管理委员会统一管理。

### （三）系统安全技术

随着社会信息化的发展，计算机安全问题日益严重，建立安全防范体系的需求越来越强烈。操作系统是整个计算机信息系统的核心，操作系统安全是整个安全防范体系的基础，同时也是信息安全的重要内容。

操作系统的安全功能主要包括标识与鉴别、自主访问控制（DAC）、强制访问控制（MAC）、安全审计、客体重用、最小特权管理、可信路径、隐蔽通道分析、加密卡支持等。另外，随着计算机技术的飞速发展，数据库的应用十分广泛，深入到各个领域，但随之而来也产生了数据的安全问题。各种应用系统的数据库中大量数据的安全问题、敏感数据的防窃取和防篡改问题，越来越引起人们的高度重视。数据库系统作为信息的聚集体，是计算机信息系统的核心部件，其安全性至关重要，关系到企业的兴衰、成败。因此，如何有效地保证数据库系统的安全，实现数据的保密性、完整性和有效性，已经成为业界人士探索研究的重要课题之一。

数据库安全性问题一直是数据库用户非常关心的问题。数据库往往保存着生产和工作需要的重要数据和资料，数据库数据的丢失以及数据库被非法用户的侵入往往会造成无法估量的损失，因此，数据库的安全保密成为一个网络安全防护中非常需要重视的环节，要维护数据信息的完整性、保密性、可用性。

数据库系统的安全除依赖自身内部的安全机制外，还与外部网络环境、应用环境、从业人员素质等因素有关。从广义上讲，数据库系统的安全框架可以划分为网络系统、宿主操作系统、数据库管理系统三个层次。这三个层次构筑成数据库系统的安全体系，与数据安全的关系是逐步紧密的。而防范的重要性也逐层加强，从外到内、由表及里，保证数据的安全。

### （四）网络安全技术

一个最常见的网络安全模型是 PDRR 模型。PDRR 是指 Protection（防护）、Detection（检测）、Response（响应）、Recovery（恢复）。这四个部分构成了一个动态的信息安全周期。

安全策略的每一个部分都包括一组相应的安全措施，实施一定的安全功能。安全策略的第一部分是防护，根据系统已知的所有安全问题做出防护措施，比如打补丁、访问控制和数据加密等。安全策略的第二部分是检测，攻击者如果穿过了防护系统，检测系统就会检测出入侵者的相关信息，一旦检测出入侵，响应系统开始采取相应的措施。安全策略的最后一部分是系统恢复，在入侵事件发生后，把系统恢复到原来的状态。每次发生入侵事件后，防护系统都要更新，保证相同类型的入侵事件不能再次发生，所以整个安全策略包括防护、检测、响应和恢复，这四个方面组成了一个信息安全周期。

### （五）应用安全技术

中国互联网络信息中心（CNNIC）发布的《第39次中国互联网络发展状况统计报告》显示，截至2016年12月，我国网民规模达7.31亿。大部分用户都会利用网络进行购物、银行转账支付、网络聊天和各种软件下载等。人们在享受便捷网络的同时，网络环境也变得越来越危险，比如网上钓鱼、垃圾邮件、网站被黑、企业上网账户密码被窃取、QQ号码被盗、个人隐私数据被窃取等。因此，对于每一个使用网络的人来说，掌握一些应用安全技术是很有必要的。

## 三、了解信息安全其他体系

除了安全技术体系之外，信息安全保障体系还包括安全策略体系、安全组织体系和安全运营体系。安全策略体系是整个信息安全保障得以顺利运行的基础，只有制定切实可行的安全策略体系，才可以引领其他体系的发展方向。安全组织体系是安全策略下的具体组织保障，直接管理技术和运营体系。安全运营体系是整个信息安全体系的落地，是在策略引领之下，按照组织的具体指导，利用相关的安全技术进行信息安全运营。

### （一）安全策略体系

安全策略体系主要包括信息安全政策、管理制度、组织职责和技术标准规范等。信息安全政策是政府机关根据全国的信息安全发展情况，提出的全局性的指导规划；管理制度是为安全政策的顺利进行制定的相关管理体系；组织职责是明确各相关部门和组织的职责范围，具体问题可以找到相关部门问责；技术标准规范是为安全技术提供参考标准和评价体系。安全策略体系是从顶层设计的角度，为其他组织体系提供一个整体的设计和规划。安全策略体系应该是一个可修改、可扩充的指导性规划，要能够适应信息环境的改变、软硬件设备的升级换代，特别是网络应用的发展。要及时对信息安全能力、技术水平和基础设施进行安全评估，对安全组织、安全技术和运营过程进行适时的协调等。

### （二）安全组织体系

安全组织体系主要包括组织建设、领导小组、岗位职责、人员安全、组织合作和第三方考核等。该体系由组织、岗位和人事三个模块构成。组织体系分为四个层次：决策层、管理层、执行层和评估层。决策层是组织建设中的领导部门，由相关部门的负责人和信息系统主要负责人组成。管理层是决策层的日常管理组织，根据决策组织的决定并协调各方面力量实施安全保障。执行层是管理层下具体负责某一区域或者某一个或几个特定安全事务的群体，分布于信息系统的各个操作层或岗位上。评估层一般包括内部评估和第三方考核，是对信息安全组织的具体考核和评估，以促进信息安全组织体系的良性发展。

### （三）安全运营体系

安全运营体系主要包括管理制度、风险评估、事件管理、资产识别、安全审计和连续性管理等。这里的管理制度是指具体运营过程中的规范，保障运营过程的有序进行；风险评估是指对信息安全运营过程存在的风险因素的预测、分析和评估，以期更好地降低运营风险；事件管理是指对运营过程中具体事务的管理，是运营体系中的管理部门；资产识别和安全审计是指对相关资产进行识别、审查和计算，以确认相应的安全情况；连续性管理是指安全运营体系不是间断性地，而是一个连续性的管控过程，需要实时监测和管控信息安全情况，以便及时应对突发情况。

## 第三节
## 简览信息安全产业

### 一、信息安全产业链图

信息安全产业化是一项复杂的系统活动，涉及软硬件设备生产商、科研系统、市场及用户等子系统之间的协调，每个子系统及其构成要素之间的相互联系、相互作用均可以影响信息安全产业化的转化。因此，对整个信息安全行业的产业链进行有效的管理研究，有助于强化我国信息安全保障体系，确保国家信息安全，推进国家信息化进程。

产业链是各个产业部门之间基于一定的技术经济关联，并依据特定的逻辑关系和时空布局关系，客观形成的链条式关联关系形态。产业间的联系是多样的，每一个联系都可以看作是产业链的一部分，也可以看成一个相对完整的产业链。信息安全产业链是一条涵盖信息安全技术研究、信息安全产品研发与生产，以及信息安全服务的环节，包括信息安全技术、产品或服务的应用主体、提供商、制造商或集成商等组成部分，将信息安全的技术产业、服务产业和制造产业以及物流产业进行有序组合的产业经济链条，是信息产业链的重要组成部分，是保障国家信息安全的战略性核心产业链条。

从整个信息安全产业来看，信息安全行业的上游主要为软件及工控设备，其供给及价格变化直接影响行业的成本和利润；中游是一系列信息安全产品，比如手机、移动通信设备、电脑、相机、集成电路等产品；下游需求市场则包括各级渠道合作伙伴以及以政府、电信、金融、能源、军队、军工等为代表的各行业用户在信息化建设中的信息安全保障需求，包括国家基础设施领域、电子政务领域、电子商务领域、产业信息化领域和城市信息化领域（如图 11 – 3 所示）。

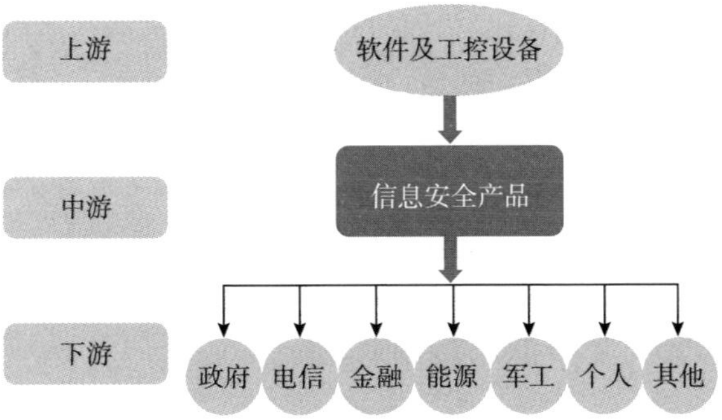


**图 11 – 3　信息安全总产业链**

资料来源：中投顾问. 2016—2020 年中国信息安全产业投资分析及前景预测报告［Z］2015 – 11。

信息安全产业的细分领域有很多相对独立的产业链，比如防病毒产业链、木马病毒产业链、黑客培训产业链、网络购物信息安全产业链等。木马/病毒产业链上游是木马/病毒制作与测试，中游是挂马与通过电子邮件等方式传播木马/病毒，下游是木马/病毒攻击后的成果收集以及攻击成果的货币实物化（如图 11 – 4 所示）。实际上，最终货币化的木马/病毒攻击成果会在整个链条环节上进行分配，其分配的结果就是将每一链条的隐形价值显性化。

目前，世界范围内信息产业的空间集聚效应更加突出，全球电子信息产业主要集中到几个国家和地区，并逐渐形成以产业链为基础，相关配套产业高度聚集的产业园区。产业集聚效应进一步凸显，使得产业链的空间形态十分明显，产业链的空间维度得以扩张。当前，我

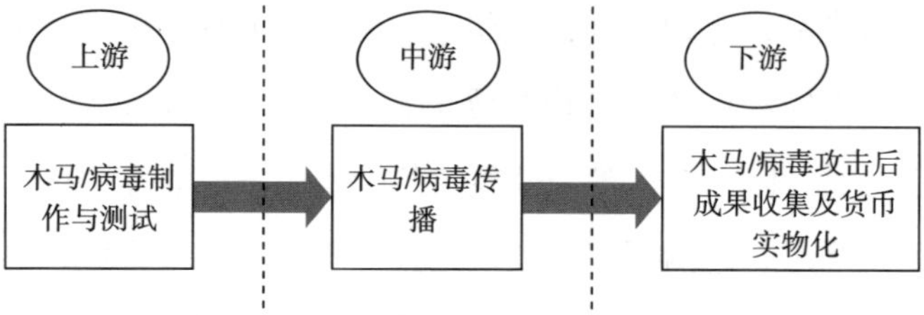


**图 11－4　木马/病毒产业链**

国信息安全产业已日趋完善，并保持着快速增长的势头，但仍有一些分散的细分领域的产业链难以融入整个信息安全产业链。因此，需要加快出台信息安全产业发展策略，健全信息安全产业职能机构，大力扶持信息安全产业发展，积极推动信息安全产业基地建设。

## 二、信息安全产业市场规模图

2017 年国内信息安全产品市场增速较快，市场规模达到 15.62 亿美元，与 2016 年同比增长 15.62%.（如图 11－5 所示）。

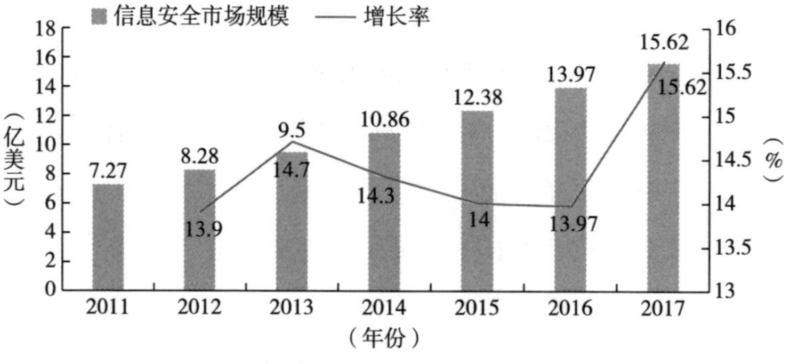


**图 11－5　2011—2017 年中国信息安全硬件市场规模及其增长率**

资料来源：智研咨询. 2017—2022 年中国信息安全行业深度调研及投资前景分析报告［Z］2016－10。

2015 年，我国规模以上电子信息产业企业个数 6.08 万家，其中，电子信息制造企业 1.99 万家，软件和信息技术服务业企业 4.09 万家。全年完成销售收入总规模达到 15.4 万亿元，同比增长 10.4%；

其中，电子信息制造业实现主营业务收入 11.1 万亿元，同比增长 7.6%；软件和信息技术服务业实现软件业务收入 4.3 万亿元，同比增长 16.6%（如图 11－6 所示）。

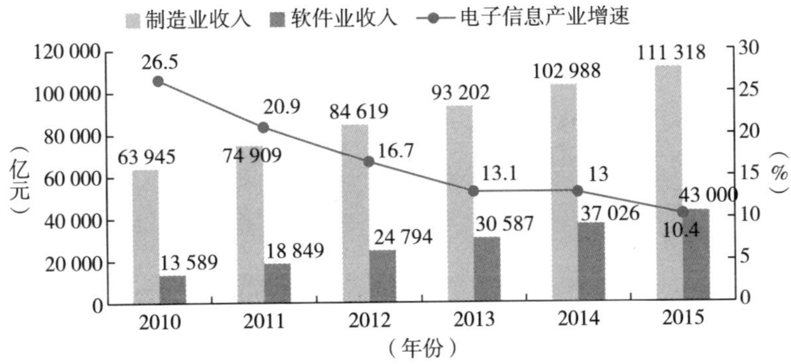


**图 11－6　2010—2015 年我国电子信息产业增长情况**

资料来源：2015 年电子信息产业统计公报。

规模以上电子信息制造业增加值增长 10.5%，高于同期工业平均水平（6.1%）4.4%，在全国 41 个工业行业中增速居第 5 位。（如图 11－7 所示）而收入和利润总额分别增长 7.6% 和 7.2%，高于同期工业平均水平 6.8% 和 9.5%，占工业总体比重分别达到 10.1% 和 8.8%，比上年提高 0.7% 和 1%。

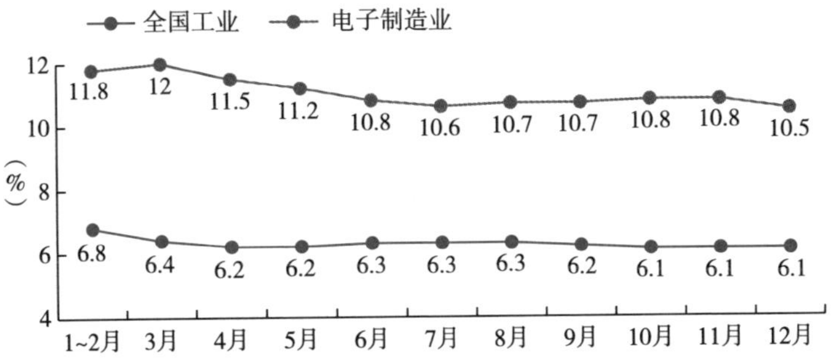


**图 11－7　2015 年电子信息制造业与全国工业增加值累计增速对比**

资料来源：2015 年电子信息产业统计公报。

2015年，我国规模以上电子信息产业中，软件和信息技术服务业收入增速快于电子信息制造业9个百分点，软件业比重达到28%，比上年提高1.4%（如图11－8所示）。

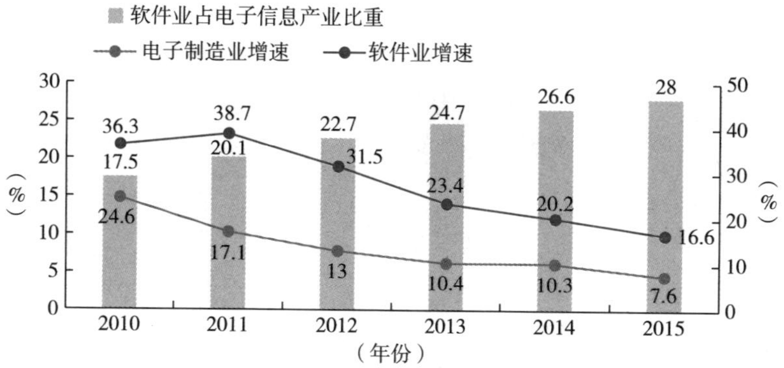


**图11－8　2010—2015年我国软件产业占电子信息产业比重变化**

资料来源：2015年电子信息产业统计公报。

2015年全年共生产手机和彩色电视机18.1亿部和1.4亿台，分别增长7.8%和2.5%，其中智能手机和智能电视13.99亿台和8 383.5万台，分别占比达到77.2%和57.9%。生产微型计算机3.1亿台，同比下降10.4%。生产集成电路1 087.2亿块，同比增长7.1%。

软件和信息技术服务业中，2015年信息技术服务实现收入22 123亿元，同比增长18.4%，增速比上年提高1.7个百分点。其中，运营相关服务（包括在线软件运营服务、平台运营服务、基础设施运营服务等在内的信息技术服务）收入增长18.3%；电子商务平台技术服务（包括在线交易平台服务、在线交易支撑服务在内的信息技术支持服务）收入增长25.1%；集成电路设计实现收入1 449亿元，同比增长13.3%；其他信息技术服务（包括信息技术咨询设计服务、系统集成、运维服务、数据服务等）收入增长17.8%。

另据CNNIC发布第39次《中国互联网络发展状况统计报告》显

示，截至2016年12月，我国网民规模达7.31亿，全年共计新增网民4 299万人。互联网普及率为53.2%，较2015年底提升2.9个百分点(如图11－9所示)。我国网民规模经历近10年的快速增长后，人口红利逐渐消失，网民规模增长率趋于稳定。2016年，中国互联网行业整体向规范化、价值化发展。一方面，国家出台多项政策加快推动互联网各细分领域有序健康发展，完善互联网发展环境。另一方面，网民人均互联网消费能力逐步提升，在网购、O2O、网络娱乐等领域人均消费均有增长，网络消费增长对国内生产总值增长的拉动力逐步显现；最后，互联网发展对企业影响力提升，随着“互联网＋”的贯彻落实，企业互联网化步伐进一步加快。因此，国家对信息安全的需求进一步提升。

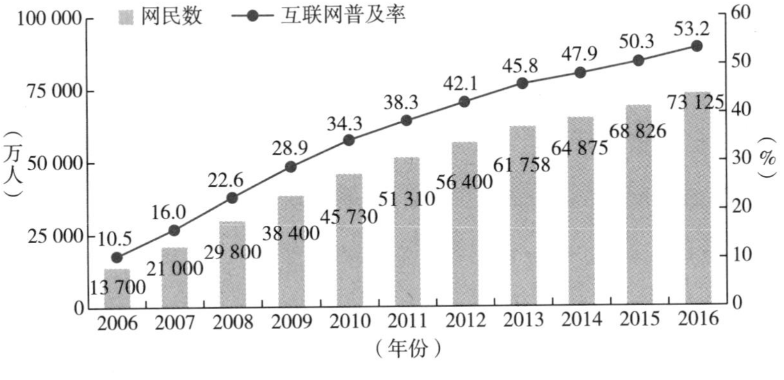


**图11－9　中国网民规模和互联网普及率**

资料来源：中国互联网络信息中心. CNNIC发布第39次《中国互联网络发展状况统计报告》.［EB/OL］. http：//www. cnnic. net. cn/gywm/xwzx/rdxw/20172017/201701/t20170122_66448. htm. 2017－01－22。

目前，我国基础网络运行总体平稳，互联网骨干网各项检测指标正常，但随着移动互联网各种新生业务的快速发展，网络安全环境日趋复杂，信息安全产业市场规模进一步扩大。在政策层面，网民网络安全相关法律逐渐完善、相关政策陆续出台，对于推进网络强国建设、维护国家安全意义重大。2016 年 12 月 27 日，国家互联网信息办公室发布《国家网络空间安全战略》，为国家未来网络安全工作的开展指明了方向。

## 三、信息安全产业发展趋势

### （一）全球关注度持续提升

互联网产业的快速发展，带动全社会兴起了创新创业热潮，信息经济在我国国内生产总值中的占比不断攀升。网络安全和信息化是相辅相成的。安全是发展的前提，发展是安全的保障，安全和发展要同步推进。从世界范围看，网络安全威胁和风险日益突出，并日益向政治、经济、文化、社会、生态、国防等领域传导渗透。特别是国家关键信息基础设施面临较大风险隐患，网络安全防控能力薄弱，难以有效应对国家级、有组织的高强度网络攻击。因此，全球对信息安全产业的关注度持续提升。

2017 年 4 月 19 日，我国召开了网络安全和信息化工作座谈会，会上习近平总书记强调按照创新、协调、绿色、开放、共享的发展理念推动我国经济社会发展，推进网络强国建设，并指出网络安全和信息化工作是“十三五”时期的重头戏。此外，信息安全会议在世界范围内举办，比如 2017 年 2 月在旧金山举行的 RSA 会议，2017 年 7 月在拉斯维加斯举办的 Black Hat 会议等。全球还有许多专门针对不同细分领域的安全会议，包括 CIO/CISO、市场、黑客、投资等。

### （二）产业持续深度融合

信息安全产业的特殊性在于，必须依赖于 IT 产业的发展而随之发展。随着 IT 行业的发展，产业的结构性调整会持续不断的发生，而这会使 IT 企业和信息安全企业都带来新的挑战，进而使提升企业竞争力和市场占用率成为企业持续健康发展的首要任务。经过分析现有 IT 企业和安全企业的发展趋势，产业的结构性调整主要有以下两方面：

一是信息安全企业垂直整合产业链的上下游，掌握产业内部核心技术、芯片设计能力、产品开发和制造能力、解决方案和服务能力，通过自身的市场优势进一步扩大市场规模。

二是传统 IT 行业在发展过程中，自身信息安全能力短板薄弱而禁锢其自身主营业务的竞争力，企业通过行业融合的方式补充自身安全方面的实力，比如 EMC 并购 RSA、Intel 并购 McAfee、IBM 收购 Trusteer、启明星辰并购网御星云等。

## （三）国内安全意识大幅提升

### 1. 意识形态的转变

具体指从被动安全到主动安全的转变，从事后补救到主动防御的转变，从单兵作战到整合联盟的转变，从自发建设到政策指导的自主建设。由此，行业意识形态层面不断加强，产业从被动发展到主动发展，新的发展形势将加速信息安全产业的发展。

### 2. 自主生态圈进一步完善

随着国内产业安全生态圈的进一步完善，国内市场芯片设计、产品制造、集成服务、政策指导、法律约束等方面都得到了加强，但是核心产品的芯片设计能力和行业综合解决方案能力仍需要加强。仍需进一步完善信息安全的生态圈，与传统国际安全企业形成抗衡之势，从基础面保证国内信息安全产业的发展。

### 3. 成为国家战略层面的顶层设计

信息战覆盖整个社会形态。信息安全已经牵涉到国家安全问题，必将作为顶层设计列入国家的战略规划中，国内市场的信息安全产业也将得到极大的催化。

## （四）移动互联安全成为新增长趋势点

物联网安全成为移动互联网安全新的挑战。移动互联网进阶到物联网，网络垂直延伸更深，触及的面更广，扁平化网络带来的网络边际风险更高，网络入口将会从 IP 端口延伸到物联端口，RFID、NFC、Bluetooth、Zigbee 等新的物联网通信技术的安全问题将成为移动互联网新的挑战，“安全移动”“安全物联”将会催化安全产业新的增长点。

移动互联生态圈的开发性和安全性博弈将会创造新的市场机会。谷歌开放的 Andriod 平台和 ARM 开放的 IP 设计构造的生态圈，成就了移动互联网帝国，基于 Android 的移动终端和固定终端爆发式的增长，Android 开源项目打败了 Symbian、WindowsPhone、RIM 封闭的垂直生态圈，风光无限的背后，也在滋生黑色产业链的快速发展。2013 年 Andriod 平台的威胁占整个移动设备终端市场威胁的 97%，Andriod 第三方应用平台的良莠不齐，对于 App 的审核不严格的现状在开放的大背景下一时无法改变。同时，移动智能终端近几年几乎以 50% 的速度增长，对生态圈的健康发展可产生的影响及围绕着移动互联终端的安全问题所产生的新增机会点是各厂家拭目以待的。

## （五）信息内容安全分析技术亟待成熟

信息流中价值信息挖掘是大数据时代重塑盈利模式的出发点，价值信息可以重塑盈利模式，危险信息的提前识别可以防患于未然。信息内容安全由于技术门槛的原因，目前还处于初步阶段，亟待智能分析技术的推动。目前人类全部数字化数据中，仅仅约 1% 的数据得到深入分析和挖掘（如回归、分类、类聚），大型互联网企业对网页索引、社交数据等半结构化数据进行了浅层分析（如排序），但是占大数据总量60%以上比率的语音、图片、视频等非结构化数据还难以进行有效的分析。

目前，对于信息内容的挖掘主要通过人工智能和计算机学习技术，结合现有的云计算平台来完成大数据的处理，人工智能已经在语音识别和图像识别方面取得了较好的成果，信息内容安全的蓝海市场将会在3～5年后形成。

### （六）信息安全产品趋于智能化

成熟形态的网络安全产品集成度会随着芯片处理能力和架构设计的创新变得越来越高，单一产品功能会被集成度较高产品替代，同时集成部分业务层的深度报文解析能力、智能化程度越来越高，产品更多会集成身份认证、应用ID识别、防火墙、病毒预防和清理、日志智能分析、行为分析等功能。iNGFW（下一代智能防火墙）的部分产品已经上市，从产品定义来看，可以通过网络行为分析学习重新建立防御模型，提升安全防御级别。

## 第四节
## 信息安全案例

### 一、杭州安恒：G20杭州峰会安保系统[①]

杭州安恒信息技术有限公司（简称杭州安恒）作为杭州G20峰会网络安保和应急支撑工作的主要技术支撑单位，历经近360

① 资料来源于搜狐网(http://www.sohu.com/a/113927062_349146)。本书在收编时重点参考安恒在G20杭州峰会时的布防，并对相关内容进行梳理。

天精心准备、投入309位技术骨干一线奋战，击退三千万次攻击，圆满完成G20峰会网络安保任务。

---

2016年9月4日至5日，二十国集团（G20）领导人第十一次峰会在浙江省杭州市成功举行。加强安保工作是各国举办重要活动的国际惯例，安全保障正是这些重大活动的命脉。而在互联网飞速发展的今天，网络信息安全保障已成为当前重大活动安保的重要组成部分。保障G20峰会期间相关信息系统的安全稳定运行，避免境外黑客组织的恶意破坏，具有十分重要的意义。

杭州安恒作为本次大会网络安保和应急支撑工作的主要技术支撑单位，历经近360天的精心准备，投入309位技术骨干参与到G20峰会的网络安保任务中。通过企业自主知识产权的最新大数据态势感知系统及应急处置工具箱、工控检查工具箱等20多种产品平台，为G20峰会网络安保构建了全网全程网络安保和应急支撑监测体系、防御体系和服务体系，经过G20峰会全程考验。杭州安恒的安保团队以远程和现场人员安全检测，结合部署基于云与大数据技术的远程安全监测、大会系统现场各重要驻点安全值守、会议安保指挥中心四方互联，以多地支撑的形式，为大会召开保驾护航。

杭州安恒作为G20峰会网络安保的主要技术支撑单位，规划了由核心至外延、由主会场至外围的深层保障体系，涵盖了本届峰会网络安全保障目标所需重点关注的全部保障对象。杭州安恒此次为G20官网等核心信息系统提供全方位的网络安全保障体系，峰会期间核心和重保信息系统未发生安全事件。同时杭州安恒还检查监测及防护了省市两级峰会重点保障信息系统和门户网站2 000余个。此外，杭州安恒的安保团队共发现高危以上漏洞438个，共拦截3 300万次攻击。经风暴中心分析，这些攻击来自41个国家和地区。

G20这场举世瞩目的峰会已经圆满落下帷幕，在这个同样存在“合纵连横”的局势下，正在崛起的中国在经济方面向世界传达了中国主张，为世界呈现了一幅极具中国风味的历史画卷。同时，作为名副其实的网络大国，中国也向世界展现了雄厚的网络安全防御能力。

## 二、智慧沈阳：信息安全保障体系①

沈阳是国家智慧城市建设重要的试点城市，同时也是国家信息惠民、信息消费试点城市、社会信用体系试点城市和国家电子商务示范基地。智慧沈阳信息安全保障体系建设充分参考了智慧城市的威胁情报平台，确定以“可见，可管、可控、可预”为目标建设信息安全防护体系。

沈阳智慧城市建设工作确立了“围绕惠民、兴业、善政，提升市民生活幸福感，提高政府行政管理和服务能力，促进经济转型升级和培育智慧经济，以促进信息互联互通和资源共享为重点，加快信息基础设施和重点领域智慧应用建设”的总体建设目标。

根据沈阳市智慧城市建设现状以及促进信息互联互通与数据共享的重点要求，构建“一卡、两平台、三库、三门户”智慧沈阳统一平台框架体系，以智慧沈阳顶层设计架构为依据，将首先建设智慧沈阳统一平台（如图11－10所示），实现城市运营数据的统一管理，并通过主管部门协调政务数据资源有序开放，推动全社会大数据采集、挖掘、整合与应用。

“智慧沈阳”信息安全保障体系建设充分参考了智慧城市的威胁

① 资料来源于360企业安全网（http://www.360.net/trade/showcase/8?case_type=trade_gov&type=suc_case）。本书在收编时参考了沈阳智慧城市安全案例的解决方案，重点介绍了其平台框架体系。

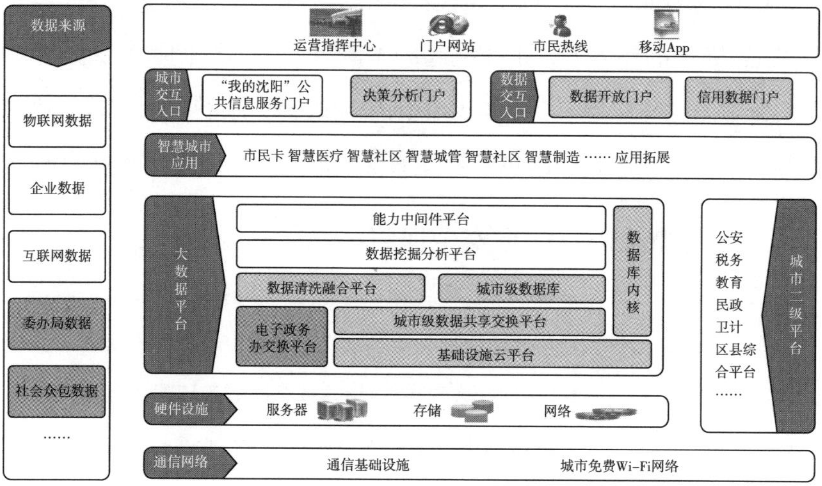


**图 11－10　智慧沈阳统一平台架构**

资料来源：360 企业安全．沈阳智慧城市安全案例［EB/OL］．http：//www.360.net/trade/showcase/8？case_ type = trade_ gov&type = suc_ case。

情报平台，确定以"可见，可管、可控、可预"为目标建设信息安全防护体系：外部"可见"：通过互联网威胁情报平台的建立，提升检测预警与保障能力，使信息安全态势可见；过程"可管"：通过全市安全工作的统筹协调、责任落实，健全信息安全管理协调机制，使信息安全过程可管；风险"可控"：利用新兴技术强化信息安全风险的综合防控能力，使信息安全风险可控；态势"可预"：通过对大数据平台进行挖掘，预测攻击产生的态势，为防御和决策提供支持，使信息安全态势可预（如图 11－11 所示）。基于以上目标，建立了基于互联网＋及大数据平台的"智慧沈阳"网络安全保障体系。

传统信息安全威胁仍然有效，而随着万物互联的发展，智慧城市信息安全又面临了一系列新的挑战，比如用户行为难识别、业务风险复杂化、终端来源不可控和信息泄露途径多等。传统信息安全防护体系已经无法满足智慧城市对信息安全防护的要求，需要互联网的技术

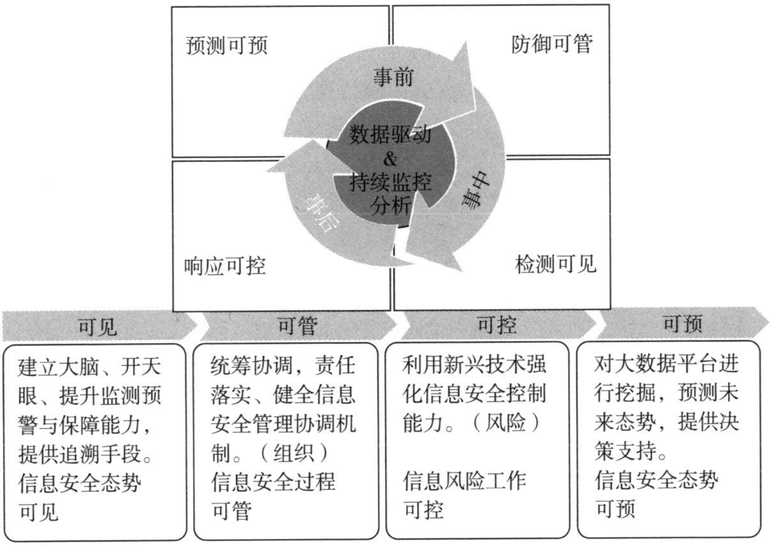


**图 11－11　智慧沈阳安全体系建设目标**

资料来源：360 企业安全．沈阳智慧城市安全案例［EB/OL］．http：//www. 360. net/trade/showcase/8？case_ type = trade_ gov&type = suc_ case。

和思维，以技术升级带来治理转型，协同传统防护发挥更大的作用。需要站在智慧城市的高度，建立安全工作推动机制；需要有一个安全的“大脑”，全面感知，统一协调各个层面的安全产品应对已知和未知的威胁；需要整合协调有限资源，扶持信息安全服务产业，吸引培养更多专业人才；同时，需要实现安全架构的开放与扩展。

智慧沈阳安全大数据平台架构由互联网 + 安全中心和网络安全保障体系组成。其中，互联网 + 安全中心包括互联网威胁情报中心和互联网安全响应中心，为网络安全保障体系提供相关威胁情报和服务。而网络安全保障体系由智慧沈阳和智慧沈阳信息安全服务中心构成，两者相辅相成。具体地，智慧沈阳包括智慧沈阳统一平台、沈阳市电子政务外网和沈阳市重点单位网站三大部分，另设智慧沈阳信息安全服务中心，基于沈阳本地的信息安全大数据平台，负责威胁监测、风险防护和应急响应。整个智慧沈阳安全大数据平台为沈阳智慧城市安全保驾护航（如图

11－12所示）。

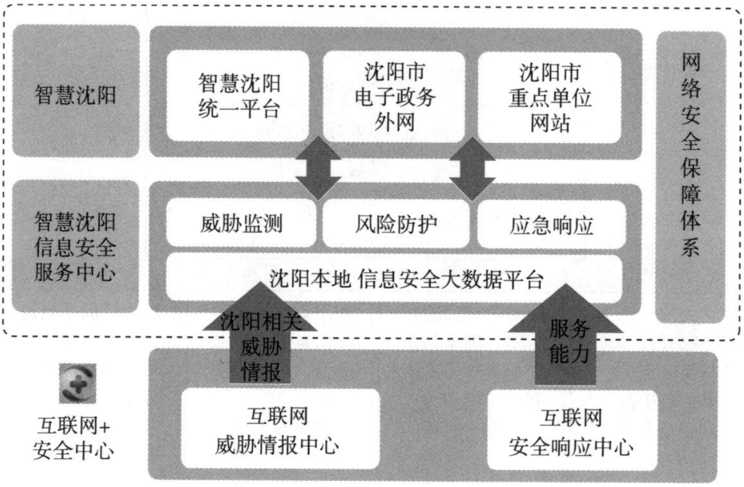


**图11－12　智慧沈阳安全大数据平台架构**

资料来源：360企业安全．沈阳智慧城市安全案例［EB/OL］．http：//www.360.net/trade/showcase/8？case_ type＝trade_ gov&type＝suc_ case。

智慧沈阳安全体系的特点包括：建立基于大数据的安全的“大脑”，实现智慧安全；建立基于互联网＋的“全天候全方位安全态势感知”系统；创新服务模式，即“云端服务＋本地服务＋专家”的模式。

## 三、安天智甲：工控防护方案①

安天科技股份有限公司（简称安天）是网络安全产品研发企业，专注于威胁检测防御技术的领导厂商。安天以提升用户应对网络空间威胁的核心能力、改善用户对威胁的认知为企业使命，依托自主先进的威胁检测引擎等系列核心技术和专家团队，为用

① 资料来源于安天网（http://www.antiy.cn/index.html）。本书在收编时重点整理终端防御系统的设计、运行及维护等内容。

户提供端点防护、流量监测、深度分析、威胁情报和态势感知等相关产品、解决方案与服务。

---

安天私有云安全系统，又称安天智甲终端防御系统（简称安天智甲），是专为企业、政府、机构等业务网络研发的终端威胁安全防护产品。该产品集成安天完全自主研发的反病毒引擎，除了具备传统反病毒产品的标准功能外，还结合了安天海量的文件白名单库，能够为用户建立私有的白名单基线库和适合自己业务需求的安全管控策略，从而为用户打造安全可控、灵活适用的内网环境。产品基于工控系统更新频率低、系统软件环境变化小的特点，结合工控系统特殊环境需求，采用定制化白名单防护机制，同时凭借病毒查杀以及病毒全网追溯和定点清除，能够大幅提升工控系统的安全性。

工业控制系统在设计和维护时偏重功能的实现及生产的连续性，缺乏对安全的关注及维护，导致工业控制系统本身存在多种风险。而工业控制系统的安全关系着重要生产设施的安全，一旦遭受攻击，会直接导致生产停滞、财产损失、甚至人员伤亡等严重后果。据了解，现在部分工业控制系统尚未配置安全防护体系，部分工业控制系统虽配置了安全防护体系，但防御效果不佳，在用的不同品牌的终端安全软件均存在各种各样的问题，比如导致工控主机卡顿、不兼容老旧设备、病毒识别检出效果不佳、甚至错误拦截工控程序的某些动作导致工控设备运转异常等。

安天智甲基于工控系统更新频率低、系统软件环境变化小的特点，结合工控系统特殊环境需求，采用定制化白名单防护机制，同时辅以病毒查杀以及病毒全网追溯和定点清除，能够大幅提升工控系统的安全性（如图 11－13 所示）。

安天智甲客户端会扫描并统计每台工控主机上的所有可信文件，

**图 11－13 安天智甲终端防御系统**

资料来源：安天智甲．安天智甲终端防御系统．［EB/OL］．http：//www. antiy. cn/product/zhongduan/18. html。

并据此建立每台工控主机专有的文件白名单。当工控主机上出现白名单外的文件时，安天智甲客户端会上报到智甲管理平台，管理员可在管理平台根据文件安全属性对文件进行管理，比如将安全文件加入工控主机的文件白名单、定点清除恶意文件等。安天智甲客户端允许工控主机白名单内的程序运行，阻止白名单外的程序运行并上报相关日志到管理平台。定制化的白名单防护机制在实现细粒度安全防护的同时，不影响各类工控主机本身业务运行，可有效保证工控主机持续稳定运行。客户端专为工控主机开发设计，可运行在 Windows、Linux、国产麒麟系统中，并对以上系统提供安全防护；同时，安天智甲客户端运行资源占用少，可在各种硬件配置的新旧工控主机上良好运行。安天智甲客户端全程采用静默方式运行，不提示、不弹窗，所有操作均在后台形成日志记录，不影响工控主机交互体验。

安天智甲客户端自动收集接入工控主机的可信 USB 设备（如键

盘、鼠标、打印机等）信息，并据此为每台工控主机建立专有的 USB 设备白名单。客户端允许 USB 设备白名单内的设备和经过授权的安天可信 U 盘接入工控主机，并可以通过一系列规则限制工控主机与可信 U 盘之间的数据交换内容，保证工控系统在实现灵活运维的同时，有效防止重要信息泄露及病毒感染。客户端禁止非受信 USB 设备接入工控主机，可有效禁止携带恶意代码的 USB 设备、可连接互联网的 USB 热点设备（如智能手机等）接入工控主机，降低感染病毒的风险。客户端对初始部署时工控主机中已有的文件和以后新增的文件均进行病毒检测，如果发现病毒，会上报到安天智甲管理平台。安天智甲管理平台可针对发现的病毒进行全网追溯（15 分钟左右即完成），无须进行既耗时又影响性能的全盘扫描。针对全网各个终端追溯到的病毒，安天智甲管理平台下发定点清除指令，一键处置，快捷高效，无须费时费力地每台终端人工逐个清除。

从 2014 年开始，安天智甲跟踪研究勒索软件家族及应对方法，发布专题研究报告，和多篇事件分析报告。并形成了一套独有的针对勒索软件及变种家族的检测、防御和阻断方法，帮助多家企业、政府和机构用户免受勒索软件骚扰。

# 第三篇
# 未来展望篇

通过对智慧产业基本理念的介绍，以及对具体核心技术产业的技术链、产业链与相关案例的阐释，我们可以清晰地看出智慧产业正在改变传统产业的整个生态。智慧产业起源于智慧城市，发展于智慧经济，经过近几年的快速发展，在基础设施、关键技术、人才培养和安全等方面都取得了长足的进步，而这些进步在对产业结构调整的整个历程中依旧位于初级阶段。

智慧产业是未来的主导产业，顺应产业发展的新趋势，展现产业发展的众多新现象。尤其是在当下创新创业速度加快、周期变短的情况下，智慧产业的发展对人才、资本等要素有了更多的依赖。在未来，人才、资本和孵化作为智慧产业发展的三大抓手，将不断驱动产业的创新，大力助推产业的升级，并为其健康发展全程保驾护航。

# 第十二章 智慧产业：未来的主导产业

智慧产业是推动产业升级与经济发展的新动力，在政策、技术、人才、资本和孵化等要素的推动下，其产业生态体系不断完善，产业的竞合也趋于全球化。这些发展趋势催生了一系列产业发展的新现象，随着机器人、虚拟现实、区块链等新兴技术的深入应用，智慧产业改变了人们的生产与生活，发展成为未来的主导产业。

## 第一节 智慧产业发展新趋势

智慧产业起源于智慧城市，发展于智慧经济，是一个技术和知识双核心创新驱动的面向未来的有机体系。经过数年的发展，智慧产业自身的定位及主要表现形式日渐清晰，逐步走向规范化、智慧化。在可预计的未来，智慧产业表现出技术应用的深入化、创新升级的常态化、驱动因素的多样化、生态体系的完善化以及产业竞合的全球化五大发展新趋势。

### 一、技术应用的深入化

作为孕育智慧产业的重要元素之一，大数据、物联网、云计算、移动互联网等新兴技术与智慧产业的联系十分密切。智慧产业强调运用人的智慧进行研发，没有了技术的支持，智慧产业也难以称为“智慧”。未来，技术将更加深入产业创新、生产、服务的各个阶段，并呈现出以下趋势。

### （一）技术与产业的融合日益密切

一直以来，新技术的发展便在产业的创新发展中起到至关重要的作用。尤其对智慧产业，技术创新是智慧产业发展的重要着力点。例如，物联网技术的使用，使得人与人之间的沟通延伸到人与物、物与物之间的不受时间、地点约束的沟通，并由此改变传统产业形态和生产生活方式，跨越农业、医疗、零售、环保、金融、电网、交通、安防、物流等众多领域，形成充分互联、全面感知、可靠传递、智能处理的完整产业新生态。云计算技术的发展使政府和企业不再需要花费巨资及很大的时间、人力来建设和维护庞大的 IT 基础设施，个人创新创业也不必止于高门槛的 IT 基础设施，产业可随时随地汲取发展所需的存储、计算、安全等 IT 资源。而大数据、虚拟现实、区块链等技术的发展，也以其自身的形式在产业各项中发挥积极作用。

未来，新兴技术将继续与产业结合，催生一系列的新产品、新服务、新模式，并诱发诸如服务机器人大量使用、虚拟现实全面应用等产业发展新现象。而相应的，技术也会在产业应用需求的推动下完成创新和迭代升级。未来，机器学习、数据挖掘、模式识别、自然语言理解等人工智能基础技术将取得实质性突破，进一步实现数据分析的智慧化；云计算、大数据、物联网、移动互联网、人工智能、区块链、虚拟现实、机器人等新兴技术也会随产业的发展不断成熟发展，并取得新的突破。而这些取得突破的新技术，将被再度应用于产业的升级与发展中，对产业业态和发展模式均将产生深远的影响。由此可以预测，未来的技术与产业将产生更为密切的双向促进关系，技术与产业的融合将日益密切。

## （二）技术成果转化的周期变短

技术理论可以产生概念上的产品，唯有经历接受与应用，才能真正实现技术落地，即实现成果转化，将概念上的产品转变为现实中的产品。智慧产业相关的关键技术已经有了一定的发展，比如物联网、大数据和云计算都处于快速成长阶段，虚拟现实、机器人、区块链和人工智能均处于快速发展阶段，预计 5 ~ 10 年会进入膨胀期。

未来，全球智慧产业将形成更加良好的宏观环境，比如相关科技政策法规、管理体制、市场和服务的体系等方面的支持。各国各企业间形成产业技术网络，便于技术资源和信息交流，在技术创新的过程中频繁地与相关企业或组织发生联系如交换信息、知识等资源，进而发展出以技术创新为目的的合作。不同的合作网络与联盟形式为知识的创造、组织和利用提供了一种良好的情境，会进一步缩短智慧产业的关键技术应用与接收的周期，加速相关理念的推广。未来更持续的资本投入，也会缩短技术成果转化的周期。随着信息时代的发展，战略新兴技术所需要的投入会越来越大，科技研究投入越来越多，从事科技研究的队伍也更为强大，技术在资金、人力、设备、信息方面投入的增加，既会为智慧产业相关技术快速发展提供有效保证，也会缩短产业相关技术的发展周期。此外，未来更完善的法律体系也会有利于技术成果转化的周期变短：一方面，良好的知识产权法律体系有利于为新兴技术研发提供利益保障，这种利益保障吸引更多的资源加入新兴技术发展事业中来；另一方面，良好的知识产权法律环境有利于新兴技术参与者之间形成专利联盟，共同促进新兴技术演化。

### （三）技术推动服务智能化发展

随着大数据、物联网技术、云计算技术、移动互联网技术、社交网络平台技术等的深入发展，产业应用与服务将会越来越多地被赋予智能概念，逐步实现在现有产业基础上的延伸和升级。未来，我们将面临的是一个泛智能化的时代，万物智能互联互通。智能化将进入加速扩散阶段，消费者在更多、更细分的场景下被激发出智能化的应用服务需求，芯片、通信、材料、传感甚至生物技术将不断进步，万物互联互通和智能化潮流已不可逆转。在需求端，现有智能终端的普及与使用，会激发消费者在更多、更细分的场景下对智能终端的应用需求；在供给端，随着技术性能、体积和功耗、通信技术传输速度，传感技术精度等方面的不断提升，未来将有越来越多的硬件产品实现智能化。智能产品逐步向工作生活场景全维度渗透，未来，产品和产品之间、产品和人之间的互联互通变得越来越重要。

未来的产业应用服务，从产品看，种类会日趋多样化，不仅局限于可穿戴设备或传统机器人，而可能出现一系列全新的智能化产品，服务于人们的生活和工作。在生活服务方面，智能家居、智能医疗、智能健康、车载智能等将成为未来技术驱动的主要热点方向；而在智能制造方面，工业机器人领域的实践将在技术的驱动下，继续取得新发展。“机器换人”将成为发展的必然趋势，但这种趋势的实现不可能是一蹴而就的，传统的工业和制造业还将会面临一个长期的传统方式向智能化方面逐步深入和转换的过程，无论是从投资还是技术实现上，还会有3～5年的过渡和发展期。预测未来智慧产业的垂直行业将继续深入、细化行业界限和分工，应用服务产品会进一步趋向专业化、智能化。

## 二、创新升级的常态化

智慧产业是典型的知识技术密集型产业，创新与转型是提升产业核心竞争力的关键手段。技术迭代速度及成果转化速度的不断提升，以及全球交流合作的日益密切，促使创新升级从“波浪式”转向“常态化”。未来，“大众创业，万众创新”将不仅是政府倡导下的一次全民热潮，更将逐渐演变为更具广泛性、开放性、持续性的常态化活动。具体的，未来智慧产业创新升级的常态化将体现在以下几个方面。

### （一）技术创新的常态化

随着全球化的持续深入，智慧产业的竞争正日益激烈，核心关键技术成为智慧产业发展的命脉。美国、欧盟、日本等发达国家和地区以及苹果、谷歌、微软等跨国企业深刻认识到技术创新以及核心技术的重要性，非常注重技术创新能力提升，投入大量资金用于先进技术的突破以及产品的开发创新，拥有大批专利，掌控绝大部分产品标准的制定权。其不断强化在全球技术领先优势，以期掌握产业发展的主导权，在产业链分工中占据有利地位。而产业升级的历史就是一部技术进步的历史，正是由于不断的技术创新才使得产业结构从低级向高级、从简单到复杂升级。

未来，智慧产业发展的关键技术和共性技术将更加得到重视，技术创新的资本、人力、政策等方面的投入将不断深入和扩充。关键技术和共性技术将凭借所具有的基础性、关联性、系统性、开放性等特点，不断创新升级，成为产业技术创新链条中最富创新性的环节，在一个或多个行业中广泛应用并产生深度影响，在产业升级中发挥着非常关键的作用。相应地，未来各类项目支持产业的共性技术研究开发模式，将更具系统规划性，相关标准、认证和评价将日趋完善，更好地助力技术创新的实现。

### （二）创新服务平台的常态化

智慧产业创新服务平台的搭建可以选择若干条件较好的地区，开展产业链与创新链联动发展试点。通过大力推进体制机制创新，营造良好产业生态，搭建创新服务平台，促进资金、人才、科研、信息、网络、数据等知识要素、创新要素集聚和共享。未来，产业创新服务平台的搭建将逐渐成为产业创立及发展的必备元素，以产业链引导创新链，以创新链支撑产业链，统筹谋划产业链与创新链的定位、布局、衔接、互动与优化。消除产业链与创新链优化配置和融合互动的体制机制障碍，实现创新资源整合共享，建立产业和创新要素合理分布与优化配置、上下游和各环节有机联动的机制。

此外，各平台间的交流与合作也将趋于常态，智慧产业的发展会进一步坚持开放创新的原则，加强技术创新的国际合作。会紧密跟踪国际最新技术创新和智慧产业发展动态，坚持问题导向、需求牵引，高标准、大范围、跨领域进行国际经济技术交流与合作，整合和集成世界性的创新资源，在合作中提升技术创新能力。加强与国际产学研机构战略合作，组建若干战略联盟。结合国际产学研机构的比较优势和特点，完善合作机制，加快相关产业的技术创新，提升产业发展水平。并继续实施“走出去”战略，在海外建立研究开发基地。鼓励企业在“走出去”过程中，收购或加强与国外研发机构合作，设立更多的全球研发中心，依托国外先进和适用技术扩大国际市场空间。

## 三、驱动因素的多样化

目前，智慧产业已然成为推动全球产业升级与经济发展的新动力，但智慧产业的发展仍处于起步阶段。根据智慧产业当前的发展状况及最前沿的信息化技术水平，可以洞见未来驱动智慧产业发展的因素将更趋于多元化。在未来智慧产业发展的几大重要驱动因素之中，政策及技术仍将发挥至关重要的作用，而除此之外，人才的驱动作用、资本的助推作用及孵化的护航作用将日趋显著。

### （一）政策的基础保障

产业政策能够支撑产业持续健康发展。相关投融资政策、税收优惠政策、区域布局政策、人才培养政策、产业技术政策、软件出口政策、政府采购政策、收入分配政策、知识产权保护政策的出台，有助于形成一个包容开放的市场竞争环境，并形成集聚人才、吸引资金的良好氛围，推动智慧产业的研发创新能力不断提升，为企业由小做大继而做强创造良好的基础条件。未来，政策仍继续作为智慧产业发展的重要驱动力量，推动产业链条的不断完善，为智慧产业可持续发展提供坚实保障。

### （二）技术的与时俱进

智慧产业是典型的知识技术密集型产业，技术的与时俱进和迭代更新是产业发展的不竭动力，其重要意义是不言而喻的。随着全球化的持续深入，智慧产业的竞争正日益激烈，核心关键技术成为智慧产业发展的命脉。新兴技术成熟度也不断更新，物联网、大数据和云计算等技术发展成为各产业的基础性技术，而人工智能、区块链、机器人等新兴技术相互融合发展，更多的新兴技术将应用于智慧产业的发展之中。未来，技术仍继续作为智慧产业发展的重要驱动力量，与时俱进深入产业发展整个过程。

### （三）人才的创新驱动

人才决定产业的高度，提供发展的动力，推动转型升级，对产业创新发展具有至关重要的作用。智慧产业领域的企业时刻面临新产品、新应用、新技术、新模式、新业态的冲击和挑战，需要具有创新能力和实践能力的创新型人才支撑企业成长和经济发展。未来，智慧产业内部的竞争将主要体现在人才和知识的竞争，人才将成长成为产业创新的重要驱动力，并从选才、聚才、用才、留才四大方面谋求自身发展，以更好地将人才优势转化为产业优势。

### （四）资本的全程助推

资本市场是现代金融市场的重要组成部分，包括长期资金融通关系所形成的市场，以及社会资源配置和各种经济交易形成的多层次市场体系，是智慧产业发展的重要推动因素之一，并在未来的产业发展中仍将扮演着十分重要的角色。在智慧产业的发展过程中，从种子期到成熟期的整个过程都需要资本的全程助推。未来，资本对产业的助力作用将日趋显著，并进一步影响产业的发展方向，深入产业的发展过程，促进产业的国际交流与发展。

### （五）孵化的保驾护航

智慧产业是以关键技术突破和重大发展需求为基础的，而技术的创新离不开创新的组织、平台和模式，即离不开孵化的作用。孵化器为智慧产业发展提供了创新平台支持，延伸与拓展了产业链，更为科技成果转化提供了重要支持。从智慧产业的发展趋势来看，创新孵化模式更好地利用了大企业、大院校的背书效应，而拓展境外孵化也有利于完善智慧产业在全球的布局。未来，孵化对产业的护航作用将日趋明显，孵化将作为智慧产业发展的温床，为智慧产业的健康发展持续保驾护航。

现今，政策、技术作为智慧产业的重要驱动力，已得到相当共识。例如，在政策方面，智慧产业的发展已经形成较强的政策支撑和地方政府积极推动的态势。我国北京、上海、广州、深圳、南京、武汉、佛山等地区都提出了建设智慧城市的发展目标，并大力推进智慧产业发展。而相比之下，人才综合了技术、智力等资源，是当下智慧产业中较为欠缺的资源。资本需要充分发挥其合理高效配置资源、支持实体经济发展的基本功能，以支撑仍处于起步阶段的智慧产业成长。孵化则可以通过搭建科技资源共享机制和基础平台，有效促进区域或更大范围的科技资源共享和创新网络的发展，降低技术创新的风险，进而促进智慧产业的发展。因此，本书将在后面章节中，集中论述人才、资本和孵化对智慧产业的具体推动作用。

## 四、生态体系的完善化

从构成要素来看，智慧产业是一个技术和知识双核心创新驱动，由技术核心产业及其带动的智慧化程度较高的产业组成的有机产业体系。智慧产业的核心由以云计算、物联网、大数据、移动互联网、人工智能、虚拟现实、机器人等新一代智慧技术刺激下催生的战略性新兴产业构成，并在此基础上与城市第一、第二、第三产业要素相融合，形成一个庞大的有机产业体系。因此，智慧产业不是一个孤立的产业，产业生态体系日趋完善以实现融合及系统化发展，是未来智慧产业发展的必然趋势。

### （一）产业融合趋势明显

智慧产业在度过商业化探索的观望期之后，将会成为下一轮的趋势行业。在智慧产业这个跨界产业所缔造的生态圈内，创业者、互联网企业、传统制造业都将是其中的一个配角，或者是一个“零部件”。未来，产业界定将会越来越模糊，更多的是产业融合，开发出更好的产品以服务用户，逐步代替产业间零和博弈的，将是产业融合与共赢。同时，对于智能领域来说，未来所有的硬件产品都将逐步走向智能化，并且在这个过程中硬件仅仅是载体，而附加值的核心在于服务。因此，未来软硬一体化、产业融合的趋势将更加明显。

智慧产业的链条将不断拓展和延伸，产业链横向会由智能硬件等热点领域向智慧服务、智慧城市、智慧旅游、智能制造、智能生活拓展，纵向会从上游的研发设计、生产制造延伸到下游最终的消费者和用户，产业链条会进一步完善。此外，从产业链各环节的参与角色看，主要会囊括电商平台、硬件集成商、第三方平台、众筹、创客、最终消费者等，彼此间的协同效应将随着产业链条的不断完善而增强。在这个完善的产业链参与角色中，O2O 的理念会贯穿智能产品从前端的研发设计、需求分析一直到最终的产品体验和产品销售等整个环节。未来产品成为人的一部分，将会是智能产品开发的最高境界。因此，只有充分强调客户参与度的重要性，满足客户的个性化需求，把握从用户需求到产品开发的基于需求链管理的理念，才能在未来智能化竞争中脱颖而出。

### （二）“产城一体化”模式深入发展

智慧产业起源于智慧城市，发展于智慧经济，与城市、经济的关系十分密切。未来，一个完善的产业生态体系将是一个产业与城市、经济良性互动的生态体系。“产城一体化”模式逐步或将成为智慧产业集聚发展所遵循的一大原则。事实上，智慧产业的集聚和发展需要城市这一承载的物理空间和软环境的搭建，而智慧产业的发展趋势和

“产城一体化”的发展理念也十分契合，智慧化正成为智慧城市和智慧园区建设的主要特征。当前城市制造业的兴起和回归，使现代智能制造也会有部分功能在城市中心布局和定位。同时，“产城一体化”强调的“职住一体、产城融合、产商共生”的发展理念，而载体建设和服务模式更是符合智慧产业发展各个阶段对产业各要素的集中需求。未来，随着智慧产业的快速发展和成熟，产业和城市的界定将会越来越模糊，甚至逐步趋于融合。“产城一体化模式”的逐步推广和试行，将使产业、城市、经济三者关系因智慧的纽带而日渐密切，并最终将推动智慧产业更好地实现聚集与发展。

## 五、产业竞合的全球化

经济全球化、一体化是当代世界经济的重要特征之一，也是世界经济发展的重要趋势。在这样的大背景下，地缘及文化的差异早已不再是横亘在各国之间不可跨越的鸿沟。不同国家间的联系日益密切，产业间的竞争与合作不再局限于一国之内，更体现在国与国、地区与地区之间。未来，随着技术的革新、生产的高度社会化以及国际贸易的高度发展，产业竞合的全球化趋势将日趋明显。

### （一）智慧产业面临全球角逐

随着经济全球化和一体化发展，智慧产业已逐步成长为一个全球性的产业，产业全球布局已日趋完善。智慧产业诞生于英国，发展于欧洲，是 20 世纪支撑欧洲 GDP 的主要产业之一。美国智慧产业的发展始于 20 世纪 90 年代，最早引发了“智慧产业革命”，不但带领美国经济领先全世界复苏，还巩固了其世界制造业霸主的地位。日本一直提倡利用信息技术改造和提升制造业，使得日本经济保持全球领先地位。中国主动顺应和引领新一轮信息革命浪潮，使世界智慧产业的中心开始向中国转移。

虽然，产业全球布局已日趋完善，但并非一成不变的。从历史上看，产业中心曾呈现出从欧洲向美国转移的过程，并在全球化的作用下日益呈现出多中心，甚至去中心化的趋势。未来，以一国为中心的“差序格局”产业布局将难以为继，各国主体产业将逐渐呈现出个性化、异质化的特征，并凭借自身所独有的核心竞争优势，参与全球产业角逐。

为了在全球产业角逐中占据优势，各国纷纷从资本、技术、政策等方面入手，加大智慧产业投入，以充分挖掘自身的优势。例如，英国重视智慧产业资本投入，2016 年数字科技投资超 68 亿英镑，高于各欧洲国家 50% 以上；过去的五年间，智慧产业中小企业融资案例数量达 1 342 例，居欧洲之首。德国专注于创新工业科技产品的科研和开发，以及对复杂工业过程的管理，2013 年提出工业 4. 0 战略，旨在通过充分利用信息通信技术和网络空间虚拟系统——信息物理系统相结合的手段，将制造业向智能化转型，促进智慧产业深入发展。美国成立工业互联网联盟，通过将物理世界连接至网络空间，重塑人类与技术的交互方式，将创新的工业互联网产品和系统转化为智能制造、医疗、交通及其他领域的就业机会。日本政府从 20 世纪 90 年代中期开始实施“新制造业”战略，利用信息技术改造和提升日本制造业；2009 年制定中长期信息技术发展战略——“I – Japan”，计划通过信息通信技术与产业的融合，从根本上提高生产效率，提高产品的附加值，开拓新的市场。中国也通过施行新兴产业发展规划、中国制造 2025、一带一路等倡议促进智慧产业发展。未来，各国为在日渐激烈的产业竞争中取得优势，仍将继续从资本、技术、政策等多方面加大对智慧产业的投入力度。同时，将更多的立足实际，发展特色产业，培养具备本国特色的产业的核心竞争力。

### （二）智慧产业合作趋于全球化

全球角逐是未来智慧产业面临必然趋势，但竞争的同时，合作共赢将成为未来产业发展的主流趋势。智慧产业的全球化合作一方面体现在全球范围内的国际分工及全球产业链的形成，另一方面体现在产业大国对于周边国家的带动作用。

国际分工即国与国根据自身所具有的比较优势差异，在资源、产品、技术、劳务等方面进行深入交流合作，各自承担具有比较优势、机会成本低的环节，分工合作构成完整产业链。现如今，资本充足和技术先进的国家将生产性环节和低附加值制造部分向劳动力资源、自然资源丰富的国家转移，而独自承担知识密集的设计研发、管理和营销等高增值服务环节，便是国际分工合作的重要体现。未来，这一分工合作关系将不断明确、深入。在互联网技术不断发展、创新日趋分散化的背景下，传统的由专业研发通过搜集部分市场需求，基于自身的专业技术知识开发新产品的创新产业模式，将逐渐被更为开放的合作创新产业模式所代替，跨地区、跨国家的产业链、创新链将会明显增多。

在未来激烈的全球产业竞争中，以一国为中心的“差序格局”产业布局将难以为继，但具有相对优势的产业大国依旧存在。这些大国往往具备别国难以简单模拟或短期超越的核心竞争力，而在全球产业竞争中占据优势。而这些大国的产业发展，往往会对周边国家起到积极的带动作用。例如，我国 2013 年提出“一带一路”倡议，涵盖 65 个国家，44 亿人口，为促进沿线各国经济繁荣与区域经济合作起到积极的带动作用。“一带一路”沿线国家处于不同的工业化阶段，有着不同的经济发展水平，并形成了不同的优势产业类型。而这些产业也形成了三种不同的梯度，即技术密集与高附加值产业、资本密集型产业、劳动密集型产业。随着中国廉价劳动力时代的终结，劳动密集型产业有望向以东南亚部分国家为代表的工业化初期国家转移，资源密集型产业可以向以中东欧部分国家为代表的油气丰裕国家及以中亚部分国家为代表的矿产资源丰裕国家转移，而中国可以扩大对这些国家资本、技术及高附加值产品的出口；部分技术密集和高附加值产业，则有望向以中东欧部分国家为代表的工业化后期国家转移，实现技术的互通有无。

产业大国对于周边国家的带动作用将成为未来智慧产业发展的重要趋势之一。具备技术密集与高附加值产业的产业大国，会通过产业升级及产业转移，带动周边资本密集型产业、劳动密集型产业国家的产业升级与发展。第一产业梯度国家的产业升级会带动第二产业梯度国家的相应升级，第二产业梯度国家的产业升级也势必会带动第三产业梯度国家的相应升级，进而实现区域产业分工合作生产网络的构建，以及大国周边区域产业的整体发展。

## 第二节 智慧产业发展新现象

随着信息技术的加速发展，以及大数据、云计算、物联网等基础技术的支持，机器人与人工智能技术融合，智能机器人被广泛应用，改变了人们的生产生活方式。虚拟现实技术也逐渐渗透到工作和生活的各个方面，在军事、工程、营销、文化、教育等一系列领域展开应用。此外，还有区块链技术在多个应用场景中发挥了重要的作用，提高了交易的效率和安全性。智慧产业发展带来了一系列新现象，正悄然影响着生产生活的方方面面，深入到人们的工作和学习之中。

## 一、机器人风靡全球

机器人技术经过半个世纪的发展，已成为现今社会中不可替代的组成部分。传统工业机器人成为提高生产效率、降低人力成本的智能化工具，而随着人工智能技术与机器人技术的进一步融合，智能机器人已越来越受到国内外学术、产业界的高度重视。各国纷纷加入机器人的制造和应用浪潮之中，抢占智能机器人技术的制高点，机器人开始风靡全球。

机器人热并不是无源之水。例如，日本人口老龄化严重，目前年龄在65岁以上的占25%；预计到2020年，该比重将升至29%；而到2050年，将达到39%。这些老龄人需要照顾，而日本的出生率很低，未来将没有这么多孩子来照顾他们的祖父母和曾祖父母们。所幸，机器人时代到来了，日本投入了大量的人力物力开始制造看护机器人。那些20世纪70年代就出现在动画片里的机器人，将在2020年左右出现在我们的生活中。东芝、本田以及其他企业都开始制造机器人，日本的机器人制造水平率先到达了世界领先水平。

日本、中国、美国、韩国和德国作为机器人五大国，生产了约70%的机器人。日本、美国和德国制造的多为价格高昂的工业机器人和医疗机器人，而韩国和中国主要针对价格较低的机器人市场。目前，日本占据着最大的机器人市场，而中国是发展速度最快的，自2005年起，保持着每年25%的增长率。与机器人五大国相比，其他各国的机器人制造水平还有很大差距，但它们也有望在这一领域实现突破性发展。比如一些非洲和中亚的国家，它们没有使用座机，就直接用上了手机，技术上的飞跃也有极大的可能性。非洲成立了一个机器人联盟，集合了个人和组织，推动机器人技术的学习、研究和相关机器制造。世界各国和地区都加紧了谋划和布局，无论是德国工业

4.0，还是美国工业互联网，其核心都是推动智能制造业的数字化、网络化、智能化。

总体来看，未来机器人产业发展呈现出以下趋势：一是新型材料将大量应用于机器人领域。轻质高强度钢、镁铝合金以及碳纤维等复合材料将广泛应用于机器人本体与关键零部件制造，促进机器人轻量化并提高运动性能，大幅降低机器人自重与负载比。同时，液态金属控制技术和电信号肌肉控制技术等前沿科技也会有力推动新型材料在仿生机器人和柔性机器人领域的使用和普及。二是云服务技术加速机器人应用水平全面提升。机器人只需连接云端服务器，便可有效实现数据互通与知识共享，为用户提供了无限扩展、按需使用的新型机器人服务方式。三是人工智能将促进机器人应用场景不断丰富。借助于语音识别、语义理解、视觉处理等人工智能技术，同时在敏感触觉技术、脑机接口技术、虚拟现实控制技术的影响下，机器人能够突破现有认知局限性并明显改善人机交互体验。四是机器人逐步由单纯的产品竞争转向复杂融合的生态竞争。未来，机器人领域的市场竞争会超越企业界限，形式将由原先的产品竞争逐渐转变为产业生态的竞争，市场主体只有形成互依共生的生态系统才能在竞争中发展和提升。

可以预见，未来机器人产业规模将快速扩大。据统计分析，2016年我国机器人产量达到7.24万台，2017年1~7月已接近7.2万台，同比增长56.7%。关键技术和零部件研发取得突破。目前，语音识别、图像识别等技术已达到国际先进水平，机器人本体优化设计及性能评估、高速高精度控制等技术取得积极进展，控制器已接近国际水平。多元化应用场景持续拓展。工业机器人继汽车和电子之后，在五金卫浴、家具家电等行业也已得到日益广泛应用，除了家庭娱乐、情感陪护等一般场景之外，服务机器人在金融、医疗、康复、抢险救援等专业场景的应用也逐渐增多。

## 二、虚拟现实全面应用

从概念到技术和产品的初步实现，虚拟现实已经向普通消费者迈出一大步，产业界也纷纷表示 2016 年是“虚拟现实元年”。Digi－Capital 预测，到 2020 年，虚拟现实硬件和软件市场规模将达到 1 500 亿美元规模，预计未来五年复合增长率超过 100%。高盛预计到 2025 年全球虚拟现实/增强现实市场规模将达到 800 亿美元。现今，虚拟现实逐渐渗透到工作和生活的各个方面，在军事、工程、营销、文化、教育等一系列领域展开应用。从各咨询研究机构预测数据来看，虚拟现实未来几年将实现超高速增长。

### （一）军事仿真

目前，很多国家都在减少国防投入以应对经济压力，军事仿真模拟和虚拟现实训练正凭借其技术上可以帮助缩减训练费用的优势而得到大力发展。例如，美国在军事仿真模拟和虚拟现实训练的市场中占据主导地位。早在 20 世纪 60 年代，美国军方就以 NASA 为首，开始致力把虚拟现实技术用于各种武器系统操纵人员，特别是飞机驾驶员和宇航员的模拟训练，以减少实战中的人员物资损失并节约训练经费。英国军方最近也宣布在前沿科技领域投资 8 亿英镑，其中包括虚拟现实头戴式显示器、激光武器和昆虫大小的无人机技术。其他国家也都在积极开展军事领域的虚拟现实项目，诸如澳大利亚国防部的国防科技集团发起了一项探讨虚拟现实和军事防御力及其潜在应用前景的研究、挪威陆军将 Oculus Rift 虚拟现实头盔用在坦克驾驶系统上等。

### （二）工程设计

虚拟现实技术的发展使许多设计和生产企业开始利用计算机技术

进行工程设计。基于虚拟现实技术的系统，为设计人员提供形象、直观的设计环境，提高设计人员的设计效率和质量。虚拟现实在工程中的另一个应用是虚拟装配，即使用计算机工具通过分析、预建模、可视化方法，做出工程决策，而不需要制作真实的物体来获得数据。

### （三）营销展示

在传统营销展示模式下，展示商品多以静态摆放为主，用户与展示商品之间不存在交互行为，用户难以全面理解所展示商品的各种特性，因而无法获得最优化的购物体验。虚拟现实情形下，用户通过自主性、交互性和沉浸感实现对展示商品的全面理解，有望摆脱上述困境。比如展示汽车时，用户不仅可以观看汽车外观、模拟驾车，还可以虚拟化地进入车厢，感受空间及装饰的舒适度。在不动产、移动不便的大型贵重产品的业务推广与销售方面，虚拟现实可使用户在购买前先了解产品的外貌与内在，甚至于在虚拟世界中使用这些产品。

### （四）文化娱乐

文化娱乐当仁不让地成为现今虚拟现实应用最为广泛的领域。在娱乐领域，早期如芝加哥开放了世界上第一台大型可供多人使用的虚拟现实娱乐系统，其主题是关于3025年的一场未来战争；英国开发的称为“Virtuality”的虚拟现实游戏系统，配有头戴式显示器，大大增强真实感。另外，虚拟现实在家庭娱乐方面表现十分突出，包括脸书的虚拟现实平台、三星的Gear VR、索尼的PS VR等。

### （五）教育教学

在信息时代，学习是一种社会活动，个人不可能脱离社会环境而在孤立地学习。虚拟现实技术所拥有的沉浸性和交互性可以为学习者直接提供可交互的三维立体空间，并将学习者置于主动学习的中心地位，从而有利于学习者对知识的建构。目前，虚拟现实在医疗教学领域的应用效果最为突出，将各种医学影像数据和虚拟现实技术整合后，在计算机中建立起可视化模拟环境，包括虚拟手术、实训教学演示、医院虚拟仿真系统、虚拟医学仿真等，通过上述各类系统模拟，为生理解剖、器械操作、虚拟手术演练等提供教学辅助与指导，对医生巩固医学基础理论、掌握基本操作技能、提高独立操作能力及分析解决问题的能力起到至关重要的作用。

## 三、区块链极具潜力

过去，技术的局限导致分布式数据库的构想难以实现，企业、机构通常使用中央数据库存储数据、进行运算、支持交易。在这种模式下，领导者掌握着数据库的绝对控制权，管理着对数据库的访问和更新权限，不仅限制了透明度和可扩展性，也使得外部人士无法分辨数据的真实性。现在，随着区块链的诞生，以及计算机通信、加密等技术的进步，分布式数据库将得到广泛的应用。其最大的好处在于让每一位参与者都作为链上的一个节点，由各节点共同参与记录和验证数据，防止任何形式的数据操纵和欺诈。

区块链的核心潜力在于能够帮助打造一个分布式数据库，保证透明、安全和效率。对于那些被低效率拖累渴望转型的企业，以及基于分布式技术和市场的商业新模式来说，区块链的作用不容小觑，特别适合应对以下场景中存在的问题。

### （一） 让信息互联演化成为万物互联

区块链技术将会对互联网进行深刻改造，让信息互联演化成为万物互联，帮助物联网每个参与主体进行变革与演进：第一，区块链能够让用户通过安全的身份认证将自己与无数的物联网设备联系在一起，从而真正建立起对于用户的信用；第二，在区块链技术的应用下，物联网设备被授权进行自动化维护与升级，设备之间还可以自如传递信息、进行交易，从而产生全新的商业模式；第三，物联网设备的制造商可以将设备的日常维护转移到由区块链组成的自我维护中心，从而大大降低维护成本。

### （二）减少欺诈

腐败是现如今世界各国普遍存在的现象，在利益的驱使下，政府官员随意伪造或篡改官方记录的行为屡见不鲜。同样，黑客也为谋求利益大肆行欺诈之事，通过入侵受害者的电脑，篡改或破坏信息记录、交易数据。在区块链系统中，每次信息的传输、每笔交易的进行都会被单独加密，并且需要经过链上其他各方验证后方可生效。因此，任何试图篡改、删除有关记录的行为都会被其他各方察觉，而后自动修正。

### （三）让交易透明高效

在任何涉及两个或以上参与方的交易中，交易通常会被单独地记入各方独立的系统中。在这一过程中，处理交易的中介机构往往需要通过一系列办公系统保证记录的准确无误。由于涉及人工干预，原本就较为复杂的对账流程难免出现纰漏。区块链技术能成为人与人之间在不需要互信的情况下进行大规模协作的工具，因此其可被应用于许多传统的中心化领域中，处理一些原本由中介机构处理的交易。这样一来，清算和结算流程将更为顺畅，可以避免资金浪费，减少运营成本。

据专业人士分析，预计在接下来的 1 ~ 2 年中区块链技术原型将会问世，2 ~ 5 年后有望见到较为成熟的市场应用，而 5 ~ 10 年内应用将被大范围接受。如今，越来越多的机构开始关注区块链并有所行动。未来，区块链的影响范围和深度也会远远超出大多数人的想象。

# 第十三章 智慧产业发展三大抓手

近年来，一场智慧产业革命已在国外兴起，并成为推动全球产业升级与经济发展的新动力。人才是经济社会发展的第一要素，是产业发展的第一资源，因此，人才是智慧产业未来发展的重要创新驱动力。另外，我国智慧产业发展水平仍处于起步阶段，存在着诸如区域发展不均衡、核心竞争力尚未形成等问题，在其平稳增长的过程中仍有极大的上升空间。这就要求我国资本市场充分发挥其合理高效配置资源、支持实体经济发展的基本功能，以支撑智慧产业等新兴产业的良好发展。此外，通过孵化搭建科技资源共享机制和基础平台，有效促进区域或更大范围的科技资源共享和创新网络的发展，降低技术创新的风险，进而最终促进智慧产业的发展。这种“人才 + 资本 + 孵化”的模式，为智慧产业的发展起到长效助推和保驾护航的作用，是智慧产业未来发展的三大抓手，有利于智慧产业既稳又快地发展。

## 第一节 人才：智慧产业创新驱动力

人才兴，则产业兴；人才强，则产业强。人才决定产业的高度，提供发展的动力，推动转型升级，对产业创新发展具有至关重要的作用。而如今，智慧型产业人才稀缺，与智慧人才大量需求不相适应的是人才结构性短缺问题突出，人才创新成果与产业相脱节。未来，尚贤引才仍将继续作为与产业密切相关的重点工作，进行集选才、聚才、用才、留才为一体的全方位、立体化完善，进一步驱动智慧产业创新发展。

## 一、智慧产业的人才诉求

智慧产业作为知识型、技术型的战略性新兴产业，影响发展的因素众多，包括智力资本、技术研发、营销渠道、财力物力、政府机制等。其中，智力资本是智慧产业发展最重要的影响因素，在推动智慧产业发展中发挥着根本性作用。而智力资本的发挥离不开优秀的人才支撑，只有拥有优秀的人才，智慧产业才能持续发展。人才，是智慧产业创新发展的重要驱动力，拥有价值量最高的因素，是产业发展的核心资源。

### （一）人才决定产业的高度

合理的人才结构是产业结构优化升级的动力之源，决定产业的高度。有什么样的人才结构，就有什么样的产业结构。产业结构与人才结构之间是一种相互依存、促进和制约的关系，产业结构的调整决定了对人才结构需求的变化，决定了人才需求的类型、规格、层次、数量等，对人才结构发挥“拉力”作用；而合理的人才结构则为产业结构的优化和升级提供了人才支撑的平台，对产业结构发挥“推力”作用。于是，智慧产业发展必须强化对产业人才的支持力度，发挥人才在产业分析、决策咨询等方面的作用，使人才对产业的支撑作用具体化、实质化，加强人才开发的针对性和牵引力。

### （二）人才为产业发展提供动力

人才对产业的推动力首先体现在，优质人才本身是产业发展不可缺少的要素。例如，高端人才处在人才结构金字塔的塔尖，决定着产业转型的方向，是引领智慧产业发展的第一要素，是推动经济社会发展的关键资源和紧缺资源，对产业标准制定、发展方向确立等方面均起到难以估量的作用。同时，人才并非单一元素存在，其培育或引进会伴随项目、资金、技术等多元素的产生，最终形成巨大的关联效应，从而取得事半功倍的效果。于是，智慧产业的崛起依靠的核心技术、产品创意、研发团队、管理团队、营销团队，归根到底便是依靠人才的力量。

更为重要的是，人才可以通过显性的“集聚”形式有效促进产业发展。人才的频繁交流有助于知识和技术的扩散，促进思想碰撞和创新思维的进一步激发，形成浓厚的创新文化氛围，从而进一步吸引更多的人才聚集，激发更强的创新活力。人才越聚集，就越容易将现代产业的科研成就和经济效能激发出来，这个区域对人才的吸引力就会越强，进而使人才聚集度不断提升，从而形成“人才驱动—产业发展—人才集聚”的良性循环链，实现人才集聚与产业发展“同频共振”，最终成就具有高度创新优势的产业集群。同时，人才可以通过交流实现“隐性”的知识流动，明确形成可被大家所理解的产业抽象理念及具象产品。而智慧产业具备时刻面临新产品、新应用、新技术、新模式、新业态的冲击和挑战的特性，尤其需要这种创新思维与理念。

### （三）人才推动产业转型升级

人才是产业转型升级的主要推动力，经济社会发展中的一切竞争归根结底是人才的竞争。人才转型是产业转型的前提条件之一，产业转型需要技术、设备、资本、市场和管理方式等转型，归根结底要由人来创造、掌握或执行，因此产业转型的关键在人才转型。来自传统产业的人才总体素质不高，普遍缺乏创新能力，大多从事简单劳动或一般管理事务，不符合产业发展需要。于是，需要通过挖潜培养新型人才、引进新型人才等措施实现人才转型，来有效促进智慧产业等新兴产业发展。

人才作为一种特殊的战略资源，相对于物质资源、环境资源、资金资源，更具创造活力增长优势和可持续发展能力。于是，加快产业升级和经济转型既要依托产业形成人才竞争的比较优势，又要领先人才优势快速发展创新型经济，以人才高地建设带动产业高地、创新高地建设。唯有牢固树立“人才是第一资源”的理念，坚持开放的人才观，扭住产业转型升级这个“牛鼻子”，才能最大限度激发人才活力，推动人才与产业融合发展，实现以人才优先发展促进产业转型升级。实践证明，坚持人才优先，充分发挥人才的基础性、战略性、全局性作用，努力把人才资源转化为最具活力的生产力，是引领传统产业改造提升的必由之路。

## 二、以人才优势促产业发展

人才决定产业的高度，提供发展的动力，推动转型升级，对产业创新发展发挥重要的驱动作用。尤其在我国，“增速换挡、结构优化、动力转换”的形势任务对人才驱动力的需求正趋严峻，“一带一路”等倡议使人才对外开放空间更加广阔，国际国内人才竞争博弈日趋激烈，亟须形成人才竞争比较优势，逐步实现由人力资源大国向人才强国的转变。而与人才需求不相适应的是，当前智慧型产业人才稀缺，人才面临结构性短缺、承载能力低、贡献率不足等问题。未来，亟须从“选才、聚才、用才、留才”四大方面着手，全方位完善人才工作，更好挖掘人才优势，促进产业发展。

### （一）立足需求“选才”

未来，人才工作的重点将逐步从重视人才数量向强调人才作用发挥转变，突出以产业需求为导向，加强产业链和人才链的连接，立足需求开展人才选拔工作，坚持有的放矢、因地制宜、人岗相适的原则，找准人才发展与产业发展的共赢点，更好促进产业的发展。

立足需求“选才”，首先，需要通过一系列标准制定明确什么是人才。以我国为例，无论“十百千”项目的设立，还是“大国工匠”概念的提出，都对人才的选拔提供了可靠的标准。其次，应突出企业主体地位，紧紧围绕产业发展实际状况，防止盲目引进造成财力和人力浪费。同时，立足产业布局，引进或培养产业布局、产业链完善亟须的行业人才和项目，促进人才引进培育与重点产业、重要领域、重大项目相结合，打造“引进一批人才、发展一大产业、培育一个经济增长点”的链式效应，形成人才引领产业、产业集聚人才的良性循环。

### （二）外引内培“聚才”

广开进贤之路，广纳天下英才，外引内培聚集人才，仍是未来人才工作的重点之一。产业的发展需要大量各领域的人才，需要实行更加开放的人才政策，围绕主导产业，把拓宽渠道引才和立足本土育才作为增加人才数量、提升人才质量的关键环节，做到引才与育才相辅相成，积极为产业发展提供人才支撑，扩大人才增量。

外引内培“聚才”首先需要聚焦产业招才引智，实施更积极、更开放、更有效的人才引进政策。加大引才引智力度，充分发挥市场导向作用和用人单位主体作用，注意以用为本，采取项目合作、技术顾问、远程教学等方式，破除使用人才与本地管理之间的惯性思维，变“引才”为“借智”。此外，外引内培“聚才”还需“修好内功”，做好本土人才培育工作，挖掘人才持续供给的内生动力。人才培育应始终坚持“补位意识”，与产业发展相适应，提高人才培育的前瞻性，始终做到培育成熟人才与产业升级需要的同频共振；并加强人才交流合作，加快本土人才国际化进程，促进各类人才融入国际竞争。

### （三）搭建平台“用才”

树立良好导向、盘活人才存量，实现人尽其用、才尽其能，是未来人才优势挖掘又一重点工作。而平台的搭建是充分给予人才“用武之地”的最关键措施之一，尤其对于经济欠发达国家与地区，想要引进、培养、使用好高层次人才，推进经济转型和产业升级，当务之急是要加快人才平台建设和升级步伐，集聚产业优秀人才，利用平台的搭建充分发挥人才的集聚效应，并进一步对产业发展起到积极的促进作用。

第一，需要搭建人才创新舞台。采取政府投建、政企共建、企业自建等形式，扶持建立各类创新创业平台，全力支撑人才干事创业。第二，培育人才创业土壤。新建和提升一批设施先进、功能齐全、配套完善的孵化器、加速器，为产业发展积蓄能量。第三，探索产学研融合渠道，实现“以功能提升来吸引人才，以人才创新来推动产业发展”，把各类创新载体和平台建设成为集聚领军人才、转化高科技成果和加速战略性新兴产业培育的加速器，使人才和科研创新优势转化为经济发展优势。

### （四）优化环境“留才”

环境好则人才聚、产业兴，环境不好则人才散、产业衰。要视人才为珍宝，优化环境建设，增强人才的认同感和归属感。尤其，要在政策环境和人文关怀方面做出努力，解除人才安居乐业的“后顾之忧”，以更好地留住人才。

在政策环境优化上，未来人才工作将在培养开发、评价发现、选拔任用、流动配置、激励保障、成果转化等各方面进行制度完善。在人文关怀优化上，未来人才工作将在优化人才生活环境、营造良好人文氛围等方面进行积极的努力。同时，不断提升城市的开放度和包容性，为人才提供充足的成长空间。

## 第二节 资本：智慧产业升级助推器

资本市场是现代金融市场的重要组成部分，包括长期资金融通关系所形成的市场，以及社会资源配置和各种经济交易形成的多层次市场体系。它是智慧产业发展的重要推动因素之一，并在未来的产业发展中仍将扮演着十分重要的角色。从需求角度看，资本市场通过融通资金、资本流动、产权交易等方式，充分满足智慧产业发展所必需的资金、技术、渠道等多方诉求；从成长历程看，资本伴随智慧产业从种子期到成熟期的各个发展阶段，是产业成长升级不可缺少的助推器；从未来发展趋势看，资本会进一步发挥自身优势，影响产业发展方向，深入产业发展过程，并促进全球产业的交流与发展。

### 一、智慧产业的资本诉求

资本市场的基本功能是支持实体经济发展，可以满足智慧产业所必需的资金、技术、渠道等多方面诉求，在产业发展中发挥着不可替代的作用。由此，从需求端的逻辑出发，我们可以得出这样一个结论：智慧产业离不开资本积累，也离不开资本市场。

智慧产业存在资本诉求，主要集中在资金诉求、技术诉求、渠道诉求三个方面：从资金诉求看，资金的筹集是资本市场的本源职能，是产业发展中不可缺少的要素，其对智慧产业的作用尤为显著；从技术诉求看，智慧产业发展的本质是技术的进步和产业化演进，离不开资本的支持，资本市场促进智慧产业成长，是促进商业模式创新与技术创新演进融为一体的产业成长过程；从渠道诉求看，智慧产业的发展需要资本提供资源流动的渠道，以及资源汇集的渠道，充分满足智慧产业的渠道诉求。

### （一）资金诉求

从智慧产业自身属性看，智慧产业是高风险与高收益同在的产业，而这与资本市场所具有的逐利特性相耦合：高风险造成产业融资资源的稀缺、融资渠道的狭窄，而完善的资本市场恰能为智慧产业的发展提供良好的物质支撑；高收益满足资本逐利的本性，二者的特性及优势决定了其密不可分的关系等。

从产业发展的角度看，资金是维系产业正常生产经营运转所需要的基本循环链条，资金的投入、运营、回笼这三个阶段之间紧密联结、不断循环，维系产业的正常运转。资金是产业规模扩大不可缺少的元素，在产业规模扩展中，生产要素的获取和提高都需要资本投入。资金是产业成长的前提和动力，资本市场作为资金融通的平台，在资金需求方和供给方之间搭建联系的桥梁，将社会闲散资金集聚起来转化为资本，配置给资金需求方。而由于资本所具有的逐利性，会特别关注资金需求较迫切的支柱产业和新兴产业部门，从而促进产业结构的高度化和合理化，为原有经济存量注入增量活力。

## （二）技术诉求

关键技术的创新演进离不开资本的支持，新的技术几乎总体现在新的物质资本和人力资本的形成中，技术的创新演进离不开资本市场的支持；若技术演进的成果得不到资本的支持，就难以实现技术的产业化，新兴产业就无从出现。没有资本做后盾，研发得不到保障，技术创新也无法实现。从本质上看，加快发展智慧产业是产业技术创新进而实现产业化的过程，其基本路径是加大对科技创新的物质及人力资本投入，实现新兴技术的突破，促进技术的交流与合作，进而推动产业技术的标准化，规划产业发展的方向和布局，创造新的经济增长点。

同时，商业模式是促使关键技术形成智慧产业的必要条件。商业模式创新会创造新的市场或在旧市场上得到新机会，会引起其本身以及附属产品和服务的变化，有利于加快形成战略性新兴产业的产业体系，改变原有产业体系存量，创生产业体系增量，是产业成长的重要动力。资本市场通过产权交易及资本流动，可以实现不同企业间商业模式的交流，推动高效可复制的商业模式得到大范围推广，进而带动整个智慧产业的成长与发展。

## （三）渠道诉求

在资源的流动上，资本市场通过价值化、货币化和证券化等形式，实现资本的自由流通与交易，克服了产业实体流动在时间和空间上的限制，为资本存量的优化提供了渠道。资本的逐利原则会促使资本流向成长快、潜力大的产业，进而实现资源在整个产业体系的合理配置，促进产业结构的优化和升级。

在资源的汇集上，资本市场将闲置、半闲置的货币、人力等社会资源与产业市场相连接，注入发展前景好又缺乏资源的产业，为资本增量的配置提供渠道。没有资本市场，大量多余的货币以现金或是银行存款的形式存在。新进入经济体系的增量资本需要资本市场提供渠道，将增量资本配置到那些发展前景好又缺少资本支持的产业中。

## 二、产业成长中的资本印记

资本市场发展支撑不同时期的产业发展战略，见证和推动着产业结构的动态演化，银行信贷市场、股票市场、债券市场和创业风险投资都各自发挥相应的功能和作用，促进产业成长和经济增长。一般而言，产业成长需经历种子期、初创期、成长期和成熟期四个阶段，处于不同产业成长阶段的智慧产业对资本的具体需求各不相同。总体上，资本市场贯穿智慧产业发展的各个阶段，促进智慧产业从种子期逐步演进到成熟期，促使产业生命周期的演进和综合创新演进融为一体。产业成长的每一阶段，都无不留有资本的印记。

### （一）智慧产业种子期

种子期智慧产业的主要任务是进行可行性技术研究、商业与技术开发、未来市场研究，寻求技术突破。这一阶段的智慧产业充满技术进步、技术发展方向和未来市场开发的不确定性，技术风险和市场风险都很高，能够利用的资本供给渠道十分有限，可以选择的融资方式主要有内源融资、包括天使投资在内的创业风险投资和政府支持智慧产业发展专项资金。

种子期对资本投入的规模要求不大，其目的在于将好的创意构想通过技术手段呈现出来，并在很大程度上决定着智慧产业由种子期向初创期阶段的演进效率和规模。于是，这一时期资本不仅能为产业提供资金支持，更可以提供增值服务。往往以创业风险投资为主要的融资模式，通过创业风险投资提供的资金支持和各项增值服务，促进战略性新兴技术突破，协助构建匹配突破技术的商业模式，促使产业由种子期向初创期演进。

### （二）智慧产业初创期

在初创期阶段，企业已初步建立企业组织架构，以及较为完整的研发队伍和创业管理团队。初创期智慧产业的主要任务是在收集技术应用方向、市场需求、消费者体验等多方面信息的基础上进行综合分析，进一步完善新的技术成果，围绕突破性技术制定长期的市场开发和经营计划，确定适合技术产业化的商业模式，为技术最终成果进入产品生产、市场开发阶段和未来的科学技术研究开发筹集所需的资金。

这一时期的资本支持对于产业发展的作用，不仅体现在由于技术风险下降，部分投资机构愿意提供规模较大的风险资金，以期以相对较少的资金投入，获得相对较大的股权份额，进而以较低的入股成本，获得高额收益；并且体现在资本为新兴技术产品和服务的市场推广、商业模式的确定等方面提出有益建议，供企业参考。处于初创期的智慧产业，能够利用的资本市场主要是创业风险投资，其次是银行信贷。创业风险投资和银行信贷推动智慧产业技术的标准化，并促使企业群围绕技术标准化确定适合自身的商业模式，加快发展，从而促进智慧产业由初创期向成长期演进。

### （三）智慧产业成长期

智慧产业的成长期是关键技术的产业化过程，主要表现在将技术创新的成果大规模产业化。市场选择机制形成的优质智慧产业，伴随着关键技术产业化，新产品和服务已进入市场并不断推广，发展前景明朗。但也面临着生产工艺、方法的改进以及产能扩张、市场规模的扩大，市场竞争环境的不断变化等问题，需要大量外部资本的支持。由于成长期的智慧产业自身生产运营已经能够产生利润，未来的现金流入预期稳中有升，可利用的外部性融资机会大大增多，可以获得来自资本市场各个不同形态的资本支持。

处于成长期的智慧产业，能够利用的资本市场包括股票市场、银行信贷、创业风险投资和债券市场，满足成长期产业发展的巨额融资需求。这四种融资方式又发挥各自的独特功能和作用，在成长期促进关键技术的产业化，并且通过提高企业商业模式创新能力和增加商业模式创新的市场压力，推动智慧产业围绕关键技术，对原有的商业模式进行动态调整和优化，从而促进智慧产业由成长期向成熟期演进。

### （四）智慧产业成熟期

处于成熟期的智慧产业企业一般是经过激烈的市场竞争和优胜劣汰机制而生存下来的竞争优势、技术和盈利能力比较突出的少数大企业，其技术水平和盈利能力代表整个产业的领先技术水平和盈利能力。这一时期市场格局基本稳定，呈现垄断竞争或者寡头竞争的市场格局，产业集中度较高，企业的产品销售和利润比较稳定，稳定的盈利能力已逐步体现并被市场认可，技术风险、经验风险和财务风险都大大降低，企业知名度和社会信誉度也比较高。

成熟期的智慧产业可利用的资本市场也包括股票市场、银行信贷、债券市场和创业风险投资四种，其中以股票市场、银行信贷和债券市场为主。资本市场利于成熟期的智慧产业稳定发展，提高产品的市场占有率，尽量累积现金流，扩大生产规模，维护和调整商业模式，促使智慧产业发挥出国民经济支柱产业和先导产业的作用。同时，其关注的是新一代的技术发展方向，为新一轮的技术创新做准备。

## 三、资本助力产业发展

资本市场作为智慧产业发展的重要推动因素之一，在未来的发展中仍将发挥十分重要的作用。未来资本会以更大的规模、更高的效率，融入产业发展的各个阶段。其中，规模的扩大能够更直接有效地增加资本存量，在更大程度上帮助智慧产业满足资金、技术、渠道等各方面的诉求。而效率的提高一方面能够促使社会融资，利于交易成本降低，推动科研创新密度提升；另一方面，通过加强信息处理效率，优化企业内部治理，运用激励约束机制保障科技创新项目得以良好实施。更为重要的是，近年来资本对产业发展的影响越来越多地体现在影响产业发展方向、深入产业发展过程、促进国内外产业交流等方面，助力产业的发展。

### （一）资本影响产业发展方向

一方面，资本市场利用自身巨大的资金规模、完善的市场结构、较高的信息处理能力，形成自身的风险—收益判断，挖掘高潜力新兴产业技术及模式，为未来产业发展提供更多潜在的方向选择。任何主导产业都是由新兴产业逐步发展壮大形成的，因而资本给予每个产业均等的成长机会。但并不是所有的新兴产业最终都能够发展成为主导产业，投资没有潜力的产业将会造成极大的资源浪费，并对资本市场造成损伤，因而资本市场需要具有有效的遴选甄别机制。一般的，技术、模式、市场是资本市场的三大遴选标准。资本市场会偏向于根据是否拥有先进核心技术、创新经营模式、较大市场接受度等因素进行判断，以其特有的连接技术、资金和市场的基础资源配置功能，进一步通过市场化的判断评价机制确立产业发展方向，降低新兴产业发展不确定性所带来的社会成本。

另一方面，资本市场出于逐利本性，会自发地由利润率低的产业流向利润率高的产业，由此促进高质量产业迅速崛起，迅速成长为主导产业。凭借自身固有的融资功能，资本市场能够在产业成长性充分体现之前对其提供支持，推动市场显性优势还没有通过系列价值指标反映出来的潜质新兴产业成长为主导产业，并通过扩散效应带动整个经济的增长。资本市场将进一步发挥合理高效配置稀缺资源的作用，推动高质量产业的发展，淘汰落后产业。而资本的逐利性也会倒逼产业，出于对资本的资金、技术、渠道等多方面的诉求，进行积极的自我革新，促进产业结构的合理化和高度化，进而带动整个产业的转型升级。

### （二）资本深入产业发展过程

未来资本将更多地深入产业的发展过程，影响企业（这一产业的重要组成要素）发展路径选择，为企业决策提供建议。出于对资本市场的强大需求，企业从自身利益出发，会偏向选择为资本所推崇的产业作为自己的发展方向。资本影响下的企业，对科学技术投入的重视程度便会不断提升。资本选择会受到产业间生产率与盈利能力差异、市场结构及经济制度等因素影响，支持市场需要高、成本低、技术含量高、附加值高的投资项目和产业，而企业为适应资本选择，也会在这些方面进行相对应的调整。例如，企业产品的技术含量越高，附加值就越大，产业资本的投资收益也就越高，便更容易获得资本的青睐，促使企业提升技术水平。

### （三）资本促进产业国内外交流

随着经济全球化水平不断提升，资本市场未来在世界范围内的开放程度也将不断提升。在有效推进金融自由化、加大金融业对外开放、国际金融竞争以及随之而来的金融风险凸显的过程中，各国（地区）资本市场之间的联系将更加密切，显示出全球化的趋势。资本市场全球化开放吸引世界范围内的优质投资者和融资者采取开放的态度，使全球各国资本市场完整地联系在一起，构成一个深度相互作用的统一世界资本市场体系，促进国内外产业交流与合作，并进一步促进生产要素的国际流动、国际分工深化及全球产业价值链的形成，促进全球范围内的产业优化升级。

## 第三节
## 孵化：智慧产业发展护航者

2017 年 6 月，科技部办公厅印发的《国家科技企业孵化器“十三五”发展规划》中指出，我国孵化器事业在全社会形成雄厚基础和高度共识，进入全面深化发展阶段，已成为国家发展战略重要组成部分。我国孵化器五年累计新孵化科技型企业 10.5 万家，孵化企业累计 R&D 投入近 2 000 亿元。近几年，出现了一批专注于移动互联网、云计算、大数据、机器人与智能制造等智慧产业的孵化器，带动了一批行业龙头企业围绕自身产业链建设专业孵化器，不断催生出新产品、新产业、新服务、新业态，成为科技创新创业的重要阵地，源源不断为经济发展带来新活力。

从本质上来看，智慧产业是科技创新与产业创新深度融合的产物，孵化为智慧产业的培育和发展提供了温床。智慧产业是以重大技术突破和重大发展需求为基础的，而技术的创新离不开创新的组织、平台和模式。此外，孵化器还为智慧产业发展过程中“产学研”结合、科技成果转化提供了重要的支持。未来，将继续扩大孵化范围，创新孵化模式，进一步拓展境外孵化，更好地促进智慧产业的发展。

## 一、智慧产业的孵化诉求

孵化器作为重要的创新载体，为智慧产业提供了各方面的支持。智慧产业也有相应的孵化需求，主要集中于提升创新平台、延伸和拓展产业链和促进科技成果转化三方面。创新平台为初创企业提供了一个适宜的人工孵化环境，产业链的延伸使产业间的沟通与交流更为有效和便捷，而科技成果的转化更是智慧产业健康发展的关键。

### （一）提升创新平台

种子期或者初创期的智慧产业更多的关注技术研究和市场寻求。这些缺乏创新组织、平台和模式的初创企业想要站稳脚跟，就需要寻求孵化器的助力。无论是内部加大创新支持，还是共享资源协同外部创新，都是孵化的一种形式。智慧产业借力孵化器的平台寻求创新，通过构建自由的创新平台，设立独立运营模式，培养优质人才技术，孵化创新并大力发展与核心业务相关的项目，从而极大地提升其核心竞争力。

孵化器可以为入孵的初创企业提供有形、无形的两种资源：从有形资源来看，主要有孵化场地、会议室、洽谈室等各种商务和通信的基础设施以及水电等基础配套设施；从无形资源来看，主要包括管理咨询、信息咨询、人员培训、技术支持、融资、税务财务等服务，并营造了一种适合创新的先进文化的氛围。孵化器简化了创业的细节，降低了创业的门槛，使得创业团队和企业能够在一个适宜的人工孵化环境里快速地成长起来。

## （二）延伸与拓展产业链

成长期的智慧产业企业将面对日益增强的市场竞争，这期间资源的抢占至关重要，无论在产业链中的上下游，资源的产有率均关系到产业今后的发展。传统的合作方式从短线来看虽然有很大的优势，但从长线来看，存在着技术落后，缺少灵活性，无法增强产品差异化性质等问题。针对产业链的延伸与扩展，成长期的智慧产业需要孵化器为上述挑战的应对提供新的思想，利用大企业的背书从中获益。

孵化器具有非常显著的集聚效应，在孵化器的内部形成了创业者的集聚，及产业上下游的集聚。在这种环境中，孵化器形成的创业母体包括创业的氛围和创业的文化，使各企业间能相互交流、相互沟通与合作。尤其在如今，生态发展已经成为新世纪企业发展战略中的热门词汇，智慧产业企业不能局限于自身的业务，更应在孵化器中选择合作企业，拓展上下游产业。这种选择提高了信息、资产等方面的评估准确性，降低了决策风险，扩大了生产规模，进一步形成了更为完善的产业链。

## （三）促进科技成果转化

目前，科技创新已然成为“双创”的主流，智慧产业在发展过程中会存在很多科技成果转化的问题。比如有些科技成果本身技术成熟度不够，难以批量生产，成果受让者怕承担风险而不愿意接盘。另外，有些企业在应用高科技成果方面缺乏主动性，且对国内外科技成果认识不足，而科技成果转化又需要一定的支撑体系的支持，支撑体系对稳步推进科技成果转化有积极的保障和推动作用。一般来说，支撑体系包括人才流动机制、信息流动体系、资金支持体系、技术市场和评价仲裁机制。目前，我国的科技成果转化的支撑体系还不健全。

在科技创新与转化方面，孵化器作为培育和扶植高新技术中小企业的服务机构，可以为入孵的智慧产业企业提供技术开发、技术协作、管理和政策法规咨询、市场信息、场地使用等全方位服务。孵化器还建立了风险分析和风险投资体系，降低了科技成果转化的风险，加强了科技成果的筛选和评估，为科技成果顺利转化提供了保障。

## 二、孵化助力智慧产业发展

在智慧产业的发展过程中，孵化器的支持扩大了产业的发展范围，创新了产业的孵化模式，并拓展了境外孵化。孵化器也从基础服务发展为综合性的服务，从较为零散的服务发展出生态的概念，渗透到产业发展的全过程，伴随企业的各个成长阶段。

### （一）扩大孵化范围

孵化器能够为智慧产业提供平台支持，通过汇聚产业资源延伸和拓展上下游产业链，合理配置产业资源以促进科技成果转化。为提升孵化的成功率，一些企业孵化器由最初的只做“二房东”，到提供基础服务，再到投资，直至提供全面的产业孵化。随着信息技术的发展，还出现了没有固定场地的虚拟孵化器，逐步扩大了孵化器的服务范围。

#### 1. 提供全面的孵化服务

未来 20 年，中国的第三产业占比会明显上升，第二产业占比明显下降。同样一个百分点的产值，第三产业产生的企业数会比第二产业能容纳的企业数大上 1 ~ 2 个数量级。这些海量的小微企业由于启动资本薄弱，需要远比以往创业更低成本的基础服务和资源服务，而这些将主要由孵化器提供。且由于宏观经济的三期交汇，建筑业将迎来顶峰，闲置厂房和写字楼将逐渐增多，需要另外寻找出路。又鉴于中央一直引导经济引擎从规模经济转向创新经济，未来新的经济增长点或将吸引更多的资本投入，孵化器的数量也会迅速增加。

此外，目前的孵化器大多提供的是第三产业的孵化，对入孵企业提供的支持以场地和技术支持为主，但一些新能源和机器制造类的战略新兴产业需要更多的设备支持。因此，孵化的范围将从第三产业扩大到第一、第二产业，孵化器为企业提供的支持将从场地和技术支持扩展到设备和人员支持，为入孵企业提供更加全面的孵化服务。

#### 2. 虚拟孵化器成为亮点

优质孵化器的产品和服务的生产与消费没有地域限制，孵化器的盈利来源决定了哪里有好的创业者和受孵企业，就去哪里进行现场孵化。运作一个线下众创空间，对于孵化器的收益并没有起到太大的作用。脱离了线下实体后，孵化器就演变成为一个虚拟孵化器，即做实际的孵化工作，但没有固定的场地，典型的如 YC 孵化器。虚拟孵化器和传统孵化器之间，合作性要远大于竞争性。一方可以输出自己的产品和服务，并获取股权回报；另一方可以提供场地，申请政府补贴和收取入驻费用，偶尔也能跟投一些项目获取增值回报。

虚拟孵化器的产生，意味着孵化器的投资属性和公司属性的分离。很多成功“上岸”的虚拟孵化器会演变成天使投资机构，这些产生自孵化器的天使机构会比一般的个人天使投资者更擅长孵化和投资早期项目。当一大批这样的优秀机构产生时，中国的创新大业或将有完全不一样的局面。

### （二）创新孵化模式

为了推动智慧产业的发展，企业在人力、资本、技术上都投入了大量的资源，并根据自己的产业背景与发展目标，建设实体孵化器，设立投资基金，搭建不同形式的平台。除了实体孵化、投资孵化和平台孵化之外，一些龙头企业还根据自身的大企业和多产业背景，创新孵化模式，如内生孵化、外延孵化和协同孵化等模式。

### 1. 内生孵化

目前，很多较大的智慧产业企业选择内生孵化的模式，即从企业内部挖掘创新能力，通过内部的管理机制对创业项目进行培育，给予技术、资金、人才等多方面资源，随着项目的发展，出资成立新的子公司，继续项目的开发和运营，最后将其加入产业链，创造价值以形成良性循环。随着企业的发展，越来越多的龙头企业开始防治“大企业病”，并发现激发内部创新能力是一剂“良药”。这些龙头企业进行内生孵化，充分利用自己的产业背景优势，分享自己的资源及成功的管理经验，扬起长，避其短。企业通过建立完善的内生孵化管理机制，规范整个内生孵化的流程，提高孵化的成功率。

### 2. 外延孵化

此外，有些智慧产业企业选择了外延孵化，即围绕产业链上下游的新项目进行孵化，不干涉企业运营，只提供人才、技术、资金等要素支持。被孵企业最终实现自己的产业化、资本化或者被大企业收购。大企业选择外延孵化的最终目的大多不是实现基本盈利，而是依靠外延孵化与孵化企业达成合作，调整和补充资产，从而达到最佳经营规模，产生规模经济效益，收获增量价值。与所有的孵化模式一样，大企业开展外延孵化也要建立专门的孵化服务机构。根据所孵化的企业需求，大企业会为孵化企业对接资源，包括技术、管理、专业顾问、资金等。外延孵化更加注重提供资源与指导，不干涉企业的自身运营，在助力企业成长后，推动其加入产业链中。在整个孵化流程中，大企业的外延孵化通过明确管理机制，使得孵化有效进行。

### 3. 协同孵化

还有些智慧产业采用了协同孵化的模式，即具有智慧产业背景的大企业，成立孵化器或者建立具有孵化功能的产业园区，利用较为成熟的技术平台，雄厚的资金实力，系统的管理和自身品牌效应，实现企业自身和入孵企业的快速发展。相较于一般的孵化模式，有智慧产业背景的大企业协同孵化会提供企业技术平台支持和产业化发展辅导，大企业借助自身的背景优势，可以建立信息交流平台，将各方资源在平台上共享和链接。由于所孵化的项目与企业都与产业有一定的相关度，企业的发展速度也会比其他初创企业更快。除此之外，具有智慧产业背景的孵化器还具有可持续生长的孵化生态。这种孵化生态，随着大企业自身的发展和入孵企业的增加，产业链结构将发生变化，不断地扩充和生产、完善，达到良好循环。通过这种协同孵化的模式，大企业与许多孵化企业联系在一起，这种非空间上的而是产业关系上的聚集，发挥了同样的甚至更好的协同作用，让大企业和孵化企业共同成长。

除了以上三种常见的孵化模式，智慧产业还可以利用大院校的背书发展新的孵化模式。大院校有着非常多优秀的技术和人才，在他们走出来的过程中需要面对如何快速商业化，如何适应外部社会的发展等问题，而这个过程中就会铸成社会创新创业的组成元素。大院校成为初创企业提供了更多的可能和发展空间。总之，智慧产业可以根据自身的发展需求选择合适的孵化模式，也可以通过资源、信息的整合，创新孵化模式，利用孵化的温床，迅速成长。

### （三）拓展境外孵化

如今，中国经济日渐成熟且持续发力，科技创新驱动发展已上升到国家战略层面。在全球经济时代，新的创新需求不断涌现，局限于地区或者国家的资源不足的问题日益严峻，为满足不断增长的创新趋势，积极参与国际创新创业要素配置，融入国际市场已是必然趋势。

智慧产业作为产业发展的最新阶段，开始把目光投向海外，进行国际化发展空间的开拓。孵化作为智慧产业发展的护航者，肩负着为企业创造优良创业环境的使命，通过寻找高科技项目，学习新的商业模式以把握海外经济增长的制高点，谋求更大的利益。未来，孵化器需要打破国界，建立资源流通纽带，走全球化道路，以更好地推动智慧产业的全球化发展。拓展海外孵化是智慧产业孵化的“二次发展”，具体表现在以下方面。

### 1. 提升孵化管理方式

通过跨境，实地深入孵化器一线学习，管理团队能够把海外的管理理念、经验吸收融合到实际运营管理当中，提高管理效率，弥补管理上的不足，为智慧产业孵化提供更好的服务。此外，在全球新一轮技术革命中，技术的争夺对于龙头企业抢占经济发展制高点以及发展孵化器事业起着关键的作用。它们不仅将先进的技术资源运用到自身的研发生产中，更是将技术资源分享给各个孵化企业，快速推动企业的发展壮大，形成特定领域的产业孵化集群。龙头企业通过自建或是与国外机构合作建立国际化、专业化的技术转移中心，推动全球创新技术成果在国内的商业化、产业化。

### 2. 营造更好的创业孵化环境

在国内，通过引进海外资源，打造人才、技术、项目、资金聚集地，促进企业之间有机的联动，实现规模管理和服务。在国外，通过在海外逐步积累资源、经验以及自身的影响力，帮助入孵企业更好地对接国际资源，实现国际市场的开拓。对于龙头企业而言，在创业全球化时代，各项创业要素都是孵化机构抢夺的对象。龙头企业产业孵化的跨境拓展主要以资本输出为主导，快速有效地切入国际市场，着力挖掘与自己产业相关的项目并进行对接。一方面，将海外项目纳入自身产业链中，形成全球性的产业生态圈，将为产业孵化事业打下更坚实的基础；另一方面，引进海外项目落地国内，完善孵化园区中企业的上下游链条，使其融合发展，逐渐形成产业聚集效应。

### 3. 促进产业国际交流与合作

在“引进来”“走出去”的同时，拓展跨境孵化有助于在国际上打造我国智慧产业的品牌，提升国际影响力，参与市场资源配置，共享全球资源。在跨境实体孵化中，进行智慧产业孵化，能够发挥智慧产业集群效应。同一智慧产业链端的企业在园区内聚集，促进企业间的智慧产业资源进行联动，提高企业的规模经济效应以及产业和企业的竞争力。同时，通过智慧产业聚集能够吸引更多的初创企业进入智慧产业孵化园区，实现快速成长。跨境平台孵化结合智慧产业，针对性地对某个或某些智慧产业领域的资源进行整合，将提高平台孵化的效率。跨境平台孵化通过整合全球智慧产业资源，如产业技术、产业专家、产业资本等，搭建各种类型的国际化平台，让参与者更有效地进行交流与合作。

# 参考文献

[1] 刘百祥，尧玉恒，张凯，赵泽宇，宓詠．复旦大学＋搭建混合云架构的高效知识管理平台［Z］. 上海，2017.

[2] 浙江省经济和信息化委员会．浙江省云计算、大数据优秀解决方案应用案例及相关企业汇编．［Z］，2017.

[3] 中央网络安全和信息化领导小组办公室，国家互联网信息办公室，中国互联网络信息中心．中国互联网络发展状况统计报告［Z］. 2017－01.

[4] 南京市发展和改革委员会．南京市“十三五”人才发展规划［Z］. 2017－02.

[5] 乌镇智库．中国区块链产业发展白皮书［Z］. 2017－04.

[6] 中华人民共和国科学技术部．科技部办公厅关于印发《国家科技企业孵化器“十三五”发展规划》的通知［Z］. 2017－06－29.

[7] 中国电子技术标准化研究院，国家物联网基础标准工作组．物联网标准化白皮书［Z］. 2016－01.

[8] 36 氪研究院．虚拟现实行业研究报告・行业篇［Z］. 2016－04.

[9] 中国电子技术标准化研究院，全国音频、视频及多媒体系统与设备标准化技术委员会．虚拟现实产业发展白皮书［Z］. 2016－04.

[10] 中共上海市委办公厅，上海市人民政府办公厅．上海市人

才发展“十三五”规划［Z］. 2016－09.

［11］浙江省人民政府办公厅. 浙江省人才发展“十三五”规划［Z］. 2016－09.

［12］中国信息通信研究院. 物联网白皮书（2016年）［Z］. 2016－12.

［13］人力资源社会保障部. 国家中长期人才发展规划纲要（2010—2020）［Z］. 2015－03.

［14］信息安全产业发展白皮书［Z］. 2015－04.

［15］Alec Ross. The Industries of the Future. ［M］. Simon & Schuster. 2016.

［16］官见文，唐胜宏，许丹丹. 中国移动互联网发展报告（2016）［M］. 社会科学文献出版社. 2016.

［17］刘畅. 曾昱祺. 主流大数据技术浅谈. ［M］. 北京，2015.

［18］王辉，徐理虹，付强，李雪灵，于洋. 智慧经济［M］杭州：浙江大学出版社，2014.

［19］王辉，吴越，章建强，裘加林，温晓岳. 智慧城市［M］. 北京：清华大学出版社，2012.

［20］吴基传. 云计算技术发展报告［M］. 科学出版社，2011.

［21］吴越，裘加林，程韧等. 智慧医疗［M］. 北京：清华大学出版社，2011.

［22］高峻峰. 配套环境对新兴技术演化的影响研究［D］. 电子科技大学. 2016.

［23］苏美文. 物联网产业发展的理论分析与对策研究［D］. 吉林大学. 2015.

［24］梁连玉. 信息技术企业孵化器的孵化绩效及其影响因素研究［D］. 华南理工大学. 2014.

［25］刘颖．云计算服务体系及产业链发展态势研究［D］. 北京．中国电子信息产业发展研究院，2014.

［26］何小三．资本市场促进战略新兴产业成长研究［D］. 中国社会科学院 . 2013.

［27］王波．中国移动互联网行业研究［D］. 华中科技大学 . 2013.

［28］董新平．物联网产业成长研究［D］. 华中师范大学 . 2012.

［29］许泽聘．移动互联网产业链的演变研究［D］. 南京邮电大学 . 2012.

［30］吴剑雄．资本市场与产业结构调整关系研究——资本市场扩大开放的战略选择［D］. 世界经济研究所 . 2012.

［31］刘飞．中国移动互联网产业链成长研究［D］. 重庆大学 . 2012.

［32］陈慧慧，赵飞［D］. 全国科技评价学术研讨会，2012.

［33］刘鹏程．物联网标准体系构建研究［D］. 北京交通大学 . 2011.

［34］马诗琦．在无线传感网络环境下的移动 RFID 中间件研究与实现［D］. 上海：上海交通大学，2011.

［35］关勇．物联网行业发展分析［D］. 北京邮电大学 . 2010.

［36］曾建．移动互联网产业链合作竞争研究［D］. 北京邮电大学 . 2009.

［37］马学强．虚拟现实的关键技术研究与实现［D］. 山东科技大学 . 2003.

［38］曹磊．国外虚拟现实的现状与趋势［J］. 竞争情报，2017.

［39］张彦坤．全球人工智能发展动态浅析［J］. 技术广角，2017（01）.

[40] 刘鹏宇 . 2017 年八大智能技术发展趋势 [J]. 机器人产业，2017（01）.

[41] 赵爽 . 网络安全产业发展态势与展望 [J]. 现代电信科技，2017（02）.

[42] 刘晨晖 . 人工智能与机器人 [J]. 经济与社会，2016.

[43] 邓志东 . 关于发展我国人工智能技术与产业的建议 [J]. 科技导报，2016.

[44] 胡钰琪 . 互联网形势下信息安全产业路径分析 [J]. 科技资讯，2016.

[45] 王曼怡 . 资本市场对智慧产业影响机制及实证分析 [J]. 经济研究，2016.

[46] 罗余作 . 企业实施信息安全保障体系的探索和实践 [J]. 价值工程，2016（02）.

[47] 王金祥 . 全面网络安全观下智慧城市安全保障体系建构探析 [J]. 电子政务，2016（03）.

[48] 袁勇，王飞跃 . 区块链技术发展现状与展望 [J]. 自动化学报，2016（04）.

[49] 沈杰 . 物联网技术的发展与物联网参考体系的建构究 [J]. 中国广播，2016（09）.

[50] 陈立枢 . 智慧产业发展与中国产业转型升级研究 [J]. 改革与战略，2016（10）.

[51] 韩淑艳 . 关于对信息安全技术体系的探讨 [J]. 信息技术，2015.

[52] 吴吉义，李文娟，黄剑平等 . 移动互联网研究综述 [J]. 中国科学：信息科学，2015（01）.

[53] 施勇峰，刘斌 . 美国孵化器模式创新案例研究 [J]. 杭州科

技，2015（03）.

［54］沈杰，邢涛，刘海涛.《物联网参考体系结构》国际标准提案要点解读［J］. 信息技术与标准化，2014（07）.

［55］高光耀，郑从卓，陈博. 我国物联网技术链与产业链协同发展研究［J］. 科技进步与对策，2014（12）.

［56］曹洋，王建平. 物联网架构及其产业链研究［J］. 技术经济与管理研究，2013（02）.

［57］国家发改委经济研究所课题组. 英国创业资本投资早期阶段案例研究［J］. 经济研究参考，2013（63）.

［58］Lin，J. Y.，X. Sun，and Y. Jiang，Endowment，Industrial Structure and Approopriate Financial Structure：A New Struc－tural Economics Perspective［J］. Journal of Economic Policy Reform，2013.

［59］曾善平，钱守廉. 物联网生态系统构建探索［J］. 邮电设计技术，2012（10）.

［60］郑淑蓉，吕庆华. 物联网产业商业模式的本质与分析框架［J］. 商业经济与管理，2012（12）.

［61］Maskus K E，Neumann R，Seidel T. How national and international finanal development affect industrial R&D［J］. European Economic Review，2012，56（1）：72－83.

［62］Kpodar，K.，and R. Singh，Does Financial Struture Matter for Poverty? Evidence from Developing Countries，International Monetary Fund［J］. Washington，DC. 2011.

［63］孙其博，刘杰，黎羴，范春晓等. 物联网：概念、架构与关键技术研究综述［J］. 北京邮电大学学报，2010（03）.

［64］张巍，高汝熹，车春鹂. 工业物联网技术链、产业链、价值链互动机理研究［J］. 上海管理科学，2010（06）.

[65] 刘强，崔莉，陈海明．物联网关键技术与应用 [J]．计算机科学，2010 (06).

[66] 吴伟，王志勤．移动互联网技术标准 [J]．中兴通讯技术，2009 (04).

[67] 王保云．物联网技术研究综述 [J]．电子测量与仪器学报，2009 (12).

[68] Dariusz, W. Innovation and stock market: International evidence on manufacturing and services [J]. Oxford University Working Paper, 2008.

[69] 贵阳晚报．"智慧旅游"目前已在安顺、荔波等地建设大数据平台．[N]．贵阳晚报，2017-04-21.

[70] 吴温．构建智慧产业生态体系 [N]．石家庄日报，2017-06-07.

[71] 人民邮电报．我国大数据标准化的现状如何？下一步怎么做？．[N]．人民邮电报，2015-09-11.

[72] 刘峣．智慧旅游：大数据优化服务　黑科技创造价值．[N]．人民日报海外版，2014-04-14.

[73] 周湘智．人才层次决定产业高度 [N]．光明日报，2013-01-23.

[74] 搜狐．盘点2016人工智能爆发元年的九个重大事件 [EB/OL]．http://www.sohu.com/a/123397118_578561，2017-01-04.

[75] 沙发网．百度VR．2016中国虚拟现实产业白皮书 [EB/OL]．http://www.shafa.com/articles/zCx7giT1hwuNpjt9.html，2017-01-19.

[76] 南方网．2017年虚拟现实产业呈现十大发展趋势 [EB/OL]．http://tech.southcn.com/t/2017-02/21/content_165611020.htm，2017-

02 – 21.

［77］搜狐．2016 年中国移动互联网行业发展报告［EB/OL］．http：//www. sohu. com/a/129080157_ 461222，2017 – 03 – 16.

［78］搜狐．2017 中国 VR 产业投融资白皮书［EB/OL］．http：//www. sohu. com/a/129873491_ 318980，2017 – 03 – 23.

［79］看准网．2017 世界产业结构的发展趋势及启示［EB/OL］．http：//www. kanzhun. com/lunwen/218401. html，2017 – 03 – 26.

［80］科技部关于印发《"十三五"现代服务业科技创新专项规划》的通知［EB/OL］．http：//www. most. gov. cn/mostinfo/xinxifenlei/fgzc/gfxwj/gfxwj2017/201704/t20170426_ 132497. htm，2017 – 04 – 14.

［81］搜狐．最全的物联网产业链全景图及 8 大环节详细解读［EB/OL］．http：//www. sohu. com/a/139406729_ 468626，2017 – 05 – 10.

［82］界面．机遇还是挑战？全球移动互联网 4 个变化趋势［EB/OL］．http：//www. jiemian. com/article/1334365. html，2017 – 05 – 19.

［83］2017 年 1 – 5 月份通信业经济运行情况［EB/OL］．http：//www. miit. gov. cn/n1146285/n1146352/n3054355/n3057511/n3057518/c5694330/content. html，2017 – 06 – 19.

［84］科技部办公厅关于印发《国家科技企业孵化器"十三五"发展规划》的通知［EB/OL］．http：//www. most. gov. cn/mostinfo/xinxifenlei/fgzc/gfxwj/gfxwj2017/201707/t20170711_ 133971. htm，2017 – 06 – 29.

［85］《2017 年中国人工智能企业实力调研报告》：百度领跑［EB/OL］．http：//www. robot – china. com/news/201707/04/42719. html，2017 – 07 – 04.

［86］工业 4. 0：自主、定制、柔性制造背后的技术挑战［EB/OL］．http：//www. njrobot. com/News/detail？ id = 79&type = 3，2017 –

08 -01.

［87］移动化信息中心 . 2016 大数据市场研究报告 . ［EB/OL］. http：//www. amdaily. com/Internet/BigData/5428. html，2017.

［88］2016 年中国信息安全产业市场规模及信息安全产业发展趋势分析［EB/OL］. http：//www. chyxx. com/industry/201610/461837. html，2016 -10 -28.

［89］网易科技. 福布斯：2016 年物联网预测和市场估算总结［EB/OL］. http：//tech. 163. com/16/1130/07/C73Q381P00097U7R. html，2016 -11 -30.

［90］中国通信院. 云计算白皮书［EB/OL］. https：//wenku. baidu. com/view/edc537fc9a89680203d8ce2f0066f5335a816726. html，2016.

［91］中国通信院 . 大数据白皮书 . ［EB/OL］. http：//www. 199it. com/archives/552352. html，2016.

［92］前瞻产业研究院. 大数据. ［EB/OL］. http：//baike. qianzhan. com/detail/bk_ 22de3925. html，2015.

［93］美国 NIST《网络安全框架》［EB/OL］. https：//wenku. baidu. com/view/8baf38035727a5e9846a611a. html，2014 -02 -12.

［94］武汉市智慧城市顶层设计与示范应用［EB/OL］. https：//wenku. baidu. com/view/be272d30376baf1ffc4fadf1. html，2013 -01 -07.